穆渭生

穆文嘉

著

杨贵妃传

长江出版传媒

崇文书局

图书在版编目（CIP）数据

杨贵妃传 / 穆渭生，穆文嘉著. -- 武汉 ：崇文书局，2025. 7. -- ISBN 978-7-5403-8198-1

Ⅰ. K828.5

中国国家版本馆 CIP 数据核字第 2025J4F659 号

选题策划：郑小华
责任编辑：何 丹 薛绪勒
封面设计：杨 艳
责任校对：郭晓敏
责任印制：李佳超

杨贵妃传

YANG GUIFEI ZHUAN

出版发行：长江出版传媒｜崇文书局
地 址：武汉市雄楚大街 268 号 C 座 11 层
电 话：(027)87677133 邮政编码：430070
印 刷：湖北恒泰印务有限公司
开 本：880mm × 1230mm 1/32
印 张：14.5
字 数：280 千
版 次：2025 年 7 月第 1 版
印 次：2025 年 7 月第 1 次印刷
定 价：89.00 元

楊貴妃

杨贵妃画像

陕西兴平市唐杨贵妃墓园

陕西西安市兴庆宫公园/沉香亭

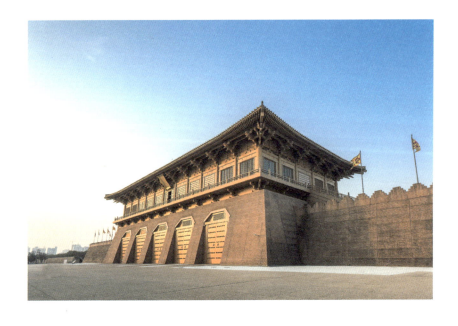

陕西西安市大明宫国家遗址公园

杨贵妃传

陕西西安市临潼区华清宫／莲花汤（御汤）、
海棠汤（贵妃池）遗址

陕西周至县仙游寺博物馆 / 仙游寺法王塔

自　序

人类历史犹如夏夜"银河",历史人物就是其中闪闪烁烁的繁星。

中国的"历史名人"——叱咤风云的帝王将相、抗御外寇的民族英雄、探究"绝域"的勇敢使者、游历"西天"的求法高僧、秉笔直书的历代"良史"、诗赋流芳的"骚客"群体、发明创造的能工巧匠、悬壶济世的岐黄妙手、生平传奇的女性人物(后妃、和亲公主、才女等)……在历史学者笔下,"你方唱罢我登台"。

唐玄宗的宠妃杨贵妃(玉环),是见载于王朝国家正史的千古名人,也是家喻户晓的诗歌、戏曲、小说和影视剧人物,其人生短暂(38岁),大起大落,大喜大悲,富有传奇色彩,既令人艳羡又令人惋惜。

以下扼要介绍有关杨贵妃的学术争议问题、笔者考辨的逻辑与结论。

一、学术争议问题与考辨结论

(一)杨贵妃"度道入宫"时间再考定

杨贵妃(玉环)原为皇十八子寿王瑁之妃、唐玄宗儿媳,其"度道入宫"的确切时间,因为正史记载"曲笔隐讳",遂成为唐史研究的一桩千年学术公案。

自清代鸿儒赵翼(1727—1814)、近现代史学大师陈寅恪(1890—

1969）著文指论——"开元二十八年（740）十月入宫说"①，学术界普遍赞同，已成共识。②

此说出自北宋史官乐史编撰的《杨太真外传》（笔记小说类）。但是，经过笔者反复排比史料，发现此说并不可信——与诸史记载不能达到"通解"。

1. 据两《唐书·玄宗本纪》：杨太真（玉环）入宫"不期岁（一年）"被册封为贵妃，时间为天宝四载（745）八月——其"入宫"应在天宝三载（744）中。

在传世唐史文献中，最早记载寿王妃杨玉环天宝三载（744）"入宫"者，为唐宪宗时期陈鸿所撰《长恨歌传》。③ 但是被大多数学者所忽略。

2. 晚近学者皆忽略了一个重要人物——唐玄宗的同父异母大哥宁王李宪（谥号"让皇帝"）、寿王瑁的伯父和养父，薨于开元二十九年（741）十一月。

在宁王生前，唐玄宗不可能为其生母（窦氏）"追福"。因为宁王生母（肃明皇后刘氏）生前曾正式册封皇后，地位本在玄宗生母窦氏（时为德妃）之上。而玄宗尊崇大哥，若仅为自己生母"追福"，则有违礼制，令大哥心中抱憾。

寿王瑁与宁王关系特殊。故宁王逝世，寿王上奏"请制服（丧服），以报乳养之恩，玄宗从之"。而寿王特别奏请为伯父加养父"服

---

① 〔清〕赵翼著，王树民校证《廿二史札记校证》（订补本），中华书局，1984年，第346页；陈寅恪《元白诗笺证稿》，上海古籍出版社，1978年。详见正文。

② 如：袁英光、王界云《唐明皇传》（天津人民出版社，1987年），阎守诚、吴宗国《唐玄宗》（三秦出版社，1989年），许道勋、赵克尧《唐玄宗传》（人民出版社，1993年），穆渭生《唐杨贵妃》（三秦出版社，2003年），王双怀《大唐贵妃》（陕西师范大学出版总社，2015年），皆采用"开元二十八年入宫说"。

③ 〔唐〕陈鸿《长恨歌传》//《开元天宝遗事十种》，上海古籍出版社，1985年。

丧"，就是将一般"伯侄关系"的丧服等级"齐衰不杖周"（13 个月）提高到"齐衰三年"（实际为 27 个月）。

如此，寿王夫妇"服丧"结束，就到了天宝三载（744）。

3. 寿王妃杨玉环"自请度道"（即离婚）的重要原因（也是入宫的必要前提），就是婚后一直没有生育——若以开元二十八年（740）计为 5 年；以天宝三载（744）计为 9 年，更符合夫妻和家庭关系出现矛盾的时间期限。

杨玉环本为寿王李瑁之妃，在当时朝野上下，并非秘密。所以，唐玄宗采取了先令其"度道"而后入宫的"曲线"方式。即杨玉环以"女冠"——杨太真身份入宫，才不违犯礼制规范和国家婚姻法律；这也是"掩人耳目"（表面文章）的必要程序，只有如此，才符合事理逻辑。

4. 唐玄宗在册封杨太真为贵妃的前一月，先为寿王选册了新王妃韦氏。

笔者考证的新结论：寿王妃杨玉环"度道入宫"的时间为天宝三载（744），与"不期岁"受册封为贵妃的史载正相符合。

（二）李唐皇室一再"乱伦"的历史渊源

对于唐玄宗纳娶儿媳杨玉环、唐高宗纳娶父妾（庶母）武则天与唐太宗纳娶弟媳杨氏（齐王元吉妃）的皇室"乱伦"丑事，南宋理学家朱熹指出：

> 唐源流出于夷狄，故闺门失礼之事，不以为异。①

其所指者，一是李唐皇室母系中有"夷狄"（鲜卑拓跋族）血统：唐高祖李渊之母为独孤氏，太宗李世民之母为窦氏（纥豆陵氏），高

---

① 〔宋〕黎靖德编《朱子语类》卷一三六《历代三》，中华书局（王星贤点校），1986 年。

宗李治之母为长孙氏。① 二是隋唐时代，生息在北方草原沙漠地区的"夷狄"（游牧族类），仍然盛行"收继婚"——"父兄子弟死，妻其庶母及伯叔母、嫂、子弟之妇"。

对于朱熹的"点睛"之论，需要从多方面解读才能认识到位。

1. 使用现今社会的"一夫一妻"婚姻制度和伦理道德标准去评价古人，不免有"削足适履"之嫌。因为，古代社会自秦汉以降，婚姻形态为"一夫一妻多妾制"，王公显官、富民之家有"三妻四妾"并不犯法违礼，也就不存在道德谴责问题。

李唐皇室这三起"乱伦"事件的"男主角"，皆非昏庸之君。唐太宗英明神武，开创"贞观之治"；唐高宗虽性格"仁懦"，尚能发扬父、祖鸿业；唐玄宗开创"开元盛世"，史称英主。而且，三位"女主角"皆冠冕加身——封为皇妃、立为皇后、册为贵妃，名正言顺地"登堂入室"。至少在当时，他（她）们所遭遇的社会舆论，并不像宋代以后那样严重而简单（乱伦、好色、腐朽、荒淫等）。

2. 从婚姻形态（习俗）上考察其渊源，农耕、游牧经济社会有同也有异。

在华夏（汉族）农耕经济社会，自秦汉以降，还长期存在着原始氏族社会的"群婚制"残余——"收继婚"（又称转房婚、逆缘婚、烝报婚等），即丈夫死后，寡妇改嫁给原夫家亲属的婚姻习俗。其具体形态又分两种：（1）同辈之间的"转房婚"，即兄死后而弟妻其嫂、弟亡后而兄妻其弟媳、姊亡后而妹续嫁其姐夫。如唐太宗纳娶弟媳杨氏。（2）不同辈分之间的"转房婚"，即父叔辈死后，子侄辈妻其庶母、姊母；或子侄辈死后，父叔辈妻其子侄媳妇。如唐高宗纳娶父妾

---

① 参看陈寅恪《唐代政治史述论稿》，生活·读书·新知三联书店，1957 年，第 1、13 页；牛致功《唐高祖传》，人民出版社，1998 年，第 6—7 页；胡如雷《李世民传》，中华书局，1984 年，第 2—4 页。

（庶母）武则天。

世代生息在北方草原沙漠地带的"夷狄"（匈奴、乌孙、羯、柔然、鲜卑、突厥、回纥、乌桓、契丹、蒙古等游牧族类），其生业经济以放牧为主，辅以狩猎，"逐水草而居"，地广人稀——寒冷地带的人口自然生育率比温带低，严重的自然灾害如雪灾、旱灾和蝗灾等，对游牧经济社会具有致命性影响（自然地理环境对人类行动具有强制性支配作用①）。其经济社会形态发展进步缓慢，必然会影响到婚姻形态演进也相对缓慢，故而"收继婚"长期存在（以身份继承制为基本法则②）。

而游牧族类"转房婚"与"收继婚"长期存在的重要原因，还在于它与宗法、继承制度和赡养遗属（寡母孤儿）密切相连——在经济生产和生活消费上，能够有效地保护大家庭（家族）的劳动人手和财产不外流损失；在人伦亲情上，对寡母孤儿给予正式（习惯法）的保护和抚养，在家族内部完成丧偶妇女的再婚，比强迫寡妇守节、从一而终，更合乎天理人情。③

3. 唐玄宗纳娶儿媳，其儿子还活着，与"转房婚"和"收继婚"皆不相符合，有悖伦常和习俗。所以，采取了"先度道后入宫"的"曲线"方式。

（三）关于"马嵬事变"的主谋与性质

学术界对此问题的研究结论，至今尚存在分歧。一是关于主谋者，有三种观点：禁军将领陈玄礼主谋、皇太子（李亨）主谋、宦官首领高力士主谋。二是关于其性质，有事变（兵变）、兵谏、"唐朝历史上

---

① [英] 哈·麦金德《历史的地理枢纽》，商务印书馆，2011年，第51、66页。
② 参看武沐《匈奴史研究》，民族出版社，2005年，第111—131页。
③ 参看牛志平《唐代婚丧》，三秦出版社，2011年，第64—69页。

第一次救亡运动"等观点。

1. 关于"马嵬事变"的主谋。笔者赞同黄永年先生（1925—2007）的观点：宦官首领高力士为幕后主谋。① 而分析事变主谋，先要梳理关键性的"政治背景"——当时的中央权力架构格局：宰相（南衙）、宦官首领（北司）、禁军首领（军权）与皇太子（储君），是中央朝廷"四权分割"的代表，互不统属，各自直接"对皇帝负责"。

不言而喻，"马嵬事变"是最高统治集团内部权力斗争的"白热化"（激烈爆发）。而事变的主谋者必须具备三个前提条件：（1）与宰相杨国忠之间存在"你死我活"的深刻矛盾；（2）能够完全掌控指挥"护驾"禁军；（3）绝对忠诚于皇帝。

陈玄礼——禁军首领、龙武大将军，掌控禁军，并对杨国忠乱政祸国满怀义愤。但是，他与杨国忠之间并无激烈尖锐的"权力之争"。换言之，他只具备两个前提条件。尤其是诛杀宰相、逼迫皇帝"赐死"宠妃，要冒杀身灭家（族）之罪！

皇太子李亨（肃宗）——对杨国忠早就"视若寇仇"，必欲除之而后快。但是，他始终处于皇权的严格管控之下，根本无权指挥禁军。事变之后，太子与父皇"分兵"，北上灵武（今宁夏吴忠市），彻底摆脱父皇控制，自行"即位"，就是明证。

高力士（宦官集团）——与李林甫、杨国忠（宰相集团）之间，从开元后期到天宝中，一直存在着明争暗斗（唐后期"南衙北司之争"的先声）。高力士的主要职衔为内侍监（从三品）加右监门卫将军（从三品）、骠骑大将军（武散官从一品），是皇帝牵制宰相、控制禁军的"权力砝码"（唐后期宦官统领禁军的先声）。

先运用逆向思维来考察："马嵬事变"之后，高力士、陈玄礼继

① 黄永年《六至九世纪中国政治史》第八章，上海书店出版社，2004年。

续护驾入蜀一年多时间；唐军收复京城之后，两人又护驾返回长安，陪侍于兴庆宫（南内）；至肃宗上元元年（760）七月，玄宗（太上皇）被迁居太极宫（西内），高力士被流放巫州（治所在今湖南洪江市）、陈玄礼被勒令致仕（退休）。

由此可见，高、陈二人才是马嵬事变的"共谋"。高力士资历深，性谨密而有城府，更受皇帝信任，应为主谋；陈玄礼资历浅，淳朴自检，忠于职守，应为辅佐。

2. 关于"马嵬事变"的性质。称"马嵬兵变"——禁军发动，乃"表面事象"。"兵变"常因偶然事件引发，且大多不可收拾，后果消极。在唐后期尤为多见。

笔者赞同白述礼教授"马嵬兵谏"说。[①] 杨国忠跋扈弄权，祸国殃民；杨氏家族恃恩骄横，贪婪无厌，皆可谓"恶贯满盈"。然究其根源，是唐玄宗的宠爱与纵容——"裙带政治"之恶果。故禁军将士诛杀奸相，逼迫玄宗"赐死"杨贵妃，实乃"兵谏"。禁军的目的达成之后，继续护驾入蜀，与恶性"兵变"不可同日而语。

而称之为"唐朝历史上第一次救亡运动"[②]，却不免"拔苗助长"——高力士和陈玄礼的"政治觉悟"，显然还达不到如此高度。因为凡能够称之为"运动"者，其构成要素必有：倡导与领导者、群众性参与和声势较大（或浩大）等。

但唐玄宗"入蜀避难"，完全是"逃跑主义"行径。而以陈玄礼为首的禁军，圆满地完成了护驾入蜀、返回京城的任务，可谓"忠于职守"。

---

① 参看白述礼《论"马嵬兵谏"——"安史之乱"背景下禁军将士的救国之举》，《宁夏大学学报（人文社会科学版）》2020 年第 4 期。

② 许道勋、赵克尧《唐玄宗传》，人民出版社，1993 年，第 523 页。

而真正扛起"救亡"大任，领导平定安史叛乱的人物，是在灵武"自行即位"、建立新朝廷的肃宗皇帝；在平叛战争中建立卓著功勋的，主要是"天下兵马元帅"广平王李俶（即代宗。后改名豫），以大将郭子仪、李光弼等为代表的诸节度使（大将），还有浴血战斗的广大将士、以人力和财力支持平叛战争的广大百姓。

（四）辨别伪书，指其谬误

在严肃的学术论著中引用伪书的现象，早已有之。一种是作者的"史学功夫"修炼尚浅、不能辨别材料之真伪。一种是明知故犯、用为"史料"者，不免有哗众取宠之嫌。至于在文学艺术创作中（如小说、影视剧等）引用，则另当别论。

记载唐玄宗妃子江采蘋故事的《梅妃传》[1]——宋代人编造的伪书，学术界已有研究定论。[2] 若在文学艺术（诗歌、小说、影视剧等）创作中使用此书，自然会丰富故事情节，增加观赏性。但在严肃的学术论著中引为文献史料，则属于"硬伤"。

拙著在引用《梅妃传》的同时，明确指出其伪书性质，并作针对性的"辨伪"，如时间、空间以及故事情节等谬误。详见正文，此不赘述。

（五）注重"制度与习俗文化"叙事

用辩证唯物主义历史观考察世界各国、各民族的"制度文化"（风俗、礼仪、行政、法律、宗教、艺术等），皆具有世代沿承并改旧更新的共同特征，这是人类文明演进的普遍规律。宋、元间史家马端

---

[1]〔宋〕无名氏《梅妃传》//《开元天宝遗事十种》，上海古籍出版社，1985年。

[2] 卢兆荫《"梅妃"其人辨》//《学林漫录》第九集，中华书局，1984年；黄永年《杨贵妃和她的故事》，《中国典籍与文化》1993年第2期。

临议论历代王朝典章制度，曾有精辟之言：

> 理乱兴衰，不相因（因袭）者也。晋之得国异乎汉，隋之丧
> 邦殊乎唐，代各有史，自足以该一代之始终，无以参稽互察为也。
> 典章经制，实相因者也。殷因夏，周因殷，继周者之损益，百世
> 可知，圣人盖已预言之矣。爰自秦、汉以至唐、宋，礼、乐、兵、
> 刑之制，赋敛、选举之规，以至官名之更张，地理之沿革，虽其
> 终不能以尽同，而其初亦不能以遽异。如汉之朝仪、官制，本秦
> 规也，唐之府卫、租庸，本周（北周）制也。①

陈寅恪先生曾有指论：隋唐为吾国中古极盛之世，两朝之典章制
度因袭几无不同，杨隋礼制之渊源有三，一是北魏、北齐，二是南朝
梁、陈，三是西魏、北周；而李唐的礼制"即为隋礼"。② 据《唐会
要》卷三十三《雅乐下》：

> 高祖（李渊）受隋禅，军国多务，未遑改创，乐府（太常
> 寺）尚用隋氏旧文。武德九年（626），命太常考正雅乐（国家礼
> 仪性乐舞）。贞观二年（628），考毕上奏。盖其事大，故历代不
> 能速成。

所云"不能速成"，即国家典章（制度文化）建设的传统路径是
"沿革损益"而非另起炉灶——虽其终不能以尽同，而其初亦不能以
遽异。

在中国古代历朝的社会秩序体系中，一以贯之的是西周初年周公
（姬旦。武王弟）主持"制礼作乐"奠定的"五礼制度"（吉、宾、
军、嘉、凶礼），其次是不断修订完善（沿革损益）的法律制度体系

---

① 〔元〕马端临《文献通考·总序》，中华书局（点校本），2011 年。
② 陈寅恪《隋唐制度渊源略论稿》，上海古籍出版社，1982 年，第1—2、61 页。

(律、令、格、式)①，以及人们平常生活所遵循的行为习惯（生产与生活习俗）。

讲述历史故事，要理清事物发展演变的头绪脉络、因果关系，必须注重从"制度与习俗文化"（人文社会大背景）角度着眼，才能大方向正确，小环节符合逻辑，具体情节客观真实——这是历史思维的基本要求。

二、文学作品与历史著作之异同

文学作品可以是"神来之笔"，天马行空，驰骋想象之能事。

而历史著作必须是"朴实之笔"，还原历史真相，杜绝虚构与歪曲。

在古人记载和题咏"唐玄宗与杨贵妃故事"的诗文中，以中唐大诗人白居易的《长恨歌》最为著名，流传最广，影响最大，可谓"千古绝唱"。与此同时，还有陈鸿专门为《长恨歌》撰写的《长恨歌传》。

陈寅恪先生对此二者之关系与各自特点，有精湛议论：

　　陈氏之《长恨歌传》与白氏之《长恨歌》非通常序文与本诗之关系，而为一不可分离之共同机构。赵氏（南宋赵彦卫）所谓"文备众体"中，"可以见诗笔"［赵氏所谓诗笔系与史才并举者。史才

---

①　a. 据《唐六典》卷六《刑部·刑部司》：朝廷"文法之名有四"，包括律、令、格、式。国家法律体系是以"律"为主，"令""格"与"式"也具有行政法规的性质和效力。四者的性质与相互关系：凡"律"以正刑定罪，"令"以设范立制，"格"以禁违正（止）邪，"式"以轨物程事。此外，还有以皇帝名义颁布的制、敕，也具有法令的性质作用。b. 据《新唐书》卷五十六《刑法志》："令者，尊卑贵贱之等数（君臣、官民之等级），国家之制度也；格者，百官有司之所常行之事也；式者，其所常守之法也。凡邦国之政，必从事于此三者。其有所违及人之为恶而入于罪戾者，一断以律。"

指小说中叙事之散文言。诗笔即谓诗之笔法，指韵文而言。其笔字与六朝人之以无韵之文为笔者不同］之部分，白氏之《歌》当之。其所谓"可以见史才""议论"之部分，陈氏之《传》当之。

> 碑志传记为叙述真实人事之文，其体尊严，……而小说（传奇小说）则可为驳杂无实之说，既能以俳谐出之，又可资雅俗共赏，……①

宋元之际的史家马端临解释其《文献通考》书名含义，对于领会"文史"相互关系与彼此特征，尤其是"历史书"（历史文献）的性质与特点，很有启迪意义。

> 凡叙事，则本（根据）之经史，而参之以历代会要，以及百家传记之书，信（真实）而有证者从之，乖异（不可靠的奇谈怪论）传疑者不录，所谓"文"也。凡论事，则先取当时臣僚之奏疏，次及近代诸儒之评论，以至名流之燕谈、稗官（小官）之记录，凡一话一言，可以订典故（典章制度）之得失，证史传之是非者，则采而录之，所谓"献"也。其载诸史传之纪录而可疑，稽诸先儒之论辨而未当者，研精覃思，悠然有得，则窃著己意，附其后焉。命其书曰《文献通考》，为门二十有四，为卷三百四十有八，而其每门著述之成规，考订之新意，各以小序详之。②

先儒之言论，应为人文社会科学研究者之"座右铭"。浮文大话所在必删，伪书由来必加辨证，虽圣贤亦不能凭空臆造。讲述历史故事必须实事求是，把真相（真理）告诉读者观众；评论历史人物必须客观公允，多角度考察，不轻率拔高也不刻意贬责，以标新立异。历

---

① 陈寅恪《元白诗笺证稿》第一章，上海古籍出版社，1978 年，第 3—5 页。
② 〔元〕马端临《文献通考·总序》，中华书局（点校本），2011 年。

史唯物主义的立场和观点，必须坚守不移。

以上乃老生常谈，并不深奥，重要的是知行合一，实践执行。

三、讲好真实的"历史人物故事"

不言而喻，电影、电视剧可视（连续性动态彩色画面）、可听（人物语言、各种自然声音、配乐等），给观众以"身临其境，近在咫尺"的立体感受，可谓老少咸宜，比文本载体仅作用于人们的视觉感官，更具有观赏性和吸引力。[①]

那么，讲述"历史人物故事"的文章和著作，怎样才能吸引读者？

首先，尊重历史，实事求是，不虚构或刻意编造，不戏说、不媚俗、不哗众取宠，才能产生积极的"社会效应"（有用于世），值得读者点赞。

人们常说一句老话——"文史不分家"，就像两个相交的圆圈，你中有我，我中有你。然"历史故事"与"文学故事"绝不能完全画等号，纪传体史书《三国志》与章回小说《三国演义》不能混为一谈，如所谓"桃园三结义"乃传说故事而已。

讲述"历史故事"（非"文学故事"），最重要的是实事求是地"还原"历史真相，切忌"穿帮镜头"和"狗血剧情"[②]。历史是"过去的故事"，不能虚构，更不能"有目的地编造"；也不能想当然地以今揆古，进行拔高或者贬低。

举个例子：我们仰望崇拜的大诗人李白、杜甫，两个人生前在官

---

① 人类通过感觉器官（眼、耳、鼻、舌、身）感知和认识外界事物（接受刺激和各类信息），其中90%来自视觉，10%来自听觉等。

② 例如电视剧《三国演义》中的士兵"吃玉米棒"（美洲印第安人培育的粮食品种，明代才传入我国）、《杨家将》中的函套线装书（宋代的书籍形式为"卷子"）等。

场上都很不得意。李白恃才傲物，在当时人缘一般；而且，在政治上栽过"大跟头"（加入永王李璘幕府），被"流放夜郎"（中途遇赦放还）。① 杜甫对官场"潜规则"认识迟钝，不善于望风转舵。② 要知道，他俩最初的理想追求可都是封侯拜相！

再者，唐朝尚处于"手写手抄时代"，雕版印刷技术还不够成熟，虽有私营书肆（雕印历书、字书、零星诗篇和宗教读物等），但无专门出版个人诗文集的店铺（自负盈亏的出版商人）。所以在那个时代，纯粹的"文学青年"恐怕难以养家糊口。

其次，讲述"历史人物故事"的叙事文笔，应高雅与通俗相结合，内容丰富（如图文并茂），形式多样，活泼有趣——不失学术水准，百姓喜闻乐见。

把高深、枯燥的学术观点（理论研究）通俗化，让更多的观众能够理解和接受，很有必要——生动曲折的历史故事（人物传奇等），缜密严谨的理性分析（多角度、多层面的"透视"），犹如"破案"（证据充分，线索清楚，究明"案件"来龙去脉），深入浅出地阐释中华传统文化的精神内核（批判地继承）。

但通俗化（大众化）绝不等于庸俗和媚俗。讲述"历史人物故事"绝不可以曲解古人（古今社会的"文化景观"有同也有异，不能简单地以今揆古，拔高或苛责古人）；对于难以通俗化的学术问题

---

① 《旧唐书》卷一九〇下《文苑传下·李白》，中华书局，1975 年，第 5053—5054 页；《新唐书》卷二〇二下《文艺传中·李白》，中华书局，1975 年，第 5762—5764 页。其传云："白既嗜酒，日与饮徒醉于酒肆。""永王（李璘）谋乱，兵败，［李］白坐长流夜郎。后遇赦得还，竟以饮酒过度，醉死于宣城。"

② 《旧唐书》卷一九〇下《文苑传下·杜甫》，第 5054—5057 页；《新唐书》卷二〇一《文艺传上·杜甫》，第 5736—5738 页。其传云："性褊躁傲诞。""旷放不自检，好论天下大事，高而不切。"

（理论、争议），切不可以简单地运用"比喻"。俗谓"众口难调"，不是每一个"游客"都能完全接受"地方风味"的。

所以说，如何写好"历史人物故事"（文本），以及在电视"讲坛"类节目中把"历史人物"——特定时间、空间和人物（个体、群体）的"故事"讲好讲活，将历史研究的严肃性（真实与逻辑性），叙事文笔的可读性（通俗与趣味性），与广大读者的阅读兴趣多样性，完美地"对接与整合"，仍是一个常说常新的话题。

目　录

引言　兴平马嵬杨妃墓 …………………………………………… 001

第一章　杨氏女儿册王妃 ………………………………………… 005

　　一、杨家有女初长成 ……………………………………… 006

　　二、杨氏家族振兴梦 ……………………………………… 010

　　三、一朝选为"亲王妃" …………………………………… 019

　　四、尊荣富贵"亲王妃" …………………………………… 024

第二章　玄宗朝"宫闱风波" ……………………………………… 039

　　一、王皇后"厌胜"被废 …………………………………… 041

　　二、武惠妃"宠冠后宫" …………………………………… 045

　　三、"三庶人"同日赐死 …………………………………… 047

　　四、册立忠王为太子 ……………………………………… 054

第三章　寿王妃"度道入宫" ……………………………………… 062

　　一、寿王妃"度道"时间 …………………………………… 063

　　二、明皇大哥"让皇帝" …………………………………… 075

　　三、"天宝三载度道"说 …………………………………… 087

　　四、"自请度道"有隐颐 …………………………………… 093

第四章　明皇"曲线"纳玉环 ………………………… 103

　　一、艺术天才杨玉环 ………………………… 104

　　二、"音乐皇帝"李隆基 ………………………… 107

　　三、唐明皇的"神仙梦" ………………………… 125

　　四、隋唐婚姻浸"胡俗" ………………………… 151

第五章　"三千宠爱在一身" ………………………… 162

　　一、倾国之色杨玉环 ………………………… 162

　　二、兴庆宫恩宠无比 ………………………… 179

　　三、华清宫歌舞宴乐 ………………………… 203

第六章　势焰熏天新外戚 ………………………… 224

　　一、杨氏门户生光彩 ………………………… 224

　　二、"暴发"宰相杨国忠 ………………………… 231

　　三、天下"羡慕嫉妒恨" ………………………… 237

第七章　杨贵妃"出宫"风波 ………………………… 248

　　一、两次"被谴"出皇宫 ………………………… 248

　　二、"争宠者"旧说辩证 ………………………… 254

　　三、说唐代妇女地位 ………………………… 269

　　四、说唐代"社会风情" ………………………… 279

第八章　贵妃"梦断"马嵬驿 ………………………… 301

　　一、"入唐蕃将"安禄山 ………………………… 301

　　二、渔阳鼙鼓惊《霓裳》 ………………………… 314

　　三、马嵬香魂遗"长恨" ………………………… 349

　　四、皇太子奔赴灵武 ………………………… 364

第九章　兴庆宫中"太上皇" ·················· 375

　　一、京城收复"上皇"回 ·················· 376

　　二、"改葬"杨贵妃始末 ·················· 384

　　三、被迫移居太极宫 ·················· 391

　　四、"圣人"托体同山阿 ·················· 396

第十章　白居易仙游绝唱 ·················· 404

　　一、盩厔县尉白居易 ·················· 404

　　二、终南古刹仙游寺 ·················· 410

　　三、"一篇《长恨》有风情" ·················· 413

附　录 ·················· 417

　　一、杨贵妃生平年表 ·················· 417

　　二、〔唐〕陈鸿《长恨歌传》 ·················· 419

唐华清宫"梨园"遗址性质商榷 ·················· 422

　　一、宋代石刻《唐骊山宫图》 ·················· 423

　　二、骊山华清宫的行政地位 ·················· 424

　　三、盛唐"皇帝梨园"性质地位 ·················· 428

　　四、华清宫"梨园"遗址性质 ·················· 431

参考文献 ·················· 435

后　记 ·················· 445

引言　兴平马嵬杨妃墓

唐代杨贵妃的死亡和埋葬之地——陕西兴平市马嵬坡可谓名闻天下。

在陕西关中的旅游景点中，与唐明皇和杨贵妃故事相关的历史遗址，有西安市兴庆宫公园（唐兴庆宫）、临潼华清池（唐华清宫）、兴平市马嵬街道杨贵妃墓（唐马嵬驿站）、周至县仙游寺（隋代行宫，唐代寺院。大诗人白居易写作《长恨歌》之地）。

杨贵妃（719—756），小字玉环，是唐明皇（李隆基）[①] 在天宝（742—756）年间最宠爱的妃子——"名留青史"的历史人物（在正史中立有传记），也是家喻户晓的诗歌、戏曲、小说、绘画和影视剧的热门人物（古代四大美女之一[②]）。

她的人生短暂（38岁），大起大落，大喜大悲，堪称传奇。

我们（游客）先到杨贵妃墓园去参观游览，了解其自然和人文景观。

陕西兴平市位于咸阳市西20余公里，南面与周至县、鄠邑区隔渭河相望。

从兴平市区西行约12公里，就到了马嵬街道西门外，杨贵妃墓园就坐落在公路北侧的马嵬坡上。这是一座小型陵园，玲珑别致，占地

[①] 唐玄宗李隆基（685—762），庙号"玄宗"，谥号"至道大圣大明孝皇帝"。自唐后期以降，开始称"孝明皇帝""明皇"与"唐明皇"等。

[②] 古代四大美女：春秋时代的西施、西汉的王昭君、东汉的貂蝉、唐代的杨贵妃。

3000 平方米，坐北朝南，依坡势而建，呈阶梯状。① 其大门顶额横书"唐杨氏贵妃之墓"，为 1936 年时陕西省政府主席邵力子所题写，黑底，敷以金粉。其左右楹联曰：

谷风如诉旧愁来，蜀道秦川，过客重谈杨李氏；

墓粉还将秋色补，雨尘云梦，伤心何似汉唐陵。

进入墓园，正面是一座三开间的仿唐建筑——献殿（祭奠时陈列供品的地方），殿堂之后是杨贵妃墓，占地一公亩。其墓冢高 3 米，墓顶为圆形，整体皆用青砖砌护，墓前的石碑上铭刻着"杨贵妃之墓"。在墓冢周围有三面回廊，廊壁上镶嵌有大小不等的 30 余通石碑，刻有历代名人来此游览后的题咏诗篇。

杨贵妃的墓冢为何要用青砖来砌护？这有一个传说。

其墓冢最初为土堆。后来，民间相传墓土竟然有香气，可以祛痣润肤，人称"贵妃粉"，当地妇女纷纷取其土搽脸，以使自己皮肤白嫩。守墓人只好给墓冢再培土，但随后又被人取走，如此多次，无奈之下就用青砖包砌了。

自前院再沿台阶而上，进入后院，其中立有杨贵妃石雕像，高约 6 米，栩栩如生，典雅高贵。其基座有两层，底部为方形黑色大理石，上部为褐色。周围植有绿树环绕，还有仿唐二层太真阁、长恨歌画廊（集 30 幅绘画为一体）、16 米高的望都亭、观音殿等建筑，依地势而分列。整个园区绿树环绕，建筑错落，景观雅致。

历史遗址，仿古建筑——历史并不遥远。我们（游客）脚下就是"马嵬事变"、杨贵妃"血光之灾"的发生地，但时间定格在天宝十五

---

① 杨贵妃墓园于 1956 年公布为省级重点文物保护单位，1979 年成立文物保管所，1980 年对外开放，2008 年升格为博物馆，现为国家 AAA 级旅游景区。当地政府在修葺过程中，新修了围墙、碑廊、献殿和亭子，增添了杨贵妃石雕像等。

载（756）六月十四日。

　　让我们"穿越时空"，回到杨贵妃生命的最后一天。

　　唐明皇天宝十四载（755）冬十一月，范阳（今北京市西南）节度使、胡人安禄山起兵反叛，挥兵南下，锐不可当。不到一个月，叛军就渡过黄河；十二月中旬，攻陷东都洛阳。次年（756）六月初九，叛军又打破关中东部的天险潼关。

　　十三日黎明，细雨蒙蒙。唐明皇与杨贵妃、皇太子（即肃宗皇帝）、宰相杨国忠和部分朝官等，在数千名禁军将士的护卫下，仓促离京西走，途经咸阳，于当日夜晚行至金城县（今陕西兴平市）歇息。十四日上午，行至马嵬驿站，事变突然发生。

　　扈从保卫皇驾的禁军首领、龙武大将军（正三品）陈玄礼等人，以安禄山起兵反叛、祸国殃民，皆由宰相杨国忠弄权乱政而起，指挥禁军士兵杀死杨国忠及其亲党，随之包围驿站，上谏（逼迫）唐明皇"赐死"杨贵妃。唐明皇迫于形势，无奈之下，"乃命［宦官首领高］力士引贵妃于佛堂，缢杀之"。①

　　事变突发，又很快平息，皇驾西行刻不容缓。驿站里没有棺材可供装殓，侍女们只好将杨贵妃的尸体用锦被包裹，草草埋葬于驿站外面的半坡上。……

　　杨贵妃——倾城倾国的一代美女，早已化为泥土，她和宠爱她、最后却抛弃她的唐明皇之间的恩怨爱恨，不胫而走，流播八方，历经一千数百年，演绎成为风流香艳的传奇故事，成为市井百姓茶余酒后的闲聊话题，更有文士墨客发思古之幽情，赋诗撰文，抒发感叹与惋

---

　　①〔宋〕司马光《资治通鉴》卷二一八，中华书局（点校本），2011年第2版，第7092—7093页。按：为方便读者阅读，笔者在文中所加（　）内文字为释义、［　］内文字为增加，以通顺文意。

惜。中唐大诗人白居易（772—846）作《长恨歌》咏曰：

> 在天愿作比翼鸟，在地愿为连理枝。
>
> 天长地久有时尽，此恨绵绵无绝期。①

---

① 〔清〕彭定求等编《全唐诗》卷四三五，中华书局，1999 年，第 4830 页。

第一章　杨氏女儿册王妃

在我们的汉语词汇中，有几个专门形容美丽女性的惯用词：闭月羞花、沉鱼落雁、倾城倾国与红颜祸水。前两个可谓"自然主义"的；后两个则是"政治主义"的，与古代国家的政治体制——君主集权制（家天下）密切相关。

在中国古代社会的"正统"舆论中，"红颜祸水"论可谓源远流长①。从夏桀的宠妃妹喜、殷纣王的宠妃妲己、周幽王宠爱的褒姒（传说以"烽火戏诸侯"取乐）、汉成帝身边的赵飞燕姐妹，……到唐明皇宠爱的杨贵妃，凡是昏庸误国的君主身边，都有一个"倾城倾国"的绝色女子——她们生来就是要魅惑君主，败亡国家的。

不言而喻，这是专制君主制度之下的强词夺理，是历代史官"为尊者讳"的荒谬论调。这一套陈词滥调在今天已经没有市场了。但是，这些"倾城倾国"美女的故事却世代流传，成为市井百姓茶余饭后津津乐道的话题，更成为诗歌、小说、绘画、戏曲，以及当今影视剧等各类艺术创作的素材，盛演不衰。

---

① a. 据《汉书》卷九十七上《外戚传上·孝武李夫人》：孝武帝李夫人，本以倡伎进。初，李夫人兄李延年性知音，善歌舞，武帝爱之。每为新声变曲，闻者莫不感动。李延年侍上（汉武帝）起舞，歌曰："北方有佳人，绝世而独立，一顾倾人城，再顾倾人国，宁不知倾城与倾国，佳人难再得。"b. 据〔西汉〕伶玄《飞燕外传》：西汉宣帝（刘询）时，披香博士淖方成，白发教授宫中，号淖夫人。到成帝（刘骜）时，有一次，淖夫人见到昭仪赵合德（皇后赵飞燕妹妹），在成帝背后唾曰："此祸水也，灭火必矣。"其所云"火"，指汉朝以"火德"兴起。

一、杨家有女初长成

在古人记载、描写唐明皇与杨贵妃故事的诗文中，中唐大诗人白居易的《长恨歌》最为著名，流传最广，脍炙人口，妇孺能吟，历经1200余年，至今仍传诵不衰。其开篇就用"倾国"来形容杨贵妃的美貌。

> 汉皇重色思倾国，御宇多年求不得。杨家有女初长成，养在深闺人未识。天生丽质难自弃，一朝选在君王侧。回眸一笑百媚生，六宫粉黛无颜色。……①

但是，杨玉环初嫁的夫君并不是唐明皇，而是唐明皇的儿子——寿王李瑁（皇十八子）。无奈的是，她在婚后九年竟然没有生育，遂自请"度道"出家（即离婚），而后才入宫被册封为贵妃。即先为明皇儿媳（亲王妃），后为其妃子（皇妃）。

杨玉环的人生经历，可谓大起大落，堪称"传奇"。

（一）杨玉环出生于蜀中

唐明皇开元七年（719）六月一日②，杨玉环出生于剑南道蜀州（治所在今四川崇州市）。其父杨玄琰时任"蜀州司户"③。州衙司户参军（从七品下），掌管户口、籍帐、婚嫁、田宅、杂役、道路等事务。④

---

① 《全唐诗》卷四三五，第4828页。
② 按：杨玉环的出生月日，史无记载。此"六月一日"之说，出自古代民间流传。
③ 《旧唐书》卷五十一《后妃传上·玄宗杨贵妃》，第2178页。
④ 〔唐〕李林甫等《唐六典》卷三十《三府都护州县官吏》，中华书局（陈仲夫点校），1992年，第745页。

至于她母亲，仅知道娘家姓李。①

杨玉环的三叔杨玄璬在河南府（治所在今河南洛阳市）任士曹参军（正七品下），职掌津梁、舟车、舍宅、百工众艺等事务。

杨玉环是家中最小的女儿，在她上边，还有一个哥哥和三个姐姐。

据民间传说，杨玉环出生时，长得粉团水灵，从娘胎里就带着一道环腰白痕，光洁如玉，父母见状甚为惊异，便特地为她取了"玉环"这个名字。②

杨玉环幼年是在蜀州度过的。她天性活泼好动，从小在家中备受宠爱呵护，养成了任性的习惯，刚学会走路，常喜欢到池塘边玩耍，曾失足坠落水中。后来，当她入宫被封为贵妃时，人们便称呼那口池塘为"落妃池"。

蜀州地处成都平原西部，气候温暖湿润（亚热带季风气候，雨量丰沛），植物四季常绿；土壤肥沃，河渠密布，为农业生产提供了良好的天时地利。

蜀州出产荔枝——红皮，果肉白如凝脂、香甜可口，杨玉环从小最爱吃。

不幸的是，杨玉环十岁左右，其父母先后亡故。

父母亡故，犹如天塌地陷。而同在蜀州长大的哥哥和姐姐们，都

----

① a. 关于杨玉环的身世，还有另外一种说法：她原本是容州（治所在今广西容县）一户普通人家的女儿，小名玉娘，是杨玄琰在容州做官时强买而来，收为养女的。据〔清〕董诰等编《全唐文》卷四〇三许子真《容州普宁县杨妃碑记》，上海古籍出版社，1990 年，第 1823 页。但是，经过历史学家的考证，这种说法乃是明代人伪造的。据黄永年《〈全唐文·杨妃碑记〉伪证》，《人文杂志》1982 年第 4 期。b. 此类"造假"之事也说明，自古以来，人们都特别喜欢"著名美女"。而现今社会，各地政府为了发展旅游经济，都在努力挖掘（并"包装"）本地的历史文化资源，其中的"热闹事"之一，就有争抢历史地名和历史名人，以及"第×大古都"名称。

② 何光前、吴裕禄、赵剑编《杨贵妃传说故事》，陕西旅游出版社，1988 年，第 2 页。

已经结婚，很可能是家境都不甚富裕（史载不详），无足够的经济能力（或不愿意）来承担起抚养小妹妹的责任和义务。可怜玉环小小年纪，无所依靠，被送到三叔父杨玄璬家中抚养——蜀州（唐安郡）东至剑南道治所益州（成都府，治所在今四川成都市）150里（唐里），东北至西京长安2115里，至东都洛阳2915里。①

父母双亡，离别哥哥和姐姐，给杨玉环天真烂漫的童年生活，蒙上了一层哀伤阴郁的色彩。但是，来到洛阳的叔父家中，却是她"传奇人生"第一个重要转折点。

不妨作逆向思维，如果杨玉环的父母活得长寿，她一直生活在蜀中，结婚成家直到老死，她身上的传奇故事还会发生吗？

人世间一切事物的发展变化，都以时间、地点和条件的变化为转移。

（二）杨氏家族的浮沉

杨玉环的父亲和三叔父都是七品官员，算不上仕途显达，其家族也谈不上特别的尊荣富贵。不过，上溯到杨玉环的高祖杨汪一代，还是著姓望族，令人瞩目。

> 玄宗贵妃杨氏，隋梁郡通守汪四世孙。徙籍蒲州，遂为永乐人。②

> 杨汪字元度，本弘农华阴（今陕西华阴市）人也，曾祖顺，徙居河东。父琛，仪同三司（正五品），及汪[显]贵，追赠平乡县公。

> [杨]汪少凶疏，好与人群斗，……长更折节勤学，专精《左氏传》，通《三礼》。解褐（脱去粗布衣，入仕做官）周冀王

---

① 〔唐〕李吉甫《元和郡县图志》卷三十一《剑南道上·蜀州》，中华书局（贺次君点校），1983年，第775页。

② 《新唐书》卷七十六《后妃传上·玄宗贵妃杨氏》，第3493页。

侍读，王甚重之，……其后问《礼》于沈重，受《汉书》于刘臻，二人推许之曰："吾弗如也。"由是知名，累迁夏官府都上士。及高祖（隋文帝）居相，引知兵事，迁掌朝下大夫。

高祖受禅（登基称帝），赐［杨汪］爵平乡县伯，邑二百户。历尚书司勋兵部二曹侍郎、秦州总管长史，名为明干。迁尚书左丞，坐事免。后历荆、洛二州长史，每听政之暇，必延生徒讲授，时人称之。数年，高祖……拜汪为尚书左丞。汪明习法令，果于剖断，当时号为称职。炀帝即位，守大理卿。……岁余，拜国子祭酒（从三品）。……大业（605—618）中，为银青光禄大夫（从三品）。……出为梁郡（宋州。治所在今河南商丘市南）通守。……炀帝崩，王世充推越王侗为主，征拜吏部尚书（正三品），频见亲委。及世充僭号，汪复用事，世充平，以凶党诛死。①

玄宗杨贵妃，高祖（按：应为曾祖）令本，金州（治所在今陕西安康市）刺史。父玄琰，蜀州（治所在今四川崇州市）司户。②

隋朝末年，天下大乱，群雄并起，割据一方。隋炀帝死于江都（今江苏扬州市），杨汪投靠依附于盘踞洛阳的王世充（曾自称皇帝，国号"郑"）。

唐朝初年，秦王李世民率军攻克洛阳，王世充兵败投降。而杨汪则被以"凶党"罪名处死——其家族的政治地位随之败落。此后历经百余年（初唐时期），到了杨玉环的父亲这一辈，只是个七品官员。虽然也算官宦之家，但谈不上显贵。

古代的社会秩序（礼制、法律）等级鲜明，人有贵贱之分，官有级别高低。

---

①《隋书》卷五十六《杨汪传》，第1393—1394页。
②《旧唐书》卷五十一《后妃传上·玄宗杨贵妃》，第2178页。

　　一个祖上曾经"阔气"过的家族成员中，有随遇而安，不思进取，愿为平常百姓者；也有不甘沦落，立志光宗耀祖而努力奋斗者。

　　杨玉环的三叔父杨玄璬，就是一位怀揣梦想，企图振兴家族的人。

二、杨氏家族振兴梦

　　如上所述，杨玉环家族"本弘农华阴人"——其远祖的地望（世家大族所居之地）。但是，早在杨汪的曾祖父杨顺一代，就已经迁徙到了蒲州永乐（今山西芮城县西南）定居生活。如此算来，到了杨玉环的父亲这一代，其家族在河东蒲州永乐县已经居住了上百年之久。

　　在古代历史上，弘农杨氏为汉代以来有名的士族世家之一①。隋文帝（杨坚）家族就出自弘农杨氏②，所以，杨汪受到皇帝的重用。在隋唐时代，五品以上官员就属于"高干"，杨汪的最高官职为吏部尚书（正三品），属于朝廷显贵阶层。

　　李唐建国初期，崇重当朝冠冕（官阶爵禄），高官显贵大多是追随李渊父子起兵打天下的功臣。其中典型者，可举武则天的父亲武士彟——富有的木材商人，具有政治头脑，投靠追随李渊，是太原起兵的元从功臣，拜光禄大夫，封太原郡公，最后官至工部尚书（正三品），封应国公，俨然是一位新朝新贵。③

---

　　① a. 士族，指东汉以降，在官僚地主阶级内部形成的大姓豪族（门第高贵），在政治、经济方面都享有特权。自魏晋以门第取士选官，单寒之家（庶族、寒族）被摒弃不齿，而士大夫更是以郡望相标榜，自矜门第。郡望，称呼郡中（当地）为众人所仰望的贵显家族，如太原王氏、陇西李氏、弘农杨氏等。b. 士族的鼎盛时期在两晋，到隋唐时代，随着"科举选官"制度的发展，"老牌"士族地位日趋衰落。其兴衰的标志有三个要素：地望、姓氏（世系）和婚姻（士族之间互通婚姻）。参看冯尔康等《中国宗族史》，上海人民出版社，2009年。

　　② 参看韩昇《隋文帝传》，人民出版社，1998年，第34—37页。

　　③《旧唐书》卷五十八《武士彟传》，第2316—2317页。

不言而喻，新朝新贵的权势地位和荣耀，令市井百姓羡慕嫉妒恨。而那些过气的旧士族后代，则心怀复兴之梦，寻求东山再起的时机。

（一）杨玉环的"富贵梦"

史称杨玉环"幼孤，养叔父家"。[①] 童年杨玉环，从偏远的蜀州小城邑，辗转颠簸数千里，初到洛阳时，满眼好奇——街衢市井，繁华热闹；皇家宫殿，宏伟壮丽，令她目不暇接，激动喜悦不已。这是在蜀州小城难以想象的大都会景观。

洛阳城，是隋唐两代的东都，其城市工商业之繁荣不亚于西京长安。

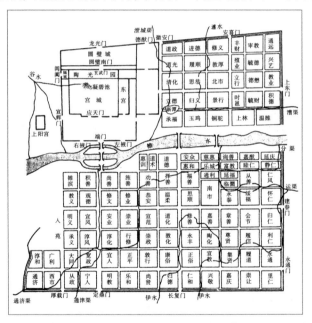

图 1　唐东都洛阳城平面示意图[②]

---

①《新唐书》卷七十六《后妃传上·玄宗贵妃杨氏》，第 3493 页。

②据〔清〕徐松撰，李健超增订《最新增订唐两京城坊考》，三秦出版社，2019 年。

隋炀帝在位（604—618）期间，大兴土木，营建东都，并长期居留，洛阳成为实际的国家政治中心。尤其是开凿了南北大运河之后，洛阳成为漕转河北、山东和江淮地区租赋的重要集散地，在横贯全城的洛水上，经常有成百上千的船只往来。

正是由于这种特殊的国家政治地理地位（因素），洛阳的工商业经济发达兴旺。洛水北岸的北市（通远市）一带，是全城最为繁华的地方，大小店铺数以千计，每日车辆进出，人流熙攘，热闹非凡。在洛水南岸，还有南市、西市。[①]

洛水北岸	隋／通远市 唐／北市	周六里（占地两坊），市门 20 个，市东合漕渠，其内舟船舳舻数以千万计。市场规模，仅次于丰都市。
洛水南岸	隋／丰都市 唐／南市	周八里（占地四坊），市门 12 个；有行业 120 种，店铺 3000 余家，甍宇齐平，四望一如，榆柳交阴，通渠相注；四壁（墙）有 400 余店，重楼延阁，互相临映。招致商旅，珍奇山积。
	隋／大同市 唐／西市	周四里（占地一坊），邸 141 区，资货 66 行。后"因乱〔而〕废"。到了唐代，改为居民里坊。

到了唐朝，高宗（李治）、女皇武则天亦常驻洛阳。弘道元年（683）十二月，唐高宗病危，来不及返回长安，带着遗憾驾崩于洛阳。光宅元年（684）九月，武太后专决朝政，改洛阳之名为"神都"。天授元年（690）九月，武太后改"唐"为"周"，正式登基称帝，大赦天下。直到神龙元年（705）十一月，病逝于洛阳上阳宫。

唐明皇于垂拱元年（685）八月，出生于洛阳。称帝之后，在开元（713—741）年间，也曾先后五次"东巡"洛阳，居留时间短则一年左右，长则将近三年。

---

① 〔唐〕韦述、杜宝撰，辛德勇辑校《两京新记辑校 大业杂记辑校》，三秦出版社，2006 年，第 86、15 页；〔清〕徐松辑，高敏点校《河南志》，中华书局，2012 年，第 25 页。

童年杨玉环，从蜀中初到洛阳时，对于自己家族的兴衰曲折故事，还懵懂不清；对于家庭背景对个人命运的影响作用、人间世态炎凉之根本缘由，也理解不了。

杨玉环在三叔父家的物质生活，可谓不愁衣食，无冻馁之虞——三叔父的俸禄、授田和"职分田"①等钱帛、粮米收入，足够全家生活温饱有余。

在三叔父的疼爱抚养下，杨玉环健康成长，并接受家庭教育。虽然杨氏家族的名望地位已经算不上特别显赫，但世代官宦之家风仍传承不辍。

自东汉魏晋南北朝以来，世家豪族（累世公卿）通过"门阀制度"（选官、谱学）获得政治、经济等特权，保持其优越的社会阶层地位。而名门望族与平民阶层的显著区别，就是特别讲求门第婚姻和重视文教（尤其是家庭教育）。

在士族（世族）阶层的家庭教育中，"女教"不可或缺，并贯穿女性的一生。第一个阶段是从小在家接受"女则教育"，以培养淑女；第二个阶段是婚前和婚后，接受"妇道教育"，以培养孝妇；第三个阶段是"母仪教育"，以塑造慈母。这种自幼进行的严格的家庭教育，就是为了女子婚后的家庭和睦幸福。而社会舆论评价女性，尤为推崇士族女子，正在于她们出身优越和家教良好。直到唐代，两姓缔结婚姻之风尚，依然推重前代名望家族，知书达理的士族女子身价看涨，为官宦子弟甚至皇室贵族竞相选择的佳偶良配——男子以娶士族女为

---

① 唐朝《田令》规定：七品官员授"永业田"二顷五十亩；京城文武职事官员的"职分田"，七品为三顷五十亩，其经营方式为"借民田植"（租种），收取"地子"（地租 0.6 斗 / 亩），作为其俸禄的一部分。据天一阁博物馆、中国社会科学院历史研究所天圣令整理课题组校证《天一阁藏明钞本天圣令校证（附唐令复原研究）》下册，中华书局，2006 年，第 499、452 页。

荣，其社会习俗可谓根深蒂固。

又自隋炀帝时开始"科举选官"，读书入仕观念已经深入人心，平民子弟也有望通过科举考试跻身官场，遂使全社会重视家庭教育的风气更为浓厚。虽然官宦之家的女子受教读书，并不能如同男子那样参加科举，但她们的婚姻追求，依然是以嫁入社会上层家庭（高官显宦、皇室贵族）为最佳归宿。

由此可见，中原华夏社会重视"女教"，家庭有传统，朝廷有制度。① 在唐代，一般官宦家庭"女教"的基本内容有：（1）道德礼法（伦理纲常、行为礼节）；（2）文化知识（识字习文、诗文、"女教"与佛教典籍等）；（3）琴棋书画（王公贵族与达官显宦家庭尤其重视）；（4）女红技能（纺织、缝纫，操持家务）。

杨玉环，这个来自边远州城的"小家碧玉"，在东都洛阳见识了大都会的自然山水形胜、城市风貌，以及经济社会生活等人文景观——熙熙攘攘的市井居民，贫富不均，衣食住行悬殊。达官显贵之家，养尊处优，锦衣玉食，呼奴使婢，尊荣排场；……与她在蜀州小城的生活情景、有限的见闻和幼稚的憧憬，大相径庭。

她看到了丰富多彩的都市社会风情，繁华而喧闹；看到了更为精美的物质生活，更高等级的人生境界；……眼界日益开阔，并心生无限向往。

岁月流水，童稚渐褪；豆蔻年华，少女怀春。当杨玉环出落成如

---

① 如：唐前期的"女教"著作，有太宗长孙皇后编写的《女则要录》（记古妇人善事）10 卷，大臣魏徵编写的《列女传略》7 卷，武则天组织学士编写的《列女传》100 卷、《孝女传》20 卷等。据《旧唐书》卷五十一《后妃传·太宗文德皇后长孙氏》、《新唐书》卷七十六《后妃传·则天武皇后》，《新唐书》卷五十八《艺文志·女训》。按：唐前期的"女教"著述，绝大多数已经亡佚，其针对的教育对象主要为官僚士大夫家庭妇女。在唐后期，有宫廷女官宋若莘编写的《女论语》十篇，流传于世，其针对的教育对象为普通家庭劳动妇女。

花似玉的娉婷少女时，胸中的怀春之情也在萌生成长。像她这样普通官员家庭的女儿，对自己未来生活的憧憬编织，总是祈望着能嫁一个才貌如意的郎君，他能够仕途顺利飞黄腾达，自己也随着夫荣妻贵，过上呼奴使婢、富华悠闲的贵妇人生活。

在唐代诗人笔下，达官显贵家庭的妇女们，衣食奢华，生活悠闲。

> 妾年初二八，家住洛桥头。玉户临驰道，朱门近御沟。使君何假问，夫婿大长秋。女弟新承宠，诸兄近拜侯。春生百子殿，花发五城楼。出入千门里，年年乐未休。①

> 洛阳女儿对门居，才可容颜十五余。良人玉勒乘骢马，侍女金盘脍鲤鱼。画阁朱楼尽相望，红桃绿柳垂檐向。罗帏送上七香车，宝扇迎归九华帐。狂夫富贵在青春，意气骄奢剧季伦。自怜碧玉亲教舞，不惜珊瑚持与人。春窗曙灭九微火，九微片片飞花琐。戏罢曾无理曲时，妆成只是薰香坐。城中相识尽繁华，日夜经过赵李家。谁怜越女颜如玉，贫贱江头自浣纱。②

由此可见，在古代社会，家庭出身对于女子的人生命运，是多么重要。贫贱之家的女儿即便有如玉之颜，也不能与出身朱门玉户的官宦女儿相提并论。

少女杨玉环"天生丽质"，身材丰美，肤色白皙，头发浓黑，面庞娇艳，双眸明亮，性情活泼，言行举止青春洋溢。也许是继承了远祖所具有的高贵气质，或者是得益于蜀地山川的灵秀之气，她的眼中时常闪烁着梦幻般的波光。

---

① 《全唐诗》卷一三〇崔颢《相逢行》，第1329页。按：大长秋，西汉官名，管理长秋宫（皇后所居宫殿）事务，任用宦者或士人；东汉任用宦者。至隋文帝设置内侍省，不用"长秋"为官名；隋炀帝又改内侍省为长秋监。唐代设置内侍监，此后再无大长秋名称。据《唐六典》卷十二《内侍省》，第355—356页。

② 《全唐诗》卷一二五王维《洛阳女儿行》，第1258页。

豆蔻年华的杨玉环，有着令人爱羡的姿容笑貌，但她还未抓住自己的未来命运。少女的遐思梦想，随着身心的日渐成熟，越来越被现实生活的力量所吸引。

洛阳城的皇家宫殿，巍然雄踞；王公府第，宏敞豪华；达官显贵车马华丽，仆从盛装，妻妾儿女气派骄傲，无不闪耀着权势的排场和荣耀——这一切耳濡目染，潜移默化，成为少女杨玉环心中难以抗拒的向往追求。

她也许曾在心中自语：我也要拥有这些富贵尊荣！

数年之后，杨玉环和她的家族，迎来了社会地位迅速提升的机遇。

（二）三叔父"心计远大"

改变杨玉环人生命运的第一个关键人物，就是她的三叔父杨玄璬。

最初，杨玄璬把侄女接到洛阳来抚养，出于何样考量，史无记载，不可妄测。他是一个特别重视家庭和家族的人，对幼年丧怙失恃（父母双亡）的侄女，怜爱有加——这是中华传统社会血浓于水的人伦亲情，自然道德的精神骨髓。[1]

杨玉环生来容貌俏丽，天赋聪颖，令三叔父杨玄璬格外疼爱。尤其是这个侄女从小就特别喜爱音乐舞蹈，玩弄乐器，而且悟性灵敏，更令三叔父欣喜不已。要知道，这种优雅的天赋和兴趣，并非所有官

---

[1] 众所周知，家庭与家族——血缘亲属关系是自然生育形成的，是一切社会关系的"原生态"，比国家、民族更为邈远，具有天然的、神圣的规定性。在史前时代，血缘人伦既是唯一的社会关系，也是生产关系的自然形态，具有直接而深远的支配作用（血浓于水）。进入新石器时代（原始农业、畜牧业产生）以后，明确的父系血缘统绪的繁衍，就是社会关系、生产关系的生产与再生产（自然的、历史的"社会惯性"）。正如恩格斯所言："劳动愈不发展，劳动产品的数量、从而社会的财富愈受限制，社会制度就愈在较大程度上受血族关系的支配。"据［德］恩格斯《家庭、私有制和国家的起源》第一版序言//《马克思恩格斯选集》第四卷，人民出版社，1972年，第2页。

宦人家的女儿都具有。

每个人的聪明程度（智商）与生俱来，兴趣爱好源于自然禀赋，更有赖后天教育养成；所谓无师自通乃赞美之词。俗谓"爱者会一半"，喜爱音乐歌舞是难得的优雅天赋，而要达到通晓音律的高度，还须乐师指教点拨。

杨玄璬本人是否也喜爱（或精通）音乐，已不得而知（史无记载，亦不可妄测）；但他独具慧眼，对侄女玉环因材施教，刻意培养她的艺术特长。

古代中原农耕经济社会的士、农、工、商（四民）①，职业划分与社会阶层，泾渭分明。士人阶层以"赋诗属文"为才能，以"棋琴书画"为雅好和交际媒介。在唐代以"诗书礼义"相尚的官宦之家，也有女儿因为得到良好的教育养成——家教（父祖、母亲、兄长）熏陶，学识才艺不让士林须眉，传为美谈。②

唐朝是一个诗歌、乐舞兴盛的时代，上自天子王公，下至士人庶民，普遍喜爱诗乐。

唐明皇在位（712—756）长达45个年头，是唐朝综合国力最为强盛的时期。国家乐舞艺术亦称繁荣兴盛，达于辉煌顶峰。而宫廷教坊与皇帝梨园机构，就是他在位期间，对乐舞艺术制度的整顿和建设举措（详见后文）。

杨玄璬的脑海一再闪过"电光石火"：今上（明皇）酷爱音乐舞蹈，皇太子（李瑛）的生母赵丽妃，就是以年轻美貌、能歌善舞而得

---

① 据《唐六典》卷三《户部·户部司》："辨天下之四人（民），使各专其业：凡习学文武者为士，肆力耕桑者为农，功作贸易者为工，屠沽兴贩者为商。工、商皆谓家专其业以求利者；……工、商之家不得预（参与、干涉）于士，食禄之人（官吏）不得夺天下之利。"

② 参看高世瑜《唐代妇女》第三章"妇女才艺与业绩"，三秦出版社，2011年。

宠；宁王（明皇大哥、皇十八子寿王李瑁的伯父和养父）精通音律和乐器；寿王李瑁尚未婚配——与自家侄女年龄相当，尤其是寿王的生母武惠妃正"宠冠后宫"，礼遇如同皇后（当时宫中皇后虚位）①。

这是可遇而不可求的人生机遇，是因缘巧合也是冥冥天意！

杨玄璬眼前亮起一道灿烂之光——联姻皇家，振兴家族。

因为，唐代皇家儿女（皇子、公主）的婚姻情况并非秘密——凡是京城（长安、洛阳）九品以上官员家中有"十岁已来嫡女及妹侄孙女"者，都要将其姓名、年龄等情况，报送到中书门下，以备为皇子们选婚——对于官宦之家的女儿们，皇子具有优先"选婚权"，这是王朝国家（家天下）的制度规范。如唐明皇开元十六年（728），

> 诏九品官息女（亲生女儿）可配太子者，有司采阅待进止，以太常少卿（正四品上）薛绡女为［太子］妃。②

> 自非门第兼茂，容则聿修，何以式副好逑，允兹华选。薛绡第六女，窦希瑊第四女，戚里承休，渭阳传庆，婉顺成性，柔闲有容，言必图史之规，动遵珩珮之节。惠问兰郁，清心玉映，足以俪清宫之宠，优朱邸之义。式昭闺训，用光嫔则。绡女可皇太子妃，瑊女可庆王妃，仍令所司备礼至都册命。③

由此推测，杨玄璬乃"蓄谋已久"，早就"未雨绸缪"——侄女玉环美丽聪明，擅长音乐歌舞和乐器（磬、琵琶、笛子），是振兴家族的"希望之星"。

① 按：唐明皇元配王皇后在开元十二年（724）七月，被废为"庶人"。详见第二章。
②《新唐书》卷八十二《十一宗诸子传·太子瑛》，第3607页。
③〔宋〕宋敏求编《唐大诏令集》卷三十一《开元十九年皇太子纳妃制》，中华书局，2008年，第120页。又见《全唐文》卷七十四唐文宗《选皇太子妃敕》，第339页。

三、一朝选为"亲王妃"

开元二十一年（733）秋天，关中霖雨成灾，长安谷价腾贵。次年正月，唐明皇东幸洛阳，随驾的后宫妃嫔、皇子公主，朝廷文武官员、扈从禁军，队伍庞大。

（一）唐明皇五次"东巡"

唐明皇曾五次"东巡"洛阳，除加强对中原及江淮地区的控制（政治考量）之外，都与关中乏粮有关——这是自隋朝以降，一直存在的经济社会问题。[1]

自古以来，京城和京畿为人口密集之区。而关中虽"号称沃野，然其土地狭，所出不足以［供］给京师，备水旱，故常转漕东南之粟"。[2] 一遇严重的水旱灾害，粮食就供不应求，百姓或流徙四方，严重影响生产和社会秩序安定。

> ［唐］高祖、太宗之时，用物有节而易赡（供给），水陆漕运，岁不过二十万石，故漕事简。自高宗已后，岁益增多，而功利繁兴，民亦罹其弊矣。[3]

> 咸亨三年（672），关中饥，监察御史王师顺奏请运［河东］晋、绛州仓粟以赡之，上（高宗）委以运职。河、渭之间，舟楫

---

① a. 隋文帝在位（581—604）时，关中地区遭遇严重自然灾害，庄稼歉收，粮食供应紧张，中央朝廷就要暂时到洛阳去"就食"。开皇十四年（594）八月，关中大旱，人饥（谷不熟曰"饥"），隋文帝率户口就食于洛阳，至次年三月返回大兴城。据《隋书》卷二《高祖本纪下》，第39—40页。b. 唐朝前期的情况，与隋朝相仿。唐太宗、高宗、武太后（"武周"）、中宗、玄宗，皆曾"东巡洛阳"，或短期巡幸，或长期驻守，中央衙署、文武百官随驾而行，发号施令，行使统治权力。

②《新唐书》卷五十三《食货志三》，第1365页。

③《新唐书》卷五十三《食货志三》，第1365页。

相继，会于渭南（指西安市高陵区东渭桥仓），自师顺始之也。①

自唐高宗以降，中央机构开始逐渐膨胀，官吏人数不断增加，朝廷财政开支渐广，长安城的粮食供给常有短缺。高宗前后七次"东巡"，在位期间约有一半时间驻于洛阳。女皇武则天改洛阳为"神都"并长期居留。

[中宗景龙三年（709）]是岁，关中饥，米斗百钱。运山东、江、淮谷输京师，牛死什八九。群臣多请车驾复幸东都，韦[皇]后家本杜陵（今陕西西安市东南），不乐东迁，乃使巫觋彭君卿等说上云："今岁不利东行。"后复有言者，上（中宗）怒曰："岂有逐粮天子邪！"乃止。②

[玄宗开元时期]每岁自[东]都（洛阳）转米一百万石[至西京长安]，以禄（俸禄）百官及供诸司；若驾幸东都，则减或罢之。③

唐明皇在位（712—756）时期，国家鼎盛，长安城人口号称百万，粮食供给需求有增无减，漕运数量也成倍增加，但仍嫌不足。明皇曾五次"东巡"。

第一次，开元五年（717）正月至次年（718）十一月。

第二次，开元十年（722）正月至次年（723）三月。

第三次，开元十二年（724）十一月至十五年（727）十月。

第四次，开元十九年（731）十月至次年（732）十二月。

第五次，开元二十二年（734）正月至二十四年（736）十月。

---

① 《旧唐书》卷四十九《食货志下》，第2113页。
② 《资治通鉴》卷二〇九，第6756页。
③ 《唐六典》卷十九《司农寺》，第525页。

长安与洛阳之间距离835里①，往返一次的路程就需要近两个月时间（不计恶劣天气影响）。皇驾东幸西返，随行的后宫嫔妃和宫女、朝廷官员以及护卫禁军等，队伍庞大浩荡，沿途州县官府接待供顿，役使民力，耗费钱财，可谓"折腾"。

> 两都（长安、洛阳）往来，甚觉劳弊，[明皇]欲久住关内。②

于是，调整（改革）漕运管理体制，增加入京运量，使仓廪常有储存，便成为当务之急。此事牵涉方面比较复杂，留待后文（第四章）详述。

唐明皇的最后一次"东巡"之行，首尾共两年又十个月时间。

杨玉环人生命运的第二个重大转折，就发生在唐明皇第五次"东巡"期间——她幸运地被皇家选中，嫁给皇子寿王李瑁，成为尊贵的"亲王妃"。

（二）为寿王李瑁选婚

唐代的法定结婚年龄，屡有改变，并不是特别严格。据《唐会要》卷八十三《嫁娶》：唐太宗贞观元年（627）二月四日，诏令曰：

> 男年二十，女年十五已上，及妻丧达制（丧礼制度规定）之后，嬬居服纪已除，并须申以婚媾，令其好合。……[唐玄宗开元]二十二年（734）二月敕：男年十五，女年十三以上，听婚嫁。

当时，社会各阶层的习俗婚龄（实际结婚年龄），与国家法律规

①〔唐〕李吉甫《元和郡县图志》卷一《京兆府》，中华书局（贺次君点校），1983年，第3页。
②〔唐〕郭湜《高力士外传》//《开元天宝遗事十种》，上海古籍出版社，1985年。

定并不完全同步（古今皆同），大多数女子一般是在 15 岁左右出嫁成婚。[1]

开元二十三年（735）七月，唐明皇先为女儿咸宜公主操办了婚事。

咸宜公主是唐明皇宠爱的武惠妃所生，像哥哥寿王李瑁一样，她也是深得父皇的钟爱。被选中的驸马杨洄，是名门望族后裔（其远祖系弘农杨氏），其父杨慎交娶唐中宗之女长宁公主——父子两代同为皇家驸马，可谓荣宠非常。

为了使女儿的婚事称心如意，明皇破例将公主享受的"封户"（食实封）由 500 户增至 1000 户。而这公主"封户"500 的制度，就是明皇亲手订立的——出于偏爱之心，打破旧制重立新规，其原因全在于武惠妃正"宠冠后宫"。

到了十二月，明皇又为儿子寿王瑁选妃成婚。而寿王瑁以"母宠子贵"，明皇自然格外上心，亲自把关挑选儿媳——要有"父母之命，媒妁之言"，再经过"六礼聘娶"（婚仪）程序，婚姻才告正式成立。

明皇在洛阳城为公主选婿、为皇子选妃，无疑早就引人关注。凡是闺中有待嫁女儿（与寿王瑁年龄相适）的官宦人家，少不了奔走请托，觅机求媒。那些芳龄相当，端丽淑静，符合选册条件的女孩子，也会在心中祈祷神明降福于自己。

二十四日，礼部尚书李林甫和黄门侍郎陈希烈以正、副二使的身

---

[1] 晚近唐史学者依据大量唐代墓志所反映的实际婚龄情况，获得以下基本认识：a. 女性结婚年龄，以 13—22 岁为高峰期，15—19 岁为最佳婚龄，以 18 岁为最多；11—12 岁为早婚年龄，超过 23 岁为晚婚年龄，30 岁以上结婚比较罕见。b. 男性结婚年龄，以 17—30 岁为高峰期，17—25 岁完婚者为最多，30 岁以上为晚婚。c. 普通百姓家庭的男女晚婚现象，主要是经济上的原因（为财币稽留）。参看张国刚主编《中国家庭史》第二卷（隋唐五代时期）第二章，广东人民出版社、人民出版社，2013 年，第 75—76、79—86 页。

份，奉皇帝之命，持节来到河南府士曹杨玄璬家中，传宣册封杨玉环
为寿王妃的诏书：

> 维开元二十三年（735），岁次乙亥，十二月壬子朔（初一），
> 二十四日乙亥。皇帝若曰：於戏！树屏崇化，必正壸闱。配德协
> 规，允兹懿哲。尔河南府士曹参军杨玄璬长女，公辅之门，清白
> 流庆，诞钟粹美，含章秀出。固能徽范凤成，柔明自远；修明内
> 湛，淑问外昭。是以选极名家，俪兹藩国。式光典册，俾叶龟谋。
> 今遣使户部尚书同中书门下李林甫、副使黄门侍郎陈希烈，持节
> 册尔为寿王妃！尔其弘宣妇道，无忘姆训；率由孝敬，永固家邦。
> 可不慎欤！①

由此诏书可知，杨玉环能被选为寿王妃，一是其先祖出自弘农杨
氏，为"公辅之门，清白流庆"，符合皇家选婚标准②。杨玄璬的官职
并不高，但祖上曾经"阔气过"。二是"诞钟粹美，含章秀出"——
杨玉环 17 岁的韶美年华和艳丽绝伦的容貌。俗谓"爱美之心，人皆有
之"。普通人家尚且如此，地位崇高的皇家更不待言。

选册亲王之妃，除了官宦家庭背景，美貌和教养尤为重要——杨
玉环以"含章秀出"的花容月貌而被选册为寿王妃。如同武则天当年
那样，因"美容止"被唐太宗选为"才人"；也像唐高宗的第一位皇
后王氏以"有美色"被纳入后宫。

---

①《唐大诏令集》卷四十《册寿王杨妃文》，第 186 页。

② a. 唐初，唐太宗对旧时的门阀士族采取压抑政策；同时，实行科举选官制度，
开创崇尚人才的新风气，出身士族者也以"科举出仕"为荣。b. 唐代婚姻开始形成注
重财钱和人才（科举出身者）的时代新气象。唐初的亲王之妃和公主驸马，大多选取功
勋重臣——新朝新贵之家。c. 虽然旧士族的政治、经济地位已经不能与南北朝时期同日
而语，其社会影响力已今不如昔，但是在传统礼法方面，士庶族望（门第等级观念）仍
很浓重，婚姻上"门当户对"，士庶不婚的风尚并未绝迹。

四、尊荣富贵"亲王妃"

美少女杨玉环在 17 岁嫁为寿王妃，由七品官员家的女儿跃升为皇室成员，其尊荣富贵今非昔比。她心中的"富贵梦"从册命和婚礼开始，就落地实现了。七品官员杨玄璬家门生辉，光耀祖宗；也让期望以联姻而攀附皇室的人家羡慕不已。

自西汉末年以降，凡是两个家庭（两姓）缔结婚姻（俗谓"结秦晋之好"），必须遵照传统的"六礼"程序（婚仪），才算合法（社会普遍认可）。①

（一）唐代亲王之"婚仪"

到隋唐时代，上层社会家庭的儿女结婚，仍然必须"六礼"齐备。还有拜堂、同牢、合卺②等烦琐而热闹的礼节仪式。次日清早，新娘要到公婆住处行拜见之礼。若公婆已逝，在婚后三个月，要到祖庙行拜见祭祀之礼，至此才算婚姻正式完成。

而皇家亲王（皇子）纳妃，属于传统"五礼"的"嘉礼"之一，其"婚仪"有纳采、问名、纳吉、纳征、请期、册妃、亲迎、同牢，妃朝见皇帝皇后，婚会（妃家设宴招待男性宾客）、妇人礼会（妃家设宴招待女性宾客）、飨丈夫送者（答谢宴会）、飨妇人送者（答谢宴

---

① 古代"六礼"程序：纳采，男方托媒人向女方送礼求婚。问名，男方托媒人询问女方名字及生辰。纳吉，男方拿女方名字及生辰到祖庙占卜吉兆。纳征（纳币），男方托媒人送聘礼到女方订立婚约。请期，男方择定结婚吉日，派人去征得女方同意。亲迎，新郎在傧相陪伴下亲自前往女方迎娶新娘。

② a. 同牢，古代婚礼仪式之一，新婚夫妇共食一牲（牲畜）。牢，指关养牲畜的圈，也指供祭祀和宴飨用的牛、羊、豕（猪）。b. 合卺，即饮"交杯酒"。新婚之夜，把一个葫芦分为两个瓢，作为酒器，叫"卺"。新郎新娘各拿一瓢饮酒，叫作"合卺"（合瓢）。后遂称"成婚"为"合卺"。

会），其具体过程（程式化）极为繁缛——皇家尊贵地位和豪华排场的内外展示、妃家光宗耀祖之体现，令市井平民羡慕不已。

亲王纳妃。其纳采、问名、纳吉、纳征、请期，使者公服，乘犊（牛）车，至于妃氏之家，主人受于庙（家庙）若寝（无庙者于正寝），其宾主相见，傧赞出入升降，与其礼宾者，大抵皆如皇太子之使，而无副［使］。其聘以玄纁束，乘马，玉以璋。册命之日，使者持节（节杖，使者身份凭证），有副［使］。①

以下仅对册妃、亲迎、亲王妃朝见皇帝与皇后，作扼要介绍。②

1. 册妃之礼。其日，妃氏家亲属咸集。这是体现其家族荣耀的重要时刻。

妃（新娘）严于别室以俟（衣饰整齐，严肃等待），傅姆著礼衣立于其右。女相者帅女赞者二人，皆著彩礼衣，立于内寝东阶东南，西面。

使者（正、副）著公服，乘辂（马车），备仪仗，至妃氏大门外，入次（大门外搭设的临时帐篷）。使者出次，典谒者引使者，持节（节杖）者前导，立于门西，东面。副使立于使者西南，史（吏员）二人对举册案立于副使之南少退。

主人著公服。赞礼者引主人立于东阶东南，诸宗人（本家族人）立于主人之东南；外姻（姻亲）立于主人之西。赞礼者引主人出门东，西面再拜。使者不答拜。

典谒引使者入门，持节者前导，副使以下从之。使者立于内寝阶间。

女相者引妃（新娘）出，障以行帷（帷幕遮蔽），其侍从提挈如

---

① 《新唐书》卷十八《礼乐志八》，第419页。

② 据〔唐〕杜佑《通典》卷一二九《礼八十九·开元礼纂类二十四·嘉礼八·亲王纳妃》，中华书局（王文锦等点校），1988年，第3300—3318页；《新唐书》卷十八《礼乐志八》，第407—420页。

式，姆左右以相，进当使者南，北面立；又女相者引宗人、外姻之妇人立于东西厢，俱北上。立定。

史（吏员）举案诣副使前，副使受册（册命文书）；副使举册授使者。

使者称："有制。"女相者曰："再拜。"女赞者承传，妃再拜。

使者读册（宣读册命）讫，女相者曰："再拜。"女赞者承传，妃再拜讫，女相者引妃少前，傅姆进，受册以退，其羽仪依式俱进。

典谒引使者，持节者前导以出，俱复门外位。主人拜送于门外。

使者还，主人入。使者初出时，女相者即引妃（新娘）入于室内。

2. 亲迎之礼。其日大昕（天亮），妃（新娘）父服其服告于祢庙（父庙。无庙者告于寝）。主人布席于室户外之西，右置几案。又设席（席子；席位，座次）于户内，南向。设樽甒（皆为盛酒器）醴（甜酒）于东房东北隅，加勺幂（覆盖食物的巾），筐（盛物的圆形竹器）在樽南，实觯（盛酒器皿）一，角柶（舀食用具，形状如匙）一，脯醢（酒肴。干肉、肉酱之类）在筐南。

初昏，王（新郎）著衮冕（礼服），乘辂车，备仪仗，至妃氏大门外，入次。

妃（新娘）著花钗褕衣，纁袡（绛色蔽膝），入于房，即席南向立。姆著礼衣在其右，从者陪其后。内赞者诣醴樽所，以觯酌醴，加柶，覆之，进妃筵前，北面。妃降席西，南面再拜，受觯。内赞者进脯醢于席前。妃升席，跪，左执觯，右取脯，擩（浸染）于醢，祭于笾豆（祭祀礼器，笾为竹制，盛果品；豆为木制，盛肉食）之间，遂以柶祭醴三，始扱（举）一祭，又扱再祭，起身，筵末跪，啐（饮）醴，建柶，奠觯于荐东，降筵西，南面再拜，升席立。内赞者撤荐觯。

赞礼者引王（新郎）出次，左右羽仪及执烛者如常。傧者进出传话。

傧者曰："敢请事。"王曰："以兹初昏，某将请承命。"

主人曰："某固敬具以须。"傧者引主人迎于大门外之东，西面再拜，王（新郎）答拜。主人揖，王报揖。从者以雁（大雁）进，王受雁，执之入门。

主人曰："请王入。"王曰："某弗敢以先。"主人又曰："固请王入。"王曰："某固不敢以先。"主人揖，王报揖，王与主人俱入，左右从者如常。

主人、王至院子内霤（房檐滴水处），三请三辞。

主人升阼阶（东阶），西面立。王升西阶，进当房户前，北面跪，奠雁（献雁为初见之礼），起身，再拜，降阶，出至大门外。主人不降送。王初入门，妃之母出立于房户外。于王拜讫，姆引妃出于其母之左。

妃之父西面戒之，必有正焉，若衣若花（礼衣花钿），命之曰："戒之敬之，夙夜无违命。"母戒于西阶上，施衿（衣领、衣襟）结帨（佩巾），戒之曰："勉之敬之，夙夜无违。"庶母及门内，施鞶（衣带、布囊），申之以父母之命，命之曰："敬恭听宗父母之言，夙夜无愆，视诸衿鞶。"鞶，囊也，妇人鞶丝，所以盛帨巾之属。

妃出，至车后，王授绥（登车手拉之绳），姆辞曰："未教，不足与为礼。"妃乘几升辂，从者二人坐，相对持之，姆加帛制罩衣。王乃驭轮三周，驭者代之。王乘辂还第，妃次于后，仪仗从行如来仪。主人使其亲族送妃。

对于这种讲究排场，"招摇道路"的皇家婚礼仪式，在唐人诗歌、笔记杂说中不乏记载——唐宪宗时梁铉的《天门街西观荣王聘妃》，描写了亲王纳妃的"亲迎"场景（时间、音乐、执扇秉烛、撒钱习俗等）。

　　帝子乘龙夜，三星照户前。两行宫火出，十里道铺筵。罗绮明中识，箫韶暗里传。灯攒九华扇，帐撒五铢钱。交颈文鸳合，和鸣彩凤连。欲知来日美，双拜紫微天。①

所云"双拜紫微天"，是指次日荣王与妃子（新娘）朝见皇帝之礼仪。

3. 亲王妃朝见皇帝、皇后之礼（新媳妇拜见公、婆）。其日（婚礼次日），诸卫（禁军）依时刻勒所部屯宫门内外，列仪仗如常。

王妃（新娘）夙兴沐浴，著花钗，服褕衣，乘厌翟车以出，侍从如常。

妃奉笲（盛物竹器，玄表纁里）枣栗②，司宾（宫中女官）引妃入，立于庭，北面，妃再拜；升自西阶，进，北面跪奠（献）于皇帝前，兴（起身）。皇帝抚慰之。尚食（掌御膳等）进，撤笲以东。司宾引妃降复位，又再拜。尚仪前承敕，降诣妃西北，东面称："敕旨。"妃再拜。宣敕讫，又再拜。

司宾引妃出，遂诣皇后所御之殿，立于阁门外，奉笲腵修（捣碎加姜桂的干肉）③。六尚（后宫女官）以下各服其服，俱诣阁奉迎。尚仪入奏。皇后即御座，南向坐，近臣如常。司宾引妃立于庭，北面再拜。妃升自西阶，进，北面跪奠（献）于皇后前，起身。皇后抚慰之。尚食进，撤笲以东。司宾引妃降复位，又再拜。

尚仪前承令，降诣妃西北，东面称："令旨。"妃再拜。宣令讫，妃又再拜。司宾引妃出阁，侍从如常。妃乘车还第，如来仪。

---

①《全唐诗》卷五〇五，第5789页。荣王，为唐宪宗幼子。据《旧唐书》卷一七五《宪宗诸子传·荣王愭》，第4536页。按：天门街，指通向皇宫的大街。唐长安城之天门，指宫城南门承天门，由此向南，皇城中央的承天门街、外郭城中央的朱雀大街，皆称天门街。

②枣栗，新妇拜见公婆时，献给公公（舅），取"早自谨修"之意。参看牛志平《唐代婚丧》，三秦出版社，2011年，第57页。

③腵修，新妇拜见公婆时，献给婆婆（姑），取"断断自修"之意。

不言而喻，新媳妇寿王妃杨玉环朝见的公公，就是唐明皇；朝见的婆婆，就是寿王生母武惠妃。当时，后宫中皇后"虚位"，武惠妃享受的礼遇如同皇后。

华丽的婚礼结束了。杨玉环与夫君朝夕相处，沉浸在激动不安的旖旎欢乐之中，甜蜜而幸福。新婚妃子姿容艳丽，妖媚多情，又喜爱音乐舞蹈，令寿王瑁满心陶醉。

开元二十四年（736）十月，明皇从东都返回长安。寿王夫妇随驾回京。

（二）唐代亲王之地位

杨玉环嫁入皇室，成为寿王妃——夫贵妻荣，梦想成真。凡显示她作为亲王妃身份地位和荣耀的冠服、车马、印章等，是和夫君寿王不可分割的。

在古代社会，女性一生的政治、经济等地位，或富贵荣华，或贫穷低贱，皆依附于男子（父权、夫权）。《仪礼·丧服》云："夫尊于朝，妻贵于室矣。"

唐代人有言："鱼轩象服，夫贵妻荣。"① 鱼轩，指贵族妇女出行所乘车辆，用鱼皮作为装饰；象服，指皇帝后妃、贵妇人的礼服，上面绘有各种物象作为装饰。

杨玉环的亲王妃地位等级，涉及唐朝的"封爵"和"命妇"制度。所谓"封爵"，是古代帝王给予贵族（皇族）、高官的政治荣誉与经济奖励——封赐爵号、土地、民户等。"爵位"是表示政治身份和地位的称号；"封户"（食邑）作为受封者的世禄（享受封邑土地的租

---

① 〔唐〕唐正辞《太子宾客上柱国赵公亡夫人谯郡夏侯氏墓志铭》，见《全唐文》附〔清〕陆心源编《唐文拾遗》卷二十九，上海古籍出版社，1990 年，第 145 页。

税收入）。唐承隋制，以皇兄弟、皇子为亲王，爵位凡有九等。①

唐代的爵位等级简表②

	爵位等级 / 品级	封户		爵位等级 / 品级	封户
1	亲王 / 正一品	万户	2	郡王（嗣王）/ 从一品	5000 户
3	国公 / 从一品	3000 户	4	开国郡公 / 正二品	2000 户
5	开国县公 / 从二品	1500 户	6	开国县侯 / 从三品	1000 户
7	开国县伯 / 正四品上	700 户	8	开国县子 / 正五品上	500 户
9	开国县男 / 从五品上	300 户	/	/	/
说明：此表中所列封户为"虚封"，实际的封户为"食实封"数字。					

凡亲王府，有户曹职掌封户、田宅、僮仆、弋猎等具体事务。③

凡受封者的爵位可以世袭，"即令子孙世世承袭"，凡"非有大故（罪过），无或黜免"。④ 在唐朝初年，郡王以上爵位仅授予皇族（李姓）。但从武则天执政，开始分封诸武（其娘家人）为王，有功的高级官员也可以封授郡王，打破了这个限制。而受封者人数不断增加，意味着国家财政收入的减少，二者互为因果。于是，其后出台了"实封"与"虚封"的对策，只有"食实封"才是实际得到的经济收益。

---

① 据《唐六典》卷二《吏部·司封司》："皇兄弟、皇子皆封国，谓之亲王。亲王之子承嫡者，为嗣王。皇太子诸子并为郡王。亲王之子承恩泽者亦封郡王，诸子封郡公。其嗣王、郡王及特封王子孙承袭者，降授国公。诸王、公、侯、伯、子、男若无嫡子及罪、疾，立嫡孙。无嫡孙，以次立嫡子同母弟；无母弟，立庶子。无庶子，立嫡孙同母弟；无母弟，立庶孙。曾、玄［孙］已下亦同此。……"

② 据《唐六典》卷二《吏部·司封司》："……然户、邑率多虚名（虚数），其言食实封者，乃得真户（实有户数）。旧制（惯例），户皆三丁以上，一分入国。开元中定制，以三丁为限，租赋全入封家。……凡名山、大川及畿内县皆不得以封。"

③《唐六典》卷二十九《诸王府公主邑司》，第731页。

④《唐大诏令集》卷六十五唐太宗《封建功臣诏》《长孙无忌等十四人并为刺史封国公子孙承袭诏》，第358—359页。

旧（唐初）制，亲王食封八百户，有至一千户；公主三百户；长公主（皇帝姊妹）加三百户，有至六百户。……[中宗]神龙（705—707）初，相王（即睿宗）、太平公主同至五千户，……[玄宗]开元（713—741）中，[皇兄弟]宁王五千五百户，岐王、薛王各五千户，申王四千户，……其后，皇子封王者二千户，皇女为公主者五百户，又诸皇女为公主者例加一千户。其封自开元以后，约以三千户为限。①

凡皇族、官员的俸禄主要有：（1）禄米。凡京城官员由太仓供给，凡"九品以上给白米（净米）"，按月发放。诸亲王府排在第二般（班），每月中旬发给。②（2）俸料。有食料、杂用、防阁（庶仆）。（3）职分田。收取地租，租额为6斗/亩。

皇家亲王每年经济收入（特权待遇）的基本情况如下表。③

	收入来源	数量	备注
1	禄米（白米）	700 石/年	京城太仓供给，按月发放
2	月俸钱	31 贯	每贯为 1000 文
3	职分田（收取地租）	12 顷（1200 亩）	租额 6 斗/亩
4	防阁（庶仆）	96 人	亲身服役或纳课（资）代役

①[宋]王溥《唐会要》卷五《诸王》，第59—60页；卷九十《缘封杂记》，第1949—1953页，上海古籍出版社，1991年。按：a. 按照封爵制度，凡受封者可以直接占有（收取）其"封户"应交纳给官府的租调（租，每丁每年纳粟2石；调，绢2丈、绵3两或布2.4丈、麻3斤）。b. 自唐中宗以后规定，受封者不再直接向封户收取租调，改由中央政府（户部）统一征收，再由太府寺按照标准（封户数）来发放。据《旧唐书》卷四十八《食货志上》，第2088页。

②《唐六典》卷三《户部·仓部司》，第84页；卷十九《司农寺·太仓署》，第527页。

③《唐六典》卷三《户部》，第78、83页；《唐会要》卷九十《内外官禄》，第1955—1957页，卷九十一《内外官料钱上》，第1963页；《唐开元田令》，据天一阁博物馆、中国社会科学院历史研究所天圣令整理课题组校证《天一阁藏明钞本天圣令校证（附唐令复原研究）》，中华书局，2006年，第452页。

此外，凡遇节庆、大赦天下等，还有各类赏赐（绢帛、钱财、珍宝等）。①

在古代王朝国家（"家天下"），其"政治特权"与各种经济利益挂钩，能够享受的社会群体，首先是皇亲国戚，其次是各级官员（"官本位"思想根深蒂固）。

人们常用"锦衣玉食"来形容社会富贵阶层物质生活的丰富优裕。锦衣，是指精美华丽的丝绸衣服，俗谓"绫罗绸缎""穿金戴银"。玉食，指精细的粮食和饮食，俗谓"白米细面""山珍海味"等。这是人人向往追求的理想生活状况。

杨玉环以普通官员家庭女儿的身份嫁入皇室，成为亲王妃——跃升到了更高等级的"社会特权阶层"，开始了心念向往的"锦衣玉食"的新生活。

唐明皇一生有 30 个儿子、30 个女儿（包括在襁褓早夭者）。② 其称帝之初，凡年幼的皇子都养育在宫中。开元十三年（725），在朱雀大街以东第五街东从北数第一坊（入苑坊）修建了十王宅，后来又增置为十六王宅，诸王分院而居。

先天（712）之后，皇子幼则居［宫］内，［开元十三年（725）］东封［泰山］后，以年渐长成，乃于安国寺东附苑城为大宅，分院居之，名为"十王宅"。令中官押之（管理）。于夹城中起居，每日家令［寺］进膳③。又引词学工书之士入教，谓之侍读。"十王"谓庆、忠、棣、鄂、荣、光、仪、颍、永、延、盛、济等，以十举全数。

① 据《唐六典》卷三《户部·金部司》：凡每年元正（正月初一）、冬至日"朝会"（皇帝大会群臣的典礼），称来帛有差者，皆赐绢，五品以上 5 匹，六品以下 3 匹。命妇会（拜见皇后），则视其丈夫、儿子的官品级别，给予赏赐。

② 据《唐会要》卷五《诸王》，第 61 页，卷六《公主》，第 74—75 页；《新唐书》卷八十二《十一宗诸子传》，第 3606—3616 页，卷八十三《诸帝公主传》，第 3657—3660 页。

③ 太子家令寺，掌管皇太子的饮膳、仓储、库藏等事宜。其下的食官署，专掌饮膳事务。

其后，寿、信、义、陈、丰、恒、凉七王，又就封，入内宅。

开元二十五年（737），鄂、光得罪，忠王（即肃宗）继大统。天宝（742—756）中，庆、棣又殁，惟荣、仪十四王居内，而府幕列于外坊①，岁时通名起居而已。外诸孙长成，又于十宅外置百孙院。每岁幸〔骊山〕华清宫，侧亦有十王宅、百孙院。十王官人每院四百余人，百孙院三四十人。又于宫中置维城库，以给诸王月俸。诸孙纳妃嫁女，亦就十宅中。太子不居于东宫，但居于乘舆所幸之别院；太子之子，亦分院而居，婚嫁则同亲王、公主，于崇仁里之礼院。②

皇子们长大之后，封王开府，另赐宅第（亲王府）。

（三）唐代王妃之尊贵

1. 唐代"外命妇"制度。所谓"命妇"，指享有朝廷封号（名位、荣誉称号）的妇女，分内、外两类。（1）"内命妇"，包括皇帝后宫妃嫔，皇太子妃妾。（2）"外命妇"，包括宫外的皇族、外戚妇女以及臣僚母、妻有封号者。以下列为简表。

唐代"外命妇"等级简表③

外命妇／受封者身份		外命妇／受封者身份	
妃	王、嗣王、郡王之母、妻	郡君	四品官之母、妻
国夫人	文武官一品、国公之母、妻	县君	五品官之母、妻
郡夫人	三品以上官之母、妻	乡君	勋官四品有封者之母、妻

---

① 府幕，指府署（官署、官衙、衙门）的幕僚（王府幕僚）。幕府，指将帅在外临时设置作为府署的营帐。外坊，指长安外郭城诸坊（里）。唐代亲王府的机构与官吏设置，见《唐六典》卷二十九《诸王府公主邑司》，第728—733页。

② 《唐会要》卷五《诸王》，第60页。参看〔清〕徐松撰，李健超增订《最新增订唐两京城坊考》，三秦出版社，2019年，第173—175页。

③ 《唐六典》卷二《吏部·司封司》，第38—39页；《旧唐书》卷四十三《职官志二·吏部·司封司》，第1821页；《新唐书》卷四十六《百官志一·吏部·司封司》，第1188页。

续表

"外命妇"品级		
正一品	大长公主（皇姑母）、长公主（皇姊妹）、公主（皇女）	
从一品	郡主（皇太子女）	从二品	县主（亲王女）
正四品郡君	内命妇一品之母	从四品郡君	内命妇二品之母
正五品县君	内命妇三品、四品之母	/	/

凡"外命妇"享有"朝参"（朝贺）皇后、皇太后的资格（政治荣耀）。

宗亲女妇、诸王长女月二参。……凡外命妇朝参（参拜皇后、皇太后），视夫、子之品。……王妃、公主、郡县主嫠（寡）居有子者，不再嫁。①

［高宗］永徽五年（654）十一月，武后（武则天）初立，群臣、命妇朝皇后。……据《周礼》，有命夫朝人主，命妇朝女君。自永徽五年已来，则天为皇后，始行此礼。……［睿宗］景云四（三）年（712）六月敕："文武官五品已上，母、妻未受邑号告身者，不在朝会之限。"……②

如每年的元正（正月初一）与冬至日，依照惯例（礼仪制度），"皇后受外命妇朝贺并会"——以皇后名义，在宫中（皇后正殿）举行的大型宴会，也是最为隆重的王朝国家典礼之一。是日，"外命妇"入宫拜见皇后，敬酒祝贺（"上千秋万岁寿"）；皇后赐予酒宴招待（设酒食，酒行十二遍）、赏赐绢帛（"以次授束帛有差"）。

在整个典礼过程中（"外命妇"按等级次序拜见皇后、盛设酒宴），

---

① 《新唐书》卷四十六《百官志一·吏部·司封司》，第1188页。

② 《唐会要》卷二十六《命妇朝皇后》，第573页。

依照惯例也要演奏"雅乐"、表演"燕乐"乐舞（诸伎乐以次作）。①

由此可见，"外命妇"制度——母以子贵，妻以夫荣，也是王公贵族、达官显宦本人品级高低和政治荣耀的一种标志（体现"封妻荫子"特权）。

2. 亲王妃"车服"规格。依据唐朝国家制度（礼制、官制和法律）规定，凡皇子（皇太子、亲王）都有"妻妾成群"和侍奉宫女（服杂役）。②

皇太子妃妾／内命妇		皇子（亲王）妃妾／外命妇
妃1人／正一品	良娣2人／正三品	妃1人／正一品
良媛6人／正四品	承徽10人／正五品	孺人2人／视正五品
昭训16人／正七品	奉仪24人／正九品	媵10人／视正六品

在古代社会，"车马服章"是体现等级秩序的外在标志（物质载体），涉及服饰（冠冕、服装的样式、质料、颜色、纹饰等）、仪仗（出行车马、扈从等）。

以下将唐代亲王妃（外命妇一品）的"车服"等级规格，仍列为表格；并与皇太子妃、"外命妇"各个等级进行比较。只有在内、外命妇云集的各种典礼场合，如节庆之日入宫朝贺皇后（与皇太后）、陪同皇后"亲蚕"（祭祀蚕神）③ 时，才更易于显示出她们个人在群体中所处的等级地位之高低。

---

① 据《通典》卷一二三《礼八十三·开元礼纂类十八》，第3160—3164页。

② 据《唐六典》卷二《吏部·司封司》，第38—40页。

③ 按：皇后"亲蚕"（率内、外命妇祭祀蚕神）与皇帝"亲耕"（率文武百官耕作土地），皆为古代王朝国家重视农桑的典礼。每年正月，皇帝要率领王公百官"亲耕"，到田间耕作，以示重农（劝农，鼓励农民努力耕作）。季春之月，皇后率领内、外命妇祭祀蚕神，躬亲采桑育蚕，以示重桑。这是古代社会的经济基础——"以农立国"在"礼制"上的反映。

唐代内、外命妇"车服"制度简表①

礼服与首饰	皇太子妃	(1) 褕翟。首饰花九树，小花如大花之数，并施两博鬓（假发髻，下垂至耳）。衣服用青织成锦制作，文褕翟之形（锦鸡图案），青质，五色，九等（九行图案）；素纱中单（衬衣），黼领（衣领绣有花纹），罗縠褾（绉纱袖口）、襈（衣边），皆同朱色；蔽膝，随裳色，用缅（黑中带红的颜色）为领缘，以褕翟为章（花纹图案），二等（行）。大带，随衣色，朱里，纰其外（镶边），上以朱锦，下以绿锦，纽（扣襻）用青组（丝带）。青衣，革带，青袜、舄加金饰，瑜玉双珮，红朱双大绶（丝带）。章、绶尺寸与皇太子同。受册、助祭、朝会诸大事之服。
		(2) 鞠衣。黄罗（丝织品）为之，其蔽膝、大带、革带并随衣服之色，余与褕翟同，唯无翟（锦鸡图案）。从蚕（祭祀蚕神）之服。
		(3) 钿钗礼衣。九钿，衣服通用杂色，余与上同；加双珮、小绶，去舄，加履。宴见宾客之服。
	亲王妃等	(1) 花钗翟衣。宝钿饰，施两博鬓，一品九树（以下递减），五品五树。宝钿准花树。翟衣青质，罗为之，绣为翟（锦鸡图案），一品九等（行）。并素纱中单，黼领，朱褾（袖口）、襈（衣边），亦通用罗縠。蔽膝，随裳色，以缅为领缘，加以文绣，重翟为章（图案），二等（行）。大带，青衣，革带，青袜、舄（复底鞋），珮（佩玉），绶（丝带）。用于受册、从蚕、朝会典礼。
		(2) 钿钗礼衣。一品九钿；二品八钿，三品七钿，四品六钿，五品五钿。礼衣通用杂色，其制与上同，加双珮、小绶，去舄，加履。用于朝参、辞见、礼会等。

① 据《隋书》卷十《礼仪志五》，第212页；《唐六典》卷十二《宫官·尚服局》，第352页；《通典》卷一〇七《礼六十七·开元礼纂类二》皇太子妃卤簿（第2787页）、外命妇卤簿（第2790页），卷一〇八《礼六十八·开元礼纂类三》皇后王妃内外命妇服及首饰制度（第2806页）；《旧唐书》卷四十五《舆服志》，第1955—1956页；《新唐书》卷二十三下《仪卫志下》，第504—505、507页。

续表

卤簿与乘车	皇太子妃	卤簿（仪仗）。清道率府校尉6人，骑马、带弓箭横刀，分左右；次青衣10人，分左右；次导客舍人4人，分左右引道；次内给使60人，朱衣，分左右；后属内人（宫人）车。次偏扇、团扇、方扇各18人，宫女执之，著彩衣革带，分左右；次行障（帐幕围屏）4具、坐障2具，宫女执之，分左右，夹车；次典内2人，骑马，分左右；次厌翟车；次阍帅2人，领内给使18人，分左右；次六柱扇2人，内给使执；次供奉内人，乘辂（牛）车；次伞（伞盖，长柄圆顶，边缘垂有流苏）1人，正道行，大扇2人，团扇4人，曲盖2人，内给使执之，并分左右；次执戟者90人，著绛（深红色）袄、綦（青黑色）弁帽，分左右。其后尽为内人车（犊车）。
		乘车。厌翟车，驾3马，驾士14人。从车（副车）6乘（辆），即犊车，驾牛，为供奉内人（宫人）乘坐。①
	亲王妃等	卤簿（仪仗）。一品清道2人，青衣6人（二品4人，三品、四品2人）；偏扇、团扇、方扇各16人（二品14人，三品10人，四品8人）；行障（帐幕围屏）3具（二品、三品2具，四品1具）；坐障2具（二品以下并1具）；厌翟车；伞1、大扇1（二品以下无大扇）、团扇2；执戟60人（二品40人，三品20人，四品无执戟）。
		乘车。公主、亲王妃乘厌翟车，驾2马，驭者8人，从者16人；从车6乘（辆）。非公主、王妃并乘白铜饰犊车（牛车），驾牛，驭者4人；一品从者16人，二品14人，三品12人，四品10人。一品从车6乘，二品、三品从车4乘，四品2乘。用于受册、从蚕、礼会等典礼仪式。

　　杨玉环嫁为寿王李瑁之妃，成为皇族家庭成员，进入"外命妇"行列——富贵荣华集于身，开始享受锦衣玉食的物质生活待遇，呼奴使婢的高贵和荣耀。

　　不言而喻，作为寿王妃，她必须遵循礼教，恪守妇道，夫唱妇随，

---

　　① 犊车，即牛车，其等级差别，在于装饰、帷幔、络网的颜色（如金饰、白铜饰，紫色或青色帷幔等）。按：礼仪性车辆的等级差异，主要表现在制作工艺与装饰上（颜色、车盖、帷幔、纹饰等）。而一般的生产和运输车辆讲究实用（坚固耐用），不重装饰。

谦恭地侍奉夫君寿王瑁；还要按照宫廷礼仪，恭敬地孝顺公婆（明皇、武惠妃）。

在中国传统社会的"礼教"规条中，对于全体女性而言，最高的社会伦理（道德）标准和行为规范，就是"三纲五常"①与"三从四德"②。

据儒家经典《仪礼·丧服》与《白虎通·三纲六纪》：

> 妇人有三从之义，无专用之道。故未嫁从父，既嫁从夫，夫死从子。

> 三纲（法度，秩序）者，何谓也？谓君臣、父子、夫妇也。……君为臣纲，父为子纲，夫为妻纲。

据《礼记·昏义》："昏（婚）礼者，将合二姓之好，上以事宗庙，而下以继后世也，故君子重之。"这是最古老、最典型的婚姻定义，源自"祖先崇拜"——祭祀祖先、延续家族（宗族）血脉，才是婚姻的中心目的（不是个人的、也不是社会的）。

由此说来，寿王妃杨玉环的"富贵梦"要长久下去，自然还要生儿育女，传续夫君的血脉香火。在两姓婚姻的中心目的上，她和普通百姓妻子的命运是一样的。

然而，难以料想的是，杨玉环恰恰就是在此家庭（家族）的头等大事上出了问题——婚后不育，人生命运因此发生了更大的改变。此是后话，留待第三章详细叙说。

---

① 五常：a. 指五伦。即君臣、父子、兄弟、夫妇、朋友之间的五种伦理关系。b. 指五种道德规范：父义、母慈、兄友、弟恭、子孝。c. 指仁、义、礼、智、信五种人生修养。

② 四德：a. 指儒家倡导的孝、悌、忠、信四种道德修为。b. 指妇女的四种德行：妇德（清闲贞静，守节整齐，行己有耻，动静有法）、妇言（言语辞令。不道恶语，不厌于人）、妇容（端庄柔顺，盥洗尘秽，服饰鲜洁，身不垢辱）、妇功（纺织、刺绣、烹饪、缝纫等）。

第二章　玄宗朝"宫闱风波"

所谓宫闱，在空间上，指古代帝王的后宫（居住之地）。在人事上，是指皇帝（天子）的皇后、嫔妃，以及为后妃们服务的宫女、宦官群体。

古代皇帝的后宫"妻妾成群"，距离皇权最近，遂成权力争斗的"战场"。

唐明皇先后在太极宫（西内）、大明宫（北内）、兴庆宫（南内）听政。以开元十六年（728）正月为时界，此前居于大明宫，此后就一直"听政于兴庆宫"。①

唐长安城的宏观空间格局，分为外郭城与内城两大区域。（1）外郭城是文武官员、普通市民的居住生活区，划分为百余个坊（里）与东市、西市（民营工商业市场区）。（2）内城（皇宫）分为皇城（在南）与宫城（在北）两部分。皇城，是中央机构（百司）所在地；宫城，是皇帝与后妃的居住生活区。②

唐长安城有"三大内"（宫殿区）：太极宫（西内）、大明宫（东

---

① 《旧唐书》卷八《玄宗本纪上》，第192页。按：兴庆宫（今西安市兴庆宫公园）是唐明皇时新修建的。由于地处外郭城，周围是居民坊里和市场（东市），在"三大内"中为面积规模最小者（周长4660米，面积1.35平方千米）。其内部的宫殿建筑也相对比较少，以龙池（兴庆池）为界，北部为宫殿区，南部为园林区。在唐朝前期，只有唐明皇居此听政；到了唐后期（"安史之乱"以后），这里成为退位皇帝的闲居之处。

② 参看〔清〕徐松撰，李健超增订《最新增订唐两京城坊考》，三秦出版社，2019年；张永禄《唐都长安》（增订本），三秦出版社，2010年。

内、北内）和兴庆宫（南内）。唐高祖、太宗在太极宫听政，高宗、中宗也曾在此听政；但高宗自龙朔（661—663）以后，多在新建的大明宫听政。唐后期的诸位皇帝皆在大明宫听政。

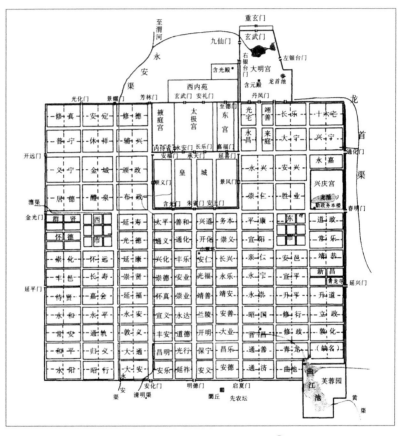

图 1　唐西京长安城平面示意图①

---

① 据〔清〕徐松撰，李健超增订《最新增订唐两京城坊考》，三秦出版社，2019 年。

一、王皇后"厌胜"① 被废

古代皇帝的婚姻（后妃制度），可称之为"一夫一妻多妾制"②，这自然会诞育众多的子女。尽管皇恩浩荡，先沐亲子，但不可能做到完全平均而无差别。于是，便有了后妃的等级制度和皇子女的嫡庶之分——"嫡长子继承皇位"是其核心。

但是，这一套"祖宗法规"（区分亲疏远近、礼遇厚薄），并不能真正限制其余皇族子弟对皇位的觊觎。因此，历代的宫廷中都充满了计用谋兴，攘夺争斗，甚至演成骨肉相残，刀兵相向的流血悲剧。而这种宫廷权力争斗的旋涡，常常会将后妃们卷入其中——她们（及其家族）的命运具有很大的不稳定性和风险性。

在唐明皇开元年间的"宫闱风波"中，第一个悲剧人物就是王皇后。③

王皇后是同州下邽（今陕西渭南市东北）人，出身于官宦之家。李隆基为临淄郡王时，聘王氏为妃。在李隆基发动宫廷政变（诛灭中宗韦皇后及其党羽势力）时，王氏曾"颇预密谋，赞成大业"——两人可谓患难夫妻。

---

① 厌胜，是古代的一种巫术，认为能以诅咒制胜，镇压、征服人或物。即以迷信的方法，镇压或驱避可能出现的灾祸，或致（转嫁）灾祸于他人。在"万物有灵"思想笼罩的古代社会，此类事件极易触犯帝王的"政治忌讳"。

② 唐明皇开元时的后宫制度，在皇后之下，有妃三人（惠妃、丽妃、华妃），正一品；六仪六人（淑仪、德仪、贤仪、顺仪、婉仪、芳仪），正二品；美人四人，正三品；才人七人，正四品。据《唐六典》卷十二《内官》，第347—348页。

③ 本节据《旧唐书》卷五十一《后妃上·玄宗废后王氏》，第2177页；《新唐书》卷七十六《后妃上·玄宗皇后王氏》，第3940—3941页；《旧唐书》卷一八三《外戚·王仁皎传》附其子守一传，第4745页；《新唐书》卷二〇六《外戚·王仁皎传》附其子守一传，第5845页。

睿宗景云元年（710）六月，李隆基因功被册立为皇太子，王氏成为皇太子妃。

先天元年（712）八月，李隆基称帝，王氏被册立为皇后。

王皇后之父王仁皎任太仆卿（从三品），加勋开府仪同三司，封爵祁国公。王皇后之兄王守一，追随李隆基铲除太平公主势力，有定策之功，由尚乘奉御（从五品）加官为银青光禄大夫（从三品）、太常卿同正员，封爵晋国公，实封500户。

但是，王皇后遇到了令她忧虑不安的大事——久无生育，这显然不利于其皇后地位的长期稳固。在李隆基为皇太子时，妃子杨氏育有一子（即肃宗李亨），由王皇后抚养，她很喜欢这个非亲生的皇子，关爱备至，如同亲生。

在当时的后宫嫔妃中，对王皇后"母仪天下"崇高地位开始构成威胁的，便是武惠妃（寿王瑁生母）。武惠妃的优势除了年轻美貌，就是特别能生育。

王皇后眼看着武惠妃越来越得宠，而皇太子（李瑛）又非自己亲生，自然心中不平，时常对明皇有牢骚不逊之语，贬低攻击武惠妃，惹得明皇心生厌恶。

开元十年（722）八月，明皇与秘书监姜皎商议，欲以无子为由废黜王皇后。但姜皎不知深浅，竟将此密谋泄露给其他臣僚，传到了王皇后家人耳中。

王皇后怨愤难抑，遂指使其妹夫上奏告发姜皎。这使得明皇极为被动而大怒，中书令张嘉贞则阿从圣意曰"姜皎妄谈休咎（吉凶）"，构成其罪。姜皎被处以杖刑六十、流放钦州（治所在今广西钦州市东北）；其弟吏部侍郎姜晦被贬为春州（治所在今广东阳春市）司马，其亲党受牵连而流放、死亡者数人。姜皎病死于流放途中。

姜皎被贬而死，王皇后心中却更加忧愁恐惧，难以获安。为了挽回明皇的心意，她曾流泪回忆往事曰："陛下独不念阿忠脱紫半臂

（对襟短袖上衣）易斗面，为生日汤饼（面条）邪?"阿忠，就是王皇后的父亲王仁皎。明皇回想起这些往事，心中感念，遂又不忍心将并无什么过错的王皇后（元配妻子）废掉。而且，王皇后平日里对于嫔妃以及宫女们，皆以恩礼相待，所以，没有人借此机会对她落井下石。

但是，王皇后的孪生哥哥王守一，特别担心妹妹会因为无子而最终被废黜。于是，就想到了祈求鬼神，用"符厌"来保佑妹妹能够生育子女。

> 有左道（邪道）僧明悟为祭南［斗］北斗，刻霹雳木（用被雷击毁的树木刻印，可镇服鬼物）书天地字及上讳（明皇名字），合而佩之，且祝曰（祈祷之语）："佩此有子，当与则天皇后为比。"事发，上（明皇）亲究之，皆验。开元十二年（724）秋七月己卯，下制曰："皇后王氏，天命不祐，华而不实。造起狱讼，朋扇朝廷，见无将之心，有可讳之恶。焉得敬承宗庙，母仪天下，可废为庶人，别院安置。刑于家室，有愧昔王，为国大计，盖非获已。"守一赐死。其年十月，庶人卒，以一品礼葬于无相寺。
> ［肃宗］宝应元年（762），雪免，复尊为皇后。

开元十二年（724）七月，王皇后与哥哥弄"符厌"的事情泄露，明皇龙颜震怒，亲自审问，查明实情，严厉处置。王皇后被废为"庶人"（平民），幽禁于别院；王守一被贬为泽州（治所在今山西晋城市东北）别驾，行至京城东驿站被"赐死"。

当年十月，废皇后"王庶人"在冷宫中忧郁悲愤而死。

宫中的嫔妃和宫女们，大多很怀念王皇后在位时的恩德。明皇心中也有所后悔，遂下令按照一品官员的礼遇规格，将"王庶人"妥为安葬。

所谓"符厌"，是指道士、巫师使用符咒等手段来制服妖邪的一种法术。在今天看来，不过是装神弄鬼、驱邪消灾的迷信活动。但是，在古代社会，由于普遍的"有神论"思想和信仰之笼罩，这种行为就是极为严重的"政治性事件"（政治性"忌讳"），触犯了皇帝——"天子"（受命于天）的神圣（神秘）地位。①

据《唐律疏议》卷一《名例律》"十恶（问答二）"条：五曰"不道"，其中就有"厌魅"（即"厌媚"，用迷信方法祈祷鬼神来迷惑或伤害他人），属于巫术邪俗。

又据同书卷十八《贼盗律》"造祅书祅言"条：

> 诸造祅书及祅言（怪诞不经的邪说）者，绞（造，谓自造休咎及鬼神之言，妄说吉凶，涉于不顺者）。疏议曰：造祅书及祅言者，谓构成怪力（异）之书，诈为鬼神之语。休，谓妄说他人及己身有休征。咎，谓妄言国家有咎恶。观天画地，诡说灾祥，妄陈吉凶，并涉于不顺者，绞。

> 传、用〔祅书及祅言〕以惑众者，亦如之。其不满众者，流三千里。言理无害者，杖一百。即私有祅书，虽不行用，徒二年；言理无害者，杖六十。疏议曰：传、用以惑众者，谓非自造，传、用祅言、祅书，以惑三人以上，亦得绞罪。注云：传，谓传言。用，谓用书。其不满众者，谓被传惑者不满三人。若是同居，不入众人之限。此外一人以上，虽不满众，合流三千里。其言理无害者，谓祅书、祅言，虽说变异，无损于时，谓若预言水旱之类，合杖一百。即私有祅书，谓前人旧作，衷私（私下）相传，非己所制，虽不行用，仍徒二年。其祅书言理无害于时者，杖六十。

---

① 如西汉武帝时发生的"巫蛊之祸"，就是此类事件的典型。所谓巫蛊，指古人迷信巫师使用邪术（诅咒、用木偶人埋于地下等）能够加害于人。汉武帝晚年多病，遂怀疑是其左右弄巫蛊所致。征和元年（前92），丞相公孙贺被人告发用巫术诅咒，在驰道埋木偶人，被捕后死于狱中。次年，绣衣使者江充与太子（刘据）有隙，遂诬告太子宫中埋有木人；又有帛书，所言不道。太子大为恐惧，设计杀死江充及胡巫。武帝发兵追捕，太子也发兵抗拒，在京城内外激战五日，太子兵败自杀。因巫蛊之祸牵连而死者，前后多达数万人。

由此可见，在古代社会，这种交通邪道旁门，求神弄鬼的做法，乃是触犯皇家政治忌讳的"十恶"罪过之一。朝臣但有触犯，对其惩处极为严厉。

尤其是王皇后弄"符厌"的那句"祝曰"："佩此有子，当与则天皇后为比。"不仅触犯了当时的政治忌讳，也暴露了她怀有政治愿望。

上文已述，王皇后生前曾对忠王（肃宗皇帝）有抚养之恩。但是，肃宗继位之后，想要报答王皇后的夙愿，却因为太上皇（明皇）健在，迟迟难以了却。

宝应元年（762）四月甲寅日（初五），太上皇（明皇）驾崩；丁卯日（十八日），肃宗驾崩。代宗继位，五月，大赦天下，诏令"故庶人皇后王氏、故庶人太子瑛、鄂王瑶、光王琚并宜［恢］复封号"。① 这很有可能就是肃宗的遗嘱之一。

此时，王皇后去世已经 38 年——恢复封号对她的亲属更有实际意义。

二、武惠妃"宠冠后宫"

武惠妃（699—737）是女皇武则天的堂侄、恒安王武攸止的女儿，幼年入宫。依据血缘辈分——武则天是唐明皇的亲奶奶，他与武惠妃属于表亲兄妹。②

史称武惠妃"少而婉顺，长而贤明，行合礼经，言应图史。承戚里之华胄，升后庭之峻秩"。李隆基称帝时，武氏年约 15 岁，容貌端丽，性情温婉，言行举止恭顺谦和，因而"渐承恩宠"，得到明皇的喜爱眷顾。

---

① 《旧唐书》卷十一《代宗本纪》，第 269 页。

② 本节据《旧唐书》卷五十一《后妃上·玄宗贞顺皇后武氏》，第 2177—2178 页；《新唐书》卷七十六《后妃上·玄宗贞顺皇后武氏》，第 3941—3942 页。

但实际上，武惠妃内多心计（颇肖她的姑奶奶武则天），在逐渐得到明皇特别宠爱之后，便对王皇后"阴怀倾夺之志"——开元十二年（724）七月，王皇后被废，最大的受益人就是武惠妃。明皇特别赐予她"惠妃"名号，在宫中的地位如同皇后（无"皇后"名号，但享受皇后礼遇）。其生母杨氏被封为"郑国夫人"（外命妇）；同母弟武忠累迁国子祭酒（从三品）、武信为秘书监（从三品）。

然而，明皇想要册立武惠妃为皇后的意图，却遭到朝中多数大臣的激烈谏阻。如开元十四年（726）四月，侍御史潘好礼的上疏言辞甚为激切。

> 臣尝闻《礼记》曰："父母之仇，不共戴天。"《公羊传》曰："子不复父仇，不子也。"昔齐襄公复九世之仇，丁兰报木母之恩，《春秋》美其义，汉史称其孝。陛下既不以齐襄为法，丁兰为戒，岂得欲以武氏为国母，当何以见天下之人乎！不亦取笑于天下乎！非止亏损礼经，实恐污辱名教。又惠妃再从叔三思、从父延秀等，并干乱朝纲，递窥神器（指帝位）。豺狼同穴，枭獍同林，至如恶木垂阴，志士不息；盗泉飞液，正夫莫饮，良有旨哉！且匹夫匹妇欲结夫妻者，尚相拣择，况陛下是累圣之贵，天子之尊乎！伏愿陛下详察古今，鉴戒成败。慎择华族之女，必在礼义之家，称神祇之心，允亿兆之望。为国大计，其在于兹。
>
> 且惠妃本是左右执巾栉者也，不当参立之。故《春秋》书宋人夏父之会，无以妾为夫人；齐桓公誓命于葵丘，亦曰"无以妾为妻"。此则夫子恐开窥觊之端，深明嫡庶之别。……
>
> 又见人间盛言，尚书左丞相张说自被停知政事之后，每诣附惠妃，诱荡上心，欲取立后之功，更图入相之计。伏愿杜之于将渐，不可悔之于已成。
>
> 且太子（李瑛）本非惠妃所生，惠妃复自有子，若惠妃一登宸极（即立为皇后），则储位（太子）实恐不安。皇太子既守器

承祧，为万国之主本，何可轻易，辄有摇动？古人所以见其渐者，良以是也。……①

潘好礼的理由：（1）不能再重蹈武氏（则天）祸害李唐宗室，改唐为周（武周）的旧辙；（2）皇太子（李瑛）非武惠妃所生，而武惠妃已生育有子，若其登上皇后之位，必然会危及太子。因为皇后的地位特殊，有影响甚至干预朝政的可能。

明皇迫于众议反对，考虑到会因此引起政局波动等连锁反应，遂将此事暂先搁置起来。而专宠武惠妃依旧，此后十余年间，其地位礼遇仍一如皇后。

但武惠妃并不甘心，而是退而求其次——改易太子，让亲生儿子寿王瑁登上储位。于是，一场围绕着皇位继承人的宫闱阴谋，在暗中开始酝酿了。

三、"三庶人"同日赐死

开元三年（715）正月十七日，明皇册立次子、郢王嗣谦为太子，大赦天下，赐酺三日。十三年（725）三月，太子改名鸿。十六年（728），纳太常少卿薛绍之女为太子妃，大婚礼毕，曲赦京城内外。至二十三年（735），太子又改名瑛。②

太子瑛的生母赵丽妃，是明皇任潞州（治所在今山西长治市）别驾时所纳。赵氏一家本为当地官府的乐伎（"太常音声人"）③，赵丽

---

①《唐会要》卷三《皇后》，第29—31页。但苏冕（《唐会要》最初的编纂者）指出：此表疏非潘好礼所作，应当另有其人。

②据《旧唐书》卷八《玄宗本纪上》、卷一〇七《玄宗诸子传·庶人瑛》；《新唐书》卷八十二《十一宗诸子传·太子瑛》；《唐会要》卷四《储君》，第48页。

③参看穆渭生、张维慎《盛唐长安的国家乐伎与乐舞》第四章第一节，陕西人民出版社，2016年，第74—76页。

妃年轻美貌，能歌善舞，而李隆基从小就酷爱伎乐，故赵丽妃十余年间很受宠爱，李瑛遂"子以母贵"而被立为太子。赵丽妃的父亲赵元礼、哥哥赵常奴，在开元初年也都擢升显要官职。

按照"嫡长子继承"制度，明皇应册立其长子李琮（原名嗣直）为太子。但是，李琮在禁苑打猎时，被野兽"所伤面目尤甚"① ——严重"破相"，不宜立为太子。

而李琮生母刘华妃的身世事迹，史载甚为简略。看来是不甚得宠。

再说武惠妃图谋皇后之位的心愿未能实现，便隐忍恼愤，从长设计——朝臣激烈的谏阻使她明白，要让儿子寿王瑁登上储君之位，必须有朝臣为奥援。好在朝臣中从来就不乏钻营投机的诡佞之辈，李林甫就是这样的人物。

李林甫出身皇族，但为人少才寡德，妒贤嫉能，而且柔佞多狡，口蜜腹剑，人称"肉腰刀"（用软刀子陷害人）②。开元十四年（726）时，李林甫已升任侍郎（正四品）官职。为了早日爬上位极人臣的宰相高位，他通过贿赂结交宫中宦官，探听并传递明皇身边的动静消息，先心中有数，以便在议政之时，阿谀顺从旨意。

天下事多有巧合。（1）开元十四年（726），太子瑛的生母赵丽妃去世，他的处境地位开始面临潜在的危机。（2）自从武惠妃逐渐"宠冠后宫"，其亲生儿子寿王李瑁、盛王李琦也都子沾母光，深得明皇偏爱。特别是寿王"钟爱非诸子所比"③。（3）李林甫探知武惠妃的政治意图之后，暗中通过宦官向其献媚投靠，表示"愿保护寿王"。武惠妃求援若渴，自然对李林甫心怀感激，便时常在明皇耳边"吹枕头风"，为其美言摆好。于是，李林甫逐渐得到明皇的喜欢和信任，步步

---

① 〔唐〕郑处诲《明皇杂录·辑佚》，中华书局（田廷柱点校），1994 年。
② 〔五代〕王仁裕《开元天宝遗事》"肉腰刀"条，中华书局（曾贻芬点校），2006 年。
③ 《旧唐书》卷一〇七《玄宗诸子传·庶人瑛》，第 3259 页。

高升,于开元二十二年(734)任礼部尚书、同中书门下三品,参预朝政大事的商议决断。①

武惠妃渴望最高权力的"政治野心"一旦萌发,就疯狂生长而难以遏制——李林甫是她的"政治盟友"、女婿杨洄(咸宜公主的驸马)是她的"政治打手"。

话说当初,皇太子李瑛的生母赵丽妃、皇五子鄂王李瑶的生母皇甫德仪和皇八子光王李琚的生母刘才人,都是明皇称帝前、在潞州(治所在今山西长治市)别驾任上时所纳娶,三人皆年轻貌美,风姿妖娆,娇媚迷人,深受宠爱,所生儿子皆郎秀可爱。因此,太子瑛与这两位弟弟,也是特别的亲密友爱。光王李琚年青英武,"勇力善骑射,帝(明皇)爱之"。与鄂王同居于内宅,兄弟之间友爱和睦,皆好学而有才识。②

但自从武惠妃承恩专宠以后,他们的母亲也都被父皇冷落疏远——三兄弟不免心怀怏怏,同病相怜,遇到一起时,"皆因母失爱而有怨言",发泄几句牢骚话。

不料隔墙有耳。开元二十四年(736)十一月,太子与鄂王、光王三兄弟在宫中(内宅)相聚,被武惠妃的女婿、驸马都尉杨洄探知,立即向武惠妃谮言告密。原来,杨洄早就受武惠妃指使,一直在暗中监视着太子等人的行动,搜集"黑材料"。

武惠妃得此密报之后,便添盐加醋向明皇哭诉道:"太子暗自结交

① 同中书门下三品,官衔名,意为与中书令、门下侍中相同。唐初,以中书令、门下侍中与尚书左右仆射为宰相。太宗贞观十七年(643),开始加"同中书门下三品"衔。高宗以后,除三公、三师、中书令外,加"同中书门下三品"者才为宰相。自永淳元年(682)起,四品官以下而知政事者,加"平章事"衔。肃宗以后,通用"同中书门下平章事"衔。

② 《旧唐书》卷一〇七《玄宗诸子传·光王琚》,第3262页;《新唐书》卷八十二《十一宗诸子传·光王琚》,第3609—3610页。

党羽，图谋陷害我与十八郎（即寿王）。他们还大胆妄言指责您。"明皇听后，不问根由实情，大发雷霆，下令立即召宰相前来，商议废掉太子、鄂王和光王。①

这时的宰相有张九龄、裴耀卿和李林甫。张九龄居官正直，心中很清楚明皇因溺爱偏宠武惠妃，要降罪于无辜的太子和鄂、光二王，便直言进奏道：

> 陛下纂嗣鸿业将三十年，太子已下常不离深宫，日受圣训。今天下之人，皆庆陛下享国日久，子孙蕃育，不闻有过，陛下奈何以一日之间废弃三子？伏惟陛下思之。且太子国本，难于动摇。昔晋献公惑宠嬖之言，太子申生忧死，国乃大乱。汉武威加六合，受江充巫蛊之事，将祸及太子，遂至城中流血。晋惠帝有贤子为太子，容贾后之谮，以至丧亡。隋文帝取宠妇之言，废太子勇而立晋王广，遂失天下。由此而论之，不可不慎。今太子既长无过，二王又贤，臣待罪左右，敢不详悉。

张九龄的忠耿之言，令明皇默然无语，心中虽有不悦，却也无由驳回。

当时，李林甫却是态度暧昧，不置一词，惘然退下后，对中贵人（皇帝身边近臣）曰："家事何须谋及于人。"将国本大事说成"家事"，可见其居心叵测。但是，他此时的地位还在中书令（正三品）张九龄之下，不便当面意见相撞。

武惠妃知情后，密遣宫奴牛贵儿去疏通收买张九龄："有废必有兴，公为之援，宰相可长处。"但张九龄根本不为所动，将牛贵儿痛加斥责后赶走，并立即将此事向明皇禀报。明皇因此而深受感动，在张九龄罢相之前，废立太子一事暂时搁置。

---

① 《旧唐书》卷一〇七《玄宗诸子传·庶人瑛》，第3259页。

然而，在这场风波过后不久，中书令张九龄与门下侍中裴耀卿先后被明皇借故"并罢知政事"，由兵部尚书李林甫接任中书令①——大权在握了。

开元二十五年（737）四月，驸马杨洄再次诬告太子与鄂王、光王以及太子薛妃之兄薛锈一起"潜构异谋"。明皇闻报，立即召来宰相商议如何处置。

这次，李林甫首先表态，还是半年前的老话："此盖陛下家事，臣不合参知。"

李林甫诣附希旨，促使明皇铁了心肠。二十三日，派宦官宣诏宫中：废太子李瑛、鄂王李瑶、光王李琚为庶人（平民）；太子妃兄薛锈发配岭南。

随即，"三庶人"被"赐死"于京城东郊驿站；薛锈"赐死"于蓝田驿。废太子瑛的舅家赵氏和妃家薛氏、鄂王李瑶的舅家皇甫氏，遭受株连，而同时被贬官流放者，多达几十人；只有鄂王李瑶之妃韦氏特别贤惠，其娘家人才得以幸免于难。

朝野闻知"三庶人"之事后，都为李瑛兄弟三人冤屈而死深表惋惜。

对于这场蓄谋已久的"恶意构陷"事件，诸史记载如下。

据《旧唐书·玄宗本纪下》：开元二十五年（737）夏四月，"皇太子瑛、鄂王瑶、光王琚并废为庶人。太子妃兄驸马都尉薛锈长流瀼州（治所在今广西上思县西南），至蓝田驿（今西安市蓝田县西北华胥镇附近）赐死"。而《新唐书·玄宗本纪》未见记载。

　　［开元］二十五年（737），［杨］洄复构瑛、瑶、琚与妃之兄
　　薛锈异谋。惠妃使人诡召太子、二王，曰："宫中有贼，请介

---

①《旧唐书》卷八《玄宗本纪上》，第203—204页。

（披甲）以入。"太子从之。［惠］妃白帝（明皇）曰："太子、二王谋反，［披］甲而来。"帝使中人（宦官）视之，如言，遽召宰相林甫议，答曰："陛下家事，非臣所宜豫。"帝意决，……①

但宋代史家司马光编撰《资治通鉴》时，就对《新唐书》记载表示怀疑。

> 按［太子］瑛等与惠妃相猜忌已久，虽承妃言，岂肯遽被甲入宫！又按废太子制书云："陷元良于不友，误二子于不义。"不言被甲入宫也。盖［杨］洄谮［李］瑛等云欲害寿王瑁耳。今从旧传，但云"潜构异谋"。②

司马光所言极是。窃拾古贤余慧，再作几点"续貂"之说。

（1）太子瑛三兄弟与武惠妃交恶已久，相互关系紧张，必定会特别小心警惕，以免惹来事端，又岂能轻易地听信"宫中有贼"——显而易见的谎言。（2）当时，明皇居于兴庆宫（南内），其殿门、宫门和宫外大街上，皆有禁卫禁军日夜巡逻，严密警戒。即便"有贼"，岂用等待（也用不着）太子瑛等人去捉拿！（3）太子东宫位于太极宫（西内）东部，鄂王瑶、光王琚居于大明宫外的"十王宅"。退一步讲，即便太子瑛等人"披甲前去捉贼"，也不是由武惠妃给他们下命令！（4）唐代有严格的兵器管理制度，严禁臣民私藏兵器③，太子瑛三兄弟岂能浑然不知？

由此可曰：明皇听信宠妃挑拨离间、奸相阿谀逢迎，一日杀三子，昏暴甚矣！

---

① 《新唐书》卷八十二《十一宗诸子传·太子瑛》，第3607—3608页。

② 《资治通鉴》卷二一四，第6948页。按：《新唐书》修成于宋仁宗嘉祐五年（1060）；《资治通鉴》于宋神宗元丰七年（1084）成书。

③ 见《唐律疏议》卷八《卫禁律》"赍禁物私渡关"条，卷十九《贼盗律》"盗禁兵器"条。

此时的武惠妃，心中亦惊亦喜。有皇帝夫君的恩宠和外朝宰相的支持，她的亲生儿子寿王瑁被立为皇储，已是指日可待——她梦寐以求的名副其实的皇后地位也有可能实现。只要皇帝夫君选一个吉庆日期，一道册命，她就能如愿以偿了。

到那时，她将穿戴上皇后的"礼衣"（受册、朝会之服）——头戴十二树金银珠玉制作的花钗，内着素纱禅衣（红色云龙领边），外穿深青质地的袆衣（绣着五色野鸡花纹），用青色丝织大带和皮带束腰，腰带以下系着青色彩绣围裙，两边各有一个白色玉佩（用月色丝织绶带系挂），脚穿青袜和金饰云色木质厚底鞋①——与君临万民，威赫四夷的皇帝并肩而坐，接受文武百官的舞蹈拜庆，山呼朝贺。

但是，武惠妃没有盼到"梦想成真"那一天。从十一月起，她就开始噩梦缠身，看见废太子、鄂王和光王的鬼魂前来向她索命，因而惊惧成疾，卧床不起。

明皇偕武惠妃驾幸骊山温汤，避寒洗浴半个月。温泉水能够祛风疗疾，却无法驱除心中的恐惧感。返回京城之后，明皇又令巫师在宫中祈神送鬼，但武惠妃仍未能康复，于十二月七日暴病而亡，年约40岁。机关算尽，天不延命！

次年（738）二月，明皇为其追赠谥号"贞顺皇后"，安葬于敬陵；于朱雀街东保宁坊（今西安城南西八里村与西北政法大学之间）昊天观之南立庙祭祀。②

但是，武惠妃身后的"哀荣"并未能持久（约20年）。从肃宗"乾元（758—760）之后，祠享亦绝"。③ 肃宗称帝（756）以后，明皇被尊为"太上皇"，仍居于兴庆宫，但已经是"无权无为"了。中央

---

①《旧唐书》卷四十五《舆服志》，第1955页。

②《唐会要》卷三《皇后》，第29页。

③《旧唐书》卷五十一《后妃传上·玄宗贞顺皇后武氏》，第2178页。

政府负责皇家陵庙祭祀的职能部门，对武惠妃的忌日与节令祭祀，也逐渐冷落了。宝应元年（762）四月，太上皇与肃宗相继驾崩，代宗继位称帝；五月，大赦天下，对25年前的"三庶人"事件予以雪免。这意味着对武惠妃身后"哀荣"（追赠"皇后"、谥号"贞顺"）的否定和剥夺。

四、册立忠王为太子

不言而喻，"三庶人"事件和武惠妃病逝，无疑在情感上给明皇以很大震动（或打击），迫使他冷静下来，理智而慎重地考虑皇位接班人问题。

（一）高力士"推长而立"

自太子瑛被废之后，李林甫几次奏请立寿王瑁为太子，明皇却犹豫不定。

> 上（明皇）以忠王玙（后改名亨）年长（皇第三子），且仁孝恭谨，又好学，意欲立之，犹豫岁余不决。自念春秋浸高（54岁），三子同日诛死，继嗣未定，常忽忽不乐，寝膳为之减。[1]

宦官首领高力士问曰："大家（皇帝）不食，亦膳羞不具耶？"明皇曰："汝，我家老奴，岂不能揣我意？"力士曰："得非以郎君未定耶？大家何必如此虚劳圣心，但推长而立，谁敢复争？"明皇曰："汝言是也，汝言是也。"储位遂定。[2]

高力士心中明白，皇长子李琮因为"破相"严重，早就被明皇排除了。

---

① 《资治通鉴》卷二一四，第6952页。

② 《新唐书》卷二〇七《宦官传上·高力士》，第5860页；《资治通鉴》卷二一四，第6952页。

开元二十六年（738）六月，立忠王（即肃宗）为皇太子。

忠王初名嗣升，开元十五年（727）封王，改名浚；二十三年（735）又改名玙；立为皇太子后，改名绍，再改为亨。史称其"英姿颖发，仪表非常""聪敏强记，属辞典丽，耳目之所听览，不复遗忘""仁爱英悟，得之天然"。① 此类溢美之辞乃旧史惯例。

忠王的生母杨妃，也是出自弘农华阴杨氏家族，在睿宗景云元年（710）选入太子（即明皇）宫中，二年（711）生忠王；其后又生宁亲公主。当时，太子妃王氏（即王皇后）无子，而杨妃名位在下，遂由王氏抚养忠王，慈爱有加。

杨妃薨于开元十七年（729），安葬于京城郊外的细柳原（今西安市长安区细柳街道）。至德元载（756）七月，肃宗继位；二载（757），太上皇（明皇）颁布诰命追赠杨妃"元献皇后"。② 由此可见，忠王（肃宗）生母杨妃，在生前并不甚得宠。她在亡故 28 年之后，才"母以子贵"，得到追赠"皇后"名号的哀荣。

而明皇采纳其忠实亲信高力士的建议，最终"推长而立"，这表明他对"三庶人"事件的悔悟——三子死于自己手中，痛何以堪！宠妃殒命，情何以堪！

废太子瑛冤死，留下六个儿子。当时，庆王琮（皇长子）无子，明皇怜惜孙儿，命庆王全收为养子。而"三庶人"事件的昭雪，则晚至宝应元年（762）五月，太上皇与肃宗驾崩之后，代宗即位时（已见前述）。③

废立太子的风波平息了，但由此产生的"政治后遗症"才刚刚开始。

---

① 《旧唐书》卷十《肃宗本纪》，第 239 页。
② 《旧唐书》卷五十二《后妃传下·玄宗元献皇后杨氏》，第 2184 页。
③ 《旧唐书》卷一〇七《玄宗诸子传·庶人瑛》，第 3260 页。

（二）寿王瑁"政治失宠"

忠王被立为储君，也意味着寿王瑁的"政治失宠"。自从"三庶人"冤案之后，朝野舆论对武惠妃多有指斥，明皇对寿王的钟爱明显有所"降温"。

> 及帝（明皇）将立太子，［李］林甫探帝意，数称道寿王，语秘不传，而帝意自属忠王，寿王不得立。……①

从现存的历史文献中，看不到寿王瑁在"三庶人"事件中的态度和作为。天性聪明、温良循礼的寿王瑁，在哀悼母亲亡故的同时，还得为自己今后的处境设想。

俗谓"听其言，观其行""从小看大，三岁看老"。判断一个人的德行品格，首先要观察其行为举止，待人接物。当然，这些"俗谚"都是针对表里如一的人而言。

据《新唐书》卷八十二《十一宗诸子传·寿王瑁》：

> 初，帝（明皇）以永王（李璘）等尚幼，诏不入谒（拜见）。

瑁七岁，请与诸兄众谢，拜舞有仪矩（符合仪法规矩），帝异之。

由此可见，寿王瑁从小就谦和恭敬，彬彬有礼。他不像母亲武惠妃那样权欲强烈，工于心计；也不像妹夫杨洄那样为人阴险，攀附钻营。他的性格谦恭自爱，锋芒不露，缺少男儿刚气，与其父皇年轻时雄心勃勃的进取精神，有些格格不入。明皇更喜欢第八子光王（李琚）既有学识才干，又有勇力善骑射。② 这也许就是明皇虽然喜欢寿王的俊雅可爱，但最终并不视他为理想的皇位继承人的深层原因。

寿王瑁的性情和待人处事作风，与他从小在大伯宁王（李宪）府中长大有密切关系，其教育养成受到伯父、伯母的直接熏陶和深刻影

---

①《新唐书》卷二二三上《奸臣传上·李林甫》，第6344页。

②《旧唐书》卷一〇七《玄宗诸子传·光王琚》，第3262页。

响（详见第三章）。

在母亲武惠妃亡故之后，寿王一度处于"政治气候"很不利的形势下，处境尴尬。但他能够独善其身，既有父皇的钟爱，也有伯父宁王的保护。在后来的肃宗、代宗两朝中，寿王平安地度过一生，可谓得其善终。

寿王妃杨玉环（时年 19 岁）在这场宫闱风波中有何表现？史无明文可稽。在这种凶险血腥的"政治旋涡"中，她是被动卷入，不可能（也不敢）"有所作为"。

但"三庶人"之死——围绕政治权力而"残酷斗争，无情打击"，无疑会给她带来强烈震撼和深刻记忆。在她嫁入皇室之前，此类故事虽已有耳闻，但只是听说。而今就发生在眼前，自己也身处其中，更令人惊心动魄。

风波平息，血腥渐远。在接下来的日子里，她要和夫君共同哀悼母亲，遵循丧礼制度，守孝三年；她要更加殷勤地侍奉夫君，用满怀柔情抚慰他心中的哀痛。

不妨假设：若寿王瑁被立为储君，在其妃子杨玉环身上还会发生后来的"度道入宫"故事吗？她的人生命运将会是另外一条发展轨迹。

但历史没有假设，其发展演变过程中充满了偶然因素（不稳定、不可预知）。

（三）太子与宰相交恶

忠王（李亨）得以立为太子，并非右相（中书令[①]）李林甫之谋，故其心中常"畏祸"（畏惧太子继位后打击报复），两人的关系从一开

[①] 唐高宗龙朔二年（662）与唐明皇天宝元年（742），曾两度改中书令为右相。见《旧唐书》卷四《高宗本纪上》，第 83 页；卷九《玄宗本纪下》，第 215 页。

始就处于交恶态势。

> 太子（李亨）既定，林甫恨［己］谋不行，且畏祸，乃阳善
> （表面友善）韦坚。坚，太子妃兄也。使任要职，将覆（颠覆、
> 灭亡）其家，以［动］摇东宫（太子地位）。乃构（诬陷）［韦］
> 坚狱（罪过），而太子绝妃（与妃子韦氏断绝关系）自明，林甫
> 计黜（废，未遂）。……未几，摘（抓）济阳别驾魏林，使诬
> ［陷］河西节度使王忠嗣（烈士之子，养于宫中，为太子少时友
> 伴①）欲拥兵佐太子，帝（明皇）不信，然忠嗣犹斥去（降职）。
> 林甫数曰："太子宜知谋。"帝曰："吾儿在内，安得与外人相闻，
> 此妄耳！"林甫数危（危害、陷害）太子，未得志，一日从容曰：
> "古者立储君（太子）必先贤德，非有大勋力于宗稷，即莫若元
> 子（长子）。"帝（明皇）久之曰："庆王（李琮）往年猎，为貀
> （似豹）伤面甚。"答曰："破面不愈于破国乎?"帝颇惑，曰：
> "朕徐思之。"然太子自以谨孝闻，内外无愸（忌恨）言，故飞语
> 不得入，帝无所发其猜。②

> 初，太子瑛得罪，上（明皇）召李林甫议立储贰（太子），
> 时寿王瑁母武惠妃方承恩宠，林甫希旨，以瑁对。及立上（肃
> 宗）为太子，林甫惧不利己，乃起韦坚、柳勣之狱，上（肃宗）
> 几危者数四。后又杨国忠依倚［杨贵］妃家，恣为亵秽，惧上
> （肃宗）英武，潜谋不利，为患久之。③

所云"韦坚、柳勣之狱"，皆为李林甫蓄谋动摇太子地位的构陷
案件。

1. 刑部尚书韦坚，其姐姐是薛王隆业（明皇之弟）之妃，妹妹

---

① 《旧唐书》卷一〇三《王忠嗣传》，第 3197 页。

② 《新唐书》卷二二三上《奸臣传上·李林甫》，第 6344—6345 页。

③ 《旧唐书》卷十《肃宗本纪》，第 240 页。

是皇太子（李亨）之妃。韦坚"中表贵盛"，锐意进取，受到明皇重用，权位炙手可热。

李林甫遂设计构陷韦坚。天宝五载（746）正月，韦坚被贬为缙云郡（治所在今浙江丽水市东南）太守；七月，再贬为江夏郡（治所在今湖北武汉市武昌区）别驾；几天之后，配流临封郡（治所在今广东封开县东南），赐死。韦坚的外甥、嗣薛王李玙被贬夷陵郡（治所在今湖北宜昌市）别驾；女婿卢幼临为巴陵郡（治所在今湖南岳阳市）太守，被长流合浦郡（治所在今广西浦北县西南）；太子少保李适之被贬宜春郡（治所在今江西宜春市）太守，到任，饮药而死。太子韦妃则被黜免（离婚），入寺为尼，居于宫禁中，于至德二载（757）去世。①

2. 是年十二月，太子杜良娣②的父亲杜有邻（任赞善大夫）、姐夫柳勣（任左骁卫兵曹），以及柳勣的好友王曾（任著作郎）等人，被李林甫蓄谋构陷，并下狱决杖而死，妻、子皆配流远方。太子被迫出（废）杜良娣为庶人（平民）。③

李林甫性情阴险毒辣，城府深而多计谋，但为人口蜜腹剑，喜怒不形于色。

> 每有奏请，必先赂遗（贿赂、馈赠）左右，伺察上旨（明皇旨意），以固恩宠。上在位多载，倦于万机，恒以大臣接对拘检，难徇私欲，自得林甫，一以委成。故杜绝逆耳之言，恣行宴乐，

---

① 《资治通鉴》卷二二〇，第7169页。

② 据《唐六典》卷二《吏部·司封司》：内命妇制度，皇太子妃以下，有良娣二人，正三品。

③ 《旧唐书》卷九《玄宗本纪下》，第219—220页；《新唐书》卷一三四《韦坚传》，第4560—4561页；《资治通鉴》卷二一五，第6989—6994页。

衽席无别，不以为耻，由林甫之赞成也。①

李林甫刻意顺从旨意，明皇信任不疑，"悉以政事委林甫"。而李林甫有吏干之才，熟练文法，动循格令，在处理政务上，"每事过慎，条理众务，增修纲纪"，"其用人非谄附者一以格令持之，故小小纲目不甚乱，而人惮其威权"。②

自天宝五载（746）以后，李林甫在京城别置推事院，屡起大狱（冤狱）。又以杨钊（国忠）有掖庭之亲③，出入禁中，其所言明皇多听纳，乃引以为援，擢其为御史。凡稍有涉及东宫太子的人和事，便指使杨钊去搜罗整理"黑材料"，上奏弹劾，再把"犯事者"交给罗希奭、吉温等酷吏，严加审讯拷问。

而杨钊为了早日爬上高官显位，依附右相李林甫，充当"政治打手"，凡经其"黑手"构陷、排挤以至被诛夷者多达数百家。"幸太子仁孝谨静，张垍（尚宁亲公主、太子妹夫）、高力士常保护于上（明皇）前，故林甫终不能间（离间）也。"④

虽然，皇太子（储君）是法定的皇位继承人，但受到皇帝的严厉控制——防止其与朝臣结交，培植私党势力，抢班夺权。所以，皇太子与宰相、宦官首领之间的政治关系，就显得极为敏感而且微妙——若即若离。

而李林甫因为巴结、支持武惠妃换易太子的图谋未能如愿，所以，在忠王（肃宗）立为太子以后，担心将来太子继位，自己"没好果子吃"，遂巧求阴事以倾之，屡起大狱以危之。幸赖太子明哲保身，循规

---

① 《旧唐书》卷一〇六《李林甫传》，第3238页。

② 《旧唐书》卷一〇六《李林甫传》，第3239页；《新唐书》卷二二三上《李林甫传》，第6347页。

③ 杨钊（国忠）为杨玉环的从祖兄，杨玉环入宫被册封为贵妃之后，杨钊凭借裙带关系跻身朝廷，迅速发迹。详见第六章第二节。

④ 《资治通鉴》卷二一五，第7002页。

蹈矩，小心谨慎，以躲避祸端。①

分析唐明皇的态度，则是在玩弄政治平衡权术——对于李林甫"与太子交恶"的所作所为，既有所听任放纵，也有所洞察鉴别，并非全听全信。

至于宦官首领高力士支持册立忠王为太子，实际上是揣摩和顺从明皇的旨意。早在明皇称帝之前，高力士就追随并参与宫廷事变，忠诚可嘉，虽名为"老奴"，实为"政治伙伴"。尤其是高力士城府深沉，处事谨慎，深得明皇信任。

宫廷宦官群体是皇帝的政治附庸（宦官首领）和奴仆近侍（普通宦官）。高力士作为宦官势力（北司）的"头面人物"，是明皇平衡权力、牵制宰相（南衙）和太子（东宫）的"政治砝码"——其"威福"完全来自至高无上的皇权。所以，高力士既不需要曲意逢迎李林甫（宰相权力），也不需要刻意巴结太子（未来皇帝）。

唐明皇废立太子，事关"国家根本"。从表面上看，宦官首领高力士与朝廷宰相李林甫意见相左；但在实质上，则属于最高统治集团内部不同的"既得利益者"之间的争权夺利——唐后期"南衙北司之争"的先声。

这就是"皇帝制度"（高度集权政治体制）之下"险恶的政治生态环境"。

---

① 《旧唐书》卷一〇六《李林甫传》，第 3239 页。

第三章　寿王妃"度道入宫"

唐明皇和杨贵妃的婚姻，是古代著名的"宫闱丑闻"之一——公爹"设计"纳娶儿媳，百般宠爱，对朝政和社会造成了严重影响，备受后世议论诟病。

但是，寿王妃杨玉环"度道入宫"的确切时间，因史官"曲笔隐讳"，文字暧昧，遂成一桩千年学术悬案。直至今日，学术界的研究结论仍有分歧。之所以会如此，一是"文献不足征"，二是研究者未能完全"还原"当时复杂的人事关系。

在杨玉环的人生传奇故事中，相关的皇室人物及其亲属关系如下。

皇室人物	身份与相互亲属关系
杨玉环	寿王李瑁妃、唐明皇儿媳。后出家为女道士、入宫受封为贵妃。
寿王李瑁	唐明皇第十八子、宁王李宪的侄儿和养子；杨玉环前夫。
唐明皇	排行"三郎"、宁王同父异母弟；寿王生父。
武惠妃	唐明皇妃子、寿王生母。亡于开元二十五年（737）十二月。
宁王李宪	排行"大郎"，唐明皇同父异母大哥、寿王瑁的伯父与养父。开元二十九年（741）十一月薨，谥号"让皇帝"。
肃明皇后刘氏	睿宗妃子、宁王生母。亡于武周长寿二年（693）正月二日。
昭成皇后窦氏	睿宗妃子、明皇生母。亡于武周长寿二年（693）正月二日。

一、寿王妃"度道"时间

寿王妃"度道"出家，是为唐明皇生母（昭成皇后窦氏）"追福"。①

所谓"度道"，指世俗之人出家入道，要举行特定的宗教仪式。唐代男女道徒皆戴黄冠，又有"黄冠"与"女冠"、"羽士"和"羽人"等称呼。

（一）为昭成太后"追福"

关于寿王妃杨玉环"度道"的史料，据《度寿王妃为女道士敕》：

> 至人用心，方悟真宰；淑女勤道，自昔罕闻。寿王瑁妃杨氏，素以端懿，作嫔藩国，虽居荣贵，每在精修。属太后忌辰，永怀追福，以兹求度。雅志难违，用敦弘道之风，特遂由衷之请，宜度为女道士。②

然而遗憾的是，这道敕文颁布的具体年份不明。所幸者，尚有线索可寻。

敕文所云"属太后忌辰"，乃指明皇生母、睿宗昭成皇后窦氏的亡故（遇害）之日——武周长寿二年（693）正月二日，发生在东都洛阳内宫的"秘密"。

> 长寿二年（693），为户婢团儿诬谮与肃明皇后（刘氏）厌蛊

---

① 所谓"追福"（追荐、追善等），即为死者亡魂做功德祈福，是佛教信仰的一种形式——为死者在"冥间"（阴间）幸福而举行的各种修善活动、法会等，如读经、写经、施斋、施财、修造寺院、祭祀等。a. 据《洛阳伽蓝记·报德寺》："报德寺，高祖孝文皇帝所立也，为冯太后（孝文帝祖母）追福。"b. 据《北史》卷十四《后妃传下·隋文献皇后独孤氏》："尝梦［北］周阿史那后（周武帝皇后，突厥木杆可汗之女），言受罪辛苦，求营功德。明日言之，上（隋文帝）为立寺追福焉。"

② 《唐大诏令集》卷四十，第 188 页。

咒诅（巫术）。正月二日，朝则天皇后于嘉豫殿，既退而同时遇害。梓宫（皇帝、皇后的棺材）秘密，莫知所在。睿宗即位，谥曰昭成皇后，招魂葬于都城之南，陵曰靖陵。①

据此，可知寿王妃"度道"的具体日期——正月二日。再探究具体年份。

1. 据《唐律疏议》卷十三《户婚律》"居父母夫丧嫁娶"条：

> 诸居父母及夫丧而嫁娶者，徒三年；妾，减三等。……疏议曰：父母之丧，终身忧戚，三年从吉，自为达礼。夫为妇天，尚无再醮（嫁）。若居父母及夫之丧，谓在二十七月内，若男身娶妻，而妻、女出嫁者，各徒三年。……②

2. 高宗上元元年（674），皇后（武则天）上表：请父在子为母服三年之丧。高宗下诏，依议行焉。到明皇开元二十年（732）九月，中书令萧嵩等奏上《开元新礼》150卷，仍依高宗上元敕令，父在子为母服丧以齐衰三年为定。③

按：开元二十五年（737）十二月七日，武惠妃病逝，寿王夫妻要为母亲服丧守孝"齐衰三年"（实际为27个月），就到了开元二十八年（740）初夏时节。

由此推测，寿王妃"度道"时间，应在二十九年（741）正月二日。

---

① 《旧唐书》卷五十一《后妃传上·睿宗昭成皇后窦氏》，第2176页。

② 又见《通典》卷一三四《礼九十四·开元礼纂类二十九·凶礼一》，第3435—3439页。参看马建兴《丧服制度与传统法律文化》，知识产权出版社，2005年，第278页。

③ 《旧唐书》卷二十七《礼仪志七》，第1023、1031页；《全唐文》卷九十七高宗武皇后《请父在为母终三年服表》，第437—438页。

　　而流传至今的说法是，寿王妃于"开元二十八年（740）度为女道士"。① 很显然，这种说法并不能自圆而成立。以下综合相关史料进行比对分析。

（二）乐史《外传》不可信

　　1. "开元二十八年（740）入宫"说。据《新唐书·玄宗本纪》：

　　　　［开元二十八年（740）］十月甲子，幸温泉宫（今西安市临潼区骊山华清宫）。以寿王妃杨氏为道士，号太真。……［天宝四载（745）］八月壬寅，立太真为贵妃。

　　《新唐书》此说，出自宋代人乐史的《杨太真外传》："杨贵妃小字玉环，弘农华阴人也。……开元二十二年（734。按：此时间有误。见下文指正）十一月，归于寿［王］邸。二十八年（740）十月，玄宗幸温泉宫。使高力士取杨氏女于寿［王］邸，度为女道士，号太真，住内太真宫。……"

　　古今史家中，考证寿王妃"度道入宫"时间最著者有：

　　（1）清代大儒赵翼曰："杨贵妃本寿王瑁妃，度为女道士，号太真，召入宫，此开元二十八年（740）事也。"② （2）现代史学大师陈寅恪先生论曰："杨氏之度为女道士入宫与册为贵妃本为先后两事。其度为女道士，实无详确年月可寻。……正史小说中诸纪载何所依据，今不可知。以事理察之，所记似最为可信。姑假定杨氏以开元二十八年（740）十月为玄宗所选取，其度为女道士敕文中之太后忌辰，乃指

<hr>

　　① 如袁英光、王界云《唐明皇传》（天津人民出版社，1987年），许道勋、赵克尧《唐玄宗传》（人民出版社，1993年），穆渭生《唐杨贵妃》（三秦出版社，2003年），王双怀《大唐贵妃》（陕西师范大学出版总社，2015年），皆采用此说。

　　②〔清〕赵翼著，王树民校证《廿二史札记校证》（订补本），中华书局，1984年，第346页。

开元二十九年（741）正月二日睿宗昭成窦后之忌日。虽不中，不远矣。"①

依据这种说法，可将寿王妃"度道入宫"的故事线索归纳如下：

（1）开元二十八年（740）十月，唐明皇驾幸骊山温泉宫（后改名华清宫），派遣使者宣召儿媳、寿王妃杨玉环，见而悦之。（2）寿王妃自请"度道"，为窦太后"追福"，明皇恩准。（3）开元二十九年（741）正月二日，"属［窦］太后忌辰"，寿王妃正式"度道"出家，号"太真"，住内太真宫（被明皇"潜内宫中"）。（4）直到天宝四载（745）八月，才册封杨太真为"贵妃"——有了正式的名号地位。

陈寅恪先生虽云乐史"所记似最为可信"，却未作进一步论证。其所云"姑假定"与"虽不中，不远矣"之语，并非劲挺之辞、确然肯定之论也。

再排列相关文献史料，仔细进行比勘对证，发现"开元二十八年（740）入宫说"与其他记载相矛盾，不能互为通解。其中龃龉之处，是因何而生？

2. 入宫"不期岁"受册封。据《旧唐书》卷五十一《后妃传上·玄宗杨贵妃》：

……或奏［杨］玄琰女姿色冠代，宜蒙召见。时［寿王］妃衣道士服，号曰太真。既进见，玄宗大悦。不期岁（一年），礼遇如［武］惠妃。……宫中呼为"娘子"，礼数（地位待遇）实同皇后。

寿王妃先"度道"出家——解除与寿王李瑁的夫妻关系（离婚），同时也就解除了与唐明皇的翁媳关系；而后入宫，"不期岁"受册封。如此时间顺序，乃符合事理逻辑的"表面文章"，不违反礼法（伦理纲常）和国家法规。

---

① 陈寅恪《元白诗笺证稿》，上海古籍出版社，1978年，第18—20页。

再证之以初唐时期的同类"故事":(1)唐太宗收纳弟媳杨氏(齐王元吉妃),是在"玄武门事变"之后,杨氏的处境地位如同"战利品"。(2)唐高宗纳取父妾武才人(武则天),是在太宗驾崩、武氏"削发为尼"之后。无论是残酷短暂,还是温情数年,都经历了重大变故曲折,绝非没有过渡就"直奔主题"。

而最早记载寿王妃"度道入宫"时间的史料,为唐朝人的笔记杂说。

唐宪宗元和元年(806)十二月,京兆府盩厔(今陕西周至县)县尉白居易与好友陈鸿(字大亮)、王质夫"暇日相携游仙游寺(今周至县南),话及此事(明皇杨妃故事),相与感叹"。白居易因作《长恨歌》诗篇;陈鸿为之作《长恨歌传》云:

> 开元中,泰阶(古星座名①。借指朝廷)平,四海无事。……时每岁十月,驾幸华清宫,……诏高力士潜搜外宫,得弘农杨玄琰女于寿邸,既笄矣。鬒发腻理,纤秾中度,举止闲冶,如汉武帝李夫人。……上(明皇)甚悦,进见之日,奏《霓裳羽衣曲》以导之;……明年,册为贵妃,半后服用。……②

所云"明年,册[杨太真]为贵妃",据两《唐书·玄宗本纪》,是在天宝四载(745)八月——陈鸿所指杨太真入宫年份,为天宝三载(744)。

至宋代司马光《资治通鉴》,即采此说("不期岁")而舍弃《杨太真外传》。

---

① 按:泰阶,古星座名。即三台六星。上台、中台、下台,每台二星,共六星,两两并排而斜上,形如台阶,故名。古人以此为天之三阶,三阶平则阴阳和谐,风雨及时,社稷神祇咸获其宜,天下大安,是为太平。古代又以三台对应三公之位,以三台比喻三公(国君之下负责中央朝廷军政事务的最高长官)。

② 〔唐〕陈鸿《长恨歌传》//《开元天宝遗事十种》,上海古籍出版社,1985年。

初，武惠妃薨，上（明皇）悼念不已，后宫数千，无当意者。或言寿王妃杨氏之美，绝世无双。上见而悦之，乃令妃自以其意乞为女官（冠），号太真；更为寿王娶左卫郎将韦昭训女。潜内太真宫中。太真肌态丰艳，晓音律，性警颖，善承迎上意，不期岁，宠遇如［武］惠妃，宫中号曰"娘子"，凡仪体皆如皇后。①

《长恨歌传》《旧唐书·玄宗本纪》与《资治通鉴》皆云杨太真入宫"不期岁"受册封为贵妃——天宝三载（744）入宫，与《杨太真外传》所云开元二十八年（740）入宫说，时间相差将近五年之久，孰是孰非？还要从事理逻辑来分析辩证。

3. 入宫五年无名位。若依《杨太真外传》所云：杨太真度道入宫，在开元二十八年（740）十月，但直至天宝四载（745）八月，才受册封为贵妃，其间将近五年时间无名号（内命妇）地位——与后宫制度、事理逻辑皆不相符合。

首先，杨太真的"前王妃"（外命妇）身份并无秘密可言——若以"女冠"身份在后宫中抛头露面将近五年之久，这岂不是自扬丑闻！

而唐明皇在正式册封杨太真为"贵妃"之前——天宝四载（745）七月二十六日，先为寿王瑁册立了新妃韦氏（左卫勋二府右郎将韦昭训第二女）。②

由此以观，若杨太真在宫中将近五年无名号，恰与寿王府中王妃虚位以待将近五年，形成"内外呼应"——使丑闻更显张扬，同样不符合事理逻辑。

按：古代华夏（汉族）社会的"礼法教化"传统源远流长，还有

---

① 《资治通鉴》卷二一五，唐玄宗天宝三载（744）十二月，第6981页。

② 《唐大诏令集》卷四十《册寿王韦妃文》，第187页。

历代王朝国家的婚姻制度规范（唐代有《户婚律》），唐明皇绝不会完全置之不理，自毁其"圣人形象"（具有最高尚的道德、最高超的智慧之人），令天下臣民"诟病"。

其次，唐明皇采取"曲线"方式，先"敕令"寿王妃（杨玉环）"度道出家"（即离婚），再以新人身份——杨太真（道姑）"入宫"，就是为了在礼教和法律上"不落话柄"。那么，也就没有必要等待五年才册封其为"贵妃"。

再次，杨太真入宫五年，一直没有正式的后妃名号（内命妇，实质性地位），这与她本人"度道入宫"的目的追求，可谓大相径庭。前文已述，杨玉环从小就怀有强烈的"富贵梦"，岂能等待五年之久——"不期岁"受册封又如何解释？

4.《杨太真外传》材料之来源。在记载唐明皇与杨贵妃故事的唐宋笔记杂说中，以乐史《杨太真外传》最为详赡。但其内容基本来自《旧唐书》《长恨歌》《长恨歌传》《明皇杂录》《开天传信记》《开元天宝遗事》等——摭采诸家杂说稍加排比润饰而成，可信程度并不高。如史实与传说相混杂、时间与空间错位等。[①] 例如：

（1）所云杨玉环于"开元二十二年（734）十一月归于寿［王］邸"——时间有错。据明皇《册寿王杨妃文》，是在开元二十三（735）年十二月。[②]

（2）所云寿王妃开元二十八年（740）十月"度为女道士"，应是依据《度寿王妃为女道士敕》与是年"冬十月甲子，幸温泉宫"[③] 等

---

① 参看苏万青《〈杨太真外传〉考索》//陕西师范大学古籍整理研究所（黄永年主编）《古代文献研究集林》（第三集），陕西师范大学出版社，1995 年；黄永年《学苑零拾·杨贵妃和她的故事》，华东师范大学出版社，2001 年。

②《唐大诏令集》卷四十，第 186 页。

③《旧唐书》卷九《玄宗本纪下》，第 213 页。

史料，推测而来——是年正月，明皇车驾就曾"幸温泉宫"，但此时，寿王夫妇还在服丧期间。

按：陈鸿撰写《长恨歌传》，在唐宪宗元和元年（806）冬天，上距天宝十五载（756）六月"马嵬事变"、杨贵妃被缢杀只有50年。而乐史编撰《杨太真外传》，又晚于陈鸿180余年。[1] 仅从时间顺序上来看，在别无正史记载可供稽考之下，以《长恨歌传》时代为早，且为唐人记本朝故事，应该更接近于"历史真相"。

以上述论，仅从表面上疏通了诸史记载之歧异。而寿王妃"度道入宫"是一桩备受后世诟病的宫闱丑闻，其中的深层原因和时间步骤，还要再作探究。

（三）杨玉环婚后不育

对寿王李瑁来说，杨玉环天生丽质，能歌善舞，颖悟过人，更增夫妻悦爱之情。但杨玉环在婚后迟迟未能生育，则是家庭生活的重大缺憾。

从古至今，因妻子不能生育而导致夫妻情感和家庭关系出现危机者，并非罕见。其解决方法，或收养儿女抚养；或和平离异，各自再重组家庭。

寿王妃杨玉环婚后不育问题的严重性，牵涉诸多的礼教和法律条规。

1. 丈夫休妻之"七出"。据儒家经典《礼记·昏义》："昏（婚）礼者，将合二姓之好，上以事宗庙，而下以继后世也，故君子重之。"

---

[1]〔宋〕钱易《南部新书·辛》亦云："杨妃本寿王妃，开元〔二〕十八年（740）度为道士入内。"中华书局（黄寿成点校），2002年。按：乐史（930—1007）《杨太真外传》成书于宋太宗雍熙三年（986）之后；《新唐书》成书于宋仁宗嘉祐五年（1060）；《南部新书》成于宋真宗大中祥符年间（1008—1016）；《资治通鉴》成书于宋神宗元丰七年（1084）。

这是婚姻的最典型定义，其核心精神在于祭祀祖先、家族血脉延续，是以家族为中心而非个人为中心——婚姻和生育（传宗接代）具有原始宗教性，是子孙后代对于祖先的神圣义务。

从血缘宗法和礼教传统而言，女子婚后生儿育女，继往开来，乃是至关重要的家庭和家族大事。特别需要强调的：古人皆信仰鬼神，祖宗崇拜源远流长，"事死如事生"，慎终追远，不忘祖先。活人要吃饭，祖宗要"血食"（祭祀）——古代祭祀要杀牲取血献祭。尤其重要的是，祖宗"血食"必须由嫡亲的子孙来献祭，否则，祖宗是不食的，将会成为"饿鬼"。例如，"一代女皇"武则天堪称勇敢无畏，实行"革命"，改"唐"为"周"，前无古人，后无来者。但是，她在"血食"问题上却无法超越——血缘是自然先天的，她是"李唐"的媳妇，身后"血食"必须由李姓嫡亲儿孙来献祭。

武周天授二年（691）十月，宰相李昭德上奏云：

> 以亲亲言之，则天皇（高宗）是陛下夫也，皇嗣（睿宗）是陛下子也，陛下正合传之子孙，为万代计。况陛下承天皇顾托而有天下（称帝），若立承嗣（武则天侄儿）[为皇太子]，臣恐天皇不血食矣。[①]

若"天皇（高宗）不血食"，武则天自己也不得"血食"。女皇帝到了"阴曹地府"，必须回归其"皇后"身份，否则就会成为"饿鬼"。[②]她在临终时，"遗制祔庙、归陵，令去帝号，称则天大圣皇

---

① 《旧唐书》卷八十七《李昭德传》，第 2855 页。

② 先秦有"若敖鬼馁"典故。据《左传·[鲁]宣公四年》：春秋时期，楚国令尹子文，担心其侄儿越椒将来会作乱反叛，临死时，聚其族人，哭泣曰："鬼犹求食，若敖氏之鬼，不其馁（饥饿）而？"后来，若敖氏终因越椒叛楚而被灭族。后世以此典故指因为绝嗣，无后代祭祀。

后"。①

由此可见，祖宗"血食"的严重性——若无嫡亲子孙献祭，祖宗（魂灵）就会成为"无祀饿鬼"。故《孟子·离娄上》曰："不孝有三，无后（子孙）为大。"②

早在先秦时代，女子婚后无子，就是丈夫休妻的理由之一，列在"七出"第二位（见《大戴礼记·本命》）。到了唐代，在法律中已列为"七出"之首。

据《唐律疏议》卷十四《户婚律》"妻无七出（问答一）"条：

疏议曰：伉俪之道，义期同穴，一与之齐，终身不改。故妻无七出及义绝之状，不合出之。七出者，依令：一无子，二淫佚，三不事舅姑（公婆），四口舌（搬弄是非），五盗窃，六妒忌，七恶疾。

问曰：妻无子者听出，未知几年无子即合出之？答曰：律云，妻年五十以上无子，听立庶［子］以长。即是四十九［岁］以下无子，未合出之。

在古代社会，医学（乃至整个科学界）很不发达，人们尚不知道不育的原因并不全在妻子一方。可见"七出"乃医学浅陋和"男权压迫"的产物。

2. 妻与妾名位不同。隋唐时代的婚姻制度可称为"一夫一妻多妾制"。国家法律禁止男子多妻（今谓"重婚罪"），但并不禁止多妾。"四民"（士、农、工、商）皆可纳妾，无人数限制。据《唐律疏议》卷十三《户婚律》"有妻更娶（问答一）"条：

①《旧唐书》卷六《则天皇后本纪》，第132页。
②按："不孝有三"，据东汉经学家赵岐注解："于礼有不孝者三事，谓阿意屈从，陷亲不义，一不孝也；家贫亲老，不为禄仕，二不孝也；不娶无子，绝先祖祀，三不孝也。"

　　诸有妻更娶妻者，徒一年；女家，减一等。若欺妄而娶者，徒一年半，女家不坐。各离之。疏议曰：……一夫一妇，不刊之制，有妻更娶，本不成妻，……

对于男子而言，妻与妾皆为其配偶，但二者的"名分"不同——妻为"正室"，乃明媒正娶而来；妾称"侧室"，通过买卖而来。

据《唐律疏议》卷十三《户婚律》"以妻为妾（问答二）"条：

　　诸以妻为妾、以婢为妻者，徒二年；以妾及客女（私属贱民）为妻、以婢为妾者，徒一年半。各还正之。疏议曰：妻者，齐也，秦晋为匹。妾通买卖，等数（等级地位）相悬。婢乃贱流，本非俦类。若以妻为妾，以婢为妻，违别议约，便亏夫妇之正道，黩人伦之彝则，颠倒冠履，紊乱礼经，犯此之人，即合二年徒罪。以妾及客女为妻，客女，谓部曲之女，或有于他处转得，或放婢为之；以婢为妾者，皆徒一年半。各还正之，并从本色。①

唐代亲王（皇兄弟、皇子）的妻妾有名号者为妃、孺人、媵，其余为妾。

　　凡亲王，孺人二人，视正五品；媵十人，视正六品。……降此外皆为妾。②

　　王妃、公主、郡县主媵（寡）居有子者，不再嫁。③

---

　　① 又据《唐律疏议》卷二十二《斗讼律》"妻殴詈夫"条："诸妻殴夫，徒一年；若殴伤重者，加凡斗伤三等。须夫告乃坐。[因殴致]死者，斩。……媵及妾犯者，各加一等。加者，加入于死。过失杀伤者，各减二等。疏议曰：依令，五品以上有媵，庶人以上有妾。故媵及妾犯夫者，各加妻犯夫一等，谓殴夫者徒一年半。……即媵及妾詈（责骂）夫者，杖八十。若妾犯妻者，与夫同。媵犯妻者，减妾一等。妾犯媵者，加凡人一等。杀者，各斩。……疏议曰：……死者，各斩，谓媵及妾犯夫及妻，若妾犯媵，殴杀者各斩。"

　　②《旧唐书》卷四十三《职官志二》，第1821—1822页。

　　③《新唐书》卷四十六《百官志一》，第1188页。

由此可见，在礼制和法律上，妻、妾的名分地位不能逾越。在家庭和社会生活中，无论王公百官与平民百姓，凡是以婢、妾为妻者，都会遭受舆论指责。①

3. 嫡长子继承制度。不言而喻，在贫穷百姓家庭，生计尚且艰难，绝大多数为一夫一妻。而富贵人家，大多遵循礼教法规和人伦纲常，妻与妾以及所生子女，嫡庶分明，尊卑有序。据《唐律疏议》卷十二《户婚律》"立嫡违法"条：

> 诸立嫡违法者，徒一年。即嫡妻年五十以上无子者，得立嫡[子]以长，不以长者亦如之。疏议曰：立嫡者，本拟承袭。嫡妻之长子为嫡子，不依此立，是名违法，合徒一年。即嫡妻年五十以上无子者，谓妇人年五十以上，不复乳育，故许立庶子为嫡。皆先立长，不立长者亦徒一年。依令：无嫡子及有罪疾，立嫡孙；无嫡孙，以次立嫡子同母弟；无母弟，立庶子；无庶子，立嫡孙同母弟；无母弟，立庶孙。曾、玄[孙]以下准此。无后者，为户绝。

不言而喻，传统的"嫡长子继承制"具有礼制和法律双重性质意义。而"母以子贵"在历代皇室以及士庶家庭和家族（社会组织）中，皆习以为常。②

---

① 如中唐宰相、著名史学家杜佑其人，"始终言行，无所玷缺。唯在淮南时（充任节度使），妻梁氏亡后，升嬖妾李氏为正室，封密国夫人，亲族子弟言之不从，时论非之（遭受舆论批评）"。据《旧唐书》卷一四七《杜佑传》，第3983页。

② 众所周知，人类的血缘亲属关系是自然生育形成的，是一切社会关系的"原生态"，比民族、国家更为邈远，具有天然的（神圣的）规定性。在史前时代，血缘人伦关系既是唯一的社会关系，也是生产关系的自然形态，具有直接而深远的支配作用（血浓于水）。进入新石器时代（原始农业、畜牧业产生）以后，明确的父系血缘统绪的繁衍，就是社会关系、生产关系的生产与再生产（自然的、历史的社会"惯性"）。而父权家长制的核心就是"嫡长子继承制"。

在唐朝前期，太宗后宫的武才人（武则天）、高宗的王皇后、玄宗的王皇后，其人生际遇的大起大落、悲喜故事之演成，皆与不育有难解之缘。

这些高贵的皇族女性的人生际遇，历来为治史者所特别关注——读者诸君不妨运用逆向思维：假如寿王妃（杨玉环）在婚后接连生儿育女，稳坐在其"王妃"名位上，她人生的"风流故事、千古传奇"还会发生吗？

由此以观，杨玉环婚后一直不育，其"王妃"名位堪忧。而近有"今上"（明皇）的王皇后、远有高宗的王皇后之见废，悲情惨痛，皆可为"殷鉴"。

在如此人生遭遇之下，寿王妃对自己的前途会有何打算？

虽然，杨玉环嫁为寿王妃之后，社会地位尊荣富贵，但她的人生命运并不能完全由自己来作主——男权（父权、夫权）就是她的"天"。遵照皇帝的一道敕令，寿王妃"度道"出家，为昭成皇太后窦氏（明皇生母）亡魂"追福"。

于是，寿王妃"度道"出家的时间节点，必须"整明白"。

从宋代文士记载明皇杨妃故事的诗文，到当代学者的研究论著中，大多忽略了一个重要人物——"让皇帝"李宪，即明皇大哥、寿王的伯父与养父。换言之，宁王李宪是寿王妃杨玉环"度道入宫时间"学术悬案中不可或缺的关键人物。

二、明皇大哥"让皇帝"

唐睿宗（李旦，生父高宗李治、生母武则天）有六个儿子：大郎宁王李宪（原名成器，追赠"让皇帝"），肃明皇后刘氏所生；二郎申王李扬（本名成义，追赠"惠庄太子"），掖庭宫人柳氏所生；三郎李隆基（明皇），昭成皇后窦氏所生；四郎岐王李隆范（追赠"惠文太子"），崔孺人所生；五郎薛王李隆业（追赠"惠宣太子"），王德妃所生；六郎李隆悌（早薨，追封"隋王"），掖庭宫人所生。①

（一）大郎为何"让皇帝"

嗣圣元年（684）二月，武则天（太后）临朝，废中宗（李显），立豫王李旦（睿宗）为皇帝，改元文明，仍"临朝称制"。睿宗长子成器被立为太子（时年 6 岁）。九月，武太后又降睿宗为皇嗣，改元光宅，成器被册授为皇孙。②

武周长寿二年（693），改封成器为寿春郡王。中宗（李显）复位（705）之后，改封成器为蔡王，固辞不敢受。睿宗景云元年（710），进封成器为宋王。

唐隆元年（710）六月，睿宗践祚（复皇帝位），成器拜左卫大将军。当时，将建储贰（太子），以成器为嫡长子，且先前就曾立为太子，理当册立。但三郎隆基（明皇）有讨平韦氏（中宗韦皇后）之功，睿宗犹豫不定。成器辞曰：

> 储副（太子）者，天下之公器，时平（社会安定）则先嫡长，国难则归有功。若失其宜，海内失望，非社稷之福。臣今敢以死请。

成器累日涕泣，固让太子之位，言辞恳切，心意至诚。当时，诸王、公卿亦言平王（三郎隆基）有保护社稷大功，合居储位。睿宗嘉奖成器之心意，乃许之。而平王（三郎隆基）又以成器为嫡长，再次抗表固让，睿宗不许。乃下诏曰：

> 虽承继之道，咸以冢嫡（嫡长子）居尊；而无私之怀，必推功业为首。然后可保安社稷，永奉宗祧。第三子平王隆基孝而克

---

① 《旧唐书》卷九十五《睿宗诸子传》，第 3009—3019 页。

② 本节据《旧唐书》卷六《则天皇后本纪》、卷七《睿宗本纪》、卷九十五《睿宗诸子传·让皇帝宪》；《新唐书》卷八十一《三宗诸子传·让皇帝宪》。征引繁细，非有考辨不详注。参看许道勋、赵克尧《唐玄宗传》第三章第一节，人民出版社，1993 年。

忠，义而能勇。……为副君者，非此而谁？可立为皇太子。有司择日，备礼册命。①

左卫大将军、宋王成器，朕之元子，当践副君（太子）。以隆基有社稷大功，人神金属，由是朕前恳让，言在必行。天下至公，诚不可夺。爰符立季之典，庶协从人之愿。成器可雍州牧、扬州大都督、太子太师，别加实封二千户。赐物五千段、细马二十四、奴婢十房、甲第一区、良田三十顷。②

其年十一月，诏拜成器为尚书左仆射，又迁司徒，其太师、都督并如故。

景云二年（711），成器上表让司徒，拜太子宾客，兼扬州大都督如故。玄宗先天元年（712）以后，成器进封司空、太尉。开元四年（716），改名宪。

李隆基（三郎）"跳跃式"登上皇位，因缘当时特殊的"宫廷政治生态环境"。

1. 景龙四年（710）六月二日，中宗（李显）驾崩，韦皇后怀有政治野心，扶立 16 岁的少帝（重茂），她"亲总庶政"，意欲效法其婆母武太后的"革命故事"。

时年 26 岁的临淄郡王李隆基，以拥护父王（李旦，时为相王）"复位"名义，联合姑母太平公主（长于政治权谋，颇肖其母武则天），纠集力量，于当月二十日深夜发动宫廷政变，诛灭了韦后集团势力。二十四日，少帝被废，睿宗复位，改元"景云"。李隆基因功进封"平王"。

2. 遵照嫡长子继承制度，睿宗应册立大郎成器，但三郎已经功高

---

① 《全唐文》卷十八睿宗《立平王为皇太子诏》，第 91 页。
② 《旧唐书》卷九十五《睿宗诸子传·让皇帝宪》，第 3010 页。

盖兄，并形成了其政治势力。于是，政治觉悟清醒的李成器"固让"储君之位。睿宗权衡形势，最终决定"建储以功"，以"拯社稷之危"册立三郎为太子。①

3. 开元二十九年（741）十一月，宁王薨，享年 63 岁。明皇闻报，"号叫失声，左右皆掩涕"。为之"辍朝十日"，哀悼之重，达于极限②；"谥曰让皇帝"。至册敛之日，内出御衣一副，令宦官首领高力士赍手书置于灵座之前。其手书曰：

> ……大哥孝友，近古莫俦，……远自童幼，洎乎长成，出则同游，学则同业，事均形影，无不相随。……大哥嫡长，合当储贰，以功见让，爱在薄躬。……十数年间，棣华凋落，谓之手足，唯有大哥。今复沦亡，眇然无对，以兹感慕，何恨如之。……大哥事迹，身殁让存，故册曰"让皇帝"，神之昭格，当兹宠荣。……③

明皇又下制，追赠宁王妃元氏为"恭皇后"。制号宁王陵为惠陵，陪葬于睿宗桥陵（今陕西蒲城县境内）之侧。及至送葬之日，灵柩发引，当时大雨滂沱，道路泥泞不堪。明皇下令庆王潭（明皇长子）以下泥中步送十数里。

由此以观，宁王李宪在皇族（乃至朝廷）中享有崇高的政治地位和威望，其影响可谓非同寻常。而明皇敬重宠荣大哥，亦发自肺腑衷情：（1）同日丧母，哀痛如一，休戚相慰，手足情深。（2）宁王"能

---

① 《旧唐书》卷八《玄宗本纪上》，第 165—168 页。

② 按：凡朝廷亲贵大臣去世，皇帝依照惯例（"礼制"规定）"辍朝"（不上朝视事）一至三日，多者五七日，以示哀悼。如唐太宗时魏徵五日、唐高宗时李勣七日、唐玄宗时张说五日。而"辍朝"与"诏葬"，皆为皇帝给予亲贵大臣的最高礼遇形式（哀荣）。参看吴丽娱《终极之典——中古丧葬制度研究》，中华书局，2012 年，第 643 页。

③ 《旧唐书》卷九十五《睿宗诸子传·让皇帝宪》，第 3013 页。

以位让,为吴太伯",避免"兄弟阋墙",有功于国家社稷,无人能比。(3)宁王在政治上严于律己,不越雷池,风节高尚,堪称皇族楷模,追谥为"让皇帝",名副其实。

(二)居常"以声色自娱"

宁王李宪亦精通音律(八音、十二律吕、七声音阶等)、擅长演奏各种乐器(如吹笛、打羯鼓等),其水平并不亚于明皇。在开元九年(721)至十四年(726),宁王曾兼任太常卿(职掌朝廷礼乐事务)。据《开元天宝遗事》:

> 宁王好声色,有人献烛百炬,似腊而腻,似脂而硬,不知何物所造也。每至夜筵,宾妓间坐,酒酣作狂,其烛则昏昏然如物所掩,罢则复明矣,莫测其怪也。

> 宁王宫有乐妓宠姐者,美姿色,善讴唱。每宴外客,其诸妓女尽在目前,惟宠姐客莫能见。饮欲半酣,词客李太白恃醉戏曰:"白久闻王有宠姐善歌,今酒肴醉饱,群公厌倦,王何吝此女示于众?"[宁]王笑谓左右曰:"设七宝花障,召宠姐于障后歌之。"白起谢曰:"虽不许见面,闻其声亦幸矣。"

> 天宝初①,宁王日侍好声乐,风流蕴藉,诸王弗如也。至春时,于后园中绉红丝为绳,密缀金铃,系于花梢之上,每有禽鸟翔集,则令园吏掣铃索以惊之,盖惜花之故也。诸宫皆效之。

在明皇题咏大哥宁王府宅、山池的诗篇中,也有音乐之声相伴随。

> 鲁卫情先重,亲贤爱转多。冕旒丰暇日,乘景暂经过。戚里申高宴,平台奏雅歌。复寻为善乐,方验保山河。②

> 地有招贤处,人传乐善名。鹙池临九达,龙岫对重城。桂月

---

① 按:此处云"天宝初",误。宁王薨于开元二十九年(741)十一月,已见上述。
②《全唐诗》卷三唐明皇《过大哥宅探得歌字韵》,第30页。

先秋冷，蘋风向晚清。凤楼遥可见，仿佛玉箫声。①

唐明皇（三郎）登基称帝之后，对于如何稳固自己的地位——历代皇帝都十分重视的头等大事，可谓煞费苦心。他即位不久，便采纳宰相姚崇等人的建议，让兄弟诸王外任地方州刺史，并规定诸王外任只领大纲，不握实权。至开元九年（721），又将诸王兄弟陆续召回京城，严令禁止他们与群臣交结。随后又禁止诸王、公主、驸马、外戚之间相互交结。一旦发现有人敢于犯禁，立即严加处置。

玄宗常伺察诸王［兄弟］。宁王尝夏中挥汗鞭鼓，所读书乃龟兹乐谱也。上（明皇）知之，喜曰："天子兄弟，当极醉乐耳。"②

［岐王隆］范好学工书（书法），雅爱文章之士，士无贵贱，皆尽礼接待。与阎朝隐、刘庭琦、张谔、郑繇篇题唱和，又多聚书画古迹，为时所称。时上（明皇）禁约王公，不令与外人交结。驸马都尉裴虚己坐与［隆］范游宴，兼私挟谶纬③之书，配徙岭外。万年［县］尉刘庭琦、太祝张谔皆坐与［隆］范饮酒赋诗，黜庭琦为雅州（治所在今四川雅安市）司户，谔为山茌（治所在今山东济南市长清区）丞。然上（明皇）未尝间［隆］范，恩情如初，谓左右曰："我兄弟友爱天至，必无异意，只是趋竞之辈，强相托付耳。我终不以为纤芥之故责及兄弟也。"④

［开元］十三年（725），上（明皇）尝不豫（患病），［薛王隆］业妃弟内直郎韦宾与殿中监皇甫恂私议休咎（吉凶）。事发，玄宗令杖杀韦宾，左迁皇甫恂为锦州（治所在今湖南汝城县西

---

① 《全唐诗》卷三唐明皇《同玉真公主过大哥山池》，第30页。

② 〔唐〕段成式《酉阳杂俎》前集卷十二《语资》//《唐五代笔记小说大观》，上海古籍出版社，2000年，第643页。

③ 谶纬，是汉代开始流行的神学迷信思想。谶，是方士、巫师编造的一种隐语或预言，预决吉凶。纬，指附会六经宣扬符箓瑞应占验的各种著作。

④ 《旧唐书》卷九十五《睿宗诸子传·惠文太子范》，第3016页。

南）刺史。[王] 妃惶惧，降服待罪。[隆] 业亦不敢入谒。上（明皇）遽令召之，[隆] 业至阶下，逡巡请罪。上（明皇）降阶就执其手曰："吾若有心猜阻兄弟者，天地神明，所共殛罪。"乃欢宴久之。仍慰谕 [薛王] 妃，令复其位。①

明皇在立约施禁、示以威肃的同时，给予兄弟诸王优厚的物质待遇，以声色娱乐消磨其政治意志。对于明皇与兄弟们的敦睦友爱，旧史多有记载。

初，玄宗兄弟 [于"武周"] 圣历初（698）出阁，列第于东都（洛阳）积善坊，五人分院同居，号"五王宅"。大足元年（701），从幸西京（长安），赐宅于兴庆坊，亦号"五王宅"。及先天（712）之后，兴庆 [坊] 是龙潜旧邸，因以为宫（兴庆宫。今西安市兴庆宫公园）。[宁王] 宪于胜业 [坊] 东南角赐宅，申王㧑、岐王范于安兴坊东南赐宅，薛王业于胜业 [坊] 西北角赐宅，邸第相望，环于宫侧。玄宗于兴庆宫西南置楼，西面题曰花萼相辉之楼，南面题曰勤政务本之楼。玄宗时登楼，闻诸王音乐之声，咸召登楼同榻宴谑，或便幸其第，赐金分帛，厚其欢赏。诸王每日于侧门朝见，归宅之后，即奏乐纵饮，击球斗鸡，或近郊纵禽，或别墅追赏，不绝于岁月矣。游践之所，中使相望，以为天子友悌，近古无比，故人无间然。②

上（明皇）以 [薛王] 业孝友，特加亲爱。业尝疾病，上亲为祈祷，及愈，车驾幸其第，置酒宴乐，更为初生之欢。……③

玄宗既笃于昆季，虽有谗言交构其间，而友爱如初。[宁王] 宪尤恭谨畏慎，未曾干议时政及与人结交，玄宗尤加信

① 《旧唐书》卷九十五《睿宗诸子传·惠宣太子业》，第3018—3019页。
② 《旧唐书》卷九十五《睿宗诸子传·让皇帝宪》，第3011页。
③ 《旧唐书》卷九十五《睿宗诸子传·惠宣太子业》，第3018页。

重之。……二十八年（740）冬，宪寝疾，上（明皇）令中使送医药及珍膳，相望于路。僧崇一疗宪稍瘳（痊愈），上大悦，特赐绯袍鱼袋，以赏异崇一。……居常无日不赐［宁王］酒酪及异馔等，尚食总监及四方有所进献，食之稍甘，即皆分以赐之。……①

明皇曾令宫中缝制长枕、大被，与诸王兄弟共同起卧，可谓别出心裁；平常与诸兄弟聚会宴饮，吹管弹弦，同欢共乐；至于赏赐金银绢帛，珠宝珍玩，御膳美味，则四季不绝。这种禁约与优养——恩威并用的措施，既避免了其曾祖父唐太宗兄弟相残的宫廷悲剧（玄武门事变）重演；也摒弃了其祖母武则天任用酷吏，滥施屠戮，冤狱无数的铁血残暴，保持了政局的长期稳定，的确是识见卓明的政治策略。②

在明皇的政治"禁约"和物质优养之下，其兄弟诸王于开元（713—741）年间先后病故，可谓皆"死于安乐"，达成了明皇"终保皇枝"的初心愿望。

明皇对于自己的儿子们，也是恩威兼用，防患于未然。

其第四子棣王琰（初名嗣真）之妃韦氏有过错，棣王大怒，但不敢奏闻，乃斥韦氏于别室。棣王宠爱二孺人，这二人又互争风头，不能和睦相处。

至［天宝］十一载（752），孺人乃密求巫者，书符置于琰履（鞋）中以求媚。琰与监院中官有隙（关系不和），中官闻其事，密奏于玄宗，云琰厌魅圣躬；玄宗使人掩其履而获之。玄宗大怒，引琰诘责之。琰顿首谢曰："臣之罪合死矣，请一言以就鼎镬。然臣与新妇，情义绝者，二年于兹，臣有二孺人，又皆争长。臣实

①《旧唐书》卷九十五《睿宗诸子传·让皇帝宪》，第3011—3012页。
②参看黄永年《说唐玄宗防微杜渐的两项新措施》//《黄永年文史论文集》（第二册），中华书局，2015年，第132—144页。

不知有符，恐此三人所为也。惟三哥（即太子）辩其罪人。"及
推问之，竟孺人也。玄宗犹［怀］疑琰知情，怒未解，太子已下
皆为请（求情），命囚于鹰狗坊中，绝朝请，忧惧而死。琰妃即
少师韦滔女，无子，琰死后，妃得还其父。……

　　宝应元年（762）五月，代宗即位，舍（免除）琰罪，赠其
王位。①

所云"监院中官"，即受皇帝指派、专门管理并监视十六王院的
宦官。而"厌魅"，指使用巫术手段，祈祷鬼神以迷惑或伤害别人。
这恰恰是不能随意触犯的政治忌讳，犹如一道"高压线"。前文已述，
明皇的王皇后就是因此而被废黜的。

（三）抚养侄儿如己出

年轻的寿王李瑁，眉目清秀，仪态俊雅，其年岁与新婚妃子杨玉
环相当。寿王从小性情温和，文质彬彬，谦让有礼。其温良谦恭性情
之养成，与伯父宁王有直接关系——他自幼在宁王府中十余年，由伯
父和伯母抚养教育。

　　寿王瑁，母武惠妃，频产夏王、怀王及上仙公主，皆襁褓不
育（早夭）。瑁之初生，让帝（李宪）妃元氏请于邸中收养。妃
自乳之，名为己子。十余年在宁邸（宁王府），故封建晚于诸王。
邸中常呼为十八郎。及让帝薨，瑁请制服（服丧守孝），以报乳
养之恩，玄宗从之。②

开元年间，武惠妃得宠，亦颇能生育，先生两男一女皆"襁褓不
育"（早夭）。及至寿王出生，特别担心养不活，遂托付宁王妃元氏收
养，"妃自乳之，名为己子。十余年在宁邸"；直到开元十三年（725）

---

①《旧唐书》卷一〇七《玄宗诸子传·棣王琰》，第3260—3261页。
②《唐会要》卷五《杂录》，第71—72页。

三月封为寿王，始入宫中。

宁王夫妇对寿王"视为己出"，像对待亲生儿子一样，悉心抚养，倍加呵护；寿王与伯父、伯母的关系，可谓"情同父子、爱同母子"。这种特殊的抚养关系，在明皇诸子中仅此一位。不言而喻，寿王对伯父、伯母也是特别尊重和孝敬。

在寿王与伯父的特殊关系中，尤需注意者还有以下几点。

1. 宁王本人通晓音律，擅长操弄各种乐器。其诸子从小耳濡目染，受其影响和亲传教育，亦不乏知晓音律者——长子汝阳王李琎，"聪悟敏慧，妙达音旨"，尤其善打羯鼓，深得明皇的赞赏和喜爱[1]；汉中王李瑀，曾任太常卿，在德宗时，对琵琶名手康昆仑的伎艺"品头论足"，指出其不足之处。[2]

而寿王瑁自襁褓养在大伯府中十余年，耳濡目染，亦应具有相当的音乐才能。

2. 由此推论，因缘宁王偏爱侄儿寿王，杨玉环嫁为寿王妃之后，其音律知识、器乐演奏和歌舞才艺，自然会得到宁王的赏识和指教，从而大有长进。

明皇每逢大哥生日，"必幸其宅，移时宴乐"。而寿王身为侄儿和养子，自然要去奉礼祝寿；其王妃杨玉环也会殷勤表现孝敬，以博取长辈的欢心和喜爱。

遥想当年，长孙皇后在为秦王（李世民）妃子时，"恭顺妃嫔，尽力弥缝，以存内助"。[3] 智慧的长孙皇后乃寿王妃之楷模。她在入宫之后的"才智明慧，善巧便佞，先意希旨，有不可形容者"，[4] 绝非一

① 〔唐〕南卓《羯鼓录》，辽宁教育出版社（罗济平点校），1998 年。

②《新唐书》卷八十一《三宗诸子传·让皇帝宪》附汉中王瑀，第 3599—3600 页。

③《旧唐书》卷五十一《后妃传上·太宗文德顺圣皇后长孙氏》，第 2164 页。

④ 〔唐〕陈鸿《长恨歌传》//《开元天宝遗事十种》，上海古籍出版社，1985 年。

日之养成。

3. 在宁王府邸的寿宴上，音乐歌舞为必有之节目——宁王、明皇、岐王、寿王妃，以及宁王儿子琎、瑁等，皆为"知音之人"。还有奉诏供奉的宫廷"教坊"乐伎（器乐、歌舞、杂技等），同场表演（可谓"专场祝寿演出"）。

而"乐舞天才"寿王妃也会献其伎艺，或演奏乐器（琵琶、笛子、编磬等），或歌唱舞蹈，为寿宴助兴，亦在情理之中——明皇对儿媳杨玉环超群出众的乐舞艺术天赋和才艺，早就完全知晓，并大为赞赏和喜爱，是毋庸置疑的。

（四）寿王为伯父服丧

开元二十九年（741）冬天，长安城的天气特别寒冷，凝霜封树，时学者以为《春秋》所云"雨木冰"，即此是也。亦名"树介（甲）"，言其象甲胄也。

宁王叹息道："此俗谓树稼者也。谚曰：'树稼，达官怕。'必有大臣当之，吾其死矣。"十一月，太尉、宁王李宪薨，时年63岁。"谥为让皇帝，葬于惠陵（今陕西蒲城县境内）。""又制追赠［李］宪妃元氏为恭皇后，祔葬于桥陵（睿宗陵）之侧。"[1]

寿王瑁对于伯父加养父离世，哀悼之情尤为深切，特别上奏"请制服以报私恩"，即为伯父服丧守孝，以报乳养之恩，明皇从之。[2]

据《通典》卷一三四《礼九十四·开元礼纂类二十九·凶礼一·五服制度》：侄儿为伯、叔父母服丧，分为"齐衰杖周"与"齐衰不杖周"两种，服丧期限皆为13个月。

---

① 《旧唐书》卷九十五《睿宗诸子传·让皇帝宪》，第3012—3013页；卷九《玄宗本纪下》，第214页。

② 《新唐书》卷八十二《十一宗诸子传·寿王瑁》，第3613页。

而寿王与宁王——伯父加养父，关系特殊。若按常规服丧为"齐衰杖周"（丧服第三等，13 个月），无须专门上奏请求。故其"请制服"，应为提高到服"齐衰三年"（丧服第二等，实际为 27 个月），才符合报答伯父与伯母"乳养之恩"的孝敬衷情。

唐代丧服制度：凡子为母、继母和慈母（幼儿生母早亡，父之妾未曾生子者遵命抚养幼儿）服丧，皆"齐衰三年"。

按照丧服制度，在服丧期间又有小祥、大祥、禫祭。

祥，吉也。（1）"小祥"为居父母丧周年祭礼。祭后可解除丧服的一部分，停朝夕之哭，由疏食水饮、不食菜果，改善为可食蔬菜水果，饭素食，饮水浆。（2）"大祥"为居父母丧两周年祭礼。祭后外无哭声，食有醯酱（肉酱等调味品）。除主丧者（男）外，其余"从服者"（非主丧者）皆释服从吉。（3）"禫祭"为除去丧服之祭，在大祥后两月举行。禫祭之后，主丧者（男）服饰如常，可以食干肉，饮醴酒，恢复正常的饮食生活。[①] 据《唐律疏议》卷十《职制律》"府号官称犯父祖名"条：

> 父母之丧，法合二十七月，二十五月内是正丧，……其二十五月外、二十七月内，是禫制（禫祭）未除，……及在心丧（身无丧服而心怀哀悼）内者，谓妾子及出妻之子，合降其服，皆二十五月内为心丧。

凡官员遭父母丧，必须解职归家守孝三年，称"丁艰"或"丁忧"。父丧称"丁外艰"或"丁外忧"，母丧称"丁内艰"或"丁内忧"。服丧结束，才能恢复官职。凡守丧期限未满，应朝廷需要而任职，称为"起复"（又称"夺情"）。

按照礼制传统和国家法律，"父母之丧，终身忧戚，三年从吉，自

为达礼"。其精神意义在于"慎终追远"。凡居父母丧者，在服丧期间不得有嫁娶生子、饮酒娱乐等，凡违犯者视具体情况，要处以徒三年、杖一百等不同的刑罚。[1]

如此，寿王瑁为宁王——伯父加养父服丧三年（实际 27 个月）期满，就到了天宝三载（744）春天。而寿王妃当然要与夫君一起服丧守孝。

寿王妃在结婚之后，一直未能生育——其"度道"出家时间，若以开元二十八年（740）计为 5 年；以天宝三载（744）计为 9 年，更符合夫妻情感和家庭关系出现危机的时间期限。

三、"天宝三载度道"说

在开元二十九年（741）十一月之前、宁王在世时，明皇不可能仅为自己生母窦太后（亡魂）"追福"——置大哥宁王生母肃明皇太后刘氏（亡魂）于不顾，无疑会伤害兄弟之间的感情；而且，还要慎重考量传统的礼制规范，不可僭越。

1. 宁王生母刘氏生前的名号地位，本在明皇生母窦氏之上。

睿宗居藩时（称帝之前），刘氏与窦氏皆为"孺人"。刘氏先生育儿子（宁王），遂"母以子贵"而"寻立为妃"。睿宗文明元年（684），刘氏被"册为皇后"；宁王以嫡长子立为太子（年 6 岁）。当

---

[1] 据《唐律疏议》卷十二、卷十三《户婚律》"居父母丧生子""居父母夫丧嫁娶""居父母丧主婚"等条，上海古籍出版社（岳纯之点校），2013 年。按：a. 古代的五等丧服制度，既具有禁忌习俗、悼念之情（慎终追远）等性质意义，还表示服丧人与死者之间血缘、政治关系亲疏远近的原则——别尊卑，严内外，辨亲疏。b. 人类学家认为，丧礼起源于远古先民对死者鬼魂（灵魂）的恐惧，由此产生"祖先崇拜"的信仰——要对死者的遗体作一番处理，并有一套象征悲恸的仪式，希望死者到达另一个永息的世界。随着人类社会的发展进步，就形成丧葬习俗和丧礼规范（具有地域和民族特征）。参看牛志平《唐代婚丧》，三秦出版社，2011 年，第 124、153 页。

时，窦氏为"德妃"，明皇（三郎）尚未出生。

武则天长寿二年（693）正月，刘氏与窦氏同时被婆婆武则天所杀。

景云元年（710），睿宗复位，为刘氏追谥"肃明皇后"，招魂葬于东都（洛阳）城南，陵曰"惠陵"；为窦氏追谥"昭成皇后"，亦招魂而葬，陵曰"靖陵"。

开元四年（716）六月，睿宗（太上皇）驾崩，享年55岁。十月，安葬于桥陵（在今陕西蒲城县境内)[1]；肃明皇后刘氏"迁祔（合葬）桥陵"[2]。

2. 明皇称帝之后，其生母昭成皇太后窦氏所享"哀荣"也被一再提升——在"陵庙祔飨"（礼制）上领先于宁王生母刘氏。这个过程颇为曲折。

明皇于先天元年（712）八月登基。十月六日，在京城立"仪坤庙"（朱雀街东亲仁坊西南隅），祭祀昭成、肃明二皇后神主（牌位）。

开元四年（716）六月，睿宗驾崩。八月二日，敕仪坤庙隶入太庙，不宜顿置官属。至八月九日，又敕肃明皇后（刘氏）依前于仪坤庙安置。[3]

> 初，欲祔［肃明皇后刘氏］于太庙，太常博士陈贞节等以肃明皇后（刘氏）不合与昭成皇后（窦氏）配祔于睿宗，遂奏议曰："臣闻于礼，宗庙父昭子穆，皆有配座；每室一帝一后，礼之正仪。……伏惟昭成皇后（窦氏），太姒之德，已配食于睿宗，则肃明皇后（刘氏），无帝母之尊，自合别立一庙。……今肃明皇后（刘氏）无祔配之位，请同姜嫄、宣后，别庙而处，四时

---

① 《旧唐书》卷七《睿宗本纪》，第162页。
② 《旧唐书》卷五十一《后妃传上·睿宗肃明顺圣皇后刘氏》，第2176页。
③ 《唐会要》卷十九《仪坤庙》，第440—441页。

（季）享祀，一如旧仪。"

太常博士陈贞节等人的奏议，强调唐朝实行"一帝一后"的宗庙配祔制度——每位皇帝生前册立的后妃中，最终只能有一位皇后作为正妻入庙；不能入正庙的皇后（与"追赠皇后"）则另入别庙。① 明皇"诏从之"。于十一月十六日，迁昭成皇后（窦氏）神主，祔于太庙睿宗之室，惟留肃明皇后（刘氏）神主于仪坤庙。②

直到开元二十一年（733）正月六日，才迁祔肃明皇后刘氏的神主（牌位）于太庙睿宗之室；其仪坤庙改为肃明道士观。③

3. 睿宗（太上皇）的昭成、肃明二皇后神主先后祔庙，突破了"一帝一后"的入庙配享原则，开唐朝制度之先例——昭成皇后（窦氏）在生前未曾正式册立为皇后，但"以帝（明皇）母之重，追尊为皇太后，谥［号］仍旧，祔葬（合葬）桥陵（睿宗陵墓），迁神主（牌位）于太庙"④。可谓后来居上。

然而，这种特殊情况，属于王朝国家"礼许变通"（沿革损益）的惯例。因为，皇家"陵庙祔飨"制度是"宫廷政治生态"现状的折射——太庙神主（牌位）照映的是皇帝生前的权力地位；"祔庙"是对皇后（与太后）身份地位的盖棺论定。而与先皇"配飨"的皇太后，则是由继嗣皇帝（"今上"）决定的。

4. 从血缘人伦亲情考量。宁王为嫡长子，能将储君（皇太子）地位相让，觉悟高尚，顾全大局——于公，对国家社稷有大功；于私，

① 参看吴丽娱《终极之典——中古丧葬制度研究》，中华书局，2012年，第268页。
② 《唐会要》卷十九《仪坤庙》，第440—441页。又据《旧唐书·睿宗肃明圣皇后刘氏传》："……睿宗崩，迁祔桥陵。以昭成太后（窦氏）故，不得入太庙配飨，常别［祭］祀于仪坤庙。开元二十年（732），始祔太庙。"
③ 《唐会要》卷十九《仪坤庙》，第441页。
④ 《旧唐书》卷五十一《后妃传上·睿宗昭成顺圣皇后窦氏》，第2176页。

对三郎隆基有恩情。

由此可曰：在大哥宁王生前，明皇若仅为其生母窦太后（亡魂）"追福"——厚此薄彼，既有愧孝敬，违背礼教；又有愧兄弟友悌，令大哥心怀遗憾！

假如，明皇出于"公心"，同时为其生母窦氏和大哥生母刘氏"追福"——明皇深怀"私心"（欲纳儿媳杨玉环入宫），绝不会如此"操作"。

不言而喻，在大哥宁王身故之后，明皇为其生母（亡魂）"追福"，自然就无甚障碍了。但仍然不能操之过急——必须遵守本朝丧礼制度规范，等到寿王夫妇为伯父宁王服丧结束，才可以付诸实施。

5. 再说寿王瑁之性格，自幼即深受大伯宁王影响，文雅恭谨，虽非储君之佳选，然并无任何政治性错失。明皇又岂能毫无缘由，赤裸裸地"横刀夺爱"，违礼乱伦，自间骨肉之情，自取天下诟病，生前遭讥讽，身后遗臭名！

综上所述，明皇批准颁布《度寿王妃为女道士敕》的时间，应为"天宝三载（744）正月二日"。但是，依据这道敕令来计算，则寿王瑁夫妇为伯父宁王服丧的时间为 25 个月，而非 27 个月。这又应该如何解释？

古代王朝国家丧服制度的基本原则之一，就是突出"主丧者"（男权）的地位。寿王夫妇为伯父宁王服丧尽孝，丈夫为"丧主"，妻子为"从服"（其丧服等级可以从低），在"大祥祭"（25 个月）之后，妻子就可以"释服"从吉了[①]——与"二十五月内是正丧"的礼法规范并不矛盾。

---

① 参看马建兴《丧服制度与传统法律文化》，知识产权出版社，2005 年，第 182—183 页；丁凌华《五服制度与传统法律》，商务印书馆，2013 年，第 89—90 页。

6. 对于唐明皇册封杨太真为"贵妃"的时间，诸史记载相同。

据《长恨歌传》："明年（天宝四载，745），册〔杨太真〕为贵妃，半后服用。"

据《旧唐书·玄宗本纪下》（《新唐书·玄宗本纪》同）：天宝四载（745），"秋八月甲辰（按：此误。应为壬寅，即初六日[①]），册太真妃杨氏为贵妃（正一品）"。

据《旧唐书》卷五十一《后妃传上·玄宗杨贵妃》："时〔杨〕妃衣道士服，号曰太真。既进见，玄宗大悦。不期岁，礼遇如〔武〕惠妃。"

若谓杨太真在天宝三载（744）十月被"潜内宫中"，恰与"不期岁"（四载八月）受册封为"贵妃"（正式名号地位），在时间上正相吻合。

其"贵妃"名号，是专为杨太真而"复置"。唐高祖（李渊）时的后妃制度（唐因隋制）：在皇后之下有贵妃、淑妃、德妃和贤妃各一人，为四夫人，皆正一品。

> 开元中，玄宗以皇后之下立四妃，……非典法也。乃于皇后之下立惠妃、丽妃、华妃等三位，以代三夫人，为正一品；……[②]
> 开元中，玄宗……置惠妃、丽妃、华妃，……其后复置贵妃。[③]

所谓"其后复置贵妃"（位次于皇后）——杨太真入宫之后，深得明皇宠爱，又专门恢复唐初的"贵妃"名号。为何不再用"惠妃"（位次于皇后）名号——杨太真的前婆婆武氏曾经享有，故不复使用

① 据《资治通鉴》卷二一五，第 6985 页；《新唐书》卷五《玄宗本纪》，第 144 页。参看许道勋、赵克尧《唐玄宗传》，人民出版社，1993 年，第 344 页。
②《旧唐书》卷五十一《后妃传上·序》，第 2162 页。
③《新唐书》卷四十七《百官志二·内官》，第 1225 页。

以隐（避）讳其事。

至此，对寿王妃杨玉环"度道入宫"的故事线索，可再作如下梳理。

1. 天宝三载（744）正月二日，"属〔窦〕太后忌辰"，唐明皇敕准儿媳寿王妃"度道"出家，为窦太后（亡魂）"追福"。这与夫妻"和离"（双方同意离婚）① 具有同等法律意义。从此，寿王妃成为头戴黄冠的新人"杨太真"，住内太真宫。

当月初七日，明皇行幸温泉宫（华清宫）；二月初五日，返回京城。

2. 是年十月丁酉（初八日），唐明皇再次行幸骊山温泉宫。命宦官首领高力士传召杨太真至温泉宫赐浴，既进见，明皇甚悦。十二月戊戌（初九日），杨太真随驾返回京城，被"潜内宫中"（兴庆宫中）。

3. 天宝四载（745）秋天，七月二十六日，行左相兼兵部尚书李适之、行门下侍郎陈希烈奉命持节，以正、副使者的身份，来到左卫勋二府右郎将韦昭训家中，宣册其二女儿为寿王李瑁的新王妃。② 至此，在寿王李瑁府中，一年多的"王妃虚位"问题得到解决，他的畏慎之心终于可以放松了。

4. 八月五日，千秋节（明皇61岁生日），依照惯例，在兴庆宫勤政楼前大会群臣，举行盛大的祝寿宴会。六日，正式册封杨太真为"贵妃"。

旬日期间，儿娶新妇，父册贵妃，喜事接连，父子各得其所，皆大欢喜。

---

① 据《唐律疏议》卷十四《户婚律》"义绝离之（问答一）"条："若夫妻不相安谐而和离者，不坐（不问罪）。疏议曰：……若夫妻不相安谐，谓彼此情不相得，两愿离者，不坐。"

②《唐大诏令集》卷四十《册寿王韦妃文》，第187页。

关于册立杨贵妃的具体地点，史无明文。中唐大诗人白居易《胡旋女》诗句云"梨花园中册作妃"；北宋史家乐史《杨太真外传》云"于凤凰园册太真宫女道士杨氏为贵妃"。但是，"凤凰园"所在位置，史籍无考，唯有阙疑。①

所谓"梨花园"，或指禁苑"梨园"（果园。地名），或指宫内"梨园"（宫廷音乐机构，在太极宫东部太子东宫的北部）。很显然，都不是举行典礼仪式（临轩册命）的正规场所。虽然正史无记载，但也并非毫无线索。

唐明皇自开元十六年（728）正月起，从大明宫（北内）移仗兴庆宫（南内）听政，直到天宝十五载（756）六月。那么，八月五日是"千秋节"，在兴庆宫举行了盛大的祝寿宴会；六日，册立杨太真为"贵妃"，必定也是在兴庆宫。

而白居易的诗咏，重在"写意"而非"史实"。乐史《杨太真外传》属于笔记杂说、传奇故事，其时间、空间、人物与故事情节，多有错谬（"硬伤"）。

四、"自请度道"有隐颐

如果，确如前揭敕文所言，寿王妃杨玉环"度道"是出自她本人的"由衷之请"，那么，她的"由衷"背后，又是出于何种考虑（或何种目的）？

此乃关键性的"故事情节"，还需要"以事理和情理察之"。

开元二十六年（738）六月，忠王（即肃宗）被立为皇太子——对于寿王瑁来说，这意味着他在政治地位上已经失宠了；对于寿王妃杨玉环，则意味着"夫荣妻贵"更上一层楼的梦想失落了。时年20岁

---

① 陈寅恪《元白诗笺证稿·胡旋女》，上海古籍出版社，1978年，第170—171页。

的寿王妃，对今后的生活又会有何打算？

她才20岁，正当人生的美好年华，今后的日子还长。与恩爱的夫君相敬如宾，生儿育女，相夫教子，和睦安生一辈子——如此富贵尊荣，足慰人生矣。

然而，人生无常，命运弄人。从开元二十三年（735）十二月结婚到天宝三载（744）正月，整整八年多过去了，她的天赋之能却迟迟不见"开花结果"——"母以子贵"并非奢望，难道她今生会与此无缘？寿王妃的内心难免焦虑和痛苦。

一般情况下，年轻夫妻婚后一两年就会有生育。如果说，婚后三年不育，杨玉环心中仍然满怀希望；六年不育，她心中就已经非常焦虑了；而八年多了还是没有生育，就令人近乎绝望了——如此境遇之下，天性聪明，从小就渴望大富大贵的杨玉环，无疑会为自己的未来预作"设计"。

（一）"由衷之请"须辨析

在唐明皇批准寿王妃"度道"出家的敕文中，有一句"特遂由衷之请"——完全是出于她本人的意愿。但其真实性是很令人怀疑的。

如果，寿王妃"自请度道"的动机是虔诚、单纯的——仅是为窦太后（亡魂）"追福"，那么，肯定就不会发生后来"入宫得宠"的故事了。

若寿王妃"度道"出家属于被动性的，那么，面对突然降临的"度道"敕令，她有三种选择：一是"顺从圣旨"，二是"消极怠工"，三是"逆旨抗命"。

于是要问：她的真实思想和态度是何？此亦无史料可据。但是，不妨再运用逆向思维方法，从她入宫之后的表现来分析判断。

据《长恨歌传》（两《唐书》杨贵妃本传略同）：寿王妃杨玉环，

鬓发腻理，纤秾中度，举止闲冶，如汉武帝李夫人。……上

（明皇）甚悦。……明年（天宝四载，745），册为贵妃，半后服用。由是冶其容，敏其词，婉娈万态，以中上意。上益嬖焉。……与上行同辇，居同室，宴专席，寝专房。……自是六宫无复进幸者。非徒殊艳尤态致是，盖才智明慧，善巧便佞，先意希旨，有不可形容者。叔父昆弟皆列位清贵，爵为通侯。姊妹封国夫人，富埒王宫，车服邸第，与大长公主侔矣。而恩泽势力，则又过之，出入禁门不问，京师长吏为之侧目。故当时谣咏有云："生女勿悲酸，生男勿喜欢。"又曰："男不封侯女作妃，看女却为门上楣。"其为人心羡慕如此。

尤可注意者，白居易在《长恨歌》中也有"点睛"之句：

> 天生丽质难自弃，一朝选在君王侧。……后宫佳丽三千人，三千宠爱在一身。……姊妹兄弟皆列土，可怜光彩生门户。……

众所周知，每个人的天赋和性格、家庭环境、教育养成和社会价值观等，各有差异。有的人追求物质生活享受，满足于安富尊荣；有的人则热衷于政治，权欲强烈。一代女皇武则天、中宗韦皇后属于后者，而寿王妃杨玉环属于前者。[1]

若寿王妃"自请度道"的最终目的是能够入宫成为皇妃——是她的"本意"还是皇帝公爹的"圣意"？因无史料明文可稽，不可妄测。

1. 若寿王妃"度道入宫"属于"顺从旨意"，那么，她的追求就是"尊荣富贵最大化"——因缘杨太真入宫得宠、礼遇如同皇后，杨氏家门遂成"外戚型暴发户"，其兄弟姊妹的富贵荣耀和贪婪无厌，

---

① 参看黄永年《六至九世纪中国政治史》，上海书店出版社，2004 年，第 176 页。按：依据人本主义心理学的"需要层次论"，人生的"基本需要"（生理、安全、归属与爱、尊重）一旦获得满足，其强度就会下降；而"成长需要"（求知、审美、自我实现）却并不随其满足而减弱，反会因获得满足而增强、无有限度。参看全国十二所重点师范大学联合编写《心理学基础》（第 2 版），教育科学出版社，2008 年，第 68—69 页。

令天下人"羡慕嫉妒恨"。

2. 还有一种可能（推测）：在宁王李宪去世之后、寿王夫妇为伯父服丧的两年多时间里，明皇心中开始萌生了纳娶儿媳的"邪念"——通过各种方式对其"试探或暗示"，而天性聪明的杨玉环则"心有灵犀一点通"。

综合上述，寿王妃"度道入宫"应属"顺从圣旨+主动性"的。（1）聪明活泼，能歌善舞的杨玉环，其性格属"外向型"。（2）其人生价值观属于"进取型"——家庭背景和幼年失去双亲的不幸遭遇等使然。（3）其叔父杨玄璬工于心计，以青春美貌而多才多艺的侄女为法宝来振兴家门，大获成功。

（二）为何"追福"不奉佛

如果寿王妃杨玉环因多年不能生育而心灰意冷，念想寂然，选择了"出家"离俗之路，其首选应是"奉佛"入寺，削发为尼，长伴青灯，念诵经卷。

从隋朝开始，就禁止官员的妻妾在丈夫死后改嫁，皇帝与皇族亲王的妃妾就更不能例外。在老皇帝驾崩之后，其后宫妃嫔凡无子女者，按照惯例都要入寺为尼。如唐太宗驾崩后，其武才人（武则天）就进入感业寺削发为尼。①

唐代崇佛教，尊道教。据《唐六典》卷四《礼部·祠部司》：在盛唐时期，凡天下有道观 1687 所（道士观 1137 所，女冠观 550 所）；有佛寺 5358 所（僧寺 3245 所，尼寺 2113 所）。又据《长安志》卷七记载，在开元时期，长安城有僧寺 64 所，尼寺 27 所；道士观 10 所，

①《旧唐书》卷六《则天皇后本纪》，第 115 页。参看雷家骥《武则天传》，人民出版社，2001 年，第 54—55 页。

女冠观 6 所。天宝年间的增减不在其数。①

而唐代皇族妇女"出家"是以"入道"者居多。尤其是在总计 200 多位公主中，先后"出家"的有 20 多人（见于史载者），都是"入道"而非"奉佛"。②

如睿宗时，西城、昌隆两位公主（明皇的妹妹），以为天皇太后（武则天）"追福"，度为女道士，道号分别是"金仙""玉真"。③

开元初年，明皇的女儿万安公主，又以为睿宗"追福"出家入道。④

其中原因，一是李唐皇室远认老子（李耳）为始祖，尊奉道教为"国教"，地位在佛教之前。唐太宗贞观十一年（637）二月，颁布《道士女冠在僧尼之上诏》：

> ……朕之本系，起自柱下（老子李耳），鼎祚克昌，既凭上德之庆；天下大定，亦赖无为之功。宜有改张，阐兹玄化。自今已后，斋供行法，至于称谓，道士、女冠，可在僧、尼之前。庶敦本之俗，畅于九有；尊祖之风，贻诸万叶。⑤

> 凡道士、女道士、僧、尼之簿籍亦三年一造。其籍一本送祠部，一本送鸿胪［寺］，一本留于州、县。凡道士、女道士衣服皆以木兰、青碧、皂荆黄、缁坏之色。若服俗衣及绫罗、乘大马、酒醉、与人斗打、招引宾客、占相吉凶、以三宝物饷馈官僚、勾

---

① 参看张永禄《唐都长安》（增订本）第十章，三秦出版社，2010 年。

② 参看高世瑜《唐代妇女》，三秦出版社，2011 年，第 102 页。

③ 唐睿宗有十一个女儿（公主）：寿昌、安兴、荆山、淮阳、代国、凉国、蔡国、郇国、西城（入道，号"金仙"）、昌隆（字持盈，入道，号"玉真"）、霍国公主。据《唐会要》卷六《公主》，第 74 页；《新唐书》卷八十三《诸帝公主传·睿宗十一女》，第 3656—3657 页。

④《旧唐书》卷七《睿宗本纪》，第 157 页。

⑤《唐大诏令集》卷一一三，第 586—587 页。

合朋党者，皆还俗。若巡门教化、和合婚姻、饮酒食肉、设食五辛、作音乐博戏、毁骂三纲（寺院僧职）、凌突长宿者，皆苦役也。①

二是佛教的戒律规条比较严格，而道教则相对宽松。皇家公主们"入道"之后，照例由朝廷供给日用资财，还有节令、庆典时的各种赏赐，在物质生活上仍然不失其"出家"之前的富贵荣华。而且，在社交活动等方面，她们以"道姑"身份比"公主"身份更为自由方便，抛头露面，不受约束。如明皇的亲妹妹昌隆公主入道之后，道号"玉真"，仍时常出入宫掖朝见皇帝哥哥；在与王公显贵的交往出游中，也是非常活跃。

唐代道教的规诫不甚严格，女道士们摆脱了家庭、丈夫与世俗纲常礼教的束缚羁绊，成为全社会妇女群体中的一个特殊阶层，社会交往，出外游玩，都比较自由。

道教追求超凡脱俗，入仙成神。女道士们在与达官贵幸、文人名士的交往中，浓妆艳抹，同席共饮，诗词唱和。② 有的无拘无束地追求世俗爱情，更有甚者招蜂引蝶，行迹放诞，因而也招致了后世舆论的诸多批评和谴责。

站在宗教立场上看，唐代女道士不守清规，有辱教门，以致后世文人指斥她们近于倡优。但唐代社会风气比较开放，女道士们自由放任，行为风流，她们的容色才情，为文士墨客津津乐道。在传世唐诗

---

① 《唐六典》卷四《礼部·祠部司》，第 126 页。

② 如生活在明皇到德宗时期，享有"女中诗豪"称誉的女道士李冶（字季兰），"美姿容，神情萧散，专心翰墨，善弹琴，尤工格律。当时才子颇夸纤丽。……天宝间，玄宗闻其诗才，诏赴阙，留宫中月余，优赐甚厚，遣归故山"。李冶原是峡中（今长江三峡一带）人，浪漫不拘的女冠生活，消磨了她的华年芳容，而她的诗名却传入宫中并受到皇帝的征召，备受礼遇赏酬。据〔元〕辛文房撰，周绍良笺证《唐才子传笺证》（上册）卷二"李季兰"，中华书局，2010 年，第 283—284 页。

中，就有不少是题咏女冠游历、讲经的作品，还有诗人与女冠赠答的情诗，更有一些相互戏谑调笑取乐的艳词歪诗。

至于皇家女子离俗入道，并非婚姻离异之后再嫁的过渡时期。如开元二十二年（734），唐明皇就曾打算将玉真公主嫁给著名道士张果为妻。

由此可见，明皇以君上和公爹的双重权威身份，敕命寿王妃离俗入道，既有先例可循，又是为纳其"入宫"预设方便——寿王妃先"度道"出家，摇身一变成为道姑"杨太真"，也不需要像佛教徒那样出家"剃度"（剃除头发、胡须)①；而后再纳其"入宫"，就为"父夺子媳"的丑秽之事，掩上了一层必要的遮羞布。

（三）旧史家"为尊者讳"

唐明皇"曲线"纳娶儿媳，是出自他的"圣意"，还是臣下"献言"正中下怀？在两《唐书》中仅有"或奏""或言"字迹，究系何人则不知其详。

据《旧唐书》卷五十一《后妃传上·玄宗杨贵妃》：

[开元]二十四年（736），[武]惠妃薨（按：此误。武氏薨于二十五年十二月)，帝（明皇）悼惜久之，后庭数千，无可意者。或奏[杨]玄琰女姿色冠代，宜蒙召见。时妃衣道士服，号曰太真。既进见，玄宗大悦。……②

据《新唐书》卷七十六《后妃传上·玄宗贵妃杨氏》：

---

① a. 剃度，为佛教名词。指剃除头发、胡须，是佛教徒出家接受戒条的一种规定。佛教认为"剃度"是人们度越生死之因（即能够产生结果的原因）。度，指使人"离俗""出离生死"。b. 佛教为外来宗教，而道教为中国本土宗教，华夏传统伦理强调"身体发肤，受之父母，不敢毁伤，孝之始也"（《孝经·开宗明义章第一》）。故道士、道姑皆蓄发不剃。

②《旧唐书》卷五十一《后妃传上·玄宗杨贵妃》，第2178页。

开元二十四年（736），武惠妃薨（按：此误。同上条），后廷无当帝（明皇）意者，或言［寿王］妃资质天挺，宜充掖廷，遂召内禁中，异之，即为自出妃意者，丐籍女官（冠），号"太真"，……

很显然，"或奏"与"或言"属于旧史家含糊其辞，隐晦此宫廷丑闻。

在晚近学者的研究论著（非小说、影视作品）中，有的认为："或奏""或言"出自宦官头目高力士——明皇的忠实"老奴"，办事谨慎，深得信任，尤其善于揣摩主子心意；他"奏言"宣召寿王妃入宫，可谓合乎推理。如代宗皇帝的生母吴氏（追赠章敬皇后），就是高力士奉诏，从掖庭宫女中挑选出来，赐给太子（即肃宗）的。

其实不然。史籍上讲得最清楚的地方，只是说高力士"奉诏"而为。

诏高力士潜搜外宫，得弘农杨玄琰女于寿［王］邸，既笄（已婚）矣。[1]

再细读《高力士传》，分析他在此宫闱丑闻中扮演了何样角色。

1. 在开元年间，高力士为宦官首领，其权势地位已经达到了顶峰。

……每四方进奏文表，必先呈力士，然后进御（明皇），小事便决之。玄宗常曰："力士当上（值），我寝则稳。"故常止于宫中，稀出外宅。若附会（依附、巴结）者，想望风采，以冀吹嘘，竭肝胆者多矣。宇文融、李林甫、李适之、盖嘉运、韦坚、杨慎矜、王铁、杨国忠、安禄山、安思顺、高仙芝因之而取将相高位，其余职不可胜纪。肃宗在春（东）宫，呼为二兄，诸王、

---

[1]〔唐〕陈鸿《长恨歌传》//《开元天宝遗事十种》，上海古籍出版社，1985 年。

公主皆呼阿翁，驸马辈呼为爷。……力士谨慎无大过，然自宇文融已下，用权相噬，以紊朝纲，皆力士之由。又与时消息，观其势候，虽至亲爱，临覆败皆不之救。①

由此可曰：高力士完全没有必要再借此种机会来邀功求赏，以图升迁。

2. 唐明皇"宣召儿媳"，属于秽乱人伦，违背礼教的"败德行为"。高力士处事谨慎，善于"观其势候"，又岂能不知其中利害！

两《唐书》中"或奏""或言"寿王妃杨氏之美，明皇"见而悦之"云云，似乎明皇对这个儿媳的美貌和才艺毫不知晓——皆措辞暧昧，"曲笔隐讳"之言尔！旧史家遵循的惯例（潜规则），就是仿效"《春秋》为尊者讳，为亲者讳，为贤者讳"。②

而历史真相是：在寿王妃杨玉环"度道"之前的八年里，明皇见到并了解她的正式场合——传统节庆典礼的朝贺拜见、每年的明皇诞辰"千秋节"和宁王府上的"寿宴"等，不多也不少，对于这个儿媳的青春美貌、活泼性情，尤其是超群出众的音乐歌舞才艺，明皇早就完全知晓并大为赞赏。

———————————

①《旧唐书》卷一八四《宦官传·高力士》，第4757—4758页。按：自唐中宗景龙（707—710）中，玄宗在藩之时（称帝前），高力士就倾心奉之，接以恩顾。及唐隆（710）平内难（诛灭中宗韦皇后及其党羽），升储位（皇太子），奏力士属内坊（太子东宫内坊局），日侍左右，擢授朝散大夫、内给事（从五品下）。先天（712）中，以预诛萧至忠、岑羲等功（即铲除太平公主势力），超拜银青光禄大夫，行内侍同正员（从四品上）。开元初，加右监门卫将军（从三品），知内侍省事。

②《春秋公羊传·闵公元年》∥《十三经注疏》，中华书局（影印本），1980年。按："避讳"源自原始社会的巫术（法术）信仰，属于自发形成的；进入阶级社会之后，统治阶级对其加以利用和改造。西周初年，周公（姬旦。周武王弟）摄政，主持"制礼作乐"，将"避讳"纳入王朝国家政治文化体系，对整个古代社会产生了极为深刻的影响，成为维护君主专制的工具。例如清代因避讳而发生的"文字狱"，血腥残酷，可谓登峰造极。

还有，陈鸿的《长恨歌传》说明了实情："诏高力士潜搜外宫。""诏"者，帝王的命令或文告。毫无疑问，敕令寿王妃"度道"出家，就是明皇的"圣意"。①

就像当年唐太宗在"玄武门事变"之后，收纳弟媳杨氏（齐王妃）一样。

也像唐高宗从感业寺宣召父妾（武则天）重回皇宫一样，即使有大臣劝谏，也难改高宗皇帝的一腔钟情；尤其是在册立武则天为皇后之事上，连亲娘舅长孙无忌这样的开国元勋和顾命大臣，也因为不顺"圣意"而遭到贬逐、迫令自缢。②

恩格斯曾有一段精辟之论：

> 自从阶级产生以来，正是人的恶劣的情欲——贪欲和权欲成了历史发展的杠杆，关于这方面，例如封建制度的和资产阶级的历史就是一个独一无二的持续不断的证明。……③

唐明皇"曲线"纳娶儿媳，乃其"恶劣情欲"的肆意泛滥——最重要的政治前提之一，就是"朕即国家"的皇帝（家天下）制度。

---

① 按：如何"操作"寿王妃"度道"出家之事（具体事由、时间和地点等），高力士应该会有所"奏言"。因为宦官首领内侍（从四品上）的职责是"掌在内侍奉，出入宫掖，宣传制令"。据《唐六典》卷十二《内官·内侍省》，第356页。

②《旧唐书》卷六十五《长孙无忌传》，第2454—2456页。

③ 中共中央马克思恩格斯列宁斯大林著作编译局编《马克思恩格斯选集》（第四卷），人民出版社，1972年，第233页。

第四章　明皇"曲线"纳玉环

唐明皇为何违背礼教法规，不顾人伦亲情，设计"曲线"纳娶儿媳？

唐明皇天赋聪明，既是才能杰出的政治家，也是才艺超群的艺术家，一生酷爱音乐歌舞——精晓音律①，演奏乐器、创作乐曲以及指挥演奏等，样样精通。

杨玉环则是一位"可遇而不可求"的艺术天才，年轻美貌，才智

---

① 音律，指音乐的律吕、宫调等。据《唐六典》卷十四《太常寺·协律郎》："掌和六律、六吕，以辨四时（季）之气，八风五音之节。……凡教乐，淫声（若郑、卫者）、过声（失哀乐之节者）、凶声（亡国之声，若桑间、濮上者）、慢声（不恭者也）皆禁之。使阳而不敢散，阴而不敢集，刚气不怒，柔气不慑，畅于中，发于外，以应天地之和。"a. 音律（六律、六吕），相传黄帝时，伶伦截竹为十二管（阴、阳管各六），以管之长短分别声音的高低清浊，乐器的音调都以它为标准。音律有十二，阴阳各六，阳为六律（所以统气类物），阴为六吕（所以旅阳宣气）。六律即黄钟、太簇、姑洗、蕤宾、夷则、无射。六吕即大吕、夹钟、仲吕、林钟、南吕、应钟。b. 八风（八音），为古代乐器的分类法名称，西周时已经出现。即金（钟）、石（磬）、丝（琴、瑟）、竹（箫、管）、匏（笙、竽）、土（埙、缶）、革（鼓）、木（柷、敔）八种不同音质的乐器。c. 五音（古代五声音阶中的五个音级），一宫、二商、三角、四徵、五羽（相当于现今简谱的1、2、3、5、6）。黄钟为宫，太簇为商，姑洗为角，林钟为徵，南吕为羽，还相为宫，以生其声焉。d. 宫调（调高和调式的综合关系），凡以宫声为主的调式称宫，以其他各声为主的则称调，统称"宫调"。以七声配十二律，理论上可得十二宫、七十二调，合称八十四宫调。唐代规定的"二十八调"，即琵琶的四根弦上每根七调，最低的一根弦（宫弦）上的调式叫宫，其余的叫调。详见《通典》卷一四三《乐三》十二律、五声八音名义，卷一四四《乐四》权量、八音；两《唐书·音乐志》。

明惠，通晓音律，擅长器乐，能歌善舞，尤能察言观色，善解人意——美丽的儿媳与皇帝公爹在艺术兴趣爱好上，具有"最大共同点"。唐明皇对这位儿媳，由欣赏赞美、心生悦爱之情，进而发展为淫心猎艳，必欲"据为己有"而后快。而人世间的"故事"难得有"偶然巧合"机遇——杨玉环在婚后九个年头，还未生育，这属于其个人身体因素（事物的偶然性），却给公爹唐明皇提供了"可遇而不可求"的机会。

从唐代婚姻法律来看，唐明皇这种"公公纳娶儿媳"的"乱伦"行为，是中原华夏族原始婚俗孑遗与北方游牧族类"继婚制"（妻后母）习俗的混合产物。

一、艺术天才杨玉环

在唐明皇的后宫妃嫔中，以青春美貌和歌舞才艺而特别得宠者，开元（713—741）初年有赵丽妃（废太子李瑛生母），天宝（742—756）中则为杨贵妃。

赵丽妃出身乐伎之家，年轻有才貌，善音乐歌舞，是李隆基为临淄郡王时，在潞州（治所在今山西长治市）别驾任上所纳。赵丽妃所生儿子李瑛，为明皇次子，在开元三年（715）正月被立为皇太子——"以母宠而立其子"。①

---

① 据《旧唐书》卷一〇七《玄宗诸子传·庶人瑛》，第3259页；《新唐书》卷八十二《十一宗诸子传·太子瑛》，第3607页；《资治通鉴》卷二一一，第6707页；《新唐书》卷七十六《后妃传上·玄宗贞顺武皇后》，第3491页。按：李隆基为皇族，却纳娶乐伎女子（社会法律身份属于贱民阶层）为妃，既说明赵丽妃的美貌才艺超群出众，也反映了他对乐舞伎艺的嗜好，并不在乎其社会身份之微贱。赵丽妃薨于开元十四年（726），大约35岁。

有关杨玉环的聪明才智和乐舞艺术造诣，正史、诗文杂说等多有记载。

1. 据《旧唐书》杨贵妃本传：初入宫，衣道士服，号"太真"。

太真姿质丰艳，善歌舞，通音律，智算过人。每倩盼承迎，动移上（明皇）意。宫中呼为"娘子"，礼数（地位待遇）实同皇后。

据《新唐书》杨贵妃本传：杨太真"善歌舞，邃晓音律，且智算警颖，迎意辄悟。帝（明皇）大悦，遂专房宴，宫中号'娘子'，仪体与皇后等"。

2. 杨贵妃善弹琵琶。据唐后期郑处诲《明皇杂录·逸文》："天宝中，……有中官白秀贞，自蜀使回，得琵琶以献。其槽以逻逤檀为之，温润如玉，光辉可鉴，有金缕红文蹙成双凤。贵妃每抱是琵琶奏于梨园，音韵凄清，飘如云外。而诸王、贵主泊虢国［夫人］（杨贵妃姐姐）以下，竞为贵妃琵琶弟子，每授曲毕，广有进献。"

据晚唐人郑嵎《津阳门诗》与其自注所云：

……瑶光楼南皆紫禁，梨园仙宴临花枝。迎娘歌喉玉窈窕，蛮儿舞带金蕤葳。三郎紫笛弄烟月，怨如《别鹤》呼羁雌。玉奴琵琶龙香拨，倚歌促酒声娇悲。……

［太］上皇善吹笛，常弄一紫玉管。贵妃妙弹琵琶，其乐器闻于民间者，有逻逤檀为槽，龙香柏为拨者。上［皇］每执酒卮（盛酒器皿），必令迎娘（宫廷教坊宜春院乐妓，善歌）歌《水调》曲遍，而太真辄弹弦倚歌，为上［皇］送酒。……玉奴乃太真小字（乳名）也。①

---

① 《全唐诗》卷五六七，第6619—6620页。其自注云：津阳门，华清宫之外阙；瑶光楼，华清宫内城之北门。迎娘、蛮儿乃梨园弟子之名闻者。按：迎娘、蛮儿应为宜春院"内人"（擅长歌唱和舞蹈）；而"皇帝梨园女弟子"的伎艺专业为器乐演奏。

杨贵妃最善击磬（打击乐器）。据唐末宰相郑綮《开天传信记》：

> 太真妃最善于击磬拊搏之音，泠泠然（音响清脆）新声。虽太常、梨园之能人，莫加也。上（明皇）令采蓝田绿玉琢为器，上造簨簴（悬挂钟磬的木架）流苏之属，皆以金钿珠翠珍怪之物杂饰之，又铸二金狮子，作拏攫腾奋之状，各重二百余斤，以为趺（底座），其他彩绘缛丽，制作神妙，一时无比也。

3. 杨贵妃善《胡旋舞》。此舞传自西域康国（今中亚乌兹别克斯坦撒马尔罕一带），有独舞、双人舞，其舞容特征是"旋转如飞"（舞蹈技艺的基本功）。①

《胡旋舞》女性舞者的服饰为佩戴首饰，绯袄锦袖，绿绫浑裆裤、白裤袜，赤皮靴，披纱巾，束珠玉锦带。在快速旋转时，其纱巾、佩带飘然环绕，令观者眼花缭乱。其最美妙者为在一小圆毯上，舞者腾踏旋转，两足终不离开毯子。②

杨贵妃又擅长《霓裳羽衣》舞蹈，姿态美妙，飘逸若仙。她曾夸言曰："《霓裳羽衣》一曲，可掩千古。"某年，木兰花发，而皇情因故不悦。杨贵妃于醉中起舞一曲《霓裳》，顿使龙颜大悦。方知回雪

---

① 中唐大诗人白居易的《胡旋女》诗云："胡旋女，胡旋女。心应弦，手应鼓。弦鼓一声双袖举，回雪飘飖转蓬舞。左旋右转不知疲，千匝万周无已时。人间物类无可比，奔车轮缓旋风迟。曲终再拜谢天子，天子为之微启齿。胡旋女，出康居，徒劳东来万里余。中原自有胡旋者，斗妙争能尔不如。天宝季年时欲变，臣妾人人学圜转。中有太真外禄山，二人最道能胡旋。……"据《全唐诗》卷四二六，第4704—4705页。

② 《通典》卷一四六《乐六·四方乐》，第3724页；〔唐〕段安节《乐府杂录·俳优》//《教坊记》（外三种），中华书局（吴企明点校），2012年。

流风，可以回天转地。①

天宝（742—756）年间，唐明皇思神念道，企慕长生，纵情享乐，宠爱杨贵妃，追求"太平天子、神仙皇帝"的无上荣耀和精神境界。

二、"音乐皇帝"李隆基

史载：唐明皇"性英断多艺，尤知音律，……""性英武，善骑射，通音律、历象之学"。② 他具有极高的音乐天赋，从小就喜欢伎乐（百戏），长大之后多才多艺，尤其精晓音律，至于操演乐器、创作乐曲、指挥演奏等样样精通。

1. 据《代国长公主碑文》：武周天授元年（690），

> 则天太后御明堂宴，圣上（明皇）年六岁，为楚王，舞《长命女》。宁王（明皇大哥）年十二，为皇孙，作《安公子》。岐王（明皇弟）年五岁，为卫王，弄《兰陵王》。……〔永昌〕公主（明皇妹）年四岁，与寿昌公主（明皇妹）对舞《西凉》。殿上群臣，咸呼万岁。③

由此可知，唐明皇与其兄弟姊妹，从小就喜爱音乐舞蹈。

据《教坊记·序》："玄宗之在藩邸（称帝前），有散乐（百戏伎艺）一部。"

2. 唐明皇尤擅羯鼓。据中唐人南卓《羯鼓录》："上（明皇）洞晓音律，由之天纵，凡是丝管，必造其妙。若制作曲调，随意即成，

---

① 〔宋〕乐史《杨太真外传》//《开元天宝遗事十种》，上海古籍出版社，1985年。
②《旧唐书》卷八《玄宗本纪上》，第165页；《新唐书》卷五《玄宗本纪》，第121页。
③《全唐文》卷二七九郑万钧《代国长公主碑文》，第1249页。按：永昌公主即代国长公主，睿宗第四女，开元二十二年（734）六月薨。生母肃明皇后刘氏。

不立章度，取适短长，应指散声，皆中点拍。至于清浊变转，律吕呼召，君臣事物，迭相制使，虽古之夔、旷（皆上古乐官），不能过也。尤爱羯鼓、玉笛，常云：'八音之领袖，诸乐不可为比。'"

> 羯鼓出外夷，以戎羯之鼓，故日羯鼓。……［太常寺太乐署］龟兹部、高昌部、疏勒部、天竺部皆用之。……鞶（鼓框架）如漆桶，下以小牙床承之，击用两杖，其声焦杀鸣烈，尤宜促曲急破，作战杖连碎之声；又宜高楼晚景，明月清风，破空透远，特异众乐。……诸曲调如太簇曲《色俱腾》《乞婆娑》《曜日光》等九十二曲名，玄宗所制。……宋开府璟（663—737）虽耿介不群，亦深好声乐，尤善羯鼓。始承恩顾，与上（玄宗）论羯鼓事，曰："……头如青山峰，手似白雨点，此羯鼓之能事也。""山峰"取不动，"雨点"取碎急。上与开府（宋璟）兼擅两鼓，而羯鼓偏好，以其比汉震（鼓名）稍雅细焉。……

据《大唐传载》：教坊乐工李龟年，多才多艺，亦善打羯鼓，明皇曾问："卿打多少杖？"对曰："臣打五千杖讫。"明皇曰："汝殊未，我打却三竖柜也。"①

明皇好打羯鼓，宁王（李宪）善吹横笛，达官大臣慕之，皆喜言音律。

3. 据晚唐人郑嵎《津阳门诗》诗句：

> 三郎紫笛弄烟月，怨如《别鹤》呼羁雌。②

其注云："上皇善吹笛，常弄一紫玉管。"其所云《别鹤》（《别鹤操》），为乐府琴曲名，用以指夫妻分离，抒发别情。"羁雌"指失偶

---

① 〔唐〕佚名《大唐传载》//《全唐五代笔记》，三秦出版社，2012 年。
② 《全唐诗》卷五六七，第 6619—6620 页。

的雌鸟。

4. 据《新唐书·礼乐志十二》："玄宗既知音律，又酷爱法曲。"

　　玄宗在位多年，善音乐，若宴设酺会，即御勤政楼。……玄宗又于听政之暇，教太常乐工子弟三百人为丝竹之戏，音响齐发，有一声误，玄宗必觉而正之，号为皇帝弟子，又云梨园弟子，……玄宗又制新曲四十余，又新制乐谱。[①]

唐明皇在位（712—756）长达 45 个年头，是唐朝综合国力的鼎盛时期。他本人通晓音律，酷爱伎乐，故大力倡导并身先垂范，促使国家乐舞制度建设也达到了繁荣辉煌之顶峰。

（一）盛唐的乐舞机构

将盛唐时期的国家乐舞机构设置情况，列为简表，其头绪更为清晰。[②]

---

①《旧唐书》卷二十八《音乐志一》，第 1051—1052 页。按：唐明皇创作或改编的乐曲，见载于《明皇杂录》《开天传信记》《剧谈录》《乐府杂录》《新唐书·礼乐志十二》等书中，如太常寺乐署"立部伎"之《光圣乐》，"坐部伎"之《小破阵乐》；还有《文成曲》《圣寿乐》《紫云回》《得宝子》《荔枝香》《谪仙怨》《剑南神曲》《雨霖铃》等。

②在中国古代历史上，唐明皇时期的国家乐舞机构体系之庞大、乐舞艺术之繁盛，可谓空前绝后。a. 在地域空间上，分为中央（京城）、地方（州县）两大层级。b. 在乐舞管理机构（权力）上，分为太常寺、宫廷、军队三大系统。c. 乐舞体制（性质、功能）和种类丰富多样，有雅乐（庙堂之乐，用于祭祀天地和祖宗、朝会等典礼场合）、燕乐（朝会、寻常燕馔用乐）、军乐（军礼、仪仗等用乐）与俗乐（娱乐性的百戏杂艺）等。d. 从乐舞源流、艺术风格来看，是以中原华夏传统乐舞为主流，又"兼容并蓄"边地民族（部族）和外邦的"四夷乐"。e. 国家乐伎人数，总计多"至数万人"，分布在两京（西京长安、东都洛阳）以及地方各个州县；其人数规模以两京最为集中，州城次之，县城再次之。参看穆渭生、张维慎《盛唐长安的国家乐伎与乐舞》，陕西人民出版社，2016 年。

盛唐时期国家乐舞机构简表

系统/乐舞机构		伎艺专业	备注
太常系统	太乐署	雅乐、燕乐、俗乐（杂伎艺）	唐承隋制
	鼓吹署	鼓吹音乐（仪仗音乐、军乐）	
	太常梨园别教院	教习"立、坐部伎"。别教院弟子	唐高宗设置
	率更寺伶官	皇太子音乐。同太乐署	唐承隋制
	尚仪局司乐司	后宫音乐。同太乐署	
宫廷系统	教坊 云韶院	云韶宫妓，按习雅乐	唐高祖设置
	教坊 宜春院	歌唱、舞蹈。皆年青女伎	唐明皇设置御前供奉
	教坊 内教坊	百戏（娱乐性歌舞杂艺）	
	教坊 外教坊	分左、右教坊。百戏（娱乐性歌舞杂艺）	
	皇帝梨园	"法曲"。设男部、女部、小部（少年班）	
州县	（衙前乐）	雅乐、鼓吹乐、俗乐（杂伎艺）	唐承隋制
军营	（军乐队）	鼓吹乐（军礼音乐）、散乐（百戏）	唐承隋制

在西京长安，宫廷系统的内、外教坊（散乐）、宜春院（歌舞）乐伎，平常是在御前供奉乐舞——首先服务于皇帝、后妃，其次及于王公百官；在传统时令节庆期间，也公之于众（所谓"与民同乐"）。而皇帝梨园（法曲）乐伎，为御前专用。

唐明皇"精晓音律"，对国家乐舞制度的"传统和精神"、乐舞机构的设置等，有清醒的认识——太常乐舞皆具有鲜明的政治礼仪性质和功能。(1)"雅乐"乃"庙堂之乐"（如"文舞"和"武舞"，唐朝"三大舞"①），是敬献给天地神灵和列祖列宗的精神祭品——其主题

---

① 唐朝自创太常"三大乐舞"：唐太宗时的《七德舞》（《破阵乐》）、《九功舞》（《庆善乐》），唐高宗时的《上元舞》。其主题思想为：歌颂"时主"（当朝皇帝）的文治武功，祝福国家和平安定。

思想宣扬"天命"所在，歌颂先王功德；其艺术风格庄重典雅，演奏程式规范烦琐，等级严格。这是历代王朝天命运祚之象征、威服并凝聚人心之政教，是不能随意触犯的"政治高压线"。(2)"燕乐"用于朝会宴飨（如太常"十部乐"、"立部伎"与"坐部伎"），宣扬国威，"和同华夷"，可谓"时代的主旋律"，并非沾沾于君臣娱乐也。(3)"鼓吹乐"用于君主、王公和高官的卤簿仪仗，等级严明，彰显权威和荣耀。

而唐明皇嗜好的是"俗乐"（娱乐性歌舞杂艺），所以，将其从太常寺"整顿"到宫廷里。

（二）唐明皇"整顿"教坊

唐明皇于开元二年（714）正月，对国家乐舞机构进行整顿，诏令"太常礼司，不宜典俳优杂伎"。将太常寺的"俗乐"教坊，改隶于宫廷（宦官）系统，以左骁卫将军范安及为"教坊使"①。据盛唐人崔令钦《教坊记》：

> 西京（长安）右教坊在光宅坊②，左教坊在延政坊（原长乐坊）③。右［教坊］多善歌，左［教坊］多工舞，盖相因成习。东京（洛阳）两教坊俱在明义坊，而右［教坊］在南，左［教坊］在北也。……

---

① 范安及，在唐中宗朝曾任都苑总监；明皇即位后，兼知都苑总监、教坊、内作等使职。据韦述《大唐故镇军大将军行右骁卫大将军上柱国岳阳郡开国公范公（安及）墓志铭并序》//吴钢主编《全唐文补遗》第三辑，三秦出版社，1996年，第66—68页。

② 长安外郭城光宅坊，位于太极宫（西内）东侧、大明宫（东内）之南。其东为翊善坊，再东便是长乐坊（北对大明宫延政门，故改名延政坊）。

③ 长乐坊的东大半，曾是唐睿宗（李旦）"在藩"时的旧宅，于景云元年（710）立为大安国寺（睿宗本封"安国相王"），寺内有旧时的舞榭红楼。西南隅有兴唐观，原为司农寺园地，于开元十八年（730）造观。在唐前期，长乐坊内无市民居住，是太常寺"俗乐"教坊乐伎的集中居住之地。到唐明皇时，只是改变了其机构的隶属关系。

玄宗之在藩邸（称帝之前），有散乐（俳优、杂伎艺）一部，戡定妖氛，颇藉其力；及膺大位（登基称帝），且羁縻之。……①

据《新唐书》卷四十八《百官志三·太常寺·太乐署》："开元二年（714），又置内教坊于蓬莱宫侧（大明宫东内苑），有音声博士、第一曹博士、第二曹博士。京（长安）都（洛阳）置左右教坊，掌俳优杂技。自是不隶太常，以中官为教坊使。"

据《新唐书》卷二十二《礼乐志十二》："玄宗为平王（按：应是为临淄郡王），有散乐一部，定韦后之难，颇有预谋者。及即位，……置内教坊于蓬莱宫（大明宫）侧，居新声、散乐、倡优之伎，有谐谑（诙谐戏笑）而赐金帛、朱紫者②，……"

盛唐宫廷系统的乐舞伎艺，"宜春院"歌舞最佳，教坊"百戏"最富娱乐性。

（三）"宜春内人"擅歌舞

宜春院位于太极宫（西内）太子东宫的北部。作为御前乐舞机构，是以唐明皇居太子时的"东宫女乐"为班底，再从"外教坊"挑选优秀歌舞伎组成的。据崔令钦《教坊记》："西京（长安）右教坊在光宅坊，左教坊在延政坊（原长乐坊）。右［教坊］多善歌，左［教坊］多工舞，盖相因成习。……"

---

① 按：a. "戡定妖氛"——景龙四年（710）六月，唐中宗驾崩，韦皇后"临朝称制"。李隆基纠集力量，冒险发动宫廷政变，诛灭韦皇后集团势力，拥立其父睿宗（李旦）复位。b. "颇藉其力"——追随李隆基参加"定韦后之难"的藩邸乐伎，不止少数几个人，而且，他们在宫廷政变中表现得很勇敢。c. "及膺大位，且羁縻之"——将"藩邸散乐"暂时安置在大明宫东内苑，设置"内教坊"，对于参加宫廷政变的"功臣乐伎"，则论功行赏，授予官职。

② 所谓"朱紫"，指朝廷官员的朝服品色，五品以上者服朱（红）色，三品以上者服紫色。亦指"朱衣紫绶"，红色官服、紫色绶带。借指职位显贵者。

妓女入宜春院，谓之"内人"，亦曰"前头人"，常在上（明皇）前头也。其家犹在教坊，谓之"内人家"，四季给米（一人得宠，全家沾恩）。其得幸（侍寝）者，谓之"十家"，给（赏）第宅，赐无异等。初，特承恩宠者有十家。后继进者，敕有司：给赐同"十家"。虽数十家，犹故以"十家"呼之。每月二日、十六日，内人母得以女对（探望相见）；无母，则姊妹若（或）姑（婆母、姑母）一人对。"十家"就本落（家），余内人并坐内教坊（在大明官东内苑）对。内人生日，则许其母、姑、姊妹皆来对。其对所如式（规章条例）。

此外，还有地方州县"进献"或宫廷"征召"的优秀女伎①。

宜春院"内人"皆容色靓丽，伎艺精湛。宫廷系统的娱乐性歌舞伎艺，以"宜春内人"的水平为最佳。在开元年间，最得明皇宠爱的"内人"有数十名，皆国色天香，音喉美妙，舞艺精湛，堪称"大牌名角"。但"宜春内人"有多少，史载不详。

若依时间来推论，唐明皇在位长达45年（712—756），其"宜春内人"应属流动状态，即不断有年少者"被选入"，也陆续有年长者"被退出"。仅据开元十一年（723）排演的大型歌舞《圣寿乐》推测，"宜春内人"约有百人。

据《教坊记》：排练队舞时，"宜春内人"不够，就以"云韶宫人"添补。

楼下戏出队，宜春院人（"内人"）少，即以云韶［院］添之。……宜春院女教一日，便堪上场，惟"挡弹家"（云韶宫人）弥月不成。……令宜春院人为［舞队］首尾，"挡弹家"在行间，

---

① 按：宜春院"内人"的来源比较复杂。既有"其家犹在教坊"者，谓之"内人家"，必定还有其家不在教坊者，如地方官府、"四夷"（邦国、部族）进献的歌舞女伎。

令学其举手也。……

太常乐署"字舞"《圣寿乐》，属"立部伎"（堂下表演）歌舞之一，使用舞者140人。而宜春院"内人"总计不到140人，故需要"云韶宫人"来凑数。

盛唐时期宫廷系统的"歌伎"与"歌舞伎"，有姓名（或艺名）可考者仅20余人。以下仅举宜春院"内人"中，歌唱与舞蹈的代表性人物各一名。

1."头牌"歌伎许和子。据晚唐人段安节《乐府杂录·歌》：

> 开元中，［宜春院］"内人"有许和子者，本吉州（治所在今江西吉安市）永新县乐家女也。开元末选入宫，即以"永新"名之，籍于宜春院。既美且慧，善歌，能变新声（新乐曲、乐音）。韩娥、李延年殁后千余载，旷无其人，至永新始继其能。遇高秋朗月，台殿清虚，喉啭一声，响传九陌。明皇尝独召李谟吹笛逐其歌，曲终管裂，其妙如此。①

> 又一日，赐大酺于［兴庆宫］勤政楼，观者数千，万众喧哗聚语，莫得闻鱼龙百戏之音。上（明皇）怒，欲罢宴。中官高力士奏："请命永新出楼歌一曲，必可止喧。"上从之。永新乃撩鬓举袂，直奏曼声（长声），至是广场寂寂，若无一人。喜者闻之气勇，愁者闻之肠绝。

据《开元天宝遗事》卷下"歌直千金"条：宫妓永新者，善歌，最受明皇宠爱，每对御奏歌，则丝竹之声莫能遏。帝（明皇）常谓左

---

① 据《乐府杂录·歌》："歌者，乐之声也。故丝（弦乐器）不如竹（管乐器），竹不如肉（人声歌唱），迥居诸乐之上。……善歌者必先调其气，氤氲（积聚弥漫）自脐（肚脐）间出，至喉乃噫（急剧呼气）其词，即分抗坠（高低清浊）之音。既得其术，即可致遏遏云响谷之妙也。……"

右曰："此女歌直千金。"①

许和子，艺名"永新"，本为吉州永新县（今江西永新县）的"乐家女"（为"籍在州县"的"太常音声人"），以善歌而名闻远近。开元末年，被征选到京城进入"宜春院"。其歌唱"喉啭一声，响传九陌"，声情并茂，感人至深。

永新在宜春院"当红"近20年，京城士庶家喻户晓，声名传天下。

2. 公孙大娘擅"剑舞"。公孙大娘（生卒年不详）②，以擅长《剑器舞》闻名，亦堪称宜春院的"头牌"。她也是来自地方州县的伎人，开元初年，曾在河南道郾城、叶县等地流动卖艺。因剑舞精妙，名声远扬，遂被征召（或为地方官府选送）到京城宫廷教坊，进入宜春院为"内人"，常在御前供奉献艺。由于她的《剑器》舞蹈独步教坊，号称"一人而已"，为人们所津津乐道，更有文士赋诗赞扬。

大诗人杜甫作《观公孙大娘弟子舞剑器行并序》，对其赞为观止。

昔有佳人公孙氏，一舞《剑器》动四方。观者如山色沮丧，天地为之久低昂。㸌如羿射九日落，矫如群帝骖龙翔。来如雷霆收震怒，罢如江海凝清光。绛唇珠袖两寂寞，况有弟子传芬芳。临颍美人在白帝，妙舞此曲神扬扬。……先帝侍女八千人，公孙

---

① 〔五代〕王仁裕《开元天宝遗事》//《唐五代笔记小说大观》，上海古籍出版社，2000年。

② 娘，古代对妇女的通称，多指青年妇女、少女。大娘，为排行称呼，即"大女儿"。如"十三娘"，是指其在家族女儿中的排行。大娘，也用于对年长女性的敬称。参看牛志平、姚兆女《唐人称谓》，三秦出版社，1987年，第100—101页。

剑器初第一。……①

《教坊记》载有《西河剑器》《剑器子》《醉浑脱》等曲名。据《明皇杂录》卷上："时有公孙大娘者，善剑舞，能为《邻里曲》及《裴将军满堂势》《西河剑器浑脱》，遗妍妙，皆冠绝于时。"②唐文宗开成（836—840）中，诗人郑嵎创作百韵长句《津阳门诗》，其自注云："上（明皇）始以诞圣日（生日）为千秋节，每大酺会，必于〔兴庆宫〕勤政楼下使华夷纵观。有公孙大娘舞剑，当时号为雄妙。"其诗句有云：

花萼楼南大合乐，八音九奏鸾来仪。

都卢寻橦诚龌龊，公孙剑伎方神奇。③

虽然，许和子的歌喉不同凡响、公孙大娘的"剑舞"无愧第一，皆可谓伎艺出众，超群独立，但都是"一技之长"（俗谓"一招鲜，吃遍天"）。若与寿王妃杨玉环的"伎艺全能"比较起来，她们就不免逊色了（详见前文）。

---

①《全唐诗》卷二二二，第231页。其序云："〔代宗〕大历二年（767）十月十九日，夔府（治所在今重庆奉节县东）别驾元持（特）宅，见临颍（今属河南）李十二娘舞剑器，壮其蔚跂（雄浑多姿）。问其所师，曰：'余公孙大娘弟子也。'开元五载（717），余尚童稚，记于郾城（今属河南）观公孙氏舞《剑器浑脱》，浏漓顿挫，独出冠时。自高（前）头宜春、梨园、二教坊'内人'泊外供奉，晓是舞者，圣文神武皇帝（明皇）初，公孙一人而已。玉貌锦衣，况余白首，今兹弟子，亦匪盛颜。既辨其由来，知波澜莫二。抚事慷慨，聊为《剑器行》。"

②《明皇杂录》卷上，第20页校勘记〔一八〕。按：《剑器》舞蹈融合了击剑技艺与舞蹈艺术的夸张扬厉，舞容雄浑多姿，回转曲折，流畅飘逸，极富表演性和观赏性。再从公孙大娘善舞《裴将军满堂势》来看，这是一套有音乐伴奏的剑舞名称。

③《全唐诗》卷五六七，第6618—6623页。

歌舞大曲《圣寿乐》是盛唐宫廷教坊最著名的歌舞大曲之一。[①]
《圣寿乐》为高宗、武后时创制的大型"字舞"(属太常"立部伎")。
据《乐府杂录·舞工》:"字舞,以舞人亚身于地,布成字也。"表演
《圣寿乐》舞者 140 人,戴金铜冠,穿五色画衣,"作字如画",十六
变(舞队行列变换组成 16 个字)而毕。

> 圣超千古,道泰百王,皇帝万年,宝祚弥昌。

到唐明皇开元时期,宜春院"内人"排演《圣寿乐》舞蹈,又增
添了"回身换衣"舞段,更富于观赏性。据《教坊记》,其舞伎和舞
容情态如下。

> 楼下戏出队(队舞),宜春院人少,即以云韶[院]添
> 之。……

> 开元十一年(723)初,制《圣寿乐》,令诸女衣五方色
> (青、白、朱、黑、黄色)衣,以歌舞之。宜春院女教一日,便堪
> 上场,惟"挡弹家"("云韶宫人")弥月不成。至戏日,上(明
> 皇)亲加策励,曰:"好好作,莫辱没三郎。"令宜春院人为首
> 尾,"挡弹家"在行间,令学其举手也。宜春院[内人]亦有工
> 拙,必择尤者为首尾。首既引队,众所属目,故须能者。乐将阕

---

① a. 从结构形态而言,"歌舞大曲"是综合了器乐、歌唱和舞蹈的多段体大型歌
舞。其音乐特征为乐章多(以配舞乐曲为主要部分),将旋律不同的多支小曲按固定顺
序编组而成,具有特定的大套结构形式。从大曲的"舞台景观"来看,舞蹈是其最主要
和精彩的部分。b. 在唐前期,太常乐署和宫廷教坊皆排演"歌舞大曲"节目。盛唐时
期的"歌舞大曲"类型多样,其体制结构各具特色。〈1〉太常清乐大曲,其结构和风格
接近魏晋大曲,按纯器乐曲、歌曲和舞曲的顺序演奏。〈2〉胡乐大曲,重视舞蹈和节
奏,以舞蹈贯穿始终,更富观赏性。〈3〉"二部伎"大曲,多使用龟兹音乐,并发展了
重视舞蹈的风格特征。〈4〉"法曲"型大曲,重视器乐演奏,更多保留了传统清乐的优
雅风格(音清而近雅)。见载于《教坊记》的歌舞大曲名有46首;经晚近学者的考稽补
充,增加为130曲。参看王小盾《隋唐音乐及其周边》,上海音乐学院出版社,2012年,
第265—266页。

（乐曲将止），稍稍失队，余二十许人。舞曲终，谓之"合杀"，尤要快健，所以更须能者也。①《圣寿乐》舞，［诸女］衣襟皆各绣一大窠（即团花），皆随其衣本色。［又］制纯缦衫（无花纹衣衫），下才及带，若短汗衫者以笼之，所以藏绣窠也。舞人初出，乐次，皆是缦衣舞。至第二叠（奏曲第二遍），［诸女］相聚场中，即于众中从领上抽去笼衫，各纳怀中。观者忽见众女咸文绣炳焕，莫不惊异。

又据北宋人陈旸所撰《乐书》卷一八五引此条云："……舞初出幕，［女伎］皆纯色缦衣。至第二叠，悉萃场中，即从领上襹（脱去）笼衫，怀之，次第而出。绕聚者数匝，以容其更衣，然后分队。观者俄见藻绣烂然，莫不惊异。"②

（四）教坊乐伎演"百戏"

所谓"百戏"（又称"散乐"），一指其伎艺节目数量特别繁杂，二指在表演时用"散乐"（指乐器、乐队）伴奏。唐代宫廷教坊容纳的伎艺（百戏）种类，可分为歌舞、歌舞戏、杂伎艺（如杂技、杂

---

① 在亲眼观赏过此舞的盛唐人笔下，对其"作字如画"与"回身换衣"两大舞容有生动描绘。据《全唐文》卷四〇六卲《开元字舞赋》："……八佾之羽仪繁会，七盘之绮袖缤纷。雷转风旋，应鼍鼓以赴节；鸾回鹤举，循鸟迹以成文。……其渐也，左之右之，引以赴翼。整神容而裔裔（姿态轻盈），被威仪而抑抑（神态昂扬）。烟霏桃李对玉颜，而共春日照晴霓。间罗衣而一色，舞縠从风，宛若惊鸿。匿迹于往来之际，更衣于倏忽之中；始纤朱而曳紫，旋布绿而攒红。……启皓齿以迎风，腾星眸而吐月。摇动赴度，或乱止以成行；指顾应声，乃徐行而顺节。……"

② ［宋］陈旸《乐书》//商务印书馆影印《四库全书》本，2005年。任半塘先生指出：《圣寿乐》舞蹈表演时须成文字，又当场变服出奇，由宜春院"内人"主演；宜是玄宗就武后时所创作再加以增饰，为盛唐队舞中既繁复又绚烂者。见其著《教坊记笺订》，中华书局，2012年，第25页。

要、戏法、幻术）等。①

在盛唐时期，宫廷教坊上演的杂技类节目已有百余个，一些主要的门类如竿木、丸剑、幻术、木偶、马戏等，均可独立表演，自成系统。② 见载于隋唐史籍的"百戏"（杂伎艺）名目（并不全面完整），应属当时教坊比较流行的节目。

以下列为简表，明而省文，可窥其概况。

隋唐时期"百戏"（散乐）节目简表

史籍	"百戏"节目名称
《隋书·音乐志下》	（1）北齐：鱼龙烂漫、俳优、朱儒、山车、巨象、拔井、种瓜、杀马、剥驴等。（2）北周：秦角抵之流。（3）隋朝：黄龙变、走索、夏育扛鼎、戴竿、神龟负山、幻人吐火等。
《教坊记》	俳优、戏、歌、歌舞、杂伎（戴橦、筋斗、竿木伎等）。
《通典·乐六》	（1）隋朝：舍利、绳柱、夏育扛鼎、戴竿等。（2）唐朝：橦末伎、杯盘舞、长蹻伎、跳铃伎、踯倒伎、跳剑伎、戏车轮、透飞梯、戏绳、缘竿、弄椀珠伎、丹珠伎；天竺倒舞伎、柔术、幻术等。
《明皇杂录》	山车、旱船、寻橦、走索、丸剑、角抵；舞马、斗鸡、大象、犀牛等。
《乐府杂录》	歌、舞、俳优、傀儡戏、杂伎（寻橦、跳丸、吐火、吞刀、筋斗等）。
《唐会要·散乐》	杂伎艺：跳铃、掷剑、透梯、戏绳、缘竿、弄枕珠、蹀马、激水化鱼龙、秦王卷衣、筷鼠、夏育扛鼎、巨象行乳、神龟负岳、桂树白雪、画地成川、断手足、剔肠胃。
《旧唐书·音乐志二》	橦木、舞盘、长蹻、掷倒、跳剑、吞剑、戏车轮、透飞梯、戏绳、缘竿、弄椀珠、丹珠、婆罗门倒舞伎、柔术、幻术、舞马、大象。
《新唐书·礼乐志十二》	新声、散乐、倡优之伎、杂伎（天竺幻术如断手足、刺肠胃等，倒舞伎、狮子舞、舞马、犀牛、大象等）。

----

① 如：盛唐宫廷教坊的歌舞曲名，见载于崔令钦《教坊记》的有324首，再加上健舞、软舞以及曲名本事所记，共得343首，分为杂曲、大曲两类。其来源或为"前代旧声"，或来自边地各民族以及外邦，或为唐前期乐工之创作等。其初创大多出自民间，被采入官方乐府、教之后，又有改编加工，以备宫廷宴享娱乐之用。

② 傅起凤、傅腾龙《中国杂技史》，上海人民出版社，2004年，第131页。

以下重点介绍唐明皇特别喜欢的"舞马"与"斗鸡"。

1. "舞马"表演蹀躞步。据《乐府杂录·舞》：有健舞、软舞、字舞（见上述《圣寿乐》舞蹈）、花舞、马舞（戏马表演）。"马舞者，拢马人著彩衣、执鞭，〔马〕于床（木板架子）上舞蹀躞（小步行走），蹄皆应节奏也。"

据中唐人郑处诲《明皇杂录·补遗》：

> 玄宗尝命教舞马四百蹄（百四）①，各为左右，分为部目，为某家宠、某家骄。时塞外亦有善马来贡者，上（明皇）俾之教习，无不曲尽其妙。因命衣以文绣，络以金银，饰其鬃鬣，间杂珠玉。其曲谓之《倾杯乐》者数十回，奋首鼓尾，纵横应节。又施三层板床，乘马而上，旋转如飞。或命壮士举一榻，马舞于榻上；乐工数人立左右前后，皆衣淡黄衫、文玉带，必求少年而姿貌美秀者。每千秋节，命舞于〔兴庆宫〕勤政楼下。②

---

① 按：饲养舞马、大象、犀牛、斗鸡等，并非教坊职掌。a. 养驯"舞马"在"仗内闲厩"（御马管理机构）。开元时的"仗内"御马机构，有祥麟厩、凤苑厩等。据《通典》卷一四五《乐五·杂舞曲》："翔麟、凤苑厩有舞马，俯仰腾跃，皆合曲节，朝会用乐，则兼奏之。"b. 据《唐六典》卷十一《殿中省·尚乘局》：尚乘奉御二人（从五品上），"掌内外闲厩之马，辨其粗良，而率其刍驭"。有掌闲5000人，负责饲养马匹；习驭500人，负责调习马匹。据同书卷十七《太仆寺·典厩署》：典厩署令一人（从七品下），"掌系饲马牛，给养杂畜（象、騾、驴、驼、羊等）之事"。

② a. 据〔唐〕武平一（唐高宗至玄宗时人）《景龙文馆记》"蹀马戏"条记载：唐中宗景龙（707—710）中，在宫中设宴招待吐蕃王国使臣，曾表演蹀马（舞马）之戏，其马鞍皆用五色彩丝装饰，披金具装（马的铠甲），加麟首飞翔；伴奏音乐作，戏马皆随音乐节奏蹀足，宛转中节。胡人大为惊骇。据〔南宋〕曾慥《类说》卷六，《四库全书》第873册，第108页。b. 天宝进士钱起（约720—约782）的《千秋节勤政楼下观舞马赋》赞曰："……须臾，金鼓奏，玉管传；忽今龙踊，愕尔鸿翻。顿缨而电落朱鬣，骧首而星流白颠。动容合雅，度曲遗妍；尽庶能于意外，期一顾于君前。喷玉生风，呈奇变态。虽燕王市骏骨，贰师驰绝塞，岂比夫武皇衢，娱圣代，表吾君之善贷。……"据《全唐文》卷三七九，第1703页。

单马表演"登床"三层，旋转迅疾，驭手骑术高超；舞马在壮士高擎的床榻上应节而舞，奇妙惊险；若是数十匹乃至百匹"盛装"舞马同时上场表演，应和《倾杯乐》的节拍，昂首踯躅（小步行走），步调整齐，其场面颇为壮观。

在兴庆宫"千秋节"宴会上的"舞马"表演，有音乐伴奏、乐工齐声高歌相和，气氛热烈而欢愉。明皇朝宰相张说所作《舞马词》六首题咏云：

> 万玉朝宗凤宸，千金率舞龙媒。
> 眄鼓凝骄蹀躞，听歌弄影徘徊。（其一）
> 彩旄八佾成行，时龙五色因方。
> 屈膝衔杯赴节，倾心献寿无疆。（其三）

其《舞马千秋万岁乐府词》（三曲）诗句有：

> 髬髵奋鬣时蹲踏，鼓怒骧身忽上跻。
> 更有衔杯终宴曲，垂头掉尾醉如泥。①

中唐人王建（代宗大历年间进士）的《楼前》诗题咏云：

> 天宝年前勤政楼，每年三日作千秋。
> 飞龙老马曾教舞，闻著声音总举头。②

在"安史之乱"（755—763）中，西京长安城曾被叛军占领一年多时间，这些宫廷"舞马"或被叛军掳掠到洛阳、幽州，或流散

---

① 《全唐诗》卷二十八，第 415—416 页。其《舞马词》六曲皆有和声，前二曲云"圣代升平乐"；后四曲云"四海和平乐"。
② 《全唐诗》卷三〇一，第 3429 页。按："飞龙"，即内飞龙厩，始置于武则天时，其"内飞龙使"由宦官首领充任。参看宁志新《隋唐使职制度研究（农牧工商编）》，中华书局，2005 年，第 167—168 页。

于民间。[①]

2. "斗鸡神童"名贾昌。据中唐人陈鸿祖《东城父老传》："玄宗在藩邸（称帝之前）时，乐（喜爱）民间清明节斗鸡戏。及即位，治鸡坊于两宫间，索长安雄鸡金毫、铁距、高冠、昂尾千数，养于鸡坊。选六军小儿五百人，使训扰教饲。上之好之，民风尤甚。诸王世家、外戚家、贵主家、侯家，倾帑（钱财）破产市鸡，以偿鸡直。都中男女，以弄鸡为事，贫者弄假鸡。……"[②]

唐明皇初年，宫廷中置"鸡坊"，负责饲养、调教"斗鸡"，隶属"鸡坊使"[③]，由宦官王承恩充任"护鸡坊中谒者"以总其事；之后有常无逸曾充任"检校鸡坊使"。[④] 在大明宫九仙门之外（内），还设有斗鸡楼（在北）、走马楼（在南）。[⑤] 在临潼骊山华清宫也建有斗鸡殿。[⑥] 晚唐人郑嵎《津阳门诗》云：

> 此时初创观风楼，檐高百尺堆华榱。
>
> 楼南更起斗鸡殿，晨光山影相参差。……[⑦]

---

① 据《明皇杂录·补遗》："其后上（明皇）既幸蜀，舞马亦散在人间。禄山常观其舞而心爱之，自是因以数匹置于范阳。其后转为田承嗣（安禄山部将）所得，不之知也，杂之战马，置之外栈。忽一日，军中享士（犒劳将士），乐作，马舞不能已。厮养（马夫）皆谓其为妖，拥篲（扫帚）以击之。马谓其舞不中节，抑扬顿挫，犹存故态。厩吏遽以马怪白（告诉）承嗣，命棰之甚酷。马舞甚整，而鞭挞愈加，竟毙于枥下。时人亦有知其舞马者，惧暴而终不敢言。"

②《全唐文》卷七二〇，第3284—3285页。

③ 据《唐会要》卷七十八《诸使中·五坊宫苑使》："五坊，谓雕、鹘、鹰、鹞、狗，共为五坊，宫苑旧以一使掌之。"而专设的"鸡坊"，不属于"五坊"管辖。

④ 参看宁志新《隋唐使职制度研究（农牧工商编）》，中华书局，2005年，第195—197页。

⑤〔清〕徐松撰，张穆校补《唐两京城坊考》卷一，中华书局（方严点校），1985年。

⑥〔宋〕程大昌《雍录》卷四《华清宫图·温泉》，中华书局（黄永年点校），2002年。

⑦《全唐诗》卷五六七，第6618页。其自注云："观风楼在宫之外东北隅，属夹城而连上内，前临驰道，周视山川，……今遗址尚存，唯斗鸡殿与球场迤逦尚在。"

盛唐时，有"斗鸡神童"贾昌，其事迹见《东城父老传》：

> ……昌生七岁，趫捷过人，能搏柱乘梁。善应对，解（懂得）鸟语音。……帝（明皇）出游，见昌弄木鸡于云龙门道旁，召入为鸡坊小儿，衣食右龙武军①。三尺童子入鸡群，如狎群小。壮者弱者，勇者怯者，水谷之时，疾病之候，悉能知之。举二鸡，鸡畏而驯，使令如人。护鸡坊中谒者王承恩言于玄宗，召试殿庭，皆中玄宗意，即日为五百小儿长。加之以忠厚谨密，天子甚爱幸之。金帛之赐，日至其家。开元十三年（725），笼鸡三百，从封东岳（泰山封禅）。……十四年（726）三月，衣斗鸡服，会玄宗于温泉，当时天下号为"神鸡童"。……

> 每至是日（"千秋节"。八月五日，明皇生日），万乐具举，六宫毕从。昌冠雕翠金华冠，锦袖绣襦裤，执铎拂，导群鸡，叙立于广场，顾眄如神，指挥风生；树毛振翼，砺吻磨距，抑怒待胜，进退有期，随鞭指低昂，不失昌度。胜负既决，强者前，弱者后，随昌雁行，归于鸡坊。角抵万夫，跳剑寻橦，蹴球踏绳，舞于竿颠者，索气沮色，逡巡不敢入，岂教猱扰龙之徒欤！

贾昌之父贾忠，是个"大力士"，为南衙禁军中的"长刀亲卫"，亡故于唐明皇东封泰山时（开元十三年，725），"得子礼奉尸归葬雍州"。时人为之语曰：

> 生男不用识文字，斗鸡走马胜读书。贾家小儿年十三，富贵

---

① 据《通典》卷二十八《职官十》："开元二十六年（738），析羽林军置左右龙武军，以左右万骑营隶焉。"其主要任务是负责宫禁宿卫。据《旧唐书》卷九《玄宗本纪下》：开元二十七年（739）五月，"置龙武军官员"。

荣华代不如。能令金距期胜负，白罗绣衫随软舆。父死长安千里外，差夫持道挽丧车。

开元二十三年（735），明皇以梨园弟子（应为教坊乐伎）潘大同的女儿赐婚贾昌——男服佩玉，女服绣襦，皆出御府。……天宝（742—756）中，贾昌妻子潘氏以擅长歌舞得到杨贵妃的特别恩宠，夫妇二人席宠四十年，恩泽不渝。……①

在古代社会，皇帝个人的喜爱好尚，对社会风气具有引领和倡导作用。因缘唐明皇癖好"斗鸡"，遂令"神鸡童"贾昌大受恩宠，京城士庶侧目艳羡。

在天宝年间，除贾昌之外，还有卫尉少卿王准（其父王铁曾任御史大夫、京兆尹），出入宫中，"以斗鸡侍帝左右"，并因此而仗势横暴，欺凌他人。②

《东城父老传》评曰："上（明皇）生于乙酉鸡辰，使人朝服斗鸡，兆乱于太平矣，上心不悟！"此乃唯心主义的迷信话，也算诟病弊政之言。③

---

① 据《东城父老传》：贾昌，京城万年县宣阳里人，生于开元元年（713）。其父贾忠，年轻时身材魁伟，力大如牛，为宫中幕士。唐中宗景龙四年（710）六月，追随临淄郡王李隆基参加诛灭韦皇后集团的宫廷事变，为"景云功臣"；其后以长刀备亲卫，诏徙家于大明宫东云龙门。贾昌在"安史之乱"以后，出家为僧，居长安东门（春明门）外镇国寺。至宪宗元和五年（810）已高寿98岁，仍视听不衰，言甚安徐，语及开天太平事，历历可听。

② 《明皇杂录》卷上"王准凌辱驸马王瑶"条，第18页。又见《新唐书》卷一三四《王铁传》附记，第4564—4565页。

③ 又据《新唐书》卷三十四《五行志一》："玄宗好斗鸡，贵臣、外戚皆尚之，贫者或弄木鸡。识者以为：鸡，酉属，帝（玄宗）生之岁也；斗者，兵象。近鸡祸也。"

三、唐明皇的"神仙梦"

自开元（713—741）中期以降，随着国家政治、经济和军事诸方面形势的趋于稳定，唐明皇的好大喜功、志得意满心态，也逐渐地滋长膨胀起来。其突出事例，一是东巡泰山举行"封禅"典礼——大功告成，拜祭天地①；二是以自己的诞辰作为全国性节日——"千秋节"，陶醉于臣下和百姓的"万岁"颂扬声中②。

（一）"太平天子"欲何求

1. 泰山"封禅"告成功。封为祭天，禅为祭地，地点在泰山（今山东泰安市北）。在隋唐时代，"封禅"属于国家"大祀"之一，隆重而盛大。先后举行过"封禅"的皇帝有隋文帝、唐高宗与唐明皇。唐太宗曾欲"封禅"，大臣魏徵几次上表劝谏，以为不可，最终

---

① a. "封禅"，是古代帝王举行的最为隆重的祭祀典礼。起源于远古先民对大自然的崇拜——太阳从东方升起，东方主生，是万物之始，天地阴阳交替的地方。而泰山为东岳。自秦汉以降，"封禅"的政治意义：〈1〉"受命然后得封禅"，告诉上天已经改换朝代，新的帝王接受"天命"，代天君临万民；〈2〉"封禅以告太平"，此为"太平盛世"之事，有德政的皇帝才有资格封禅；〈3〉封禅可以"夸示四夷"，向前来参加"封禅"的夷狄首领显示中原王朝的太平、富裕、受天保佑等；〈4〉"封禅"能够延年益寿，甚至成"仙"，秦始皇、汉武帝（先后八次封禅）"封泰山"。本因好仙，信方士之言。b. 中国古代的"君权天授"与欧洲中世纪的"君权神授"不同，中国有"天命转移"与改朝换代（如"汤武革命"），这在西方是绝对不行的。欧洲的国王要在教堂里举行庄严、隆重而盛大的涂油加冕典礼（戴王冠、授权杖等），向世人宣布君主已经获得神圣的权力，标志着新王新政的开始。

② 按：唐明皇28岁登基称帝，朝气蓬勃，大力整肃朝纲，惩革前朝弊政，励精图治20余年，取得了"贞观之风，一朝复振"的良好治绩。然而，在努力开创"太平盛世"的同时，其骄傲自满思想也在萌生发展。自开元后期以降，好大喜功，不如初期；天宝年间，更贪图享乐，思神念道，荒于理政。可谓德消政易，虎头蛇尾。

因为水灾、星变（星象异常，乃凶灾之预兆）等，未能成行。①

唐高宗麟德二年（665）十月，车驾从洛阳出发，奔赴泰山"封禅"。

《唐会要》卷七《封禅》："从驾文武兵士及仪仗法物，相继数百里，列营置幕，弥亘郊原。突厥、于阗、波斯、天竺国、罽宾、乌苌、昆仑、倭国及新罗、百济、高丽等诸蕃酋长，各率其属扈从，穹庐毡帐及牛羊驼马，填候道路。是时，频岁丰稔，斗米至五钱，豆麦不列于市。议者以为古来帝王封禅，未有若斯之盛者也。"

由此可见，举行"封禅"典礼，人力和财力耗费巨大——"劳民伤财"。

唐明皇开元十二年（724），"文武百僚、朝集使、皇亲及四方文学之士，皆以理化升平，时谷屡稔（丰收），上书请修封禅之礼并献赋颂者，前后千有余篇。玄宗谦冲不许。中书令张说又累日固请，乃下制曰：'……可以开元十三年（725）十一月十日，式尊故实，有事太山（举行封禅典礼）。'"②

> ［十三年］十一月丙戌，至兖州（治所在今山东济宁市兖州区）岱宗顿。丁亥，致斋于行宫。己丑，日南至，备法驾登山，仗卫罗列岳下百余里。诏行从留于谷口，上（明皇）与宰臣、礼

---

① 按：唐太宗曾几次欲行"封禅"，但基本保持清醒的认识。a. 据《唐会要》卷七《封禅》：贞观六年（632），平突厥，年谷屡登（丰收），群臣上言请封泰山。太宗曰："议者以封禅为大典。如朕本心，但使天下太平，家给人足，虽阙封禅之礼，亦可比德于尧、舜；若百姓不足，夷狄内侵，纵修封禅之仪，亦何异于桀、纣。……《礼》云：'至敬不坛。'扫地而祭，足表至诚，何必远登高山，封数尺之土也！"二十年（646）十一月，司徒长孙无忌与百官及方岳等，上表请封禅，不许。二十一年（647）正月丁酉，诏以来岁二月，有事于泰山。八月，泉州海溢（即海啸），壬戌，停封泰山。b. 据《旧唐书》卷三《太宗本纪下》：贞观二十一年（647），八月壬戌，诏以河北大水，停封禅。

② 《旧唐书》卷二十三《礼仪志三》，第891—892页。

官升山。庚寅，祀昊天上帝于上坛，有司祀五帝百神于下坛。礼毕，藏玉册于封祀坛之石礶（石匣），然后燔柴（将玉帛、牺牲置于积柴之上，进行焚烧，使烟气上达于天）。燎（火）发，群臣称万岁，传呼自山顶至岳下，震动山谷。上还斋宫，庆云（祥云）见，日抱戴（太阳周围的光圈，是祥瑞的征兆）。

辛卯，祀皇地祇于社首，藏玉册于石礶，如封祀坛之礼。壬辰，御帐殿受朝贺，大赦天下，流人未还者放还。内外官三品已上赐爵一等，四品已下赐一阶，登山官封赐一阶，褒圣侯量才与处分。封泰山神为天齐王，礼秩加三公一等，近山十里，禁其樵采。赐酺七日。侍中源乾曜为尚书左丞相兼侍中，中书令张说为尚书右丞相兼中书令。甲午，发岱岳。丙申，幸孔子宅，亲设奠祭。[1]

在上奏表章、极力鼓动唐明皇东行"封禅"的大臣中，以中书令张说最为积极。而且，他在充任"封禅使"，举行"封禅"盛典期间，竟然借此机遇大搞徇私舞弊——称岳父为"泰山"的典故，就缘于明皇身边的这位"大红人"。[2]

2. 臣民上寿"千秋节"。开元十六年（728）正月，唐明皇从大明宫（北内）移仗兴庆宫（南内）听政。次年（729）八月五日，是唐明皇的生日，于兴庆宫花萼相辉楼下大宴百僚。"百僚表请以每年八月五日为千秋节，王公已下献镜及承露囊，天下诸州咸令宴乐，休暇

---

①《旧唐书》卷八《玄宗本纪上》，第188—189页。

②唐明皇"封禅"泰山，中书令张说为封禅使。其女婿郑镒，本九品官。旧例（惯例）封禅后，自三公以下皆迁转一级，惟郑镒因张说而骤迁五品，兼赐绯服（五品官员服饰）。因大脯（酺）次，明皇见郑镒官位腾跃，怪而问之，郑镒无词以对。黄幡绰曰："此泰山之力也。"据〔唐〕段成式《酉阳杂俎》前集卷十二《语资》//《唐五代笔记小说大观》，上海古籍出版社，2000年，第647页。按：黄幡绰，是当时宫廷教坊的著名优人，其伎艺多面，谈笑诙谐，深得明皇喜爱，常在御前供奉。他大胆嘲讽，遂使"泰山"成为千古笑谈。

三日，仍编为令，从之。"①

　　开元十七年（729）八月五日，左丞相源乾曜、右丞相张说等上表，请以是日为千秋节，著之甲令，布于天下，咸令休假。群臣当以是日进万寿酒。王公戚里进金镜绶带，士庶以丝结承露囊，更相遗（馈赠）问，村社作寿酒宴乐，名赛白帝（西方白帝，五天帝之一）②、报田神（农神）。制曰"可"。

以皇帝生日为国家盛节并赐宴群臣，由此开始。至天宝二年（743）八月一日，刑部尚书兼京兆尹萧炅及百僚请改千秋节为天长节，制曰"可"。③

开元十八年（730）闰六月，礼部奏请：千秋节休假三日，及村间社会（祭祀土社神，祈求丰收）④，并就（并入）千秋节先赛白帝，报田祖，然后坐饮，从之。

八月五日，明皇御兴庆宫花萼楼，以千秋节百官献贺，赐四品以上官员金镜、珠囊、缣采，赐五品以下官员束帛有加。明皇赋八韵诗，又制《秋景诗》。⑤

　　令节肇开，情兼感庆。率题八韵，以示群臣。

　　兰殿千秋节，称名万寿觞。风传率土庆，日表继天祥。玉宇开花萼，宫县动会昌。衣冠白鹭下，帘幕翠云长。献遗成新俗，

---

①《旧唐书》卷八《玄宗本纪上》，第193页。

② 五天帝，中国古代神话中的五位天帝：东方青帝灵威仰、南方赤帝赤熛怒、中央皇帝含枢纽、西方白帝白招拒、北方黑帝汁光纪。为道教供奉之神。

③《唐会要》卷二十九《节日》，第631页。一说天宝七载（748），千秋节改名为天长节。

④ 社，即土地神。农耕经济社会，土地是为根本。社日，古代祭祀土地神的日子，一般在立春、立秋之后的第五个戊日。社会，即社日迎赛土地神的集会。春社，于春耕前举行，祈求农事顺利丰收；秋社，适当秋收，迎赛社神以表达感谢。也称"春祈秋报"。

⑤《旧唐书》卷八《玄宗本纪上》，第195页。

朝仪入旧章。月衔花绶镜，露缀彩丝囊。处处祠田祖，年年宴杖乡。深思一德事，小获万人康。

开元十八年（730），礼部奏请秋社会并就千秋节，先赛白帝，报田祖，然后坐饮散之，故诗云云。①

五德生王者，千龄启圣人。赤光来照夜，黄云上覆晨。海县衔恩久，朝章献舞新。高居帝座出，夹道众官陈。棨杖洗清景，磬管凝秋旻。珠囊含瑞露，金镜抱仙轮。何岁无乡饮，何田不报神。薰歌与名节，传代幸群臣。②

在唐明皇的心中，他的功业已经超越了其祖父、曾祖——高宗有"封禅"，太宗曾有"封禅"意愿但最终未能实现；太宗与高宗皆无"千秋盛节"。③

君上志得意满，骄心寖生；臣下阿谀逢迎，歌功颂德。一唱一和，相得益彰。④

唐明皇的骄傲虚荣之心得到最大满足之后，还有什么新的追求目标？那就是身体健康、延年益寿，长握皇权，纵情享受无上的政治荣

---

① 《全唐诗》卷三唐明皇《千秋节宴并序》，第37—38页。

② 《全唐诗》卷八十八张说《奉和圣制千秋节宴应制》，第960页。

③ 贞观十七年（643）十二月二十二日，唐太宗对侍臣曰："今日是朕生日。俗间以生日可为喜乐，在朕情，翻成感思。君临天下，富有四海，而追求侍养［父母］，永不可得。……况《诗》云：'哀哀父母，生我劬劳（辛苦、劳累）。'奈何以劬劳之辰，遂为宴乐之事！甚是乖于礼度。"因而泣下久之。据［唐］吴兢撰，［元］戈直集注《贞观政要》卷七《礼乐》，上海古籍出版社，2008年，第169—170页；《资治通鉴》卷一九八，第6356页。

④ 宋代史家范祖禹曰："［唐］太宗不以生日宴乐，以为父母劬劳之日也。［源］乾曜等乃以人主生日为节，又移社（祭祀土地神）以就之。夫节者，阴阳气至之候，不可为也；社者，国之大祀，不可移也。明皇享国既久，骄心寖生。乾曜、［张］说不能以义正君，每为谄首以逢迎之。后世犹谓［张］说等为名臣，不亦异乎？"据［宋］范祖禹《唐鉴》卷九《玄宗中》，上海古籍出版社，1984年。

耀和世俗欢乐。

（二）长住关中不"东巡"

1. 盛唐疆域和人口。中国古代的"大一统"王朝，皆有广土众民、农桑富庶、畜牧兴旺、工商繁荣、国力强盛、四夷来朝——秦汉、隋唐帝国皆名副其实。

> 唐兴，初未暇于四夷，自太宗平突厥，西北诸蕃及蛮夷稍稍内属，即其部落列置州县。其大者为都督府，以其首领为都督、刺史，皆得世袭。虽贡赋版籍，多不上户部，然声教所暨，皆边州都督、都护所领，著于令式。……大凡府州八百五十六，号为羁縻云。①

> 东至高丽，南至真腊（今柬埔寨），西至波斯、吐蕃及坚昆都督（今俄罗斯叶尼塞河上游），北至突厥、契丹、靺鞨，并为八蕃（羁縻地区），余为绝域（极远之地）。②

> 天宝（742—756）初，……大凡郡、府三百二十有八，县千五百七十有三，羁縻州郡不在其中。其地东至安东都护府（治所在今辽宁义县东南），西至安西都护府（治所在今新疆库车市），南至日南郡（治所在今越南荣市），北至单于都护府（治所在今内蒙古和林格尔县西北土城子）。南北如前汉之盛，东则不及，西则过之。③

---

① 《新唐书》卷四十三下《地理志七下》，第1119—1120页。

② 唐开元《杂令》。据天一阁博物馆、中国社会科学院历史研究所天圣令整理课题组校证《天一阁藏明钞本天圣令校证（附唐令复原研究）》下册，中华书局，2006年，第751页。按：唐朝（618—907）的疆域版图（包括内地正州与边疆羁縻府州），以高宗中期最为辽阔广远。揆之现今世界地理：东临大海（东海、日本海），西到中亚咸海，北逾俄罗斯贝加尔湖，南达越南荣市以南。其纵横皆逾万里，超过了西汉极盛之时。

③ 据《唐六典》卷三《户部·户部司》，第72—73页；《通典》卷一七二《州郡二》，第4483—4484页。

古今中外，疆域版图和人口数量为基本国情的重要方面。[1]

陕西关中俗谓："没有人，就没有世事。"中华传统经济社会"以农立国"，土地为本，"靠天吃饭"（自然经济），农民世代定居，以家庭为生产和生活单位。由于生产工具长期处于手工操作水平，劳动效率低下，因而需要比较多的劳动人手。

官府定期统计的"编户人口"持续增加，就是社会安定和经济繁荣的重要标志。隋朝与唐朝前期（以"安史之乱"［755—763］为时界）的人口增长情况如下表。[2]

隋朝与唐朝前期全国户口简表

年代（公元）	户数	口数	户均口数
隋炀帝大业五年（609）	8,907,536	46,019,956	5.17
唐太宗贞观十三年（639）	3,041,871	12,351,681	4.06
唐中宗神龙元年（705）	6,156,141	37,140,000	6.03
唐玄宗开元二十八年（740）	8,412,871	48,143,609	5.72
唐玄宗天宝十四载（755）[3]	8,914,709	52,919,309	5.94

2. 长安人口与两市。隋唐长安城为京师所在，八方来往，四夷向慕。凡皇帝后妃、皇亲贵族以及宫女等官属贱民、中央百司官吏、警卫禁军、市井居民、坐贾行商，以及外邦使臣、商人与僧侣等，或世

① 据宋岩《中国历史上几个朝代的疆域面积估算》（《史学理论研究》，1994 年第 3 期）：隋朝的陆地疆域面积为 416 万平方公里；唐朝为 1076 万平方公里；清朝前期为 1216 万平方公里。

② 据《通典》卷七《食货七·历代盛衰户口》，第 147—153 页；《旧唐书》卷九《玄宗本纪下》，第 229 页，卷三十八《地理志一》，第 1384、1393 页。参看费省《唐代人口地理》，西北大学出版社，1996 年。

③ 据中唐时宰相杜佑（曾主管中央财政）估计，若加上各种隐漏户口（未登入地方州县户籍），天宝时期的实际户口至少有 1300 万至 1400 万。若按户均 5.5 口人计算，实际人口有 7150 万至 7700 万。据《通典》卷七《食货七·丁中》，第 157 页。

代不迁（常住人口），或居止不常（流动人口），其人口密集并具有突出的流动性，非一般的地方州、县城市可以相比。

唐长安城内的行政区划，分为两"京县"，以全城的中轴线朱雀门一明德门大街为界，街东属万年县（县衙在宣阳坊）管辖，街西属长安县（县衙在长寿坊）管辖。两京县各辖城内的一半坊、市和城郊的数十个乡。

唐人诗文中言及长安人口，多号称百万。因为史料阙略①，晚近学者的研究估计数据，难期确切。一说盛唐时期，长安的人口有 80 万上下。② 一说唐代（618—907）近 300 年间，长安人口在 50 万至 180 万之间。这显然太过悬殊。

从经济社会角度着眼，中国古代王朝国家的城市体系（从京城到地方州、县城邑）为多层级行政统治中心，其消费性质尤为突出——工商业皆比较集中。

唐代长安城有近百万人口，无论中央官府还是市井居民，皆需要发达的工商服务业。其手工业生产以国有官营居于主导地位③，商业服务主要为私营性质。

---

① 据〔宋〕宋敏求《长安志》卷十："长安县（朱雀街西）所领四万余户，比万年（朱雀街东）为多，浮寄流寓，不可胜计。"除州县官府统计在册的"编户人口"（纳税、服役人口）之外，皇室及其服务人口（官宦、宫女、乐伎等）、京城中央机构官吏、驻屯警卫的禁军、官私贱民、僧侣（佛、道教徒）、地方府州的驻京人员、国子监学生、外邦的使团，等等，皆属于隐漏人口与流动人口（浮寄流寓，难以统计）。

② 参看薛平拴《陕西历史人口地理》第二章第五节，人民出版社，2001 年。

③ 隋唐长安城的官营手工业（百工技艺）由少府监、将作监等部门管辖，门类齐全，规模庞大，其产品主要供给皇室、中央政府机构（百司）和警卫军队，基本不向市场销售。国家垄断手工业有钱币铸造、军器（兵器、甲胄等）制造；非垄断手工业有粮食加工（碾硙）、酿造（酒、醋、酱等）、纺织与练染、缝作加工（冠冕服装等）、各类日常器具（金属、竹木等）、陶瓷、玉器、金银器、造纸、雕版印刷、砖瓦、石雕、车辆舟船加工制作等。

长安城的私营工商业店铺主要集中在东市、西市，服务于广大市民阶层。

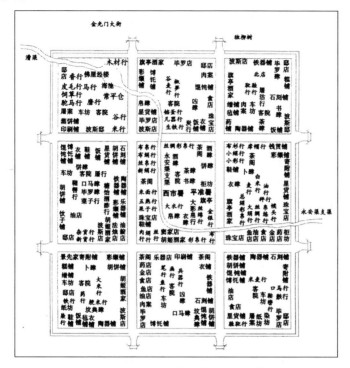

图1　唐长安西市行肆店铺示意图①

据《长安志》卷八：公卿官员以下的宅第，多在朱雀街东万年县；朱雀街西属长安县，西市周围坊区的人口大多为平民，还有许多来自西域诸国的"胡商"（粟特人、波斯人等），由是"商贾所凑，多归西市"，其繁荣程度超过了东市。

东、西市场上的商品种类，涉及居民日常生活的方方面面。史载

---

① 据王彬主编，张沛撰稿《历史上的大唐西市》，陕西人民出版社，2009年，第149页。

东、西市各有220行，但见于传世文献的"行"名仅有数十个。

隋唐长安市场工、商行业形态简表

名色	店铺、行业组织、从业者等简况
行	绢行、布行、织锦行、大衣行、米行、麦行、麴行（酒麴）、肉行、麸行（饲料）、屠沽行（宰牲、卖酒）、药行、磨行、笔行、烧炭行、兵器行、秤行、铁行、木材行、烛行、口马行（奴婢、牲畜）、鞍辔行（马鞍、套索等）。行有"行头"（行首）。
店	食店、饼团子店、鱼店、药店、金店、珠宝店、油靛店（染料）、法烛店、乐器店、波斯店（经营珠宝、古董、存钱）等。
肆	肆，或为店铺，或为作坊。肆有"肆长"（类似"行头"）。 衣肆、帛肆、酒肆、毕罗（饼类）肆、药肆、坟典肆（书肆）、卜肆（卖卦）、凶肆（丧葬用品、服务）、口马肆等。
铺	饭铺、星货铺（杂货铺）、陶器铺、铁器铺、石刻铺、骨器铺、钱贯铺（经营穿钱绳）、寄附铺（寄卖店、当铺）等。
邸	从"居物之处为邸，沽卖之所为店"观之，即主要为存放货物，进行批发、零售。称"邸店"者，具有客舍、货栈、商店性质。
其他	柜坊（代客存放钱币、宝货等）、茶阁（茶叶批发、零售）、车坊（租赁车马）、客院（客店）等。

有关东市、西市的店铺数量，也没有确切的史料可供稽考。

依据两市的占地面积（各两坊之地）和内部结构、近年来的多次考古发掘报告，并参照相关史载进行估测，东、西市的大小店铺各有3500至4000家。①

---

① 据隋朝至唐初人杜宝《大业杂记》：隋炀帝时，东都洛阳丰都市（东市），周八里，通门十二。其内一百二十行，三千余肆，甍宇整齐；市四壁有四百余店，招致商旅，珍奇山积。可作为唐长安城东、西市店铺数量间接参考。参看穆渭生《唐长安东、西市店铺数量考辨——关于日僧圆仁〈入唐求法巡礼行记〉一条史料之解读》，陕西师范大学国际长安学研究院《长安与世界：古都名城与区域文化国际学术研讨会（2023）》论文集（待刊稿）。

长安东市、西市的物价情况，也缺乏系统的史载数据。但粮食消费不可一日有缺，全国各地的粮食价格可作为长安市场物价的参照（旁证）。

> 至〔开元〕十三年（725）封泰山，米斗至十三文，青、齐〔州〕谷斗至五文，自后天下无贵物，两京米斗不至二十文，面三十二文，绢一匹二百一十文。①

依据史载计算，唐明皇天宝（742—756）时期，全国的人均粮食曾达到700市斤，相当于新中国1982年的水平。② 当时的国家富强和社会安定，在盛唐大诗人杜甫的诗歌《忆昔》之二中有形象描写；在中唐宰相杜佑《通典》中也有具体记载。

> 忆昔开元全盛日，小邑犹藏万家室。稻米流脂粟米白，公私仓廪俱丰实。九州道路无豺虎，远行不劳吉日出。齐纨鲁缟车班班，男耕女桑不相失。……③

盛唐时期的经济社会状况，可套用旧史赞美"天下太平"的惯用辞：天下大治，河清海晏，物殷俗阜，百姓乐业；路不拾遗，夜不闭户，商旅野宿，行不赍粮。④

3. "广运潭"通漕盛会。俗谓"一日不再食（吃两顿饭）则饥"。

---

① 《通典》卷七《食货七·历代盛衰户口》，第152页。

② 胡戟《从耕三余一说起——我国传统小农经济的生产效率和生产结构问题》，《中国农史》1983年第4期。

③ 〔唐〕杜甫《杜工部集》，辽宁教育出版社（王学泰校点），1997年。

④ 据《通典》卷七《食货七·历代盛衰户口》："〔两京（长安、洛阳）〕东至宋（今河南商丘市）、汴（今河南开封市），西至岐州（治所在今陕西宝鸡市凤翔区），夹路列店肆待客，酒馔丰溢。每店皆有驴〔租〕赁客乘，倏忽数十里，谓之驿驴。南诣荆（今湖北荆州市）、襄（今湖北襄阳市），北至太原（今山西太原市）、范阳（今北京市西南），西至蜀川、凉府（治所在今甘肃武威市），皆有店肆，以供商旅。远适数千里，不持寸刃。"

长安城的人口号称百万，粮食供给不可一日有缺，然关中土地面积不够广大，所产粮食不能满足需求（并防备水旱），故常转漕东南之粟。[①] 一旦遭遇"年馑"，粮食就供不应求，百姓或流徙四方，严重影响生产和社会秩序安定；皇驾（以及朝廷文武官员、禁军等）往往需要"东巡"洛阳去"就食"，故有"逐粮天子"称呼。[②]

隋文帝开皇四年（584）六月，诏令开凿"广通渠"（利用汉代漕渠旧道）[③]，连接京城（大兴城）与潼关之下的黄河，以替代梗阻不畅的渭河漕路。

但到了隋末唐初，因为天下战乱动荡，广通渠已不能通漕。[④]

唐高宗咸亨三年（672），为了解决京城粮食供给问题，在东渭桥南岸设置渭桥仓，用以贮存从东方运来的租粟。唐明皇开元二十二年（734），诏命宰相兼充江淮、河南转运使裴耀卿主持漕运，主要是改良了潼关以东的转运方式（节级转运）；在潼关以西仍是溯渭

---

① 按：漕运主要解决宫廷消费、兵饷支出、供给官吏薪俸等需要。水运效率高于陆运十余倍，以国家之力开凿大运河，奠定了漕运制度的前提条件。参看陈寅恪《隋唐制度渊源略论稿·财政》，上海古籍出版社，1982 年；陈锋《漕运与古代社会》，陕西人民教育出版社，2000 年。

②《资治通鉴》卷二○九，唐中宗景龙三年（709）十二月，第 6756 页。

③ 按："广通渠"引渭水，西起咸阳之西 18 里的兴城堰（今钓鱼台附近），向东经过长安城北面，在渭水南岸与之平行，东流至潼关汇入渭河—黄河，长达 300 余里。渠成之后，使渠旁的土地也能得到灌溉，当时称之为"富民渠"；仁寿四年（604）又改称"永通渠"。据《隋书》卷二十四《食货志》，第 683—684 页。参看辛德勇《汉唐期间长安附近的水路交通——汉唐长安交通地理研究之三》，史念海主编《中国历史地理论丛》1989 年第 1 辑。

④ 按：渭河横贯关中，有舟楫、灌溉之利。自秦、汉以降，其通航河段主要在下游（今咸阳港至潼关港口），运输物资以粮米为多。但渭河的水位随季节而涨落，很不稳定，夏秋季节多雨，河水高涨；冬春季节少雨（雪），水位浅枯，再加之河道曲折（长安东至潼关陆路三百余里，而渭河曲折长达五百余里），水浅沙深，行船多有不便，漕者苦之。

水而上。"民间传言用斗钱运斗米，其糜耗如此"。① 运输成本仍然很高。从开元二十五年（737）起，唐明皇长住关中，不再"东巡"。故须增加漕运量。

天宝元年（742），诏命韦坚任陕州（治所在今河南三门峡市西）刺史兼充水陆运使，主持疏通旧漕渠工程——于咸阳渭水南岸修筑兴城堰，壅高水位以便引水进入漕渠；又于禁苑东面的望春楼下墙外、浐河西岸，开凿水潭以停泊漕船。②

天宝二年（743）三月，水潭竣工后，明皇赐名曰"广运潭"（位于今西安市灞桥区）。③ 二十六日，明皇登临望春楼，观看新潭竣工典礼。

韦坚事先从洛阳、汴（今河南开封市）、宋（今河南商丘市）等地调集了 300 艘船只，装载上江南扬州、广州、常州等地的粮米、海味、丝绸锦绣、陶瓷、铜器、珍珠、香料、药材、纸笔等；船夫皆作江淮吴楚人打扮，头戴大笠，宽袖衣衫，脚穿草鞋。

在举行竣工典礼之前，陕县县尉崔成甫将民间流传的《得体纥那歌》改编为《得宝歌》，召集陕县和灵宝县（治所在今河南灵宝市东北）的"官使夫人"（官属乐伎）百余名，教练唱习。在是日典礼上，崔成甫扮作"号头"站在头船船首，引吭领歌；其身后乐伎皆鲜服靓

---

① 《新唐书》卷五十三《食货志三》，第 1366 页。又据《资治通鉴》卷二〇九：唐中宗景龙三年（709），关中饥馑，米价一斗百钱，从渭河口永丰仓陆运粮食至长安，牛被累死者十之八九。

② 本节据《通典》卷十《食货十·漕运》，第 224 页；《唐会要》卷八十七《漕运》，第 1894 页；《旧唐书》卷一〇五《韦坚传》，第 3222—3224 页；《新唐书》卷五十三《食货三》，第 1367 页。

③ 据《新唐书》卷三十七《地理志一》：京兆万年县"有南望春宫，临浐水，西岸有北望春宫，宫东有广运潭"。潭在禁苑东墙南门广泰门西北，门外有"米仓村"。参看〔清〕徐松撰，李健超增订《最新增订唐两京城坊考》，三秦出版社，2019 年，第 38 页。

妆，击鼓吹笛伴奏，齐声应和：

> 得宝弘农野，弘农得宝耶！潭里船车闹，扬州铜器多。三郎
> 当殿坐，看唱《得宝歌》。

整个船队绵延数里，展示了江南各地的农林水产之富饶，手工产品之精美，犹如一场盛大的博览会。当天，广运潭上景象极为壮观热烈，水面上有音乐歌声飘荡，岸上有宫廷教坊的歌舞杂伎表演，热闹非凡。前来观看的京城内外百姓，人山人海，都不曾见识过如此浩荡华丽的船队，人人惊叹不已。

当年，漕运入京的粮粟为 400 万石，是裴耀卿主持漕运时运量的两倍多。

漕渠再次畅通，大大减省了牛车陆运（运量小、速度慢而成本高）。开天时期（713—756）是唐朝综合国力的鼎盛期，也是长安漕运的高峰期。

（三）尊崇道教佑国祚[①]

道教为中国本土宗教，追尊春秋时期的老子（李耳）为教祖。而李唐皇室远认老子为始祖，则是为了抬高其世系门第。唐明皇崇道可谓空前狂热。

1. 为老子追加"尊号"[②]。李唐皇室尊崇道教之表现，首先是一再为老子追加"尊号"。高宗乾封元年（666），追尊老子为"太上玄

---

① 据《唐会要》卷五十《尊崇道教》《杂记》；《旧唐书》卷九《玄宗本纪下》、卷二十八《音乐志一》；《册府元龟》卷五十四《帝王部·尚黄老二》、卷三一九《宰辅部·襄宠二》；《全唐文》卷九三三杜光庭《历代崇道记》等。参看高世瑜《唐玄宗崇道浅论》，《历史研究》1985 年第 4 期。

② 所谓尊号，是帝王在世时，臣下所上的尊崇称号——皆为阿谀颂美之词。陕西关中俗谓"给人戴高帽子"。而这种虚骄夸饰的政治风气，就是从"一代女皇"武则天开始的。参看袁庭栋《古人称谓》，山东画报出版社，2007 年，第 336—340 页。

元皇帝"。明皇天宝二年（743）三月，为之追尊"大圣祖玄元皇帝"。八载（749）六月，再加"大圣祖大道玄元皇帝"。十三载（754）二月，又加"大圣祖高上大道金阙玄元天皇大帝"。

2. 修建道观、老子庙。据《唐会要》载，开元二十六年（738），敕令天下诸州选定郭下（治所）形胜寺、观，皆改其门额名为"开元"（开元寺、开元观）。

天宝元年（742）正月，于长安、洛阳置"玄元皇帝（老子）庙"；四月，令诸州开元观并加"天宝"二字（"开元天宝观"）；九月，改两京及天下老子庙为"太上玄元皇帝宫"；十月，于临潼温泉宫造长生殿，名为集灵台，以祀天神。

天宝二年（743）三月，明皇亲自祭祀"玄元宫"，改名为"太清宫"（长安）、"太微宫"（洛阳）、"紫极宫"（诸州）；修骊山老君殿。三载（744）至七载（748），修骊山朝元阁。七载（748）十二月，有人上言"玄元皇帝见（显灵）于华清宫之朝元阁，乃改为降圣阁"。[1]

3. 大兴"玄学"。唐明皇尊礼道士，先后有邓紫阳、司马承祯、赵法师、薛季昌，真人李抱朴、胡真师等，为其座上客。天宝年间，宰相之一的陈希烈，"以讲《老》《庄》得进，专用神仙、符瑞取媚于上（明皇）"。[2]

开元二十五年（737）正月，初置玄学博士，修习"四子"（《老子》《庄子》《文子》和《列子》）。二十九年（741）正月，制令两京（长安、洛阳）、诸州各置崇玄学和生徒，传习"四子"，每年准"明经"例考试；九月，明皇御兴庆门，亲自考试明"四子"人姚子

---

① 《旧唐书》卷九《玄宗本纪下》，第222页。

② 《资治通鉴》卷二一五，唐玄宗天宝五载（746）四月条，第6991页。

彦、元载等。

天宝元年（742）二月，敕令两京崇玄学各置博士助教一人，生徒100人；三月，追赠庄子等四人为"真人"。① 二年（743）二月，改两京崇玄学为崇玄馆、博士为学士。六载（747）五月，追赠后汉道教张天师为"太师"、梁道士陶弘景为"太保"。十四载（755），颁发御注《老子》并《义疏》于天下，令王公以下修习。

4. 崇拜偶像。开元二十九年（741）闰四月，明皇夜梦老子，遂派人到盩厔（今陕西周至县）楼观台，找到一张老子画像，迎置于兴庆宫大同殿。五月，敕令有司图画老子像，分布到各府、州治所的开元观安置。②

天宝元年（742）正月七日，陈王（皇子李珪）府参军田同秀上言：

> 玄元皇帝降（老子显灵）见于［大明宫］丹凤门之通衢，告赐灵符在尹喜之故宅。上（明皇）遣使就函谷故关（今河南灵宝市东北）尹喜台西发得之。

明皇遣使到函谷关尹喜台，果然取到了老子"灵符"。于是，在京城大明宫之南的大宁坊西南角置玄元皇帝（老子）庙，又令采太白山石雕老子像，采白玉雕"圣容（明皇）像"，侍立于老子之右，"皆

---

① 追赠先秦时代的道家人物庄子号"南华真人"、《庄子》为《南华真经》；文子号"通玄真人"、《文子》为《通玄真经》；列子号"冲虚真人"、《列子》为《冲虚真经》；庚桑子（亢仓子、亢桑子、庚桑楚）号"洞灵真人"、《庚桑子》为《洞灵真经》。按：所谓"真人"，是道家、道教对"修真得道"或"成仙"之人的称呼。始于先秦时期的《庄子·天下》："关尹、老聃乎，古之博大真人哉！"又据《淮南子·本经训》："莫死莫生，莫虚莫盈，是谓真人。"
② 《唐会要》卷五十《尊崇道教》，第1013页；《册府元龟》卷五十三《帝王部五十三·尚黄老》，凤凰出版社（周勋初等校订），2006年，第561—562页。

依王者衮冕之服，绘彩珠玉为之"。①

天宝三载（744）三月，用金铜铸造老子、明皇等身像，供奉于两京及诸州道观。

天宝四载（745），门下侍郎陈希烈奏请：置圣上（明皇）"玉石真容，侍圣祖（老子）左右"。五载（746）九月，雕刻宰相李林甫、陈希烈石像置太清宫，侍立于圣容（明皇雕像）之侧。八载（749）闰五月，在潞州（治所在今山西长治市）启圣宫立老子及明皇真容像。启圣宫，即李隆基任潞州别驾时的旧宅飞龙宫。

5. 祭祀"九宫贵神"。据《旧唐书》卷二十四《礼仪志四》，天宝三载（744），有术士（占卜星相者）苏嘉庆上言：

> 请于京［城］东朝日坛东，置九宫贵神坛，其坛三成（层），成三尺，四［面有台］阶。其上依位置九坛，坛［一］尺五寸。东南曰招摇，正东曰轩辕，东北曰太阴，正南曰天一，中央曰天符，正北曰太一，西南曰摄提，正西曰咸池，西北曰青龙（司风雨、水旱之灾）。……四［季］孟月祭，尊为九宫贵神，礼次昊天上帝，而在太清宫（老子庙）、太庙（祖庙）上，用牲牢、璧币，类于天地神祇。②

明皇采纳其言，于十月六日颁布敕令："九宫贵神，实司水旱，功佐上帝，德庇下人，冀嘉谷岁登，灾害不作。每至四时（季）初节，令中书门下往摄祭者。……"

十二月，明皇"亲祀九宫贵神于东郊"，礼毕，大赦天下。③

在此之前，凡郊祀，先朝太清宫，次日飨太庙，又次日祀南郊

①《唐会要》卷五十《尊崇道教》，第1014页。
②《旧唐书》卷二十四《礼仪志四》，第929页。
③据《旧唐书》卷九《玄宗本纪下》，第218页；《唐会要》卷十下《九宫坛》，第294—295页。

（祭天）。① 在此之后，祭祀"九宫贵神"的典礼等级，竟高于太清宫和太庙，仅次于祭祀天地。②

以下将汉、隋、唐代的国家级"祀典"（原始信仰体系）列为简表。③

汉、隋、唐代国家"祀典"等级简表

朝代	大祀	中祀	小祀
汉	天、地、宗庙	日月星、社稷、五祀、五岳	司命、司中、风师、雨师、山川、万物
隋	昊天上帝、五方上帝、日月、皇地祇、神州、社稷、宗庙等	星辰、五祀、四望（四方）等	司中、司命、风师、雨师、诸星、山川等
唐	昊天上帝、五方上帝、皇地祇（地神）、神州、宗庙（太庙）	日月星辰、社稷、先代帝王、岳镇海渎、帝社、先蚕、孔宣父、齐太公、诸太子庙	司中、司命、风师、雨师、众星、山林、川泽、五龙祠、州县社稷、释奠（祭先圣先师）

（四） 佞道学仙慕长生

唐明皇天赋聪明，多才多艺，精通医药，重视养生。他在位时间长达45年（712—756），为唐代皇帝之最——怀有强烈的"神仙梦"，

---

① 《旧唐书》卷二十一《礼仪志一》，第845页。

② 《旧唐书》卷二十四《礼仪志四》，第929—930页。按：至唐文宗大和二年（828）八月，把祭祀"九宫贵神"典礼的等级降为"中祀"。

③ 《唐六典》卷四《吏部·祠部司》，第120页。按：道教信仰的"神仙"系统庞大而混杂。a. 最高尊神为统御诸天神的"三清"：玉清（天宝君，元始天尊）、上清（灵宝君，灵宝天尊）、太清（神宝君，道德天君；也称太上老君）。b. 四御（四天帝），即玉皇大帝（总执天道，类人间皇帝）、中央紫微北极大帝、勾陈上宫天皇大帝、承天效法土皇地祇（后土皇祇）。c. 日月、五星（金、木、水、火、土星）、四方之神（青龙、白虎、朱雀、玄武）、自然神（如雷公、风伯、雨师、土地、山神、五岳、河伯）、社会神（如城隍、门神、灶神、财神）、行业神（如马头娘、鲁班）。d. 神仙（如黄帝、西王母、八仙、赤松子）。按：在传统文化的宇宙观中，"天人感应"（天意与人事交感相应）观念源远流长——对天地神明和祖宗的祭祀制度，历代沿承不替（沿革损益）。

晚年尤甚。

企望身体健康、生命长寿，乃人之常情，无可厚非。但是，唐明皇从"崇道教，慕长生"，逐渐发展为迷信神仙，则是走向了荒诞（犹如"邪教"）。究其实质，追求长生不老的"神仙境界"与放纵世俗的欲望和享受"形影相随"。

1. 倦万机而居"无为"。自开元后期以降，唐明皇逐渐骄傲自满，倦于政事，贪恋于物质和精神享受。在开元二十三年（735）以后、天宝四载（745）在兴庆宫大同殿思神念道时、天宝十载（751）中，明皇与宦官首领高力士有过三次谈话：

> 朕亲主六合二十余年，两都（长安、洛阳）往来，甚觉劳弊，欲久住关内。

> 朕自住关内向欲十年，俗阜人安，中外无事，高止黄屋，吐故纳新（修炼道术），军国之谋，委以〔李〕林甫，卿谓如何？

> 朕年事渐高（67 岁），心力有限，朝廷细务，委以宰臣；藩戎不耸，付之边将，自然无事，日益宽闲。卿谓如何？[1]

史称明皇在位日久，天下承平，遂放纵侈欲，贪图享受，挥霍钱财，而宫中宴乐、赏赐无节制。如建置"皇家内库"：大盈库（收贮金银、钱物、绢帛等）、琼林库（收贮珠宝、珍玩、绫锦、器皿、杂物等），专储地方州县贡物，以供天子私用。

天宝四载（745），任用"户部郎中王铁为户口色役使，……上（明皇）在位久，用度日侈，后宫赏赐无节，不欲数于左、右藏（国库）取之。〔王〕铁探知上指（明皇旨意），岁贡额外钱百亿万，贮于内库（琼林、大盈库），以供宫中宴赐，曰：'此皆不出于租庸调，无

---

①〔唐〕郭湜《高力士外传》//《开元天宝遗事十种》，上海古籍出版社，1985 年。

预经费。'上以［王］铦为能富国，益厚遇之"。①

在琼林库之下还有手工作坊，专为皇室制作各种精美的绫锦、金银器皿与生活用具等。据史料可知，曾设有"琼林库使""琼林库作坊判官"等。②

2. 念道修仙求长生。古往今来，能够富贵尊荣，是人们的普遍愿望；能够长寿，更是如此。唐明皇（685—762）是唐朝皇帝中最为长寿者（78 岁），这与他个人的身体素质直接相关，也与他讲究养生、迷信"神仙"追求长生（长寿）密切相关。

中唐大诗人刘禹锡描写唐明皇这种心态的诗句云：

开元天子万事足，唯惜当时光景促。③

开元二十二年（734），唐明皇行幸洛阳期间，召见了道士张果——隐居在河东中条山，往来于汾、晋之间，自称有神仙之术、年寿已有数百岁。

张果进宫后，在明皇和大臣面前，玩弄戏法、气功与幻术（魔术）等"法术"，手法高明，令人真假莫辨。明皇对张果恩礼甚厚；为了留住张果，还想把妹妹玉真公主（在睿宗时已经出家入道）嫁给

---

① 《资治通鉴》卷二一五，第 6987—6988 页。又：a. 据《旧唐书》卷四十八《食货志上》："［天宝中］王铦进计，奋身自为户口色役使，征剥财货，每岁进钱百亿，宝货称是。云非正额租庸，便入百宝大盈库，以供人主（皇帝）宴私赏赐之用。"b. 据《资治通鉴》卷二一六（第 7012 页）："天宝八载（749）春，二月，戊申，［明皇］引百官观左藏［库］，赐帛有差。是时州县殷富，仓库积粟帛，动以万记。……上（明皇）以国用丰衍，故视金帛如粪壤，赏赐贵宠之家，无有限极。"c. 唐德宗时，宰相陆贽《奉天请罢琼林、大盈二库状》曰："今之琼林、大盈，自古悉无其制，传诸耆旧之说，皆云创自开元。贵臣贪权，饰巧求媚，乃言郡邑贡赋所用，盍各区分。税赋当委之有司，以给经用；贡献宜归乎天子，以奉私求。玄宗悦之，新是二库，荡心侈欲，萌柢于兹。"据《全唐文》卷四六九，第 2122 页。

② 参看杜文玉《大明宫研究》，中国社会科学出版社，2015 年，第 330—332 页。

③ 据《全唐诗》卷三五六刘禹锡《三乡驿楼伏睹玄宗望女几山诗，小臣斐然有感》，第 4010 页。

张果。而张果乃是极为聪明狡黠之人，害怕时间一长，其骗术就会露馅，坚决不肯奉诏，辞归恒山。①

但从此以后，明皇颇信神仙之事②，并特别注重身体健康，以求长寿。

开元二十四年（736）七月十二日，有上封事者言月令云：

"八月，日会于寿星，祠于大社坛（祭祀土地、五谷神）享之。"敕曰："宜令所司特置寿星坛，常以千秋节日（明皇诞辰）修其祀典。"二十六日，敕寿星坛宜祭老人星及角亢七宿，著之常式。③

所谓寿星（老人星），象征人间寿昌——与天下太平、帝王寿命密切相关。人间之福莫大于寿考（长寿、高寿）。可见"上封事者"是投合明皇心意，献媚邀宠。

是月，初置寿星坛，祭老人星（即寿星）。④ 这一年，唐明皇52岁。其父睿宗（李旦）享寿55岁，伯父中宗（李显）为55岁，祖父

---

①《旧唐书》卷一九一《方伎传·张果》，第5106—5107页。

② a. 开元二十七年（739），唐明皇在为已故著名道士叶法善撰写的碑文中，就列举了其生前的各种神奇怪异之事："……或潜泳水府，或飞步火房，或剖腹涤肠，勿药自复；或刳肠割膜，投符有加，或聚众毒味，服之自若；或征召鬼物，使之立至，呵叱群鬼，奔走众神，若陪隶也。故海内称焉。千转万变，先朝宠焉，……"据《全唐文》卷四十一《故金紫光禄大夫鸿胪卿越国公景龙观主赠越州都督叶尊师碑铭并序》，第196页。b. 叶法善（616—720），字道元，括苍县（今浙江丽水市）人。从曾祖起三代为道士，有摄养、占卜之术。叶法善少得家传，尤善符篆，厌劾鬼神，治疗疾病。经历高宗、武则天、中宗和睿宗朝，多次被召入宫问道，深得尊宠。先天二年（713），拜鸿胪卿，封越国公。据《旧唐书》卷一九一《方伎传·叶法善》，第5107—5108页。

③《唐会要》卷二十二《祀风师雨师雷师及寿星等》，第496页。

④《旧唐书》卷八《玄宗本纪上》，第203页。按：老人星（寿星），是南部天空一颗广度较亮的二等星。据《史记》卷二十八《封禅书》："于杜、亳有三杜主之祠、寿星祠。"司马贞索隐："寿星，盖南极老人星也，见则天下理安，故祠之以祈福寿。"自古以来用作长寿的象征。民间经常将其塑造成一个秃顶广额、白须持杖的老人。

高宗（李治）为 56 岁，曾祖太宗（李世民）为 51 岁——皆不及"花甲"（60 岁），算不上长寿。

而所谓"神仙"（神人），是古代道家、道教理想（幻想）的得道之人，超凡脱俗，具有神通变化而长生不老。有人仙、天仙、地仙、水仙，能够通变者为"神仙"。

据东汉人刘熙《释名·释长幼》："老而不死曰仙。仙，迁也，迁入山也。"

据东晋著名道士葛洪（约281—341）《神仙传·彭祖传》：

> 仙人者，或竦身入云，无翅而飞；或驾龙乘云，上造天阶；或化为鸟兽，游浮青云；或潜行江海，翱翔名山；或食元气，或茹芝草；或出入人间而人不识，或隐其身而莫之见。面生异骨，体有奇毛，率好深僻，不交俗流。

道教极力宣扬的"神仙世界"——长生不死、白日飞升，到仙山、海上或天上去，永远享受欢乐幸福等，谁也未曾见过。[①] 究其实质，乃是人间统治阶层（皇帝、王公、高官显贵）、豪富人家尊荣奢侈生活的翻版或更加美化。如《太平广记》卷十六"张老"条、卷十七"裴谌"条所描绘的"地仙"生活情景：

> 其堂沉香为梁，玳瑁帖门，碧玉窗，珍珠箔。……

[①] 早在战国时代，庄子（约前369—前286）——"庄子学派"的创始人，其笔下就有对"神人"与"至人"美妙形象的描绘。据《庄子·逍遥游》："藐（遥远）姑射之山（神话中的山名），有神人居焉，肌肤若冰雪，绰约（轻盈柔美）若处子（处女），不食五谷，吸风饮露，乘云气，御飞龙，而游乎四海之外。其神凝（精神专注），使物不疵疠（疾病灾害），而年谷熟（丰收）。"《齐物论》："至人神矣！大泽焚（山林焚烧）而不能热，河汉沍（冻结）而不能寒，疾雷破山（雷霆撼山岳）而不能伤，飘风振海而不能惊（惊恐慌乱）。若然者，乘云气，骑日月，而游乎四海之外。死生无变于己，而况利害之端乎！"参看陈鼓应注译《庄子今注今译》，中华书局，1983 年，第21、81 页。

　　［其］器物珍异，皆非人世所有，香醪嘉馔，目所未窥，……
女乐二十人，皆绝代之色。

可见"神仙信仰"追求的是生命永恒，自由地享受人生的各种快乐。

　　然而，生老病死的自然规律，谁也无法抗拒和改变，即便身享富
贵荣华，也不能永远享有。于是，能够强身健体、延年益寿的"仙
药"，尤其是能够长生不老的"仙丹"，就成为帝王（如秦始皇、汉武
帝等）、贵族和富豪的狂热追求。

　　然"仙药"（仙丹）极难炼成，需要水银、丹砂、钟乳之类的贵
重原料，更非经济能力一般的人所能置办得起。故迷信道教神仙之说
的人，始终是极少数。①

　　唐明皇在位后期，崇尚老子和道教，最感兴趣的是修仙炼丹、长
生久视之术——特别贪恋人生，追求享受；并借助老子神话、符瑞现
象，来渲染和神化自己。

　　天宝二年（743）三月，在长安禁苑东面的"广运潭盛会"上，
陕县县尉崔成甫率领乐伎乘船演唱《得宝弘农野》歌曲。已见前述。

　　天宝四载（745）正月，61 岁的明皇对宰臣讲述自己的"神奇"
故事：

　　朕比（近来）以甲子日，于宫中为坛，为百姓祈福，朕自
　　草黄素置案上，俄飞升天，闻空中语云："圣寿延长。"又朕于
　　嵩山炼药成，亦置坛上，及夜，左右欲收之，又闻空中语云：
　　"药未须收，此自守护。"达曙乃收之。太子、诸王、宰相，皆
　　上表贺。②

《资治通鉴》胡三省注云："史言唐之君诞妄而臣佞谀。"可谓一针

---

① 参看黄永年《佛教为什么能战胜道教》∥《文史探微》，中华书局，2000 年。
②《资治通鉴》卷二一五，第 6982 页。

见血。

唐明皇之言，荒诞虚妄（如同梦话），而臣下阿谀，以佞言相迎合，君臣上下一起自欺欺人，沾沾自乐。更有钻营投机者如法炮制，投明皇之所好。

天宝八载（749）五月，太白山人（方士）李浑等人上言：见到了神人，告诉金星洞有玉板石记圣主福寿之符。诏命御史中丞王铁入仙游谷，寻而获之。

在明皇眼中，各地官员相继奏报出现"符瑞"（祥瑞）[1]，皆祖宗休烈（盛美的事业）。六月，"上圣祖号曰大道玄元皇帝，上高祖谥曰神尧大圣皇帝，太宗谥曰文武大圣皇帝，高宗谥曰天皇大圣皇帝，中宗谥曰孝和大圣皇帝，睿宗谥曰玄真大圣皇帝，窦太后（明皇生母）以下皆加谥曰顺圣皇后"。[2] 封太白山神为"神应公"。

是月，群臣为明皇上尊号曰"开元天地大宝圣文神武应道皇帝"。[3]

天宝九载（750）十月，又有太白山人王玄翼上言：见玄元皇帝（老子显灵），告诉宝仙洞有妙宝真符。诏命刑部尚书张均等前往寻找，得之。

> 时上（明皇）尊道教，慕长生，故所在争言符瑞，群臣表贺无虚月。李林甫等皆请舍宅为［道］观，以祝圣寿。上（明

---

① 按：所谓"符瑞"（祥瑞），在古代社会，被认为是王朝国家施行德政的吉祥征兆（天人感应）。包括自然景观、珍稀动植物、器物等。如"大瑞"有景星、庆云、麟、凤凰、神龟、白象、神鼎、河水清、海水不扬波之类等；"下瑞"有秬秠（黑黍）、嘉禾、芝草、人参生、竹实满、木连理、冠雀、黑雉之类等。

② 《资治通鉴》卷二一六，第 7014—7015 页。

③ 《旧唐书》卷九《玄宗本纪下》，第 223 页。

皇）悦。①

　　凡祥瑞应见，皆辨其物名。若大瑞、上瑞、中瑞、下瑞，皆
有等差。若大瑞，随即表奏，文武百僚诣阙奉贺。其他并年终员
外郎具表以闻，有司告庙，百僚诣阙奉贺。其鸟兽之类有生获者，
各随其性而放之原野。其有不可获者，若木连理之类，所在案验
非虚，具图画上〔奏〕。②

而上言"符瑞"者，大多为奸佞之辈，编造神异，弄虚作假，投
机取媚。③

天宝年间，唐明皇的崇道修仙活动，可谓"走火入魔"，登峰
造极。

　　玄宗御极多年，尚长生轻举之术。于〔兴庆宫〕大同殿立真
仙之像，每中夜夙兴，焚香顶礼。天下名山，令道士、中官合练
醮祭，相继于路。投龙奠玉，造精舍，采药饵，真诀仙踪，滋于
岁月。④

唐明皇企慕长生，最终享寿78岁，与他精通医道，特别注重并善
于养生有密切关系。如开元十一年（723）九月，"颁上（明皇）撰
《广济方》于天下，仍令诸州各置医博士一人"。⑤从医疗养生角度来
看，唐明皇能够有选择地服食丹药（滋补药品）、向道士们学习"导

①《资治通鉴》卷二一六，第7019页。
②《唐六典》卷四《礼部》，第114—115页。
③如据《旧唐书》卷九十七《陈希烈传》：其人精于玄学，专门为明皇讲解《老
子》《庄子》和《易经》，用神仙、符瑞取媚于明皇，在仕途上不断升迁，位至宰相，
宠遇与右相李林甫相伴。
④《旧唐书》卷二十四《礼仪志四》，第934页。
⑤《旧唐书》卷八《玄宗本纪上》，第186页。

引"（养生术）、"辟谷"（不食五谷，以服气养生）① 等，对于促进身体健康，则是有一定益处的。

3. 创制道曲神仙乐。据《新唐书·礼乐志十二》：明皇方浸喜神仙之事，诏道士司马承祯、李会元等制《玄真道曲》《大罗天曲》，工部侍郎贺知章制《紫清上圣道曲》。长安建成太清宫，太常卿韦绹制《景云》《九真》《紫极》《小长寿》《承天》《顺天乐》六曲，又制商调《君臣相遇乐》。开元二十九年（741），创制《紫微八卦舞》。

天宝元年（742）四月，制定老子新庙告享音乐：降神用《混成》之乐、送神用《太一》之乐。与"大祀"（祭祀天地、祖宗）相同。天宝四载（745），创制《降真召仙》《紫微送仙》之曲。天宝十三载（754），创制《三元道曲》。是年七月，更改太常太乐署供奉曲名。如改《龟兹佛曲》为《金华洞真》、改《婆罗门》为《霓裳羽衣》，具有鲜明的道教音乐色彩。诏令道调、法曲与胡部新声合作（同场演奏）。

天宝年间，"道乐"（音清近雅，具有玄幻色彩）大盛，弥漫宫廷上下。②

唐明皇为了营造"人间皇帝的神仙境界"，于天宝六载（747）秋天，

---

① a. 导引（道引。导气引体），是古代医家、道家的一种养生术。最早见于《庄子·刻意》："吹呴呼吸，吐故纳新，熊经鸟伸，为寿而已矣，此导引之士，养形之人，彭祖寿考者之所好也。"1973 年，在湖南长沙马王堆三号西汉墓出土的帛画中，就有治疗疾病的《导引图》，绘有 44 种导引姿态。隋代巢元方《诸病源候论》记载有导引疗法 260 余种。据〔唐〕释慧琳《一切经音义》卷十八："凡人自摩自捏，申缩手足，除劳去烦，名为导引。若使别人握搦身体，或摩或捏，即名按摩也。"可见导引术的实质，为呼吸吐纳与躯体运动相结合的体育疗法。b. 辟谷（断谷、绝谷、休粮），即不食五谷，为道教的一种修炼方法。但在辟谷时，并非一切东西都不吃，仍要服食药物，并须兼作导引等工夫。据《史记》卷五十五《留侯世家》："留侯（张良）性多病，即导引不食谷，杜门不出岁余。"裴骃集解："服辟谷之药而静居行气。"长沙马王堆汉墓出土的帛书中，有《去（却）谷食气篇》。

② 参看蒲亨强《唐明皇与道教音乐》，《上海音乐学院学报》1989 年第 3 期。

对临潼骊山温泉宫大加扩建。十月三日，改温泉宫之名为"华清宫"。[①]

在杨贵妃得宠的十余年间，唐明皇先后 14 次行幸华清宫，皆在冬春天寒时节。有一部分"皇帝梨园弟子"、教坊乐伎随驾前往，专门供奉乐舞。

可见，唐明皇"崇道修仙"并非清心寡欲，隐居山林。他身边始终有宠爱的妃子、韶艾靓妆的宫妓和"皇帝梨园弟子"相伴随，华丽奢侈，浪漫写意。

四、隋唐婚姻浸"胡俗"

天宝三载（744）时，杨太真 26 岁，正当青春年华，容貌艳丽。而唐明皇已年届花甲（60 岁），并非贪恋床笫的年岁了，为何还要设计"曲线"纳娶儿媳？

这并非文学性的"爱情故事"。若用"寡人好色"来解释，乃人云亦云的浮泛之论，并未完全中的。皇帝身边从不缺少年青美女——有"后宫佳丽三千人"（白居易诗句）、"先帝侍女八千人"（杜甫诗句），这些宫女（宫人、宫娥）是从全国各地征选的"良家女"。[②] 此外，还有臣下、诸蕃、外邦"进献"的歌女舞姬，皆国色天香。

唐代（乃至整个古代社会）的婚姻形态并非严格的"一夫一妻制"，而是"一夫一妻多妾制"。上自朝廷王公百官，下至庶民豪富之

---

①《唐会要》卷三十《华清宫》，第 651 页。

② a. 据《新唐书》卷二〇二《文艺传中·吕向》：开元时，"帝（明皇）岁遣使采择天下妹好（美女），内（纳）之后宫，号'花鸟使'。[吕]向因奏《美人赋》以讽，帝善之，擢左拾遗"。b. 中唐大诗人元稹（779—831）《上阳白发人》诗云："天宝年中花鸟使，撩花狃鸟含春思。满怀墨诏求嫔御，走上高楼半酣醉。醉酣直入卿士家，闺闱不得偷回避。良人顾妾心死别，小女呼爷血垂泪。十中有一得更衣，永配深宫作宫婢。……"其自注云："天宝中，密号采取艳异者为花鸟使。"据《全唐诗》卷四一九，第 4627 页。

家，有"一妻多妾"者不在少数，并不违犯王朝国家法律（《户婚律》），也就谈不上严重的道德谴责。

宋代以降，文士评议唐明皇纳娶儿媳，大多是站在人伦道德（以及"华夷之别"）立场上，指斥为"乱伦"。如南宋大理学家朱熹（1130—1200）曰：

> 唐源流出于夷狄，故闺门失礼之事，不以为异。①

所谓"出于夷狄"，是指李唐皇族的世系中有"夷狄"（胡族）血统。如唐高祖李渊之母为独孤氏，太宗李世民之母为窦氏（纥豆陵氏），高宗李治之母为长孙氏——母系血统出自鲜卑拓跋族。② 这与南北朝以降的民族大迁徙大融合直接相关。

所谓"闺门失礼（乱伦）之事"，是指唐太宗在"玄武门事变"之后纳娶弟媳杨氏（齐王元吉妃子）③，唐高宗纳娶父妾武则天，唐明皇纳娶儿媳杨玉环。

站在中华传统礼教、王朝国家法律立场上，兄收弟妇、子纳父妾与父夺儿媳，皆属"乱伦"（渎乱人伦，败坏三纲），"亏损名教，毁

---

① 〔宋〕黎靖德编《朱子语类》卷一三六《历代三》，中华书局（王星贤点校），1986 年。

② 参看陈寅恪《唐代政治史述论稿》，生活·读书·新知三联书店，1957 年，第 1、13 页；牛致功《唐高祖传》，人民出版社，1998 年，第 6—7 页；胡如雷《李世民传》，中华书局，1984 年，第 2—4 页。

③ 据《新唐书》卷八十《太宗诸子传·曹王明》：曹王明，为唐太宗第十四子。其生母杨氏，原为齐王元吉之妃。秦王李世民发动"玄武门之变"，夺取皇权，收纳杨氏，有宠。文德皇后（长孙氏）崩后，唐太宗欲立杨妃为后。魏徵进谏曰："陛下方比德唐［尧］虞［舜］，奈何以辰嬴自累。"乃止。按：辰嬴，为春秋时期秦穆公之宗女，先嫁为晋怀公之妻，后嫁为公子重耳（晋文公）之妻。辰嬴历事二夫，而且晋文公与晋怀公为叔侄关系。故魏徵以此谏阻太宗。

裂冠冕"。① 这是"皇权强占美色"并严重影响王朝国家命运的宫闱丑闻，遗诟千年。

宋代史家范祖禹评论唐太宗纳娶弟媳、唐明皇纳娶儿媳之事曰：

> 太宗手杀兄弟，曾不愧耻。而复纳元吉之妃（弟媳），恶莫大焉。②

> ［春秋时］卫宣公纳［其子］伋之妻，国人恶之③；明皇杀三子（即"三庶人"），又纳子妇（寿王妃杨玉环）于宫中，用李林甫为相，使族灭无罪。父子、夫妇、君臣，人之所以立也，三纲绝矣，其何以为天下乎？④

然而，道德批判或以今揆古，往往会把错综复杂的"历史故事"简单化。

众所周知，这三位皇帝皆非昏庸之君。唐太宗英明神武，开创"贞观之治"；唐高宗虽性格"仁懦"，尚能发扬鸿业；唐明皇开创"开天盛世"，史称英主。而且，这三起"乱伦"事件的女主角，皆冠冕加身——立为皇妃、册为皇后、封为贵妃，名正言顺地登堂入室。在当时，他们所遭遇的社会舆论，并没有后世这般严重。

那么要问，李唐皇室何以会一再发生此类"乱伦"之事？

这是真实的"人生传奇"，需要仔细解读史料，寻绎其中潜藏的

---

① 据〔唐〕长孙无忌等《唐律疏议》卷一《名例律》"十恶（问答二）"条，上海古籍出版社（岳纯之点校），2013 年，第 6 页。

②〔宋〕范祖禹《唐鉴》卷三《唐太宗》，中华书局，2008 年，第 135 页。

③ 卫宣公（名晋。前 718—前 700 在位）是历史上淫乱放纵的人物。春秋时期，卫宣公先与其父卫庄公的姬妾夷姜私通，生公子伋（一名急子）。卫宣公因为宠爱夷姜，遂立伋为太子。后来，迎娶齐国之女为太子妻，未及入室（成婚），而卫宣公见齐女貌美，心中特别喜悦，即自娶齐女为妻（宣姜）；另为太子伋娶妻。卫宣公又与宣姜生公子寿（一名寿子）、公子朔。而夷姜因为失宠，上吊自尽。其后，卫宣公又听信宣姜谗言，废太子伋（在出使途中被强盗杀死），改立公子朔。

④〔宋〕范祖禹《唐鉴》卷五《唐玄宗》，中华书局，2008 年，第 207 页。

隐性信息——深刻的社会历史背景和个人思想动机，才能有所说明。

概括言之，唐明皇"曲线"纳娶儿媳之事，牵涉当时的国家法律（《户婚律》等）、风俗习惯（如婚俗）和礼教规范等诸多方面。其有悖于礼教和法律是显而易见的，但是符合当时婚姻形态中存在的"收继婚"习俗。

追根溯源，此类"乱伦"之事，在华夏（汉）民族属于远古"群婚"之残余；在"夷狄"（游牧族类）属于"妻后母"婚姻习俗（以身份继承制为基本法则）。

（一）华夏婚俗之孑遗

人类从原始社会（母系氏族）进入阶级社会——父权（家长）制与财产私有（亲子继承）制确立之后，无论是"世代定居"生产生活的农业民族，还是"逐水草而居"迁徙不定的游牧族类，在婚姻形态发展演进过程中起着决定性作用的，是生产力水平（劳动力、劳动工具与生产技术等）和生产关系的发展。

中国古代华夏（汉）民族经济社会"以农为本"（以农立国），开垦土地，种植五谷，世世代代经营定居的生产与生活，靠天吃饭，安土重迁。自秦汉以降，婚姻习俗和制度的主流形态为"一夫多妻制"（一夫一妻多妾制）[①]，同时，还长期存在着原始婚姻习俗的残余，如收继婚、表亲婚、入赘婚、冥婚等，至近现代犹未绝迹。[②]

[①] 按：人类的婚姻形态（习俗与制度）是从原始蒙昧状态（杂乱无章）逐渐走向"文明秩序"的，先后经历了血族婚（族内婚，母系氏族）→亚血族婚（族外群婚、多偶婚，共夫共妻，子女从母系生活）→对偶婚（时间或长或短，子女从母系生活）→一夫一妻（长时间的个体婚，母系氏族向父系氏族转变）等不同的发展阶段。参看［苏联］谢苗诺夫《婚姻和家庭的起源》，中国社会科学出版社，1983年；阴法鲁、许树安主编《中国古代文化史》第十二章，北京大学出版社，1991年。

[②] 参看牛志平《唐代婚丧》第六章，三秦出版社，2011年。

所谓"收继婚"（又称转房婚、逆缘婚、烝报婚等），是指丈夫死后，寡妇改嫁给原夫家亲属的婚姻习俗。具体形态又分为同辈、不同辈两种情况。

1. 同一辈分之间的转房婚，即兄死后而弟妻其嫂、弟亡后而兄妻其弟妇、姊亡后而妹续嫁其姐夫。如唐太宗收纳弟媳杨氏为妃，就属于此种情况。

2. 不同辈分之间的转房婚，即父叔辈死后，由子侄辈妻其庶母、婶母；或子侄辈死后，由父叔辈妻其子侄妇。如唐高宗纳娶父妾（庶母）武则天、唐明皇纳娶儿媳杨玉环，皆属于此种情况。但是，唐明皇是在儿子（寿王瑁）活着时纳娶儿媳的，有悖伦常，故采取了"曲线"步骤（先"度道"出家，而后"入宫"）。

而"收继婚"能够长期存在的主要原因，在于它与宗法、赡养和继承制度等密切相关。例如在经济和生产上，能够有效地保护大家庭（家族）的财产和劳动人手不会外流损失；在人伦亲情上，对寡母孤儿给予正式（习惯法）的保护和抚养。在家族内部完成丧偶妇女的再婚，比强迫寡妇守节、从一而终，更合乎人情。[①]

（二）"夷狄"婚俗浸中原

人类社会婚姻形态的演进，也有其深刻的经济原因（推动力量）。男女两性关系与婚姻形态是家庭（氏族、大家族、小家庭）和社会组织结构的基础，其不断演进（由蒙昧无知到文明自觉）既决定于生产力水平和生产关系的发展进步，更受到自然地理环境条件

---

① 参看武沐《匈奴史研究》，民族出版社，2005年，第111—131页；牛志平《唐代婚丧》，三秦出版社，2011年，第64—69页。武沐指出：匈奴族的"收继婚"，是为了保持种姓的纯洁和完成对丧偶妇女及其子女的抚养，而实行的一种以身份继承制为基本法则的婚姻制度。

（自然特征）强制力的支配。在传统农耕、游牧经济社会尤其如此。

自古以来，在中国北方和西部边疆辽阔的沙漠草原与高原地带，世世代代居住生息着众多的游牧族类（匈奴、乌孙、羯、氐、羌、柔然、鲜卑、吐蕃、突厥、回纥、乌桓、契丹、蒙古等），其经济生业以放牧为主，"逐水草而居"，辅以狩猎。

由于地广人稀——寒冷地带（高纬度、大高原地区）的人口自然生育率，比温带较低（热带最高），更由于严重的自然灾害如旱灾与蝗灾、暴雪（白灾），常常会给游牧经济造成致命性打击，其经济社会形态发展进步比较缓慢，必然会影响制约婚姻形态的进步，故而"收继婚"长期存在。直到隋唐时代仍是如此。

> ［匈奴］随畜牧而转移。其畜之所多则马、牛、羊，……逐水草迁徙，毋城郭常处耕田之业，然亦各有分地。毋文书，以言语为约束。……其俗，……父死，妻其后母；兄弟死，皆取其妻妻之。①

> ［北狄突厥］其俗畜牧为事，随逐水草，不恒厥处。穹庐毡帐，被发左衽，食肉饮酪，身衣裘褐，贱老贵壮。……无文字，刻木为契。候月将满，辄为寇抄。……父兄死，子弟妻其群母及嫂。……②

> 稽胡，一曰步落稽，盖匈奴别种，……自离石（治所在今山西吕梁市）以西，安定（治所在今甘肃泾川县北）以东，方七八百里，居山谷间，种落繁炽。其俗土著，亦知种田，……俗好淫

---

①〔汉〕司马迁《史记》卷一一〇《匈奴列传》，中华书局，2013 年，第 3461—3462 页。参看林幹《匈奴史》，内蒙古人民出版社，2007 年，第 161—164 页。
②《隋书》卷八十四《北狄传》，第 1864 页。参看林幹《突厥与回纥史》，内蒙古人民出版社，2007 年，第 142 页。

秽，女尤甚，……又兄弟死者，皆纳其妻。①

　　党项羌者（分布在今青海东南部河曲与四川松潘以西山谷地带），……东接临洮（治所在今甘肃岷县）、西平（治所在今青海西宁市），西拒叶护（即突厥），南北数千里，处山谷间。……②妻其庶母及伯叔母、嫂、子弟之妇，淫秽蒸报（收继婚），诸夷中最为甚，然不婚同姓。……③

　　吐谷浑（原为鲜卑族的一支），……从洮水西南极白兰（今青海南部以及四川西部地区），数千里中，逐水草，庐帐而居，以肉酪为粮。……父兄死，妻后母及嫂等，与突厥俗同。……④

从"三国鼎立"到隋朝统一南北（220—589），其间除了西晋（266—316）短期统一的 50 年，天下分裂长达三个多世纪——旧史所称"五胡乱华"与南北朝时期，是古代历史上天下最为动荡混乱的时期，也是多民族大迁徙与多元文化大融合的高潮时期。五胡（匈奴、鲜卑、羯、氐、羌）等族类不断内迁中原并建立的割据政权（五胡十六国），从河西走廊直至黄河中下游地区，遍及中国北部。

　　在这种持续时间漫长、波及地域广阔的多民族迁徙、错居杂处过程中，各民族的政治、经济、文化交流与吸收融合势不可免（如北魏孝文帝实行的"汉化"改革最具有代表性），胡、汉婚姻习俗与制度的相互浸染，也就不言而喻了。

　　以中原王朝的和亲公主为例，更能说明游牧族类的"收继婚"

①《北史》卷九十六《稽胡传》，第 3194 页。
②《北史》卷九十六《党项羌传》，第 3192 页。
③《唐会要》卷九十八《党项羌》，第 2082 页。
④《北史》卷九十六《吐谷浑传》，第 3179、3186 页。参看周伟洲《吐谷浑史》，广西师范大学出版社，2006 年，第 130 页。

形态。

1. "昭君出塞"故事，家喻户晓。西汉元帝竞宁元年（前33），南匈奴呼韩邪单于入朝，请求和亲，愿为汉家女婿。元帝将后宫女子王昭君赐予呼韩邪为"阏氏"（王后）。昭君出塞之后，生一子，两年后，呼韩邪病死。继位的复株累单于（呼韩邪前妻之子）依照旧俗要收继昭君为妻。昭君心中不愿，上书汉成帝请求归汉，但汉成帝敕令她"从胡俗"（收继婚），她与复株累单于婚后又生育了两个女儿。十年后，复株累单于死亡（《后汉书·南匈奴传》）。昭君卒于何年，史无明文。

2. 隋文帝时，宗室女义成公主于开皇十七年（597），先嫁突厥启民可汗；隋炀帝大业四年（608），启民可汗卒，再嫁其子始毕可汗（《隋书·突厥传》）。

3. 唐德宗第八女咸安公主和亲回纥，在21年间嫁过四次，先嫁武义成功可汗，再嫁可汗之子，三嫁可汗之孙，四嫁大臣（《旧唐书·回纥传》《新唐书·回鹘传》）。

在盛唐长安的宫廷教坊乐伎中，也有突厥习俗。据《教坊记》：

> ［教］坊中诸女（乐伎）以气类（意气相投者）相似，约为香火（结盟）兄弟。每多至十四五人，少不下八九辈。有儿郎聘之者，辄被以妇人称呼：即所聘者兄，见呼为"新妇"；弟，见呼为"嫂"也。儿郎有任宫僚者，宫参与内人对同日。垂到内门，车马相逢，或搴车帘，呼"阿嫂"若"新妇"者，同党未达（指教坊女妓中未约为"香火兄弟"者），殊为怪异。问被呼者，笑而不答。儿郎既聘一女，其香火兄弟多相爱，云学突厥法。又云："我兄弟相怜爱，欲得尝其妇也。"主者知，亦不妒。他香火即不通。

所云"突厥法",即突厥族类的婚姻习俗"收继婚"。①

据《教坊记》：在开元年间,宫廷教坊管辖的宜春院"内人",皆为青春美貌的歌舞女伎;唐明皇对于先后"得幸"(侍寝)的数十位"内人"及其家庭,皆"四季给米、给宅第、赐无异等"。即等同于"收继婚"习俗的赡养寡母孤儿义务,虽无婚姻形式之名,但具有更特殊的"身份继承制"色彩。又据《云仙杂记》卷五：

> 明皇开元(713—741)初,官人被进御者,日印选以绸缪(亲密),记印于臂上,文曰"风月常新"。印毕,渍以桂红膏,则水洗色不退。②

在"家天下"时代,凡后宫宫女与教坊乐伎,皆为皇帝占有的"女奴"。

(三) 弃国法而循"胡俗"

古代历朝社会的传统礼法源自远古时期的习俗,其中有关婚姻的诸多禁忌,具有鲜明的社会规范和伦理意义——重人伦,防淫佚,耻与禽兽同也。

唐代国家现行法律中的婚姻限制,属于"刚性规范",牵涉户籍管理、授受田地、承担赋役、社会治安制度与家庭礼教等诸多方面。

---

① 唐代宫廷教坊乐伎缘何会有此突厥习俗,可从其教坊乐伎组织的源流上追溯根源——各民族经济社会与风俗习惯具有历史沿承性。a. 据《魏书》卷一一一《刑罚志》：北魏孝明帝(元诩)孝昌(525—527)已后,天下淆乱,法令不恒,或宽或猛。……至迁邺(治所在今河北临漳县),京畿群盗颇起,有司上奏请立严制："诸强盗杀人者,首、从皆斩,妻、子同籍 [没],配为乐户;其不杀人及赃不满五匹,魁首斩,从者死,妻、子亦为乐户。"b. 北魏(拓跋氏)宫廷乐伎→东魏、西魏宫廷乐伎→北齐(高氏)、北周(宇文氏)宫廷乐伎→隋炀帝太常教坊乐伎→唐代太常寺与宫廷教坊乐伎。按："乐户"制度并非北魏首创,但为后世历朝所沿袭。参看项阳《山西乐户研究》,文物出版社,2001年,第1—4页。

② 〔唐〕冯贽《云仙杂记》//《全唐五代笔记》,三秦出版社,2012年,第3452页。

其主要限制有：（1）禁止重婚。允许纳妾，但不得以妾为妻。（2）良贱不婚。因双方的社会身份、法律地位不同。（3）官民不婚。防止官吏仗势强娶民女。（4）同姓不婚。即同宗共姓不婚，限制血亲婚配。[①]（5）宗妻不婚。禁止纳娶家族内亲属妻妾。（6）居父母丧不婚。在为父母"居丧守孝"三年期间，不得婚嫁。凡有违反者，视其情节轻重处以相应的刑罚（杖刑、徒刑、流放等），并两离之（离婚）。[②] 由此可见，唐代婚姻法规（《户婚律》等）的基本精神和原则：一是维护阶级制度（社会阶层尊卑贵贱的等级秩序）；二是维护血缘宗法制度（父家长制）；三是维护"夫权"（男权）；四是维护以"聘娶"为主要礼仪形式的婚嫁形态，即遵守"父母之命，媒妁之言"，具备契约、彩礼、六礼（婚仪）等。

由此亦可见，唐明皇设计纳娶儿媳杨玉环，就是弃国法而循"胡俗"。

在时间顺序上，"收继婚"是在"被收继人"丈夫死后才发生的；在亲属关系上，"收继人"与"被收继人"丈夫之间存在父子（叔侄）、兄弟、子侄关系。

1. 唐太宗纳娶弟媳杨氏（齐王元吉妃），是在"玄武门之变"后，杨氏已成"未亡人"；唐高宗纳娶父妾（庶母）武则天，是在父皇（太宗）驾崩之后，武氏也是"未亡人"身份。在时间顺序、亲属关系上都符合"收继婚"习俗。

2. 唐明皇纳娶儿媳杨玉环，其儿子寿王瑁（"被收继人"丈夫）

---

① 按：早在先秦时代，中华先民就已经从社会生活实践中，逐渐认识到了男女两性关系与生育后代之间的内在关联，"男女同姓（血缘近亲结婚），其生不蕃（繁殖）"；"异类（异姓通婚）乃相生也"。因而，提倡"同姓不婚，惧不殖（繁殖）也"。

② 据《唐律疏议·户婚律》相关条文。参看牛志平《唐代婚丧》第二章之"唐律对婚姻的限制和规定"小节，三秦出版社，2011 年。

还活着，在时间顺序上并不符合"收继婚"习俗。故设计了"曲线"方式：杨玉环先"度道"（离婚），而后"入宫"。同时，为寿王瑁选册新妃韦氏，以补偿和安慰之。

从实质上看，唐太宗在"玄武门之变"成功后，纳娶弟媳杨氏（如同"战利品"），属于"收继婚"习俗；唐高宗纳娶父妾武则天，更多的是出于政治需要——摆脱"顾命大臣"（以其舅父长孙无忌为首）的控制，要"自己说了算"。

而唐明皇纳娶儿媳杨玉环，则是政治精神和伦理道德的"双重滑坡"。

第五章　"三千宠爱在一身"

　　杨贵妃（玉环）天生丽质，天赋聪颖，能歌善舞，才艺超群——"倾城倾国"的大美女。她从天宝三载（744）度道入宫、四载（745）册封为贵妃，到十五载（756）六月死于"马嵬事变"，十余年间，宠冠六宫。中唐大诗人白居易《长恨歌》咏曰：

　　　　天生丽质难自弃，一朝选在君王侧。回眸一笑百媚生，六宫粉黛无颜色。……承欢侍宴无闲暇，春从春游夜专夜。后宫佳丽三千人，三千宠爱在一身。……

　　用"美色"来称赞女性，有多种含义。（1）指天生容貌艳丽，犹如鹤立鸡群，万绿丛中一点红。古人所谓"闭月羞花、沉鱼落雁"，可谓极致之言。（2）指美才，学识才艺超群出众，古代主要指赋诗属文，琴棋书画等。（3）指美德，心性淳朴敦厚，品行端正，乐善好施，等等。古谓"女子无才便是德"，以贤妻良母为典型。

　　天生丽质之"美色"，有所谓"身体发肤受之父母"，杨贵妃正符合也。而"美才"是在天赋聪明基础上，通过后天教育养成的，杨贵妃也符合。但要说杨贵妃有"美德"，无论在古时还是现今，都是很不合适的。

一、倾国之色杨玉环

　　若按照现今世界通行的"选美标准"（身高、体重等）来衡量杨贵妃，没有确切史料可稽。使用"量化指标"来以今揆古，就如同

"无米之炊"。

所幸者，在现存的历史文献中，有关杨贵妃容貌体态的文字和图画等，并非只言片语。加以收集整理，就能够获得基本的了解，勾画出其形象轮廓。

（一）"姿质丰艳"自然美

先从人们耳熟能详的典故——"燕瘦环肥"说起。赵飞燕（西汉成帝皇后）体态轻盈；杨贵妃体态丰满，皆以美貌著称，历代赞誉。由此可见，对于女性的外在形象美（容貌体态），不同时代的审美标准并非一律。今俗有谓"白胖白胖""黑瘦黑瘦"，白胖显得富态，黑瘦更为苗条，也都是美。

古代社会对于女性容貌体态的审美观念，最基本的标准是"长、白、肥"——身材高挑，皮肤白皙，丰满健康，再加上面容姣好，就是一位人见人爱的大美女。①

而形成这种审美观念的原因并不复杂。男女性别属自然天赋，女子婚后生儿育女，既是家庭的也是社会的头等大事，规定了女性的"母亲角色"——丰乳肥臀是为"宜子之相"。

再说说"一代女皇"武则天的容貌特征。她在14岁时，唐太宗闻其"美容止，召入宫，立为才人"。②所谓"容止"，即容貌仪表，举止风度。

武则天再次入宫后，与唐高宗所生女儿太平公主，长相为"方额广颐"，武则天常谓"类我"。③颐，下巴、脸腮。"方额广颐"就是大

---

① 参看高世瑜《唐代妇女》，三秦出版社，2011年，第324—329页。
②《旧唐书》卷六《则天皇后本纪》，第115页。
③《新唐书》卷八十三《诸帝公主传·高宗太平公主》，第3650页。

脸盘，雍容体面。

唐代女性恰恰就是"以胖为美"，有唐代墓葬、敦煌壁画以及雕塑等为证。如仕女图、宫女图以及舞蹈图中的女性形象，大多是面如满月，肌肤丰盈。

唐高宗时，在东都洛阳龙门凿窟雕造的卢舍那大佛像（象征佛大慈大悲，如日如月），虽为男子形象，却是颜如满月，眉目慈祥，具有明显的女性气质。①

那么，杨贵妃的"肥"（胖）究竟是什么样子？据《开元天宝遗事》②：

> ［杨］贵妃素有肉体（胖），至夏苦热，常有肺渴，每日含一玉鱼儿于口中，盖藉其凉津沃肺也。（卷下"含玉咽津"）
>
> 贵妃每至夏月，常衣轻绡（薄绸），使侍儿交扇鼓风，犹不解其热。每有汗出，红腻而多香。或拭之于巾帕之上，其色如桃红也。（卷下"红汗"）
>
> 贵妃每宿酒初消，多苦肺热。尝凌晨独游后苑，傍花树，以手攀枝，口吸花露，藉其露液润于肺也。（卷下"吸花露"）

所谓"素有肉体"，即从小就是个胖妞；"至夏苦热"，即胖人怕热，夏天难熬；"使侍儿交扇鼓风，犹不解其热"，几个侍女在她身边搧扇子，还是热得不行。

---

① 参看郭绍林《隋唐洛阳》，三秦出版社，2006年，第116—120页。按：在我国西部"丝绸之路"沿途的佛教石窟雕塑、壁画中，唐代之前的人物形象，大多为"瘦骨清相"，高鼻深目，神态沉思冥想——古代印度佛教艺术之犍陀罗风格。而"西天"佛教正是沿着"丝绸之路"传入中国的。

② 〔五代〕王仁裕《开元天宝遗事》，中华书局（曾贻芬点校），2006年。

其实，古代没有电风扇、空调，不只是胖人怕热，一般人也不耐热。

据《长恨歌传》、两《唐书》本传、《杨太真外传》与《资治通鉴》：

> ［寿王妃］鬓发腻理，纤秾中度（胖瘦适中），举止闲冶，如汉武帝李夫人。
>
> 玄琰女［杨玉环］姿色冠代。
>
> ［寿王妃杨玉环］资质天挺（天生卓越超拔）。
>
> ［杨］太真肌态丰艳（体态丰满，艳丽动人），……
>
> ［杨贵妃］有姊三人，皆丰硕修整（丰满匀称），……

杨贵妃"姿色冠代""肌态丰艳"，在唐代属于顶级大美女——唐代女性的"胖"为体态丰满，恰到好处，绝非今人眼中的肥胖臃肿。那么，在唐明皇眼中的"女性美"究竟是何样形象？据两《唐书·后妃传·肃宗章敬皇后吴氏》：

> 肃宗章敬皇后吴氏（唐代宗生母），坐父事没入掖庭。开元十三年（725），玄宗幸忠王（即肃宗）邸，见王服御萧然，傍无媵侍，命将军高力士选掖庭宫人以赐之，而吴后在籍（宫女簿籍）中。容止端丽，性多谦抑，宠遇益隆。明年（726），生代宗皇帝。二十八年（740）薨，葬于春明门（长安外郭城东面中门）外。

据中唐宰相李德裕《次柳氏旧闻》（《问高力士》）：肃宗在东宫（皇太子），左右使命，无有妓女。"上（明皇）即诏［高］力士下京兆尹，亟（急）选人（民）间女子细长洁白者五人，将以赐太子。力士……奏曰：'……臣以为掖庭中故衣冠以事没其家者（官员因罪被杀，其家小被籍没），宜可备选。'上大悦，使力士诏掖庭，令按籍阅视。得三人，乃以赐太子，而章敬皇后（吴氏。代宗生母）在选中。……"①

唐肃宗吴妃，最初被高力士奉诏选中时，乃十四五岁的少女，"细长洁白"——身材苗条，皮肤白皙，容止端丽。这就是唐明皇眼中的"美女标准"。

（二）"回眸一笑百媚生"

古今中外的著名美女，都有一双美丽的大眼睛——眼睛是心灵的窗户。文学词汇中形容为"会说话的眼睛""勾魂夺魄"等，真可谓"魅力如电"了。

《诗经·卫风·硕人》咏云："巧笑倩兮，美目盼兮。"巧笑，美好的笑容。倩，笑靥美好的神态。美目，美丽的大眼睛。盼，左右顾盼。倩盼，形容美丽动人的笑容。但史书上描述杨贵妃眼睛的文字不多——从事理逻辑上推论，旧史称其为"尤物"（绝色女子），绝不会是小眼睛，应该是一位"大眼睛美女"。

> 回眸一笑百媚生，六宫粉黛无颜色。（《长恨歌》）
>
> 光彩焕发，转动照人，上（明皇）甚悦。（《长恨歌传》）
>
> [杨贵妃]每倩盼承迎，动移上（明皇）意。（《旧唐书》）

还有一条间接史料。据《开元天宝遗事》卷上"眼色媚人"条：

> 念奴者，有姿色，善歌唱，未尝一日离帝（明皇）左右。每执板当席，顾眄左右。帝谓妃子曰："此女妖丽，眼色媚人。"每啭声歌喉，则声出于朝霞之上，虽钟鼓笙竽嘈杂，而莫能遏。宫

---

① 〔唐〕李德裕《次柳氏旧闻》//《开元天宝遗事十种》，上海古籍出版社，1985年。按：此书材料来历，高力士→史官柳芳→其子柳冕→同僚李吉甫→其子李德裕。肃宗时，史官柳芳得罪，被贬流黔中；而高力士"亦徙巫州"。柳芳因得与高力士相处周旋，力士为其言先时禁中事，皆柳芳所不知，遂默记之。及遇赦回京，乃编次其事，号曰《问高力士》。即此书内容皆为高力士亲身经历，"信而有征，可为实录"。

妓中，帝之钟爱者。

宫妓念奴不仅歌喉出众，而且善以"眼色媚人"，因而得到明皇特别钟爱。

而杨贵妃所受宠爱远远超过念奴，其善于"眼色媚人"绝不在念奴之下。

（三）智算警颖善承迎

杨贵妃兼有美色与美才，但仅此"二美"，还不足以吸引唐明皇的"猎艳之心"。因为，在宫廷乐舞机构"宜春院"中，这样的美女就有数十上百人。

那么，在"二美"之外，杨贵妃还有什么特别吸引唐明皇的"优势"？这还要从两《唐书》本传、《长恨歌传》、《杨太真外传》与《资治通鉴》中寻找答案。

［杨贵妃］智算过人。每倩盼（神态俏丽）承迎，动移上（明皇）意。

［杨贵妃］智算警颖（敏悟聪颖），迎意辄悟。

［杨贵妃］由是冶其容（打扮艳丽），敏其词（说话顺从明皇心意），婉娈（柔顺缠绵）万态，以中上（明皇）意。上益嬖焉（越发宠爱）。……非徒殊艳尤态致是，盖才智明敏，善巧便佞（乖顺巧言，阿谀逢迎），先意希旨（揣摩明皇心理，恭顺旨意，以博其欢心），有不可形容者。

［杨贵妃］性警颖，善承迎上（明皇）意，不期岁，宠遇如［武］惠妃，……

综合上述，杨贵妃天赋聪明，悟性灵敏，尤其善于察言观色，揣摩明皇心意，说话顺从圣意，极尽阿谀讨好之能事，博取明皇欢心；再加上青春俏丽，妖媚缠绵，矫情卖弄，哄得老皇帝心里开花冒泡，视其为"活宝"，宠爱有加。

（四）服饰化妆增娇媚

俗谓"人靠衣装，马靠鞍装"。[1] 天生美女加上"美妆"和"美服"——面部化妆，发型首饰，身上衣裳，更能显出风姿绰约，百媚千娇，可谓锦上添花。

于是要问：当时，杨贵妃的服饰是何款式颜色？这与她在宫中的名号地位（等级）直接相关，更与唐明皇对她的特别宠爱（宠冠后宫）有密切关系。

1. 皇后与贵妃礼服[2]。在隋唐两代，内、外命妇的礼服（正装），按照名位等级制度，可分为：（1）皇后之服三，有袆衣（祭服）、鞠衣、钿钗礼衣。（2）皇太子妃之服三，有褕翟、鞠衣、钿钗礼衣。（3）内、外命妇（一品以下至九品的官宦妇女）之服六，有花钗翟衣、钿钗礼衣、礼衣、公服、花钗礼衣、大袖连裳。

前文已述，自唐玄宗开元十二年（724）七月，王皇后被废黜之后，皇后一直"虚位"，实际的"后宫之主"就是先后得宠的武惠妃（寿王生母）、杨贵妃。

杨太真入宫，唐明皇如获至宝，百般恩宠，"册为贵妃，半后服

---

[1] 按：隋唐时代男子（官员）的服饰，按照朝廷律令制度（车服制度），a. 礼服（冠服），有朝服（具服）、公服（从省服）、祭服。基本特征是高冠革履，褒衣博带，是各种公开的典礼场合（如朝会、祭祀等）的"正装"。至于礼服的差别，一是王公百官的品级高低与礼服的规格档次相对应；二是在不同的典礼场合，适用不同款式的礼服（款式、质料、颜色与纹饰等各异）。b. 便服（常服、私衣），也称晏服、褻服，是平日居家、非公务场所的着装。主要有幞头（头巾）、圆领袍衫（春夏衫子，天寒袍子）、靴带等。便服为贵贱通用，其差别（贫贱富贵）在于质料（绢帛、麻布等）之不同。参看黄正建《唐代衣食住行》（插图珍藏本），中华书局，2013年；沈从文《中国古代服饰研究》，上海书店出版社，2005年。

[2] 参看李志生《隋唐后妃命妇礼服制渊源考析》//杜文玉主编《唐史论丛》第32辑，三秦出版社，2021年。

用"，而实际享受的地位待遇"礼数实同皇后"。将皇后与贵妃的礼服列为简表进行比较。[1]

皇后礼服	(1) 袆衣，首饰花十二树，施两博鬓（假发鬓，下垂至耳）。衣以深青织成锦为之，文为翚雉之形（锦鸡花纹），素质，五色，十二等（行）；素纱中单，黼领（衣领绣有花纹）；朱罗縠褾（绉纱袖口）、襈（花边）；蔽膝随裳色，以缊（黑中带红颜色）为领缘，用翟为章（锦鸡花纹），三等。大带随衣色，朱里，纰其外（镶边），上以朱锦，下以绿锦，纽约（扣襻）用青组（丝带），以青衣，革带，青袜，舄（复底鞋）加青饰；白玉双佩，玄组双大绶（丝带），章采、尺寸与乘舆同。 凡受册、助祭、朝会大事服之。
	(2) 鞠衣，以黄罗（轻软丝织品）为之，无翟（锦鸡花纹），蔽膝、大带及衣革带、袜、舄随衣色，余同袆衣。亲蚕（祭祀蚕神）服之。
	(3) 钿钗礼衣，十二钿，施两博鬓。衣裳通用杂色，无翟，加双佩，小绶，去舄加履（鞋子）。凡燕见宾客服之。
贵妃礼服	(1) 翟衣，花钗，施两博鬓，宝钿饰。花钗九树，宝钿准花数。衣青质，绣翟（锦鸡图案），编次于衣裳，重为九等（行）。青纱中单，黼领，朱罗縠褾（袖口）、襈（花边）、裾（衣裙下摆），蔽膝随裳色[2]，以缊为领缘，加文绣，重翟为章（花纹），二等。大带随衣色，纰其外（镶边），上以朱锦，下以绿锦，纽约（扣襻）用青组（丝带），以青衣，革带，青袜，舄，珮，绶。凡受册、从蚕、朝会服之。
	(2) 钿钗礼衣，宝钿九，首饰花树九，并施两博鬓。衣裳通用杂色，形制与翟衣同，加双佩、小绶，去舄（复底鞋），加绚履（绚，鞋头装饰，有孔，可穿系鞋带）。凡常参、礼会服之。

---

①《唐六典》卷四《礼部·礼部司》，第119页、卷十二《宫官·尚服局》，第350—352页；《旧唐书》卷四十五《舆服志》，第1955—1957页；《新唐书》卷二十四《车服志》，第516—517、523页。

②蔽膝（遮蔽膝盖），是古代礼服前面的一种装饰，用皮革或麻布材料来制作，上宽下窄，系于腰带上，下垂过膝。按：蔽膝起源于远古先民的渔猎生产与生活，即用皮革等材料制作成"围裙"遮护在身前（浑裆裤的出现比较晚）。其功能，一是用作围裙，二是作为装饰，三是可用来盖头。其作为祭祀礼服组成来佩戴，在商周时期就已经形成国家制度。参看孙晨阳、张珂《中国古代服饰辞典》，中华书局，2015年，第6—7页。

2. "云鬓花颜金步摇"。对于杨贵妃佩戴的首饰物件，据唐宋史料：

云鬓花颜金步摇；翠翘金雀玉搔头；花钿；钿合（盒）金钗。（《长恨歌》）

定情之夕，授金钗钿合以固之。又命戴步摇，垂金珰（耳饰）。（《长恨歌传》）

授金钗钿合，上（明皇）又自执丽水镇紫库磨金琢成步摇，至妆阁亲与［贵妃］插鬓。（《杨太真外传》卷上）①

所谓"云鬓"，形容妇女鬓发浓黑柔美。"花颜"，形容女子容貌美丽如花。

钗、钿皆为妇女首饰。钗，主要用于固定发髻，具有实用性。钿，则是为了更加美化，具有明显的装饰性，是富贵阶层妇女的首饰。其金钿、宝钿的价钱不菲。若要一次佩戴十个左右的花钿，就需要使用

---

① a. "金步摇"为金质首饰。所谓步摇，是簪钗上附缀的花枝等形状饰物，以金银珠玉制成，行走时轻盈摇曳。据东汉人刘熙《释名·释首饰》："步摇，上有垂珠，步则摇动也。"其始于战国时期，历代沿用，至隋唐五代非常流行。b. 钗（金钗、花钗），是古代妇女用来固定发髻的一种首饰，由两股簪子合成。金钗，即用金制成。花钗，或用金银制作成各种花形，或于钗上镂刻、镶嵌各种花纹。c. 钿（花钿、金钿），是古代妇女的花朵形首饰，使用时插在发髻、两鬓上。花钿，用金银制成花朵样子，再镶嵌上珠宝、翠羽等。金钿，使用金片制成花朵。d. 宝钿，是金钿的一种，用金翠珠玉等制作成花朵，附缀于簪梁、钗股上；或在金钿上镶嵌珠翠宝石。所谓"两博鬓施以宝钿"，就是戴上形似薄鬓的假发，下垂至耳，抱住面颊，在左右鬓上簪插花钿、翠叶之类首饰。e. 翠翘（翡翠翘、翠云翘），是一种华丽精美的首饰，其上装饰有翠鸟尾羽或翡翠制成的羽毛状饰物。金雀（金雀钗），用金制成，钗首有鸟雀形状的装饰。f. 玉搔头（玉搔），即玉簪。簪（笄），为单股针形，古代男女均可使用，女子用来绾住头发，男子用来固定发冠。其制作材料有竹木、金属、玉石、犀角、珊瑚等；在簪头上可以雕刻各种精致的纹饰，或镶嵌珠玉。而玉簪、金簪乃首饰之昂贵者。g. 钿合（盒）金钗，指钿盒（按品级高低配置钿数）与金钗。

假发（义髻、博鬓）①，并使用多个发钗先固定好发型，再插上花钿——头上插满首饰（满饰感），更显富贵雍容。

解读白居易的诗句，有两层含义：一是描写杨贵妃的天生丽质与昂贵首饰；二是涉及唐代后妃的礼服制度——"金步摇"等首饰是其中的显著标志。

如上节简表中所列，唐代内、外命妇的礼服，从头到脚，有假发（发髻、鬓发，便于簪插钗钿首饰）、花钗、宝钿，衣裳（外衣）、中单（衬衣）、蔽膝（礼服前面的装饰。类围裙）、大带、革带、佩玉、绶带，丝袜、鞋（舄、履）等。

首先，内、外命妇礼服的等级差别，最明显的标志就是头上的钗钿首饰、衣裳上的翚翟（锦鸡）图案花纹多少不同，还有质料、颜色与款式尺寸等不同。

自南北朝时期至隋代，内、外命妇礼服所配首饰的等级如下。

［南陈制度］皇后……袆衣，……首饰则假髻、步摇，俗谓之珠松是也。簪珥步摇，以黄金为山题，贯白珠，为桂枝相缪（缠绕、绞结）。八爵（雀）九华，熊、兽（虎）、赤罴（传说中的瑞兽）、天鹿、辟邪②、南山丰大特（传说中的大公牛神）六兽。诸爵兽皆以翡翠为毛羽。金题，白珠珰绕，以翡翠为华。……公主、三夫人，大手髻，七钿蔽髻。九嫔及公夫人，五钿；世妇，三钿。其长公主（皇帝姊妹）得有步摇。

［北齐制度］皇后……假髻，步摇，十二钿，八雀九华。……内

---

① 按：早在先秦时代，王后、诸侯夫人编发为假髻，称为"副"，需要用衡笄（横簪）别在头上。给发笄加上珠玉装饰叫"珈"，其数多寡不一，用以区别尊卑。如"六珈"为侯伯夫人首饰。

② 天鹿（天禄）、辟邪，古代传说中两种皆能辟御妖邪的兽名。天鹿（天禄），灵兽，似鹿，独角，长尾。辟邪，似鹿，长尾，有两角，或似狮子而有翼。古人常用金、玉等雕刻其形状，作为配饰。在古代帝王的陵墓之前，大多有天鹿、辟邪石刻。

外命妇从五品已上，蔽髻，唯以钿数花钗多少为品秩。二品已上
金玉饰，三品已下金饰。内命妇……视一品，假髻，九钿，……
皇太子妃……假髻，步摇，九钿，……

[北周制度] 三妃、三公夫人……华（花）皆九树。……皇
后华皆有十二树。①

所谓"六兽"，指古代命妇簪钗上的六种兽形饰物。其"黄金山
题"，指步摇下的底座以黄金制作成山形，上连花枝，附着于额头之
前，使用时插入发髻，再以簪子固定。"簪珥"（发簪、珥珰），是用
珠玉等精美材料制作而成的珥珰（耳饰），系缚于簪首，使用时将发
簪插入双鬓，珥珰则下垂至耳际。② 其等级高低以擿（簪股，长一尺。
俗称"搔头"）的质料（如黄金、玳瑁等）来以示区别。

其次，唐代命妇礼服所配首饰（簪钗、花钿）等级，沿承隋制。③

	等级／数量	内、外命妇名号地位
1	皇后／12	（自皇后以下，小花并如大花之数，并两博鬓）
2	一品命妇／9	四妃、皇太子妃，公主、亲王妃、国夫人
3	二品命妇／8	六（九）嫔，侯爵夫人
4	三品命妇／7	婕妤、皇太子良娣，三品官母、妻，伯爵夫人
5	四品命妇／6	美人、皇太子良媛，四品官母、妻，子爵夫人
6	五品命妇／5	才人、皇太子承徽，五品官母、妻，男爵夫人

3. 天宝年间"时世装"。白居易《上阳白发人》与《时世妆》

---

① 《隋书》卷十一《礼仪志六》，第236—237、243、248—249页。
② 按：珥珰（耳饰）含有"谨慎自重，不听妄言"之寓意。但在接受尊长教训时，
要取下珥珰，以示洗耳恭听。否则，就是失礼行为。
③ 《隋书》卷十二《礼仪七》，第260页；《唐六典》卷二《吏部·司封司》，第
38—40页；《旧唐书》卷四十五《舆服志》，第1955—1956页。

诗云：

上阳人，红颜暗老白发新。……玄宗末岁初选入，入时十六
今六十。……小头鞋履窄衣裳，青黛点眉眉细长。外人不见见应
笑，天宝末年时世妆。……①

时世妆，时世妆，出自城中传四方。时世流行无远近，腮不
施朱面无粉。乌膏注唇唇似泥，双眉画作八字低。妍媸黑白失本
态，妆成尽似含悲啼。圆鬟无鬓堆髻样，斜红不晕赭面状。昔闻
被发伊川中，辛有见之知有戎。元和妆梳君记取，髻堆面赭非
华风。②

可见，天宝（742—756）年间宫女的"时世妆"之一，就是堆髻
（椎髻）、八字眉、赭面乌唇，如同悲哀啼哭之状。这是受到吐蕃民族
妇女妆饰习俗的影响。

其"时世装"趋势为小头鞋履，衣裳紧窄，深受西域（天山南
北，葱岭东西）诸邦国（以及部族）之"胡服"——窄袖袍衫，翻领
对襟（绣有花纹），竖条纹裤子，尖头皮靴；"胡帽"——皮帽、花
帽、镶珍珠帽等多种样式的影响。

所谓"胡"（胡人），是古代中原王朝对北方边疆内外（骑马民
族）以及西域各民族的称呼。在隋唐时代，则特指中亚地区的粟特人
（昭武九姓胡）。

中国衣冠，自北齐（高氏）以来，乃全用胡服。窄袖、绯绿
短衣、长靿靴（长筒靴），有蹀躞［腰］带，皆胡服也。窄袖利
于驰射，短衣、长靿皆便于涉草。……带衣所垂蹀躞（饰物），
盖欲佩带弓剑、帉帨（佩巾）、算囊（装文具）、刀砺（磨刀石）

---

① 《全唐诗》卷四二六《上阳白发人》，第 4704 页。
② 《全唐诗》卷四二七《时世妆》，第 4716—4717 页。

之类，自后虽去蹀躞，而犹存其环，环所以衔蹀躞，如马之鞦根（拴在牲口股后系皮带的轴），即今之带銙也。天子必以十三环为节，唐武德、贞观时犹尔，[明皇]开元之后虽仍旧俗，而稍褒博矣，然带钩尚穿带本为孔，……①

唐代妇女的"常服"（便服），包括社会各阶层妇女在内，有帽（羃䍦、帷帽、风帽）、衫与襦（短上衣）、裙（式样繁多）、半臂（半袖）、帔（披帛、领巾。长披肩）、袜、鞋（履、靴、鞋、屐。制作材料有草、线、帛、锦、木、革等）。

如上所述，皇帝后宫、太子东宫妇女（皇后、妃嫔、女官、宫女）的服装，因为有严格的等级规定、专门的管理机构，其穿着相对正规。而宫外命妇的着装，尤其是日常便服，则相对自由，可以追求个人爱好和流行时髦。

> [外命妇]妇人宴（燕）服，准令各依夫色（依照其丈夫的服色），上得兼下，下不得僭（超越）上。既不在公廷，而风俗奢靡，不依格令，绮罗锦绣，随所好尚。上自宫掖，下至匹庶，递相仿效，贵贱无别。②

所谓"风俗奢靡""随所好尚"，是追求服饰新奇华丽，引领时尚。从经济社会角度来看，属于官贵、豪富之家女性的"炫耀性"与"僭越性"消费。

不言而喻，在宫廷、富贵阶层妇女追求时髦的风气之下，奢侈靡费就不可避免。如先天二年（713）正月十五、十六夜，于京师安福门（皇城西墙北门）外作灯轮高二十丈，衣以锦绮，饰以金玉，燃五万盏灯，簇之如花树。

---

①〔宋〕沈括《梦溪笔谈》卷一，中华书局（金良年点校），2015年，第3页。
②《旧唐书》卷四十五《舆服志》，第1957页。

　　宫女千数，衣罗绮，曳锦绣，耀珠翠，施香粉。一花冠、一巾帔皆万钱，装束一妓女皆至三百贯。妙简（选）长安、万年少女妇千余人，衣服、花钗、媚子（一种首饰）亦称是，于灯轮下踏歌三日夜，欢乐之极，未始有之。①

　　唐初，宫人骑马，多著羃䍦（纱绢大巾，障面蔽尘），遮蔽全身；高宗以后，皆用帷帽，渐为浅露；武则天之后，帷帽大行；中宗即位，公私妇人，无复羃䍦。

　　[唐明皇] 开元（713—741）初，从驾宫人骑马者，皆著胡帽，靓妆露面，无复障蔽。士庶之家，又相仿效，帷帽之制，绝不行用。俄又露髻驰骋，或有著丈夫（男子）衣服靴衫，而尊卑内外，斯一贯矣。②

　　从唐初到开元时的一百多年里，宫女服饰中的羃䍦（遮蔽）→帷帽（半遮蔽）→胡帽（无遮蔽）→漏髻驰骋，呈现为逐渐"开放"的演变趋势。

　　在朝野上下的服饰时尚演变趋势上，传统的交领、宽衣大衫、曳地长裙等，逐渐被淘汰，代之以圆领、紧身窄袖、合体的短衫、瘦长裙。而女性服装最具有时尚代表性的特色为：袒露、高腰、披巾、胡服与"时世装"等。

　　在唐前期的诗文、绘画中，女性的"袒露装"尤为惹人注目。或衣领低开，袒露一抹胸乳；或不着内衣，仅穿薄透纱罗衫，裙腰高束，胸背若隐若现。不仅有富贵阶层妇女，也有平民女子，可见已成为普遍的社会时尚。③

---

① 〔唐〕张鷟《朝野佥载》卷三，中华书局（赵守俨点校），1979 年。
②《旧唐书》卷四十五《舆服志》，第 1957 页。
③ 参看张雁南《唐代消费经济研究》，齐鲁书社，2009 年，第 50—52 页；高世瑜《唐代妇女》，三秦出版社，2011 年，第 275—276 页。

唐代妇女的面部装饰，尤为丰富多样，具有鲜明的时代特性——浓妆艳抹，粉面桃腮，柳眉红唇。眉毛大多以黑色（黛眉）为美，也有"翠眉"（绿眉）。口唇颜色和修饰，大多以小而红艳为美（樱桃小嘴），也有"乌唇"。

此外，还有各种花俏的点缀。如：（1）"额黄"。额上涂黄粉，或满额或半额，或半月形等，是模仿金装佛像额头涂黄。（2）"花子"。用丝绸、彩纸、金箔、云母片、羽毛等剪成各种图形，如菱形、桃形、钱形、花、鸟、鸳鸯、蝴蝶等，颜色多为红、绿、黄，粘贴在眉心、额头、两颊或嘴角。（3）"妆靥"。在酒窝处点上红、黄斑点或月、钱等图案，以增妩媚。（4）"斜红"。在两颊各涂一抹红色，多为弧形。①

唐代画家笔下（绘画、洞窟与墓葬壁画等）的女性人物形象，是了解当时服饰（款式、颜色等）、发型、面部化妆等方面的直接史料。

4. 杨贵妃"服妖"之讥。古代称之为"服妖"——是"天下有变"之预兆。

> 唐初，宫人乘马者，依［北］周旧仪，著羃䍦（纱绢大巾，罩头障面裹身以蔽风尘），全身障蔽，［高宗］永徽（650—655）后，乃用帷帽，施裙及颈，颇为浅露，至［中宗］神龙（705—707）末，羃䍦始绝，皆妇人预事（干预政事）之象。……韦［皇］后妹尝为豹头枕以辟邪，白泽枕以辟魅，伏熊枕以宜男，亦服妖也。②

> ［高祖］武德（618—626）来，妇人著履，规制亦重，又有线靴。［明皇］开元（713—741）来，妇人例著线鞋，取轻妙便于事，侍儿乃著履。臧获（奴婢）贱伍者皆服襕衫（士人之礼

---

① 参看高世瑜《唐代妇女》，三秦出版社，2011 年，第 276—282 页。
②《新唐书》卷三十四《五行志一》，第 878 页。

服)。太常〔音〕乐尚胡曲,贵人御馔,尽供胡食,士女皆竞衣胡服,故有范阳羯胡之乱,兆于好尚远矣。①

〔唐明皇〕天宝(742—756)初,贵游士庶好衣胡服,为豹皮帽,妇人则簪步摇,衩衣之制度,衿袖窄小。识者窃怪之,知其兆(先兆)矣。②

杨贵妃尝以假鬓为首饰,而好服黄裙(道姑之服)。天宝末童谣曰:"义髻抛河里,黄裙逐水流。"③

由此可见,在"安史之乱"以后,杨贵妃就被朝野社会舆论指斥为"祸水",其服饰装扮也被指斥为"服妖"(奢侈靡费,不祥之兆)。然与此不同者,中唐大诗人白居易《长恨歌》诗咏与陈鸿《长恨歌传》记载,却是极尽赞美。

芙蓉如面柳如眉;云鬓花颜金步摇;翠翘金雀玉搔头;回眸一笑百媚生,六宫粉黛无颜色;风吹仙袂飘飘举,犹似霓裳羽衣舞。(《长恨歌》)

〔玉妃〕冠金莲(饰有金莲花),披紫绡(紫色薄绸衣裳),佩红玉(衣带上的装饰),曳凤舄(绣有凤凰的花鞋),……(《长恨歌传》)

杨贵妃为讨明皇欢心,"冶其容",美其服,正是在服饰化妆上下功夫。

所谓"服妖",乃古人的鬼神迷信思想认识。剥掉其"预言吉凶祸福"的神秘色彩(凡"预言"应验者,绝大多数为事后附会之说),其实就是唐代女性服饰多样性与开放性的表现,也是经济社会与物质

---

① 《旧唐书》卷四十五《舆服志》,第 1958 页。
② 〔唐〕姚汝能《安禄山事迹》卷下,中华书局(曾贻芬点校),2006 年,第 107 页。
③ 《明皇杂录·辑佚》,第 64 页。

生活消费发展演变的反映。①

以下再举盛唐时期，宫廷教坊乐伎擅长化妆的例子。据《教坊记》：

> 庞三娘（娘，女儿；三，姊妹排行）善歌舞，其舞颇脚重。然特工装束。又有年（年龄大），面多皱，帖以轻纱，妙用云母②粉和蜜涂之（类今"面膜"），遂若少容（少女容貌）。尝大酺③汴州（治所在今河南开封市），以名字求雇。使者造门，既见，呼为"恶婆"！问庞三娘子所在。庞〔三娘〕绐（欺骗）之曰："庞三是我外甥，今暂不在。明日来书奉留之。"使者如言而至。庞〔三娘〕乃盛饰，顾客不之识也。因曰："昨日已参见娘子阿姨。"其变状如此，故〔教〕坊中呼为"卖假金贼"！

> 有颜大娘（颜家大女儿），亦善歌舞。眼重（眼窝深大）脸深（脸长色深），有异于众。能料理之（善化妆），遂若横波（眼睛有神），虽家人不觉也。尝因儿死，哀哭，拭泪，其婢〔女〕见面，惊曰："娘子眼破也。"

宫妓庞三娘"出内"（放免），已年老色衰，满脸皱纹，她自制"面膜"化妆遮掩，遂如同少女一样年青靓丽。而颜大娘眼大、面长、

---

① 曾有人曰：人类社会若没有女性，就少了十分之五的真，十分之六的善，十分之七的美。而这十分之七的美，还需要服饰和化妆来"锦上添花"。古今中外，女性（尤其是年青女子）普遍具有比较强烈的"爱美之心"（追求时尚和自我表现），在服饰上别出心裁，标新立异，是其演变趋势——女性服装在"各便其用"的实用功能之外，还刻意追求美观时髦，因而成为服饰消费的主要群体。参看张雁南《唐代消费经济研究》，齐鲁书社，2009 年，第 47—52 页。

② 云母，矿石名，俗称千层纸。鳞片状，薄片有弹性，具丝绸光泽，半透明，耐潮防腐。有白、黑、褐、绿等不同颜色。白云母（呈玻璃光泽），可供药用，味甘，性平，具有祛除风邪、明目、强身健体等作用；还可供化妆使用，具有珠光效果。

③ 大酺〔三、五、七日〕，指国有吉庆，皇帝特许臣民聚会饮酒，设乐（音乐歌舞）欢庆。

肤色深，容貌类似西域（今中亚地区）胡人女子，故注重面部化妆，遂使眼睛显得特别有神，犹如秋波荡漾。

图1 唐代妇女发型示意图[①]

二、兴庆宫恩宠无比

唐代西京长安城的兴庆宫（南内。今西安市兴庆宫公园），原为外郭城的隆庆坊，是唐明皇的"龙潜之地"（旧邸"五王子宅"）。他称帝之后，其诸王兄弟请献宅为宫，遂大兴土木专门营建宫室。建成

---

① 据程旭《唐韵胡风——唐墓壁画中的外来文化因素及其反映的民族关系》，文物出版社，2016年，第169页。

之后，因避讳"隆"字，称"兴庆宫"。

开元二年（714）七月二十九日，以兴庆里（坊）旧邸为兴庆宫。

初，上（明皇）在藩邸，与宋王（宁王）等同居于兴庆里，时人号曰"五王子宅"。至〔中宗〕景龙（707—710）末，宅内有龙池涌出，日以浸广，望气者云有天子气。中宗数行其地，命泛舟，以驼象踏气以厌（镇）之，至是为宫焉。后于西南置楼，西面题曰"花萼相辉之楼"，南面题曰"勤政务本之楼"。

……

至十六年（728）正月三日，始移仗于兴庆宫听政。

二十四年（736）六月，广（扩建）花萼楼，筑夹城至芙蓉园。十二月三日，毁东市东北角，道政坊西北角，以广花萼楼前。

天宝十载（751）四月二十一日，兴庆宫造交泰殿成（在龙池之西）。①

唐明皇在位以及退居"太上皇"之后，都在兴庆宫居住（计32年）。杨太真入宫、册封为贵妃的十余年岁月，也主要是在兴庆宫"贵妃院"居住生活。

（一）宫中礼遇"同皇后"

杨贵妃在后宫中享受唐明皇宠爱之程度，唐人诗文和史籍多有记载。白居易《长恨歌》诗云"三千宠爱在一身"。陈鸿《长恨歌传》云：

明年（天宝四载），册〔杨太真〕为贵妃，半后服用。由是冶其容，敏其词，婉娈万态，以中上（明皇）意。上益嬖焉。……与上行同辇，止同室，宴专席，寝专房。虽有三夫人、九嫔、二十

---

① 《唐会要》卷三十《兴庆宫》，第650—651页。

七世妇、八十一御妻，暨后宫才人、乐府妓女，使天子无顾盼意。
自是六宫无复进御者。……

1. 高力士"执辔授鞭"。据两《唐书》杨贵妃本传记载：

> 玄宗凡有游幸，贵妃无不随侍，乘马则高力士执辔授鞭。

杨太真（719—756）入宫后不到一年，于天宝四载（745）正式
受册为"贵妃"时，年龄才 27 岁。而高力士（684—762）为宦官首
领，位高权重，已是年过花甲之人了。杨贵妃乘马，高力士为其执辔
授鞭，相当于父亲为女儿牵马垂镫。

高力士侍奉杨贵妃，是在尽其皇帝"老奴"的职责。①

2. "置骑传送"鲜荔枝。杨贵妃出生于蜀中，从小喜欢吃荔枝——
颜色鲜红或紫红，果肉新鲜时为半透明凝脂状，口味浓香甘甜。但是，
关中地区（秦岭以北）没有荔枝，这就需要从南方的产地长途转送到
京城。尤其是荔枝"一日色变，二日香变，三日味变，四五日外色香
味尽去"，不耐储藏，运输困难很大。② 而古代无现今的保鲜技术方
法，在当时，荔枝是从何地、用何种方式传送到长安宫中，供杨贵妃
"解馋"的？

据两《唐书》杨贵妃本传：妃嗜荔枝，必欲生（新鲜）致之，乃

---

　①按：高力士为宦官首领，深受唐明皇信任，权势地位炙手可热，宫中与外朝皆畏
敬之。皇太子见了高力士称呼"二兄"，诸王公主称呼其"阿翁"，驸马辈称呼其
"爷"；外朝宰相（李林甫、杨国忠等人）也极力巴结讨好高力士。从"既得利益集团"
角度来看，高力士与杨贵妃（以及杨国忠）并非"沆瀣一气"，在后来的"马嵬事变"
中，高力士就是策动禁军"兵谏"、诛杀杨氏兄妹及其党羽的主谋（详见第七章）。

　②按：a. 现今中国的荔枝产地，主要分布于北纬18°～29°范围内，广东栽培最多，
福建和广西次之，四川、云南、贵州及台湾等省也有少量栽培。b. 在历史上，荔枝的经
济型分布的最北界，达到北纬31°。唐代蜀州（治所在今四川崇州市）位于北纬30°30′～
30°53′之间。参看蓝勇《近2000年来长江上游荔枝分布北界的推移与气温波动》，《第四
纪研究》1998 年第 1 期。

置骑传送，走数千里，味未变已至京师。所云"置骑传送"是指动用国家交通驿站系统的"飞驿快马接力传送"，其速度最快的"飞骑"（飞驿），日行近五百里。①

杨贵妃生于蜀，好食荔枝。南海（今广州）所生，尤胜蜀（今四川）者，故每岁飞驰以进。然方暑而熟，经宿则败，后人皆不知之。②

〔杨贵〕妃欲得生荔支，岁命岭南（今广州）驰驿致之，比至长安，色味不变。〔胡三省注云〕自苏轼诸人，皆云此时荔支自涪州（今重庆市涪陵区）致之，非岭南也。白居易曰：荔支生巴（今四川巴中市）、峡（今湖北宜昌市）间。树形团团如帷盖，叶如冬青，华如橘，春荣，实如丹，夏熟，朵如蒲萄，核如枇杷，壳如红缯，膜如紫绡，瓤肉洁白如冰雪，浆液甘酸如醴酪。大略如彼，其实过之。若离本枝，一日而色变，二日而香变，四五日外色香味尽去矣。③

近阅《涪州图经》及询涪州人士云，涪州有妃子园荔枝。……天宝中，妃子尤爱嗜涪州〔荔枝〕，岁命驿致。又曰：洛阳取于岭南，长安来于巴蜀。④

---

① 隋唐时代，最快的通信速度为"飞驿以达军情警急"，日行400～500里。据《元和郡县图志》卷四《新宥州》："从天德（在今内蒙古乌拉特前旗北）取夏州（治所在今陕西靖边县东北）乘传（驿）奏事，四日余便至京师（长安）。"此道全程1800里，即"飞驿"日行近450里。参看穆渭生《唐代关内道军事地理研究》，陕西人民出版社，2008年，第36—38页。

② 〔唐〕李肇《唐国史补》卷上"杨妃好荔枝"条 // 《唐五代笔记小说大观》，上海古籍出版社，2000年，第165页。

③ 《资治通鉴》卷二一五，唐玄宗天宝五载（746）七月，第6991—6992页。

④ 〔清〕汪灏《广群芳谱·果谱》，上海书店（影印《国学基本丛书》），1985年。

岭南道广州距离长安 5447 里（唐里。下同)①，路程遥远，且有重重山地和江河阻隔，使用"飞骑"传递最快也要十多天时间，而荔枝早已腐烂了。

实际上，在天宝年间，为杨贵妃进贡荔枝的来源地为涪州②，距离长安路程 2357 里。③ 其"涪州贡生荔枝"的路线，是取洋巴道—子午道（也称"荔枝道"）。④

但涪州至长安 2357 里路程，也要翻山越岭，涉河渡江，用"飞骑"传送要五天左右，已过了荔枝保鲜期。当时，是如何让杨贵妃能吃上"色味不变"的荔枝？

有一种传说：为了保证荔枝"色味不变"，先在涪州挖出将熟的荔枝树植于大缸中，用船转运到离长安不远，然后采摘荔枝，飞骑送入宫中。⑤

晚唐大诗人杜牧《过华清宫绝句三首》之一咏其事云：

长安回望绣成堆，山顶千门次第开。

一骑红尘妃子笑，无人知是荔枝来。⑥

如此，若计算经济成本，杨贵妃吃到嘴里的荔枝，无疑就是"天价"了。明皇为了满足贵妃的口味嗜好，动用"飞驿"接力传送荔枝，可谓"举国事而徇私欲"。

---

① 《旧唐书》卷四十一《地理志四》，第 1712 页。

② 参看许道勋、赵克尧《唐玄宗传》，人民出版社，1993 年，第 402—403 页。

③ 据《通典》卷一七五《州郡五·涪州》，第 4584 页。

④ 按：子午道，是从关中地区（长安）南越秦岭，通往梁州（治所在今陕西汉中市）的路线之一；洋巴道，是从汉中地区翻越大巴山，通往剑南道的路线之一。其交接点在洋州（治所在今陕西西乡县）。参看李之勤《历史上的子午道》，《西北大学学报（哲学社会科学版）》1981 年第 2 期；史念海《河山集》（四集），陕西师范大学出版社，1991 年，第 254—255 页。

⑤ 袁英光、王界云《唐明皇传》，天津人民出版社，1987 年，第 301—302 页。

⑥ 《全唐诗》卷五二一，第 5997 页。

3. "织锦刺绣"七百人。据两《唐书》杨贵妃本传:在京城兴庆宫中,专供贵妃院的织锦、刺绣①之工,凡七百人;其雕刻熔造,又有数百人。扬州、益州、岭南(广州)刺史,必求良工造作奇器异服,以奉贵妃献贺,因而皆擢升显要官位。

> 凡充锦绣官及冶瑑金玉者,大抵千人,奉须索,奇服秘玩,变化若神。四方争为怪珍入贡,动骇耳目。于是岭南节度使(驻今广州市)张九章、广陵(扬州)长史王翼以所献最,进九章银青阶,擢[王]翼户部侍郎,天下风靡。②

专供贵妃院的织锦、刺绣之工多达七百人。但其详情(如织锦技术、产品种类等)未见诸史载。不过,可以通过间接史料来窥其大概。

在隋唐时代,因受自然地理环境制约,关中虽然也有丝织业,但产量和质量都谈不上发达。长安国库中大量精美的丝织品(包括生丝和成品丝绸),主要来自全国各地的"蚕乡"(涉及今河南、河北、江苏、浙江、四川等地)。

贵妃院的 700 名织锦、刺绣工匠,应来自少府监、掖庭宫与地方州县的官营手工作坊。在京城少府监织锦署下有"织锦坊巧儿"365人;内侍省掖庭局下有"绫匠"150 人,"内作巧儿"42 人;宫中

---

① a. 织锦,是古代传统丝织工艺之一。缎,质地厚密且有光泽。锦(锦缎),是有彩色花纹的丝织品。织锦,是以缎纹为地组织,以彩色丝为纬线,织成有龙凤、花鸟、景物等图案的缎匹。其花纹精致,色泽鲜艳,质地厚密,适合用作妇女服装、被面、装饰等。b. 刺绣,以针穿引彩线,在布帛上刺出花鸟、图案等的美术工艺。c. 锦绣,指花纹色彩精美鲜艳的丝织品。

②《新唐书》卷七十六《后妃传上·玄宗贵妃杨氏》,第 3494 页。

"内作使"下有"绫匠"83 人。①

据《新唐书》卷四十八《少府监》:"凡绫锦文织,禁示于外(技术保密)。高品一人专莅之,岁奏用度及所织。每掖庭经锦,则给酒羊(犒赏)。"

掖庭作坊织造"经锦"为何要"给酒羊"(犒赏)?"经锦"(与"纬锦"相对称)是织锦的技法之一。② 在丝织品中以"织锦"最为昂贵(其价如金)。

在"蚕乡"州县官府有"织锦坊"。据开元二年(714)七月《禁奢侈服用敕》:"两京及诸州旧有官织锦坊悉停。"③ 这道敕令并非撤销"旧有官织锦坊",只是让暂时停止生产。在民间有专门织造贡品的"织锦户"。中唐诗人王建《织锦曲》咏云:

> 大女身为织锦户,名在县家供进簿。

---

①《新唐书》卷四十八《少府监》,第 1269 页。按:唐明皇时期,设有"内作使"(以朝官或宦官充任),主管宫中织造作坊的绫匠、内作巧儿等。参看宁志新《隋唐使职制度研究(农牧工商编)》,中华书局,2005 年,第 253—255 页。a. 据《唐六典》卷二十二《少府监·织染署》:在少府监织染署的作坊里,有细致的分工(共 25 作。即工种、工序等)。"凡织纴之作有十〔布、绢、绝、纱、绫、罗、锦、绮(平纹底起花丝织物)、繝(织锦花样之一)、褐(用葛、麻、兽毛织成的粗布)〕,组绶之作有五〔组、绶、绦、绳、缨〕,绸线之作有四〔绸、线、弦、网〕,练染之作有六〔青、绛、黄、白、皂、紫〕。"b. 据《新唐书》卷四十八《少府监》:"锦、罗、纱、縠、绫、绸、绝、绢、布,皆广(宽)尺有八寸,四丈为匹。布五丈为端,……"

② 所谓"经锦"(与"纬锦"相对称),是用经线起花法,一般用两层或两层以上的经线和一组纬线交织而成。由于丝线强韧光滑,不会纠缠,能够织出经线较密、纬线较疏而不显露的织物。但"纬锦"(纬线起花法)在织的过程中,可以随时添加或改用不同颜色的纬线,其工艺效果较胜于"经锦"(因为经线固定在织机上,难以改动)。自初唐开始,织造"纬锦"逐渐增多。参看孙机《中国古代物质文化》,中华书局,2015 年,第 91—96 页。

③《唐大诏令集》卷一〇八,第 563 页。

　　　　长头起样呈作官，闻道官家中苦难。①

　　凡地方州县织造的贡品，大多是按照宫廷提供的样式来生产。如唐初，有窦师纶绘制的《内库瑞锦、对雉、斗羊、翔凤、游麟图》，就是其样式标准。②

　　从专供贵妃院的织锦、刺绣之工多达 700 人来推论，这些技艺优秀的工匠，有从少府监织染署作坊挑选的，也有从地方州县"织锦户"征调的，还有隶属内侍省掖庭局的"织锦巧儿"。③ 由此可见，专供贵妃院的锦绣产品，皆属精美高档。

　　在隋唐时期，宫中的服装名色，据五代人马缟《中华古今注》卷中：

　　　　裙衫裙。隋炀帝制五色夹缬花罗裙④，以赐宫人及百僚母、妻。又制单丝罗以为花笼裙，常侍宴供奉，宫人所服。后又于裙上剪丝凤缀于缝上，取象古之褕翟（礼服）。至〔唐明皇〕开元（713—741）中，犹有制焉。

---

　　①《全唐诗》卷二九八，第 3382 页。诗句大意：大女儿是织锦户，姓名登记在县衙的工匠名册上；长头（工头）织出样品呈给作坊官员检验，但听说很难被选中。

　　②《新唐书》卷五十九《艺文志三》，第 1561 页。又据唐人张彦远《历代名画记》卷十："窦师纶，字希言，……初为太宗秦王府咨议，相国录事参军，封陵阳公。……敕兼益州大行台检校修造，凡创瑞锦宫绫，章彩奇丽，蜀人至今谓之'陵阳公样'。……高祖、太宗时，内库瑞锦、对雉、斗羊、翔凤、游麟之状，创自师纶，至今传之。"人民美术出版社，1963 年，第 192—193 页。

　　③ 按：在唐代的诏敕、赦令、德音中，常具列"定额长上、杂匠、巧儿""作头、巧儿"等名色。其"长上匠"属于技术水平比较高的工匠；"其巧手供内者，不得纳资"，属于少数技艺最佳的工匠，必须亲身服役。如"明资匠"为专业技能优秀者，人数比较少，属于短期或长期有偿劳作，类似招募的工匠。

　　④ 所谓"夹缬"，是一种染色方法（型版印花技术），是在两块木板上雕刻同样的花纹，将绢布对折夹入二板之中，然后在镂空处染色，在绢布上形成对称的染色花纹。其法始于先秦，在南北朝时期进一步推广，盛唐以后广传于民间。参看史仲文、胡晓林主编《中国全史·科技卷》，中国书籍出版社，2011 年，第 339—340 页。

女人披帛。古无其制。开元中，诏令二十七世妇及宝林、御女、良人等（皆为后宫嫔妃），寻常宴参侍，令披画披帛，至今然矣。至端午日，宫人相传谓之"奉圣巾"，亦曰"续寿巾""续圣巾"，盖非参从见之服。

宫人披袄子（御寒的棉衣），盖袍之遗象也。……多以五色绣罗为之，或以锦为之。[汉文帝时]始有其名。[隋]炀帝官中有云鹤金银泥披袄子。[武]则天以赭黄罗上银泥袄子以燕居。

袜。隋炀帝官人，织成五色立凤朱锦袜鞨（袎。袜袎，袜筒）。

席帽。本古之围帽也，男女通服。以韦之四周，垂丝网之，施以朱翠，丈夫（男子）去饰。至[隋]炀帝淫侈，欲见女子之容，诏去帽戴幞头巾子帼也（帼，妇女首饰，覆于发上），以皂罗为之，丈夫藤席为之，骨鞔以缯，乃名"席帽"。至马周（唐太宗时大臣）以席帽油御雨从事。①

[唐玄宗柳]婕妤妹适（嫁）赵氏，性巧慧，因使工镂板为杂花象之，而为夹结（夹缬）。因婕妤生日，献王皇后一匹。上（明皇）见而赏之，因敕官中依样制之。当时甚秘，后渐[传]出，遍于天下，乃为至贱所服。②

隋炀帝时的"五色夹缬花罗裙"等，属于官营服装作坊的上等产品。

天宝六载（747）、九载（750）八月、十载（751）正月，蕃族大将安禄山入朝觐见。明皇赏赐其宅第、服饰以及各种生活什物。其中

---

① [五代]马缟《中华古今注》//《苏氏演义》（外三种），中华书局（吴企明点校），2012年。

② [宋]王谠撰，周勋初校证《唐语林校证》卷四《贤媛》，中华书局，1987年，第405页。

的精美服饰有:

> 青罗金鸾绯花鸟子女立马鸡袍袴(裤);紫细绫衣十副,内
> 三副锦袄子并半臂(对襟短袖衣),每副四事(件);熟锦细绫
> □□三十六具;碧罗(帛)帕子一,红罗绣(帛)帕子二,紫罗
> 枕一,毡一;紫衣二副,内一副锦,每衣计四事件。①

凡服装、帕子、丝带等出自掖庭宫的"工巧"(工匠)之手,皆
精美绝伦,冠绝天下。这条史料,可作为"贵妃院"专供锦绣产品的
间接说明。

还有盛唐画家张萱的《捣练图》长卷,描绘的正是当时长安宫廷
中、织造与缝纫女工的劳作场景,为后世留下了极为宝贵的图像史料。②

4."冶琢金玉"三百人。专门供给贵妃院需求的"冶琢金玉"
(雕刻熔造)工匠有三百人,也是来自少府监③、掖庭宫与地方州县的
官营作坊。

在少府监中尚署掌管的手工作坊中,有金银、玉石、木、漆、骨
工等专业工匠,尤以"细镂之工"技艺最为精巧,其工匠需要经过四
年教习(功多而难者最高限为四年),其成品"皆物勒工名(工匠姓
名)"④,以保障产品质量。

---

① 《安禄山事迹》卷上,第78、82页。
② 所谓"捣",指捶、舂;所谓"练",指煮熟生丝织品(质地较硬),使其柔软洁
白。"捣练"(捣衣),指捣洗煮过的熟绢,是制作衣服的一道重要工序。《捣练图》中
人物为十名女工、两个女童;分为捣练、缝衣、熨烫三组场面(按照实际的缝制工序,
应为捣练、熨烫、裁剪、缝作)。其中捣练,是用杵棒捣击平铺在砧石上的布料,以使
其柔软平整。
③ 据《唐六典》卷二十二《少府监》:少府监掌冶署"掌熔铸铜铁器物之事";中
尚署"掌供郊祀之圭璧,及岁时乘舆器玩,中宫服饰,雕文错彩,珍丽之制,皆供焉"。
④ 据《唐六典》卷二十二《少府监》,第572—573页;《新唐书》卷四十八《少府
监》,第1269页。

自远古社会（磨制石器时代）以降，玉器就是具有神秘、神圣色彩的珍宝和器玩，地位尊贵，用途广泛。① 仅从制作技术工艺上来看，玉石质地坚硬，其切割、雕琢、钻孔、抛光和镶嵌等，特别费时费工，价值也特别昂贵。

凡天子宫室、官衙厅堂与百姓宅舍，皆有各种家具（几案、床榻、橱柜、巾箱、妆台等）、茵席、被褥与张设（帐、幄、帷、帘等）一应什物。其种类非常繁杂，在京城和地方官营作坊皆有生产。但其具体情况史载比较零散，难以具知。

仍以天宝九载（750）、十载（751），唐明皇赏赐（笼络）安禄山为例，有豪华宅第以及大量的家具、厨具、褥席、服装等，"虽宫中服御殆不及也"——皆为精美绝伦的"极品"，豪华程度无以复加。可由此借窥皇宫中生活器物的一般情况。

银平脱破方八角花鸟药屏帐一具，方圆一丈七尺；金铜铰具、银凿镂、银锁二具；色丝绦一百副；夹颉罗顶额（帘檐）织成锦帘二领；各紫袂帘罗金铜钩、分错色丝绦贴白檀香床（寝床）两张，各长一丈，阔六尺；并水葱夹贴绿锦缘白平绸背席二领；绣茸毛毯合银平脱帐一具，方一丈三尺；金铜铰具、绣绦颉夹带、碧绦（□）〔峻〕旗、色丝绦百副；贴文牙床二张，各长一丈，阔三尺；水葱夹贴席、红锦缘白平绸背、红异文绣方绣褥、紫绸床帐兼黄金

① 自远古社会以来，玉器的用途有：a. 作为灵物（灵玉）。是远古部落酋长、巫师的"事神之物"（沟通人神关系的媒介）。b. 作为礼器（礼玉）。礼仪制度的物质载体之一。如璧、环、瑗、璜、圭、璋、琮以及戈、斧、钺、戚、刀等，或贵族佩用以区别尊卑地位（等级制的外在标志），或作为祭祀的供品，或用于朝聘、结盟、社交等礼仪活动，或作为殉葬品，或作为天子赏赐品等。c. 世俗玉（珍贵物件）。或作为服饰、其他佩戴物，大多为立体小型的动物雕像，一般有孔可以穿系；或作为珍玩品（可实用、可玩赏），如笔架、水注、水盂、盖托等器皿，大多是显贵、豪富人家的居室陈设。参看孙机《中国古代物质文化·玉器》，中华书局，2015年。

瑶光等并全两内帐设。……屏风六合，红瑞锦褥四领，二色绫褥八领，瑞锦屏两领，龙须夹贴席一十四领，贴文柏床（坐床）一十四张，白檀香木细绳床一张，绣草敦子（坐具）三十个。

又赐金平脱五斗饭罌（小口大腹）二口，银平脱五斗淘饭魁二，银丝织成笭筐、银织笮篱各一，金银具食藏二，零碎之物不可胜数。

宝钿镜一面，并金平脱匣、宝枕、承露囊、金花碗（食器）等。

金靸花大银胡饼四、大银魁二并盖、金花大银盘四，杂色绫罗三千尺。

赐金花大银盆二，金花银双丝平（瓶）二，金镀银盖碗二，金平脱酒海一并盖，金平脱杓一，小玛瑙盘二，金平脱大盏（酒杯）四，次盏四，金平脱大〔玛〕瑙盘一，玉腰带一，并金鱼袋一，及平脱匣一；……金平脱装一具，内漆半花镜一，玉合子二，玳瑁刮舌篦、耳篦各一，铜镊子各一，犀角梳篦刷子一，骨骼合子三，金镀银盒子二，金平脱盒子四，……银沙罗一，银鉔碗一。

又赐陆海诸物，皆盛以金银器，并赐焉。所赐禄山食物、香药，皆以金银器盛之，其器并赐，前后又不可胜计也。①

按：以上器物中的"金银平脱"器具非常精致美观。唐代的"金银平脱"技术工艺特别精湛——将金银纹饰用胶漆平粘于器物素胎上，在空白处填漆，再加以细磨，使粘上的花纹与漆面平齐，浑然一体。

---

① 《安禄山事迹》卷上，第77—82页。又见晚唐人段成式《酉阳杂俎》前集卷一《忠志》，略同。

（二）"承欢侍宴无闲暇"

据唐宋正史、诗歌、笔记杂说记载，唐明皇与杨贵妃在长安城兴庆宫（南内）的生活情况——华服美食、游赏宴饮与音乐歌舞等，可谓极尽天下之奢侈华丽。

承欢侍宴无闲暇，春从春游夜专夜。……金屋妆成娇侍夜，玉楼宴罢醉和春。（《长恨歌》）

以下所述，据五代人王仁裕《开元天宝遗事》记载。

明皇未得妃子（杨贵妃），宫中嫔妃辈投金钱赌侍帝寝，以亲者为胜。召入妃子，遂罢此戏。（"投金钱赌寝"）

开元（713—741）末，明皇每至春时，旦暮宴于［兴庆］宫中，使妃嫔辈争插艳花。帝（明皇）亲捉粉蝶放之，随蝶所止幸之（同寝）。后因杨［贵］妃专宠，遂不复此戏也。（"随蝶所幸"）

天宝（742—756）宫中至寒食节，竞树秋千，令宫嫔辈戏笑以为宴乐，帝呼为"半仙之戏"，都中士民因而呼之。（"半仙之戏"）

五月五日，明皇避暑游兴庆池，与妃子昼寝于水殿中，宫嫔辈凭栏倚槛争看雌雄二鸂鶒（紫鸳鸯）戏于水中。帝时拥贵妃于绡帐内，谓宫嫔曰："尔等爱水中鸂鶒，争如我被底鸳鸯！"（"被底鸳鸯"）

明皇与贵妃幸华清宫（按：应为"在兴庆宫"①），因宿酒初醒，凭妃子肩同看木芍药，上亲折一枝与妃子，递嗅其艳。帝曰："不惟萱草忘忧，此花香艳尤能醒酒。"（"醒酒花"）

---

① 按：唐明皇行幸骊山华清宫，皆在冬春天寒季节，非天暖花开时节。详见本篇下节。

冬至日大雪，至午雪霁，有晴色。因寒所结檐溜，皆为冰条，妃子使侍儿敲下二条看玩。帝自晚朝视政回，问妃子曰："所玩何物耶？"妃子笑而答曰："妾所玩者冰箸（筷子）也。"帝谓左右曰："妃子聪慧，比众可爱也。"（"冰箸"）

明皇与贵妃每至酒酣，使妃子统宫妓百余人，帝统小中贵百余人，排两阵于掖庭中，目为"风流阵"。以霞被锦袿张之为旗帜，攻击相斗，败者罚之巨觥（酒器）以［为］戏笑。……（"风流阵"）

每年兴庆宫中举行的大型节庆活动，在勤政楼；寻常歌舞宴会，多在花萼楼。

玄宗在位多年，善音乐，若宴设酺会，即御勤政楼。……太常大鼓，藻绘如锦，乐工齐击，［鼓乐］声震城阙。太常卿引雅乐，每色数十人，自南鱼贯而进，列于楼下。鼓笛鸡娄（鼓名），充庭考击。太常乐立部伎（金鼓音乐）、坐部伎（丝竹音乐）依点鼓舞，间以胡夷之伎（音乐歌舞）。[1]

若寻常享会，先一日具坐、立部［伎］乐名，上太常［卿］，太常［卿］封上（上奏），请所奏御注（皇帝批示）而下。及会，先奏坐部伎，次奏立部伎，次奏蹀马（舞马表演），次奏散乐（歌舞、杂伎。谓之"百戏"）。[2]

内闲厩使引戏马，五坊使引象、犀，入场拜舞。宫人（宫女）数百，衣锦绣衣，出帷中，击雷鼓，奏《小破阵乐》，岁以为常。[3]

---

[1]《旧唐书》卷二十八《音乐志一》，第1051页。
[2]《通典》卷一四六《乐六·散乐》，第3730页。
[3]《新唐书》卷二十二《礼乐志十二》，第477页。

八月平时花萼楼，万方同乐奏千秋。倾城人看长竿出，一伎初成赵解愁。①

杨贵妃入宫之后，唐明皇在兴庆宫举行的小型宴会上，经常有歌舞表演——"御前供奉"，是由"皇帝梨园弟子"演奏器乐，内教坊"宜春院"女伎表演歌舞，外教坊乐伎表演"百戏"（歌舞戏、杂伎、幻术等）。

据晚唐人李濬《松窗杂录》："开元（713—741）中，〔宫〕禁中初重木芍药，即今牡丹也。得四本，红、紫、浅红、通白者，上（明皇）因移植于兴庆池东沉香亭前。会花方繁开，上乘月夜召太真妃以步辇从。诏特选梨园子弟中尤（优秀）者，得乐十六色。李龟年以歌擅一时之名，手捧檀板，押众乐前欲歌之。② 上（明皇）曰：'赏名花，对妃子，焉用旧乐词为？'遂命龟年持金花笺（精美纸张）宣赐翰林学士李白，进《清平调》词三章。〔李〕白欣承诏旨，犹苦宿酲（酒醉）未解，因援笔赋之：'云想衣裳花想容，春风拂槛露华浓。若非群玉山头见，会向瑶台月下逢。''一枝红艳露凝香，云雨巫山枉断肠。借问汉宫谁得似？可怜飞燕倚新妆。''名花倾国两相欢，长得君王带笑看。解释春风无限恨，沉香亭北倚栏杆。'龟年遽以词进，上（明皇）命梨园子弟约略调抚丝竹，遂促龟年以歌。太真妃持颇黎七宝杯，酌西凉州蒲萄酒，笑领意甚厚。上因调玉笛以倚曲，每曲遍将换，则迟其声以媚之。太真饮罢，饰绣巾重拜上意。"③

---

①《全唐诗》卷五一一张祜《千秋乐》，第5876页。按："长竿"为宫廷教坊的杂伎节目之一，赵解愁为教坊的著名竿木乐伎。见〔唐〕崔令钦《教坊记》。

②按：此乃天宝年间故事。杨贵妃"度道入宫"在天宝三载（744），已见前文考述。故记载明皇杨妃故事，凡云"开元"者，皆属时间错误。

③〔唐〕李濬《松窗杂录》//《唐五代笔记小说大观》，上海古籍出版社，2000年。

李白在诗中，以名花比喻“倾国”美人，夸赞杨贵妃的美貌；以“瑶台”比喻兴庆宫和明皇对道家仙境的追求——只有汉家宫中能歌善舞的赵飞燕可与之媲美，只有在神仙境界才能遇见，即使君王有无限忧愁，面对名花和美人就会笑逐颜开。

（三）四时从游尽欢乐

在唐代的长安城，每逢传统农时节令、王朝国家的法定假日期间，宫廷和百司官府衙门都要举行相应的庆祝纪念活动。① 如每年二月立春之日，皇帝和百官要举行迎春活动；三月三日（上巳节），要举行“春禊”仪式②；等等。

唐明皇在位期间，曾多次颁布敕令：凡节假日，百官不须入朝（上班），听任寻胜景之处游乐，卫尉寺供应帐幕，太常乐署演奏音乐，光禄寺供应饮食；并专门设置“检校寻胜使”，赐予内外官府绢帛官物，以厚（重视）其事，尽展欢乐。③

以下将唐朝官员的“休假制度”（节假日天数）列为简表。④

---

① 如：唐中宗（李显）时，“凡天子飨会游豫，唯宰相及学士得从。春幸［禁苑］梨园，并渭水祓除，则赐细柳圈辟疠；夏宴蒲萄园，赐朱樱；秋登慈恩［寺］浮图（大雁塔），献菊花酒称寿；冬幸新丰，历白鹿观，上骊山，赐浴汤池，给香粉兰泽，从行给翔麟［厩］马，品官黄衣各一。帝（中宗）有所感即赋诗，学士皆属和（君臣赋诗唱和）。当时人所歆慕，然皆狎猥佻佞，忘君臣礼法，惟以文华取幸”。据《新唐书》卷二〇二《文艺传中·李适》，第 5748 页。

② 禊，古代祭祀名称。每年春秋两季，到水滨洗濯污垢，举行祭礼，祈求除灾祛邪。

③《唐会要》卷二十九《追赏》《节日》，第 629 页。

④ 据《唐六典》卷二《吏部》，第 35 页；《唐会要》卷二十九《追赏》《节日》，第 628—638 页。

节假日／天数		节假日／天数		节假日／天数	
元日（正月初一）	7	人胜（正月初七）	1	立春	1
上元（正月十五）	1	佛诞（二月八）	1	春分	1
上巳（三月三）	1	寒食通清明	4	佛生（四月八）	1
立夏	1	端午（五月五）	1	夏至	3
七夕（七月七）	1	中元（七月十五）	1	秋分	1
立秋	1	中秋（八月十五）	3	三伏日	1
重阳（九月九）	1	春、秋祭社	1	立冬	1
寒衣（十月一）	1	冬至	7	腊日（腊月八）	3
旬假（休沐）	1	田假（五月）	15	授衣假（九月）	15

将唐明皇颁布的节假日敕令与官员"选胜逐乐"活动，也列为简表。①

开元十七年 （729）	八月五日，唐明皇诞辰。左、右丞相源乾曜、张说等上奏，请以是日为"千秋节"，著之甲令，布于天下，咸令休假。制曰："可。"
开元十八年 （730）	正月二十九日敕："百官不须入朝，听寻胜游宴，卫尉［寺］供帐，太常［寺］奏集，光禄［寺］造食。"自宰臣及供奉官，嗣王、郡王，诸司长官、少卿、少监、少尹、左右丞、侍郎、郎官、御史、朝集使皆会焉。因制曰："自春末以来，每至假日，百司及朝集使，任追赏。"
	二月，初令百官于春月旬日休假，听选逐胜景之地行游宴乐，自宰相至员外郎，凡十二筵，各赐钱 5000 缗（贯）。侍臣以下宴于春明门外宁王李宪之园池，上（明皇）或御兴庆宫花萼楼，邀其回（归）骑留之，便令坐饮，递起为舞，颁赐有差，尽欢而去。
开元十九年 （731）	二月八日敕："至春末以来，每至假日，宜准去年正月二十九日敕，赐钱造食，任逐游赏。"

---

① 据《唐会要》卷二十九《追赏》，第 629 页；《旧唐书》卷八《玄宗本纪上》，第 195 页；《资治通鉴》卷二一三，第 6908 页。

续表

开元二十年 （732）	二月十九日，许百僚于京城东官亭寻胜，因置"检校寻胜使"，以厚（重视）其事。
开元二十二年 （734）	六月敕："自今以后，宜听五日一辰，尽其欢宴，余两日但休假而已。任出当处公廨，不得别更科率，兼有宰杀采捕等。"
开元二十五年 （737）	正月七日赦文："朝廷无事，天下大和，百司每旬节休假，并不须亲职事，任追胜为乐。"
天宝八载 （749）	正月敕："今朝廷无事，思与百辟同兹宴赏。其中书门下及百官等，共赐绢二万匹，其外官取当处官物，量郡（州）大小，及官人多少，节级分赐。至春末以来，每旬日休假，任各追胜为乐。"
天宝十载 （751）	正月十七日敕："自今以后，非惟旬及节假，百官等曹务无事之后，任追游宴乐。"

在长安城内外，有专属皇家的禁苑与行宫，有风景优美的园林名胜，有士庶百姓行香游览的寺院道观。据《开元天宝遗事》卷下"游盖飘青云"条：

> 长安［城每至］春时，盛于游赏，园林树木无闲地，故学士苏颋应制（君臣唱和诗歌）云："飞埃结红雾，游盖飘青云。"帝（明皇）览之嘉赏焉，遂以御花亲插［苏］颋之［头］巾上，时人荣之。

凡京城内外的胜景之地，也是唐明皇偕同杨贵妃游玩宴乐的场所。

自开元后期，唐明皇已"倦于万机"；天宝年间，委政于宰相（李林甫、杨国忠等）。他在兴庆宫大同殿礼拜"玄元皇帝"（老子），醉心于思神念道。

杨玉环"度道"出家，被明皇"潜内宫中"时，身穿黄裙（道姑服装），头戴假髻（使发型更高，便于簪插各种首饰）。如此装束，既带有方外仙姝的脱俗飘逸，又不失尘世佳人的端丽妩媚。这正是唐明皇心中渴求的"修仙伴侣"。

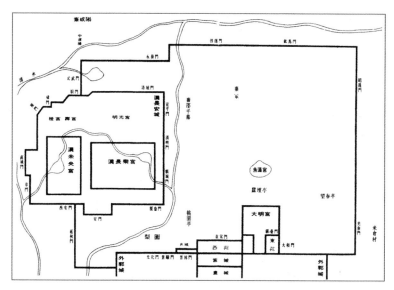

图 2 唐西京长安禁苑 (三苑) 平面示意图①

杨玉环受册贵妃时 27 岁,青春洋溢,体态丰润,令唐明皇犹如老树逢春,生机焕发,精神振奋,"爱不释手",沉湎在歌舞宴欢和游幸玩乐之中,纵情声色。在年过花甲的唐明皇眼中,容色艳丽,能歌善舞的杨贵妃就是一件"活宝"。

上(明皇)甚喜,谓后宫人曰:"朕得杨贵妃,如得至宝也。"②

1. 春游禁苑望春宫。望春宫位于禁苑东面的龙首原上,有南北两座,东临浐河。南望春宫为隋文帝时建造,隋炀帝时改名为长乐宫。北望春宫,为唐明皇开元二十六年(738)正月建造。皆为楼式建筑,也称南、北望春楼。周围还有升阳殿、南北望春亭、放鸭亭(唐敬宗

---

① 据张永禄主编、西安市地方志办公室编《唐代长安词典》,陕西人民出版社,2011 年,第 190 页。

② 〔宋〕乐史《杨太真外传》卷上 // 《开元天宝遗事十种》,上海古籍出版社,1985 年。

时造）等，是以浐河水色和宫亭建筑为特色的皇家风景区。

在每年的"人胜节"（人日。正月初七）、二月立春之日（"迎春"，于京城东郊祭祀东方青帝，迎接春季到来）、三月"春禊"等节令之日，皇帝与大臣要来此地举行祭祀、游乐活动（宴饮、乐舞表演、赋诗、赏赐等）。

御苑新有千叶桃花，帝（明皇）亲折一枝，插于妃子（杨贵妃）宝髻上曰："此个花真能助娇态也。"（《开元天宝遗事·助娇花》）

明皇于苑中，初有千叶桃开，帝（明皇）与贵妃日逐宴于树下。帝曰："不独萱草忘忧，此花亦能销恨。"（《开元天宝遗事·销恨花》）

天宝九载（750）十月，范阳（今北京市西南）节度使安禄山入朝进京。唐明皇在禁苑望春宫等待，令杨国忠兄弟姊妹前往临潼戏水迎接，沿途车马如云。

2. 夏秋池畔赏莲花。在大明宫北部居中位置上的太液池，是在修建此宫时，利用龙首原趋向北去平缓处的低洼地势，加以开挖整修的人工湖池。池中因有蓬莱山（垒石积土而成的小岛），又称蓬莱池；蓬莱山是太液池中的园林式小岛屿，上面有太液亭等建筑。[①] 池岸也加以夯筑，四周有道路、亭阁房屋等。天宝末年，唐明皇在太液池西岸修筑百尺高台，但才夯筑了基址，就因"安史之乱"爆发，工程中断。

太液池中植有莲花，水中有鱼可供食用。每逢夏秋季节，水波荡漾，莲花盛开，荷叶碧绿如茵席，红花点缀随风摇，风景美丽如画卷。

[①] 据考古发掘实测，太液池分为东、西两池，中间有渠道（宽约3米）连通。东池较小，南北长220米，东西宽150余米，占地面积约3.3万平方米。西池较大，东西约500米，南北约320米，占地面积约16万平方米。据〔清〕徐松撰，李健超增订《最新增订唐两京城坊考》，三秦出版社，2019年，第28—29页。

皇帝与臣僚到此赏景划船，登上蓬莱岛山亭，饮酒唱和。据《开元天宝遗事》记载：

> 明皇秋八月，太液池有千叶白莲数枝盛开，帝与贵戚宴赏焉，左右皆叹羡。久之，帝指贵妃示于左右曰："争如我解语花。"（"解语花"）

> 玄宗八月十五日夜，与贵妃临太液池，凭栏望月，不尽，帝意不快，遂敕令左右："于池西岸别筑百尺高台，与吾妃子来年望月。"后经禄山之兵，不复置焉，惟有基址而已。（"望月台"）

3. 曲江池与芙蓉园。早在秦汉时期，曲江池就已经开辟为风景区。[1]

到隋朝初年，营建大兴城，对曲江池进行疏凿美化，开辟为都城的风景区之一。到唐明皇开元年间，又对曲江池进行大规模扩建。（1）沿着池岸，建造行宫台殿，中央诸司皆有"曲江亭子"。[2]（2）开凿黄渠，从终南山义峪（谷）引水注入池内，增大水量，使池面更为扩大（约70万平方米）。扩建之后，江池清波，烟水明媚，四岸柳树杏花掩映，亭台楼阁错落列布，京城风景胜地，游人络绎不绝。

从空中鸟瞰，以曲江池为中心，再加上其东面的芙蓉园、西面的杏园与慈恩寺（大雁塔）、北面的乐游原与青龙寺等，组成了长安城的风景游览区。

---

[1] 曲江池，位于长安城东南隅，南北长，东西短，一半在城墙内（约占两坊之地），一半在墙外。最初是少陵原头的一处低洼之地，因自然积水形成为池泊，在池中靠近西岸处，还有一眼涌泉（汉武泉）。其池岸蜿蜒，流水屈曲，故名"曲江"。据〔清〕徐松撰，李健超增订《最新增订唐两京城坊考》，三秦出版社，2019年，第203—206、331页。参看张永禄《唐都长安》（增订本），三秦出版社，2010年，第246—250页；李令福《唐长安城郊园林文化研究》第二、三章，科学出版社，2017年。

[2] 据《唐会要》卷三十《杂记》："时上（唐文宗）好诗，每吟杜甫《曲江行》云：'江头宫殿锁千门，细柳新蒲为谁绿？'乃知天宝已前，曲江四面皆有行宫台殿，……"

曲江池为公共游览区，四围开放，士庶百姓皆可前来游赏。

在每年的中和（二月一日）、上巳（三月三日）、重阳（九月九日）等节日期间，最为兴盛热闹，市民相携游玩，百司聚会饮宴。尤其是"曲江大会"，从唐中宗神龙（705—707）时起，成为新的时尚风俗。[1]

曲江游赏，虽云自神龙以来，然盛于唐明皇开元之末，可谓举国盛游。

京城内外士庶游赏曲江，必有餐饮、娱乐服务相伴随。私家酒店，幌旗招徕；百货商肆，笑迎顾客；零散小贩，流动兜售；游船载客，泛桨池上。

> 曲江池，……唐开元中疏凿为胜境。南即紫云楼、芙蓉苑，西即杏园、慈恩寺。花卉环周，烟水明媚，都人游赏，盛于中和、上巳节。即锡臣僚会于山亭，赐太常、教坊乐。池备彩舟，唯宰相、三使、北省官、翰林学士登焉。倾动皇州，以为盛观。入夏则菰蒲葱翠，柳阴四合，碧波红蕖，湛然可爱。好事者赏芳辰，玩清景，联骑携觞，亹亹不绝。[2]

芙蓉园在曲江池之东。隋朝时为离宫，本名"曲江园"，文帝嫌恶"曲"字，改名为芙蓉园（因池中广植芙蓉）。到唐明皇时，又增修了紫云楼（在曲江池南岸）、彩霞亭、临水亭、水殿、山楼、蓬莱山、凉亭等建筑景观。据《太平御览》卷一九七：芙蓉园"居地三十

① 在每年春天二、三月间，新科及第进士（"金榜题名"者）聚集在曲江池，举行庆祝活动，游玩宴会，吟诗讴歌。其日，京城公卿之家倾城纵观于此，有若中东床之选者，十八九钿车珠鞍，栉比而至。这一风俗，一直延续到唐僖宗时期。据〔五代〕王定保《唐摭言》卷三《慈恩寺题名游赏赋咏杂纪》，三秦出版社（黄寿成点校），2011年，第40—43页。

② 〔唐〕康骈《剧谈录》//《唐五代笔记小说大观》，上海古籍出版社，2000年，第1495页。

顷，周回十七里"。其中约三分之一的面积为芙蓉池。①

芙蓉园为皇家御用园林（南苑），筑有围墙。虽王公大臣之尊贵，非皇帝宣召皆不得入内。在开元后期，修筑了从兴庆宫至芙蓉园的复道（夹城），以便皇帝和后宫嫔妃游赏。而紫云楼因为接近园墙，皇帝登楼北望，曲江池上臣民游览景况，可一览无余。皇帝与大臣游赏风景园林，宴饮奏乐，每有赋诗唱和，可窥其奢华景况。

御道虹旗出，芳园翠辇游。绕花开水殿，架竹起山楼。荷芰轻薰幄，鱼龙出负舟。宁知穆天子，空赋白云秋。②

水殿临丹籞，山楼绕翠微。昔游人托乘，今幸帝垂衣。涧篠缘峰合，岩花逗浦飞。朝回曲江地，无处不光辉。③

天宝元年（742），王维《三月三日曲江楼侍宴应制》诗云：

万乘亲斋祭，千官喜豫游。奉迎从上苑，被褉向中流。草树连容卫，山河对冕旒。画旗摇浦溆，春服满汀洲。仙乐龙媒下，神皋凤跸留。从今亿万岁，天宝纪春秋。④

天宝十一载（752），王维《敕赐百官樱桃》（时为文部郎⑤）诗云：

芙蓉阙下会千官，紫禁朱樱出上阑。才是寝园春荐后，非关御苑鸟衔残。归鞍竞带青丝笼，中使频倾赤玉盘。饱食不须愁内

---

① 参看李令福《唐长安城郊园林文化研究》，科学出版社，2017年，第37—38页。

② 《全唐诗》卷七十三苏颋《春日芙蓉园侍宴应制》，第798页。按：苏颋，开元中曾任中书侍郎。

③ 《全唐诗》卷九十二李乂《春日侍宴芙蓉园应制》，第989页。按：李乂，开元中曾任刑部尚书。

④ 《全唐诗》卷一二七，第1285页。王维（约701—761），字摩诘，河东蒲州人，盛唐诗人、画家，兼通音乐。开元九年（721）进士及第，曾任太常寺太乐丞（从八品下）等职，官至尚书右丞（正四品下）。其传记见《旧唐书》卷一九〇下《文苑传下》。

⑤ 文部郎中，从五品上。据《旧唐书》卷九《玄宗本纪下》：天宝十一载（752）三月，"改吏部为文部，兵部为武部，刑部为宪部，……"

热，大官还有蔗浆寒。①

但是，芙蓉园为皇家御苑，皇驾游幸，臣民不预。天宝年间，杨贵妃宠冠后宫，陪侍明皇游幸，"独往独来"，其行迹缺乏具体史料可稽，也难觅题咏篇章。

所幸者，有盛唐大诗人杜甫的《丽人行》诗篇，描绘了阳春时节，杨贵妃家族到曲江游赏宴乐的豪奢华丽与显赫排场——皇驾游幸芙蓉园的"折射"。

> 三月三日天气新，长安水边多丽人。态浓意远淑且真，肌理细腻骨肉匀。绣罗衣裳照暮春，蹙金孔雀银麒麟。头上何所有？翠微盍叶垂鬓唇。背后何所见？珠压腰衱稳称身。就中云幕椒房亲，赐名大国虢与秦。紫驼之峰出翠釜，水精之盘行素鳞。犀箸厌饫久未下，鸾刀缕切空纷纶。黄门飞鞚不动尘，御厨络绎送八珍。箫鼓哀吟感鬼神，宾从杂遝实要津。后来鞍马何逡巡，当轩下马入锦茵。杨花雪落覆白蘋，青鸟飞去衔红巾。炙手可热势绝伦，慎莫近前丞相嗔！②

三月三日（上巳节），阳春晴暖，在曲江池畔的游人中，有许多体态娴雅、姿色光鲜的丽人（仕女），其中杨贵妃的姊妹虢国夫人与秦国夫人格外引人注目。其服饰绫罗锦绣、珠光宝气，尽显富贵华丽；其宾客随从众多，张轩盖铺锦茵，盛设宴席，有蒸驼峰、白鳞鱼等佳肴珍馔；其私家乐伎吹奏笙箫，敲击鼓乐，感动鬼神。新任宰相杨国忠骑着马姗姗而来，盛气傲视，其权势炙手可热，切莫近前。

此时，明皇与贵妃正在芙蓉园紫云楼上宴饮歌乐。尚食局供膳，

---

① 《全唐诗》卷一二八，第 1295 页。
② 《全唐诗》卷二一六，第 2261 页。又据《旧唐书》卷九《玄宗本纪下》：天宝十一载（752）十一月，"御史大夫兼蜀郡长史杨国忠为右相兼文（吏）部尚书"。

御厨造八珍（精美膳食）①；皇帝梨园弟子奏"法曲"，宜春院乐伎表演歌舞。明皇口谕，以御厨膳馐赏赐贵妃姊妹，近侍宦官骑马传送至曲江池畔，络绎相继。

三、华清宫歌舞宴乐

（一）关中行宫数第一

古代的行宫，专供皇帝离京出行途中临时居住。在隋唐时代，关中地区的行宫多达数十座，以骊山华清宫的规模最为宏大华丽。以下列为简表。②

隋唐时代关中地区行宫简表

州（府）	行宫名与所在县（今地）
雍州 京兆府	（1）长安县（今西安市长安区）仙都宫、福阳宫、太平宫、翠微宫（太和宫）。（2）盩厔县（今周至县）宜寿宫、仙游宫、文山宫、凤凰宫。（3）鄠县（今西安市鄠邑区）甘泉宫。（4）醴泉县（今礼泉县）醴泉宫。（5）华原县（今铜川市耀州区）永安宫。（6）咸阳县（今市）望贤宫。（7）兴平县（今县）仙林宫。（8）武功县（今县）庆善宫。（9）昭应县（今西安市临潼区）华清宫（温泉宫）。（10）蓝田县（今县）万全宫。（11）高陵县（今西安市高陵区）龙跃宫（奉义监）。（12）渭南县（今市）步寿宫、崇业宫、游龙宫。

---

① 据《唐六典》卷十一《殿中省·尚食局》：尚食奉御掌供天子之常膳，随四时（季）之禁，适五味之宜，当进食，必先尝。凡天下诸州进献甘滋珍异，皆分辨其名数，而谨其储供。直长为之贰。凡元正、冬至及大朝会缮百官，与光禄〔卿〕视其品秩，分其等差而供焉。其赐王公已下及外方宾客亦如之。

② 据《唐六典》、《通典》、《元和郡县图志》、《唐会要》、两《唐书·地理志》、《长安志》等。参看吴宏岐《隋唐帝王行宫的地域分布》，《中国历史地理论丛》1994 年第 2 辑；介永强《关中唐代行宫考》，《中国历史地理论丛》2000 年第 3 辑。

续表

州（府）	行宫名与所在县（今地）
华州	（1）郑县（今渭南市华州区）有太华宫、普德宫（神台宫）。（2）华阴县（今市）有华阴宫（琼岳宫）、金城宫。
同州	（1）冯翊县（今大荔县）有兴德宫。（2）朝邑县（今属大荔县）有长春宫。
岐州	（1）雍县（今宝鸡市凤翔区）有岐阳宫。（2）郿县（今眉县）有安仁宫、凤泉宫。（3）麟游县（今县）有九成宫（仁寿宫、万年宫），唐永安宫。
坊州	宜君县（今县）有唐玉华宫（仁智宫）。在今铜川市区。

在隋唐时期，关中地区的温泉不止一处。京兆府新丰县西有骊山汤，蓝田县有石门汤；岐州郿县（今眉县）有凤泉汤；同州（治所在今大荔县）有北山汤。然地气温润，殖物尤早，花卉草木凌冬不凋谢，蔬果入春先成熟，比之骊山，多所不及。①

1. 唐玄宗扩建改名。唐太宗（李世民）时，增修骊山宫殿，赐名"汤泉宫"。唐高宗（李治）时，更名为"温泉宫"。大规模的修缮扩

---

① a. 骊山（临潼山）是秦岭伸出的一条支脉，海拔916余米。骊山之名，一说因殷商时期的丽国、西周时的骊戎曾居住于此；一说因其山上树木茂盛，苍翠葱郁，形似一匹骊（青色）马。又因山峦苍翠，云霞缭绕而称绣岭。以石瓮谷为界，东、西绣岭如浮然而动的肺叶，故又名浮肺山。每当晴和之日，夕阳西下，骊山沐浴落日斜晖，色彩斑斓，风光秀丽奇瑰——"骊山晚照"在古代被誉为关中八景之一。b. 骊山北麓的温泉，长年涌流不断，水温高达43℃，是含有氯化钾、氯化钠、碳酸锰、硫酸钠等多种物质的矿化水，能治疗风湿病、关节炎和皮肤病等。c. 早在先秦时代，周幽王就在此地修建"骊宫"。自秦汉以降，骊山温泉以能"荡邪免疫"而闻名。秦始皇在此修建汤池和房舍，以为离宫；西汉武帝时又进行扩建；到北魏时期，鲜卑（拓跋氏）贵族中盛行温泉疗疾之风；北周武帝（宇文邕）在此修建"皇堂石井"；隋文帝（杨坚）时重修，栽植了数千株松柏树木。

建工程，在唐明皇时。①

　　开元十一年（723）冬季，进行修葺改建，工程规模不大。天宝元年（742）十月，改骊山为会昌山；造长生殿，名为集灵台，以祀神。三载（744）十二月，以新丰县治所（今西安市临潼区东北新丰街道）距离温泉宫太远，遂分新丰、万年县置会昌县。四载（745）十月二十八日，升会昌县为"赤县"（即"京县"，县令正五品上）。②

　　天宝六载（747），开始大规模扩建。十月三日，改名为"华清宫"（取西晋左思《魏都赋》中"温泉泌涌而自浪，华清荡邪而难老"之意）。十二月，发冯翊（同州。治所在今陕西大荔县）、华阴（华州。治所在今陕西渭南市华州区）等郡丁夫，筑会昌罗城于温汤，置百司。

　　天宝七载（748）十二月二日，或言玄元皇帝降于（显灵）朝元阁，乃改名为降圣阁。省新丰县，改会昌县为昭应县（治所位于华清宫西北），改会昌山为昭应山。

　　天宝八载（749）四月，新作观风楼。十月五日，华清宫置北市。③

----

① 据《旧唐书·玄宗本纪》；《唐会要》卷三十《华清宫》，第651页；《新唐书》卷三十七《地理志一·京兆府昭应县》，第962页。

②《唐会要》卷七十《州县改置上》，第1471—1472页。又：a. 据《唐六典》卷三十《三府都护州县官吏》：唐代县的等级为：京县令正五品上；畿县令正六品上；上县令从六品上；中县令正七品上；中下县令从七品上；下县令从七品下。据《通典》卷三十三《职官十五·县令》：京（长安）都（洛阳）所治为赤县，京之旁邑为畿县。b. 据《唐六典》卷十九《司农寺·温泉汤监》：监一人，正七品下；丞一人，从八品上。"温泉汤监掌汤池宫禁之事；丞为之贰。凡驾幸温汤，其用物不支，所司者皆供之。若有防堰损坏，随时修筑之。凡王公已下，至于庶人，汤泉馆室有差，别其贵贱，而禁其逾越。凡近汤之地，润泽所及，瓜果之属先时而育者，必为之园畦，而课其树艺；成熟，则苞匦而进之，以荐陵庙。"

③《唐会要》卷八十六《市》，第1873—1874页。

综上所述可见，华清宫的兴盛繁华，一是占据得天独厚的自然山川环境和温泉，风景秀丽如画；二是地近京城的地理位置，方便皇驾行幸；三是唐明皇的大规模扩建和频繁行幸。在华清宫与京城之间，还专门修筑了皇帝御用道路。

在唐朝（618—907）近300年间，骊山温泉宫——华清宫地位声名最为显赫的时间，主要是在唐明皇时期（712—756），尤其是在天宝六载（747）扩建和改名之后。

从天宝三载（744）杨太真入宫得宠，到十四载（755）冬天"安史之乱"爆发，唐明皇每年冬春都要行幸华清宫——最为兴盛的时间仅十余个年头。[①]

据封演（生活于盛唐、中唐之际）《封氏闻见记》卷七"温汤"条：

> 骊山［温］汤甫迩京邑，帝王时所游幸。玄宗于骊山置华清宫，每年十月车驾自京而出，至春乃还。百官羽卫并诸方朝集，商贾繁会，里闾阗咽焉。……丧乱（安史之乱）以来，汤所馆殿，鞠为茂草。

据《全唐文》卷三十二唐玄宗《禁赁店干利诏》：

> 南、北卫百官等，如闻昭应县（今西安市临潼区）两市及近场处，广造店铺，出赁与人，干利商贾，莫甚于此。自今已后，其所赁店铺，每间月佔不得过五百文。其清资官准法不可置者，

---

①a. 从"安史之乱"（755—763）以降，华清宫的"政治辉煌"迅速衰落。唐代宗大历二年（767），大宦官鱼朝恩奏请"为章敬太后（代宗生母吴氏）荐福"，于通化门（长安城东面北门）外修造章敬寺，工程穷壮极丽，而京城东、西市场木材不足用，于是拆除曲江、华清宫楼榭等，收其材料以佐兴造。据《新唐书》卷二〇七《鱼朝恩传》，第5865页；《资治通鉴》卷二二四，第7314页。b. 据《长安志》卷十五《临潼县》："禄山乱后，天子罕复游幸。唐末，遂皆圮废。……"

容其出卖。如有违犯，具名录奏。

所云"两市"，指昭应县原有的官"市"（工商业店铺集中经营场所）与新置的"北市"。每年冬春天寒时节，皇驾行幸华清宫期间，中央机构、警卫禁军以及随驾人员、官员家属等的生活物资供应等，需求巨大，故增设"北市"以保障供应。

2. 天宝年"人间仙境"。唐明皇对骊山温泉宫进行大规模扩建（并改名华清宫）之后，其宏伟华丽景观，据《长安志》卷十五《临潼县》记载：

> ……骊山上下，益治汤井为池，台殿环列山谷，明皇岁幸焉。又筑会昌城。即于汤所置百司（中央官署）及公卿邸第焉。
>
> 华清宫北向，正北门外有左右朝堂，门北相对有望仙桥，北有左、右讲武殿。正门曰津阳门，宫北门之内曰津阳门，门外有弘文馆。……东面曰开阳门，宫之东面正门也。门外有宜春亭。西面曰望京门，宫之西面正门也。门外近南有御夹道，上岭通望京楼。南面曰昭阳门。宫之南面正门也，今谓之"山门"，门外有登朝元阁之路，本唐之御辇便路也。津阳门之东曰瑶光楼。南有小汤。其南曰飞霜殿。寝殿也，白少傅（白居易）以长生殿为寝殿，非也。
>
> 御汤九龙殿，在飞霜殿之南。亦名莲花汤。……
>
> 《津阳门诗》注曰："宫内除供奉两汤外，而内外更有汤十六所。长汤每赐诸嫔御，其修广与诸汤不侔，甃以文虫密石，中央有玉莲捧汤泉，喷以成池。又缝缀锦绣为凫雁，致于水中，上（明皇）时于其间泛银镂小舟以嬉游焉。次西曰太子汤。又次西少阳汤。又次西尚食汤。又次西宜春汤。又次西长汤。十六所今（宋代）唯太子、少阳二汤存焉。"
>
> 玉女殿。今名星辰汤。南有玉女殿，北有虚阁，阁下即汤泉，二玉石瓮，汤所出也。七圣殿。殿在宫中。自神尧（高祖）

至睿宗、昭成肃明皇后，皆衮衣立侍。绕殿石榴皆太真所植。南有功德院，其间瑶坛羽帐皆在焉。顺兴影堂、果老药室亦在禁内。宜春亭。在开阳门外。重明阁。今四圣殿北临高有重明阁，倚栏北瞰，县境如在诸掌。阁下有方池，中植莲荷。池东凿井，每盛夏，泉极甘冷，邑人汲之。四圣殿。重明之南曰四圣殿。殿东有怪柏。

长生殿。斋殿也，有事于朝元阁，即斋沐此殿。山城内多驯鹿，有流涧，号饮鹿泉。金沙洞、玉蕊峰皆玄宗为名。洞居殿之左，玉蕊峰上有王母祠。《实录》："天宝元年（742），新作长生殿、集灵台以祀神。"集灵台。朝元阁。

天宝七载（748），玄元皇帝（老子）见于朝元阁，即改名降圣阁。案上文立降圣观，疑非是。老君殿。朝元阁之南。玉石为老君像，制作精绝。钟楼。在朝元阁之东。明珠殿。长生殿之南近东也。笋殿。殿侧有魏《温泉堂碑》，其石莹彻，见人形影，宫中号《颇黎碑》。

观风楼。楼在宫外东北隅。属夹城而达于内，前临驰道，周视山川。……

斗鸡殿。在观风楼之南。按歌台。在斗鸡殿之南，台南临东缭墙。

球场。宜春亭之北门外曰球场，其西曰小球场。

连理木。饮鹿槽。丹霞泉。并在朝元阁之南。

羯鼓楼。在朝元阁之东近南缭墙之外。……

华清宫南枕骊山，北向渭川，以西绣岭第一峰为中轴线，以温泉源头为中心，向四面辐射展开。在宫城（罗城）之外有缭墙蜿蜒曲折，环抱护卫。因倚山修筑，宫城以向北的津阳门为正门，门外有左、右弘文馆；缭墙北门外有左、右朝堂和左、右讲武殿，东西布局对称。在南向的昭阳门（山门）之外有登山御道（玉辇路），通向山顶的朝元阁。在东向的开阳门外到东缭墙之间，是观风区，筑有宜春亭、四圣殿、重明阁、斗鸡台、按歌台、观风楼等高大建筑。站在重明阁上倚栏北望，相邻的昭应县城景观犹如在指掌；登临观风楼向西远眺，秦川风光收入眼底。在西向的望京门外到西缭墙之间，是宫中花园，有粉梅坛、芙蓉园、看花台、西瓜园等。

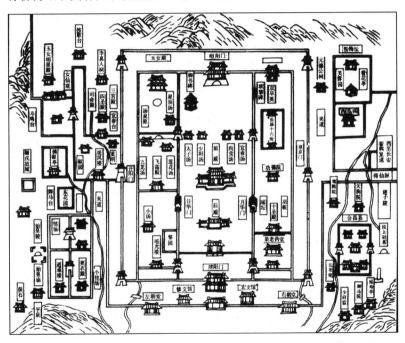

图3 唐骊山华清宫图（《长安志图》）[1]

在宫城内部，依中轴线可分为东、西两半。在中轴线上有前、后二殿，是明皇行幸期间听政理事之处。东半部是游乐中心，自北而南

① 据张永禄主编、西安市地方志办公室编《唐代长安词典》，陕西人民出版社，2011年，第412页。

有瑶光楼、飞霜殿（皇帝寝殿）、御汤九龙殿、温泉总源，临近南墙有玉女殿。御汤西南侧是贵妃汤（海棠汤）。御汤西侧还有太子汤、少阳汤等。西半部有七圣殿、功德院、羽帐、瑶坛以及供宫嫔洗浴的长汤十六所。在所有的汤池底下，都有出水口与石凿暗渠相通，以放流下水。

在北缭墙以外，地势低平坦荡，讲武殿、舞马台、大小球场等都建筑在这里。在球场侧旁，有专供皇帝观看球赛的逍遥殿。

骊山峰峦峙立，沟谷溪流，松柏苍翠，风光秀美，再加上温泉涌流，实为唐代关中第一景胜。其中最为高峻的，便是西绣岭上的朝元阁（降圣阁）。四周的山峰上还有羯鼓楼、老母殿、望京楼、翠云亭等建筑，参差错落。白居易《长恨歌》言及的"长生殿"，在朝元阁的东侧，是明皇祭神斋戒的地方。

骊山华清宫建筑规模庞大，宏丽精巧，殿阁楼台高低错落，相互映衬；大小汤池相连，温泉流贯其中，热水泛暖，洗浴疗疾。斯可谓人间仙境，洞天福地。

为了保证皇驾行幸期间的物资供应和差役供顿，天宝七载（748），将新丰县并入会昌县，改名为昭应县。这样一来，华清宫的亭台殿阁、园林景区，再加上中央机构的署衙、王公贵族的邸舍，遂使骊山北麓成为建筑华丽、人口稠密的区域。

每值皇驾行幸，商贾小贩便如浮云随风，聚合而来，使得华清宫周围如同闹市一样热闹繁荣。从京城至骊山的官驿大道两旁，有私家开设的商铺酒店。

不言而喻，唐明皇大肆扩建华清宫，需要耗费巨大的财力、人力（工匠、杂役）。仅就所用木料一项（梁、柱、檩、椽、门窗、家具等）而言，其中用做梁、柱的"大木料"，关中地区供应不足，还需要从远州采伐转运。据《旧唐书》卷一三五《裴延龄传》：唐德宗曾曰："人言开元、天宝中，侧近求觅长五六十尺木，尚未易，须于岚（治所在今山西岚县北）、胜州（治所在今内蒙古准格尔旗东北）采市，……"

（二）年年随驾幸骊山

1. 天寒洗浴骊山汤。唐明皇天宝中扩建骊山华清宫时，还种植松柏，遍满岩谷，山光景色更为森绿郁然。而每年驾幸华清宫，皆在冬春天寒时节。冬日的骊山北麓，火红繁点的石榴花早已经败落，清凉的秋风早已变成寒峭袭人。历经寒霜肃杀，山野之间景象荒凉，满目萧然。早春时月的骊山，长天雾霭，气温料峭。峰顶谷间，松柏劲挺，残雪点点。骊山脚下，却是水声绕宫墙；华清宫内的温汤，热浪如夏日。

> 暖殿流汤数十间，玉渠香细浪回环。
> 上皇初解云衣浴，珠棹时敲瑟瑟山。[①]

唐明皇开元年间行幸骊山温汤，主要是洗浴祛寒，蠲邪养正，强健身体。每次居留时间为十天半月左右，最长也不到一月。自从杨太真入宫、册为贵妃之后，每次行幸居留时间都延长了（最长一次为96天）。这显然是耽湎歌舞宴乐而不思回京了。

但是，在白居易《长恨歌》中，有"七月七日长生殿"诗句，唐明皇与杨贵妃在夏季"七夕乞巧节"、于骊山华清宫长生殿密相誓言，愿世代为夫妻。

很显然，这是为了诗歌作品之完美（构成通俗文学作品）而"明

[①]《全唐诗》卷六二九陆龟蒙《开元杂题七首·汤泉》，第7276页。

知故犯"。①

2."温泉水滑洗凝脂"。据《唐语林》记载：华清宫有汤泉十八所。第一为御用的九龙殿"莲花汤"，靠近温泉水源而建，殿名因泉流出于九龙吐水而得之。

"莲花汤"呈椭圆形，周环数丈，砌置四级阶座，第一级形同莲花。所用青石质料精细，晶莹如玉，石面上有线雕莲花、鱼龙凫雁图案，洁净淡雅，形态栩栩。汤池中央有一对连腹异口白石瓮，瓮口突出两朵石雕莲花，泉水自莲头喷出，注入池中。

据唐人郑处诲《明皇杂录》卷下"唐玄宗华清宫汤池之豪奢"条：

> 玄宗幸华清宫，新广汤池，制作宏丽。安禄山于范阳以白玉石为鱼龙凫雁，仍以石梁及石莲花以献，雕镌巧妙，殆非人工。上（明皇）大悦，命陈于汤中，仍以石梁横亘汤上，而莲花才出于水际。上因幸华清宫，至其所，解衣将入，而鱼龙凫雁皆若奋鳞举翼，状欲飞动。上甚恐，遽命撤去。其莲花至今犹存。又尝于宫中置长汤屋数十间环回，甃以文石，为银镂漆船，及白香木船置于其中，至于楫橹，皆饰以珠玉。又于汤中垒瑟瑟及沉香为山，以状瀛洲、方丈。……

---

① 陈寅恪先生指出："夫温泉祛寒去风之旨既明，则玄宗临幸温汤必在冬季春初寒冷之时节。今详检两《唐书·玄宗纪》无一次于夏日炎暑时幸骊山，而其驻跸温泉，常在冬季春初，可以证明者也。夫君举必书，唐代史实，武宗以前大抵完具。若玄宗果有夏季临幸骊山之事，断不致漏而不书。然则决无如《长恨歌传》所云，天宝十载七月七日玄宗与杨妃在华清宫之理，可以无疑矣。"陈寅恪《元白诗笺证稿》，上海古籍出版社，1978年，第41—42页。参看黄永年《行幸骊山季节——读陈寅恪先生〈长恨歌笺证〉札记稿》//《黄永年文史论文集》（第四册），中华书局，2015年，第92—95页。

杨贵妃专用的"海棠汤",位于御汤西北侧,规模稍小。其汤池平面呈海棠花形,用弧形券石砌有两级台座,石面上有线雕花纹,池底以青石铺成,池中央有圆形出水口。此汤与御汤一样,制作宏丽而更为精巧。

唐明皇与杨贵妃在华清宫的"洗浴"情景,白居易《长恨歌》咏云:

> 春寒赐浴华清池,温泉水滑洗凝脂。
>
> 侍儿扶起娇无力,始是新承恩泽时。……

(三)骊宫仙乐看不休

从对艺术的爱好兴趣角度来讲,唐明皇与杨贵妃,可谓歌舞姻缘,神仙伴侣,华清宫是其纵情享乐之地。白昼晴日,明皇偕贵妃登山游玩,北望渭水寒川,西眺京城宫阙。冬季夜长,明皇与贵妃经常通宵宴欢。殿堂里木炭炉火供暖,御前乐伎供奉音乐歌舞。中唐大诗人白居易《长恨歌》咏曰:

> 骊宫高处入青云,仙乐风飘处处闻。
>
> 缓歌慢舞凝丝竹,尽日君王看不足。……

1. "皇帝梨园"奏法曲。所谓"皇帝梨园",是唐明皇在天宝年间设置的御用音乐机构,由"梨园使/梨园教坊使"(宦官充任)职掌。其机构的设置时间,与老皇帝醉心于念道修仙、能歌善舞的杨太真"入宫"有直接关系。[1]

---

[1] a. 唐代的"梨园"(禁苑中的梨树园,属于地名)与"皇帝梨园"(宫廷音乐机构),是两个不同的名词概念。b. 关于唐明皇设置"皇帝梨园"的时间,由于直接史料简略零散,音乐史与唐史学界的研究观点至今仍存在分歧。笔者的研究认为,名副其实的"皇帝梨园",仅为唐明皇一朝音乐盛事;其设置时间与杨贵妃入宫有着直接关系。参看穆渭生《盛唐"皇帝梨园"始于"开元二年"献疑》//《陕西历史博物馆论丛》第25辑,三秦出版社,2018年。

　　[玄宗] 于听政之暇，教太常 [坐部伎] 乐工子弟三百人，为丝竹之戏（演奏器乐），音响齐发，有一声误，玄宗必觉而正之，号为"皇帝弟子"，又云"梨园弟子"，以置院近于禁苑之梨园。（《旧唐书·音乐志一》）

　　玄宗既知音律，又酷爱法曲，选坐部伎子弟三百教于梨园，声有误者，帝必觉而正之，号"皇帝梨园弟子"。宫女数百，亦为梨园弟子，居 [东宫] 宜春北院。梨园法部更置小部音声三十余人。（《新唐书·礼乐志十二》）

　　天宝（742—756）中，上（明皇）命宫女子数百人为梨园弟子，皆居宜春北院。……（《明皇杂录·逸文》）

　　梨园法部置小部音声，凡三十余人，皆十五 [岁] 以下。（《甘泽谣·许云封》）①

其"男弟子"，选自太常太乐署"坐部伎"（堂上坐奏），专业技艺水平最佳。②

其"女弟子"，选自"宫女子"中学习琵琶伎艺的"抟弹家"。③中唐诗人王建（约767—约830）的《宫词》咏云：

　　十三初学擘筝篌，弟子名中被点留。

----

① [唐] 袁郊《甘泽谣》// 《唐五代笔记小说大观》，上海古籍出版社，2000 年。
② 据《新唐书》卷二十二《礼乐志十二》："又分乐为二部：堂下立奏（鼓吹粗乐），谓之立部伎；堂上坐奏（丝竹细乐），谓之坐部伎。太常阅坐部，不可教者隶立部；又不可教者，乃习雅乐。"按：其"坐奏"多使用小型精巧的管弦乐器，而"立奏"多用大型敲击乐器（如悬挂的钟、磬、大鼓等），两种"乐部"的艺术风格各有千秋。
③ 据 [唐] 崔令钦《教坊记》：平民家少女，以容色美丽选入宫中，教习琵琶、筝篌、五弦、筝等，谓之"抟弹家"。即学习丝竹弦乐，其演奏形式与"坐部伎"相同。任半塘先生指出："窃疑此抟弹家正包含在梨园女弟子之内。"见其著《唐戏弄》，上海古籍出版社，2006 年，第 1116 页。

昨日教坊新进入，并房宫女与梳头。①

其"小部"（少年班），天宝（742—756）年间设置，凡 30 余人，皆 15 岁以下，选自乐伎（乐户）子弟。俗谓"门里出身，自会三分"。其中也有伎艺水平较高者，如许云封就是得其外祖父李謩（盛唐"教坊"著名笛工）亲传伎艺。②

"法曲"源自清商乐，始于隋而盛于唐。在唐前期，高宗皇帝喜爱"法曲"。明皇在天宝年间，企慕长生，崇道修仙，酷爱法曲——"皇帝梨园"为特设之"法部"（乐队）。作为一种音乐体裁，"法曲"的艺术风格"音清而近雅"，为唐代艺术性音乐的最高成就。其音乐风格特点，与所用乐器有密切关系。③

初，隋有法曲，其音清而近雅，其〔乐〕器有铙、钹、钟、磬、幢箫、琵琶。……其声金、石、丝、竹以次作，隋炀帝厌其声澹，曲终复加解音（乐曲结尾扩充部分，一般节奏比较快④）。……开元二十四年（736），升胡部于堂上。而天宝乐曲，皆以边地名，若《凉州》《伊州》《甘州》之类。后（天宝十三载，754）又诏道

---

①《全唐诗》卷三〇二，第 3438 页。诗中的宫廷教坊少女，从 13 岁开始学习"擘箜篌"（擘，大拇指。用拇指弹拨弦乐器），应是一位内教坊"捣弹家"。后来，以伎艺优秀被"点留"、幸运地进入"皇帝梨园女弟子"行列，住在一起的宫女为其梳头（梳成宫妓的发式）。

②〔唐〕袁郊《甘泽谣》//《唐五代笔记小说大观》，上海古籍出版社，2000 年。

③按：a. 在《唐六典》与《通典》中，对于"清乐"与"雅乐"乐器皆有记载，但对"法曲"乐器未有记载。在唐后期，文宗皇帝"好雅乐"，宫廷演奏"云韶乐"（仙韶乐）所用乐器，见载于《新唐书·礼乐志十二》。b. 丘琼荪先生指出："法曲"所用的乐器除铙、钹外，都是中国旧器（五弦、筚篥则见于陈旸《乐书》，疑为宋代法曲所用）；清乐之器可称都是中国旧器，无一外国乐器；西凉乐乐器也多中国旧器，故称其声"最为闲雅"；唐代十部乐中，以燕乐、清乐、西凉乐、龟兹乐四部为主，余则备员而已；开元以来，独盛法曲，合此数点观之，中国乐与外族乐二者，究竟孰盛孰衰？当可不言而喻了。据丘琼荪《燕乐探微》，上海古籍出版社，1989 年，第 88—93 页。

④据〔宋〕陈旸《乐书》卷一六四："凡乐，以声徐者为本，声疾者为解。"

调、法曲与胡部新声合作。……（《新唐书·礼乐志十二》）

以下将云韶法曲、清乐、西凉乐和雅乐所用乐器列为简表，方便比较。

隋唐法曲、清乐、西凉乐与雅乐乐器比较简表①

时代／乐部		乐器种类	备注
隋	法曲	6 种。铙、钹、钟、磬、幢箫、琵琶	音清近雅
盛唐	清乐伎	15 种。编钟、编磬、琴、弹琴、击琴、琵琶、箜篌、筝、筑、节鼓、笙、长笛、箫、吹叶、篪	隋"清乐部"有埙，无吹叶
	西凉伎	19 种。编钟、编磬，弹筝、挡筝、卧箜篌、竖箜篌、琵琶、五弦、笙、长笛、短笛、大筚篥、小筚篥、箫、腰鼓、齐鼓、担鼓、贝，铜钹 2	艺术特征为安徐而闲雅
晚唐	清乐部	11 种。琴、瑟、云和筝、笙、竽、筝、箫、方响、篪、跋膝、拍板	音清近雅
	雅乐部	19 种。编钟、编磬、箫、笙、竽、埙、篪、箫、跋膝、琴、瑟、筑、将竽、柷、敔、应鼓、腰鼓、警鼓、雷鼓	次有登歌，皆奏法曲
	云韶部法曲	11 种。玉磬 4 架，琴、瑟、筑、箫、篪、箫、跋膝、笙、竽、拍板	唐文宗时，有登歌 4 人

按法曲起于唐，谓之法部。其曲之妙者有《破阵乐》《一戎大定乐》《长生乐》《赤白桃李花》，余曲有《堂堂》《望瀛》《霓裳羽衣》《献仙音》《献天花》之类，总名法曲②。白居易传曰："法曲虽似失雅音，盖诸夏之声也，故历朝行焉。"（《乐府诗集》卷九十六《新乐府辞七》）

---

① 据《隋书·音乐志下》《唐六典·太常寺》《乐府杂录》《新唐书·礼乐志十二》。
② 按：唐代法曲之名可考者仅得 25 曲（实际不止此数）。参看丘琼苏《燕乐探微·法曲》，上海古籍出版社，1989 年；左汉林《唐代乐府制度与歌诗研究·梨园法曲》，商务印书馆，2010 年。

法曲法曲歌《大定》，积德重熙有余庆，永徽之人舞而咏。法曲法曲舞《霓裳》，政和世理音洋洋，开元之人乐且康。法曲法曲歌《堂堂》，堂堂之庆垂无疆，中宗肃宗复鸿业，唐祚中兴万万叶。法曲法曲合夷歌，夷声邪乱华声和，以乱干和天宝末，明年胡尘犯宫阙。乃知法曲本华风，苟能审音与政通。一从胡曲相参错，不辨兴衰与哀乐。愿求牙旷正华音，不令夷夏相交侵。①

天宝年间，唐明皇崇道修仙，宠爱杨贵妃，遂使"法曲"（音清近雅）、"道乐"（音清近雅，具有玄幻色彩）与杨贵妃擅长的《霓裳羽衣》舞蹈等，大为兴盛——营造超凡脱俗的"神仙境界"，纵情享受人世间的自由欢乐。

2. 醉舞《霓裳》君欢颜。在盛唐时期，宫廷乐舞机构教坊（与皇帝梨园）表演的歌舞大曲《霓裳羽衣》，原为来自印度的舞曲《婆罗门》。

河西节度使杨敬忠（述）献《霓裳羽衣曲》……（《新唐书·礼乐十二》）

天宝十三载（754）七月十日，太乐署供奉曲名及改诸乐名。……黄钟商，时号越调：……《婆罗门》改为《霓裳羽衣》。（《唐会要》卷三十三《诸乐》）

《霓裳羽衣曲》，说者多异。予断之曰：西凉创作，明皇润色，又为易美名，其他饰以神怪者，皆不足信也。……白乐天……自注云："开元中，西凉节度使杨敬述造。"郑愚（嵎）《津阳门诗》注亦称西凉府都督杨敬述进［献］。……乐天、郑愚（嵎）之说是也。（《碧鸡漫志》卷三）②

开元年间，印度《婆罗门》舞曲由西凉节度使杨敬述进献（他或

①白居易《新乐府·法曲》∥〔宋〕郭茂倩《乐府诗集》卷九十六《新乐府辞七》，中华书局，1979年，第1362页。
②〔宋〕王灼《碧鸡漫志》，辽宁教育出版社，1998年。

曾有所修改）①，后经明皇润饰、易以美名《霓裳羽衣》，属之梨园法部。②

中唐诗人王建（约767—约830）作《霓裳词》十首，其诗句有：

旋翻新谱声初起，除却梨园未教人。……

伴教《霓裳》有贵妃，从初直到曲成时。日长耳里闻声熟，拍数分毫错总知。……

传呼法部按《霓裳》，新得承恩别作行。日晚贵妃楼上看，内人舁出彩罗箱。……③

诗中的"内人"，即宜春院的歌舞女伎。据《教坊记》，开元年间，在宫廷宴会上表演《霓裳羽衣》舞蹈的乐伎，就是宜春院的"内人"。到了天宝年间，在京城兴庆宫、临潼骊山华清宫，表演《霓裳羽衣》舞蹈的仍是宜春院"内人"，而演奏乐曲（器乐伴奏）的则是"皇帝梨园弟子"（男弟子、女弟子）。

杨贵妃能歌善舞，既是优秀的《霓裳》舞者，也是其"导演"之一。

杨贵妃的侍儿（贴身宫女）张云容，选自宜春院"内人"，善舞《霓裳》，在华清宫，常令其独舞，因此宠幸愈于群辈。杨贵妃曾赏赐其双金扼臂（手镯）并赠诗云：

罗袖动香香不已，红蕖袅袅秋烟里。

轻云岭上乍摇风，嫩柳池边初拂水。④

---

① 河西节度使治所凉州（治所在今甘肃武威市），扼"丝绸之路"河西走廊东端之交通冲要，是西域诸国文化东来的必经之途。杨敬述在唐玄宗开元七年（719）至九年（721），充任河西节度使。参看吴廷燮《唐方镇年表》，中华书局，1980年，1216页。

② 丘琼荪《燕乐探微》，上海古籍出版社，1989年，第78页。

③《全唐诗》卷三〇一，第3419页。

④〔唐〕裴铏《传奇》//《唐五代笔记小说大观》，上海古籍出版社，2000年。按：张云容独舞《霓裳》，舞容姿态轻盈婀娜，好像秋天池塘里摇曳的荷花，宛如骊山绣岭上随风飘荡的浮云，仿佛春水边嫩芽生发的垂柳枝条，迎风轻拂，优雅美妙。是故得到杨贵妃的宠爱和赏赐。

表演《霓裳羽衣》舞蹈，有独舞、对舞和大型队舞（数十人至上百人）。但盛唐时期宫中表演此舞的具体情形，文献简略。据唐后期的相关记载，可窥其概况。

表演《霓裳羽衣》舞蹈时，宫妓"不著人间俗衣服"，特别讲求服饰打扮。据晚唐人郑嵎《津阳门诗》自注云：在庆祝玄宗生日的"千秋节"盛会上，

> 又令宫妓梳九骑仙髻①，衣孔雀翠衣（翠绿服装），佩七宝璎珞（珠玉串成的颈项饰物），为《霓裳羽衣》之类，曲终，珠翠可扫。②

唐宣宗时，宫中表演《霓裳羽衣》的舞容姿态，据《唐语林》卷七：

> 宣宗妙于音律，每赐宴前，必制新曲，俾宫婢习之。至［赐宴］日，出数百人（宫女），衣以珠翠缇绣，分行列队，连袂而歌，其声清怨，殆不类人间。其曲……有《霓裳曲》者，率皆执幡节，被羽服，飘然有翔云飞鹤之势。……

唐代文士记载、题咏《霓裳羽衣》乐曲和舞蹈的诗文，可谓连篇累牍。其中以白居易（通晓音律，喜爱伎乐）的《霓裳羽衣舞歌》最为著名，有比较形象而详尽的描述，是研究唐代宫廷音乐的珍贵资料。③而表演完整的歌舞大曲《霓裳羽衣》，需要比较长的时间。白居

---

① 据［五代］马缟《中华古今注》卷中"头髻"条："［秦］始皇诏［皇］后梳凌云髻，三妃梳望仙九鬟髻，九嫔梳参鸾髻。"同卷"花子"条："秦始皇好神仙，常令宫人梳仙髻，帖五色花子，画为云凤虎飞升。"中华书局（吴企明点校），2012年。

②《全唐诗》卷五六七，第6618—6623页。

③ 王小盾指出：《霓裳羽衣曲》为"法曲型大曲"，具有器乐曲、歌曲和舞曲结合的完备结构形式，是"皇帝梨园"法部演习的乐曲之一，但法曲型大曲并非都产自皇帝梨园；从音乐角度看，"法曲"的主要性质是器乐曲和歌曲，而非舞曲，唐代有关法曲的记载，主要是它的器乐演奏和歌唱。见其著《隋唐音乐及其周边》，上海音乐学院出版社，2012年，第263页。

易在《早发赴洞庭舟中作》诗中，以船行十五里水路的时间，来形容其乐曲的舒缓节拍和抒情风格。

> 棹举影摇灯烛动，舟移声拽管弦长。……
>
> 出郭已行十五里，唯消一曲慢《霓裳》。①

以下用简表形式，说明《霓裳羽衣》的音乐结构和舞容姿态。②

白居易《霓裳羽衣舞歌》结构与舞容简表③

结构	歌辞与自注	表演情况
散序	我昔元和侍宪皇，曾陪内宴宴昭阳。 千歌百舞不可数，就中最爱《霓裳》舞。 舞时寒食春风天，玉钩栏下香案前。 案前舞者颜如玉，不著人间俗衣服。 虹裳霞帔步摇冠，钿璎累累佩珊珊。 娉婷似不任罗绮，顾听乐悬行复止。	"散序"六遍，为前奏曲，是自由节奏的散板；不歌，不舞。
	磬箫筝笛递相搀，击擫弹吹声迤逦。 （凡"法曲"之初，众乐不齐，唯金石丝竹次第发声。《霓裳》序初，亦复如此。）	凡法曲开始演奏时，以磬、筝、箫、笛等金石丝竹逐一发声。
	散序六奏未动衣，阳台宿云慵不飞。 （"散序"六遍无拍，故不舞也。）	"散序"共奏六支曲子，无节拍，尚未开始跳舞。

---

①《全唐诗》卷四四七，第5046页。

② 杨荫浏先生指出：法曲《霓裳羽衣舞歌》共有36段，其结构为：a. "散序"6段，为器乐独奏、轮奏，不舞，不歌。b. "中序"18段，节奏有定，抒情的慢舞；可能有歌。c. "破"12段，节奏急促；有舞，可能无歌。结尾时节奏放慢，最后一音拖长。见其著《中国古代音乐史稿》，人民音乐出版社，2004年，第221—224页。参看柏红秀《唐代〈霓裳羽衣曲〉源流考》//《唐代宫廷音乐文艺研究》，南京大学出版社，2010年，第254—265页。

③《全唐诗》卷四四四，第4991—4992页。

续表

结构	歌辞与自注	表演情况
中序	中序擘騞初入拍,秋竹竿裂春冰拆。 (中序始有拍,亦名"拍序"。)	乐曲从"中序"(拍序)部分开始有节拍;舞蹈表演也开始了。
	飘然转旋回雪轻,嫣然纵送游龙惊。 小垂手后柳无力,斜曳裾时云欲生。 (四句皆《霓裳舞》之初态。)	形容刚开始起舞时,舞妓轻盈飘然的优雅姿态。
	烟蛾敛略不胜态,风袖低昂如有情。 上元点鬟招萼绿,王母挥袂别飞琼。 (许飞琼、萼绿华,皆女仙也。)	舞妓风袖起落,如天宫仙子。"上元"指传说的天宫神女上元夫人,地位仅次于王母娘娘。
破	繁音急节十二遍,跳珠撼玉何铿铮。 (《霓裳》破凡十二遍而终。)	随着节奏加快,舞妓佩戴的珠玉饰物相互碰撞。第三部分"曲破"十二遍,然后乐曲结束。
结尾	翔鸾舞了却收翅,唳鹤曲终长引声。 (凡曲将毕,皆声拍促速,唯《霓裳》之末,长引一声也。) 当时乍见惊心目,凝视谛听殊未足。	一般曲子为急音收停,而《霓裳羽衣曲》结尾时节奏再次放慢,然后拖长一音结束,如长空鹤唳。

　　所谓"霓裳羽衣",为质地柔软、轻盈飘拂的丝绸衣服。而"霓裳"比喻神仙,穿着用霓虹(天上彩虹)制作的衣裳;"羽衣",是用羽毛编织的衣服,含有飞翔升天(成仙)之寓意——改《婆罗门》为《霓裳羽衣》,的确是"易美名"也。

　　碧云仙曲舞《霓裳》,风吹仙袂飘飘举。《霓裳羽衣》乐曲由"中序"和入节拍,如秋竹爆裂,像春冰解化。百余名舞妓随和节拍,徐缓起舞,姿态轻盈柔美,宛若惊鸿振翅;随着音乐节奏逐渐加快,舞妓旋转进退,其彩虹衣裙、流霞巾帔仿佛祥云缭绕,姿态犹如回风飘雪、游龙盘旋;孔雀翠衣极尽娇美之态,黛眉流盼送来无限风情,罗袖垂手宛如柳丝娇柔无力,好像上元夫人招来仙女萼绿华,仿佛西王母挥袖送别仙女许飞琼。"曲破"繁音十二遍,急促而华丽,如同珍珠掉落玉盘,跳跃敲击,清脆铿锵。群妓舞罢,犹如翔凤敛翅;终曲长鸣，宛若空中鹤唳。

天宝年间的冬春寒季，在骊山华清宫的暖殿中，鬓毛染霜的唐明皇，坐拥"尤物"杨贵妃，耳听"梨园"仙曲，魂灵陶醉，神游万里，思接千载，亦真亦幻；"宜春内人"容颜靓丽，秀色可餐，身躯柔软，舞蹈飘逸，青春洋溢——群芳丛中，神仙属我，"音乐皇帝"李隆基追求的艺术天地、向往的精神境界。

由"皇帝梨园弟子"（器乐）和宜春院"内人"（歌舞）联袂表演的歌舞大曲《霓裳羽衣》，在艺术性与观赏性上，堪称盛唐宫廷乐舞节目的巅峰之作。

在宫廷中排演《霓裳》乐舞时，唐明皇会对"皇帝梨园弟子"（器乐）有所指导，而杨贵妃则会对"宜春内人"（歌舞）有所指导。《霓裳羽衣》美名千古流传，杨贵妃也在中国古典舞蹈史上占有了一席地位。据《杨太真外传》：

> 上（明皇）又宴诸王（明皇诸位兄弟①）于木兰殿（所在地点不详），时木兰花发②，皇情不悦。[杨贵]妃醉中舞《霓裳羽衣》一曲，天颜大悦，方知回雪流风，可以回天转地。……

> 上（明皇）在百花院（所在地点不详）便殿，因览《汉成帝内传》，时妃子（杨贵妃）后至，以手整上（明皇）衣领，曰："看何文书？"上笑曰："莫问。知则又嬲（纠缠、困扰）人。"觅

---

① 按：a. 宋代史家乐史《杨太真外传》所载此事，人物、时间有明显的谬误——"诸王"（唐明皇诸位兄弟），皆于开元（713—741）年间先后亡故；而杨贵妃"入宫受册"晚在天宝（742—756）初年。所云"木兰殿"，无文献史料可供稽考。b.《外传》乃抄录连缀正史记载与笔记杂说而成，真假相参，可信程度大打折扣。其上述故事细节，或出自诗文等记载（已佚），或得自传闻，而未加仔细辨析。然杨贵妃擅长舞蹈，乃真人真事，并非传闻。

② 木兰，早春先叶开花，花形较大，外紫色，内近白色，有微香。可供观赏，栽培历史悠久。

去，乃是"汉成帝获〔赵〕飞燕，身轻欲不胜风。恐其飘翥（飞），帝为造水晶盘，令宫人掌之而歌舞。又制七宝避风台，间以诸香，安于上，恐其四肢不禁也"。上（明皇）又曰："尔则任吹多少。"盖〔杨贵〕妃微有肌（体态丰满）也，故上（明皇）有此语戏妃。妃曰："《霓裳羽衣》一曲，可掩前古。"

杨贵妃是唐明皇最为宠爱的妃子（"朕得杨贵妃，如得至宝也"），也是杰出的宫廷乐舞艺术家，其才艺为明皇所专有。"承欢侍宴无闲暇，春从春游夜专夜""缓歌慢舞凝丝竹，尽日君王看不足"——两人艺术旨趣相投，朝夕相随，同欢共乐，在李唐帝国的乐舞文化史上留下了绚丽多彩的篇章。

第六章　势焰熏天新外戚

前文已述，杨玉环（太真）入宫之后受册封为"贵妃"，享受的礼遇"与皇后等"（当时皇后虚位），成为实际的"后宫之主"。其"六亲"也跟着一起分享"皇恩浩荡"，杨氏家族遂成为"外戚型暴发户"——杨玉环的"富贵梦"上升到最高层面，终于"做大做强"了。白居易《长恨歌》与陈鸿《长恨歌传》曰：

> 姊妹弟兄皆列土，可怜光彩生门户。遂令天下父母心，不重生男重生女。

> 叔父昆弟皆列位清贵，爵为通侯。姊妹封国夫人，富埒（等同）王宫，车服邸第，与大长公主（皇帝姑母）侔矣。而恩泽势力，则又过之，出入禁门不问，京师长吏为之侧目。故当时谣咏有云："生女勿悲酸，生男勿喜欢。"又曰："男不封侯女作妃，看女却为门上楣。"其为人心羡慕如此。

杨玉环这位"倾城倾国"的大美女，使得整个家族在数年之间，成为天下人的"羡慕嫉妒恨"——古代"外戚家族"政治、经济地位"爆发"的典型代表。

一、杨氏门户生光彩

在中国古代的神话传说中，有"一人得道，鸡犬升天"的故事。①

---

① 据〔东汉〕王充《论衡·道虚》：西汉淮南王刘安招致天下有道之人，学习奇方异术，遂得道，举家升天；鸡犬吃了剩下的仙药，也随之升天，犬吠于天上，鸡鸣于云端。后遂用"一人得道，鸡犬升天"写仙家生活；也指攀附别人而迁升的人，比喻一个人得势，有关的人也跟着发迹。又见〔东晋〕葛洪《神仙传·刘安》记载。

这当然是经不起检验的"梦幻情境"。后来多用于比喻、讽刺对象——在现实的经济社会生活中，古今此类事情的典型就是"裙带政治关系"之下的"一人得宠，全家升迁"。即凭借妻、女、姊妹等婚姻关系攀附权贵而发迹，得到官职和财富等名利地位。

在古代社会的"父家长制"家庭（家族）亲属关系中，以"己身"为本位的"九族"（血缘关系之远近亲疏），可列表示意如下。

5	高祖父母			
4	族曾祖姑┃曾祖父母┃族曾祖父母			
3	族祖姑‖族姑┃祖父母┃伯叔祖父母‖族祖父母			
2	族姑‖堂姑‖姑┃父母┃伯叔父母‖堂伯叔父母‖族伯叔父母			
1	族姊妹‖再从姊妹‖堂姊妹‖姊妹┃己身┃兄弟‖堂兄弟‖再从兄弟‖族兄弟			
2	再从侄女‖堂侄女‖侄女	┃长子┃众子┃	侄子‖堂侄‖再从侄	
3	堂侄孙女‖侄孙女	┃嫡孙┃众孙┃	侄孙‖堂侄孙	
4	侄曾孙女	┃曾孙┃	侄曾孙	
5	玄孙			

自古以来，家庭（家族）亲情关系可谓血浓于水，因而"光宗耀祖"也就成为人们奋发努力，求取功名利禄的重要的精神动力。

在古代"家天下"的王朝国家，"政治特权"与多种经济利益挂钩，能够享受的社会群体，首先是皇亲国戚，其次是各级官员（"官本位"思想根深蒂固）。

凡皇族子孙属于生育形成的血缘关系；而外戚（帝王母、妻家的亲属）是通过婚姻关系达成的——攀龙附凤、联姻皇室。

据《唐六典·宗正寺》：卿一人，从三品；少卿二人，从四品上。

"宗正卿之职，掌皇九族、六亲①之属籍，以别昭穆之序，纪亲疏之列，并领崇玄署；少卿为之贰（副长官）。九庙之子孙（皇族子孙），其族五十有九，……"

> 凡太皇太后（皇帝祖母）、皇太后（皇帝母亲）、皇后（皇帝正妻）之亲分五等，皆先定于司封（吏部司封司），宗正［寺］受而统焉。凡皇周亲（至亲）、皇后父母为第一等，准三品；皇大功亲、皇小功尊属、太皇太后·皇太后·皇后周亲为第二等，准四品；皇小功亲、皇缌麻尊属、太皇太后·皇太后·皇后大功亲为第三等，准五品；皇缌麻亲为第四等，皇祖免亲、太皇太后小功卑属、皇太后·皇后缌麻亲及舅母、姨夫为第五等，并准六品。其籍（簿籍）如州县之法。凡大祭祀及册命、朝会之礼，皇亲、诸亲应陪位豫会者，则为之簿书，以申司封。若皇亲为王公，子孙应袭封（继承封爵）者，亦如之。②

> 凡皇家五等亲及诸亲三等存亡、升降，皆立簿籍，每三年一造。……③

在古代社会，皇亲国戚享有礼制和法律特权，属于"国家制度"性质范畴。历代帝王对皇亲国戚、朝野臣民广施恩惠的重要方式之一

---

① 对于"六亲"，历来有不同说法。a. 指父、母、兄、弟、妻、子；b. 指外祖父母、父母、姊妹、妻兄弟之子、从母之子、女之子；c. 指父子、兄弟、从父兄弟、从祖兄弟、从曾祖兄弟、同族兄弟；d. 指父子、兄弟、姊妹、甥舅、婚媾（妻的家属）、婚娅（夫的家属）。

② 《唐六典》卷十六《宗正寺》，第 465—466 页。

③ 《唐六典》卷二《吏部·司封司》，第 40 页。

为"推恩"（封赠）①，给生者赐爵授官，为死者追赠官爵、谥号等政治荣誉。② 据《唐六典·太常寺·太常博士》：

> 凡王公以上拟谥（拟定谥号），皆迹其功德而为之襃贬。
>
> 议谥：职事官三品已上，散官二品已上，佐史录行状（生平品行事迹。简历），申考功（吏部考功司）勘校，下太常［寺］拟谥讫，申省议定奏闻（复申考功，于都堂集内省官议谥，然后奏闻③）。

可见，凡在死后获得追赠官爵、谥号者，对其子孙都是"光宗耀祖"之事。

（一）父母魂灵获"哀荣"

杨贵妃家庭（家族）关系可表列如下（据《新唐书·宰相世系表》）。④

高祖	杨汪				
曾祖	杨令本				
祖辈	杨友谅	杨志谦	？	？	杨志诠
父辈	杨珣	杨玄琰	杨玄珪	杨玄璬	杨明肃
平辈	杨钊（国忠）	杨铦、杨玉环及三个姐姐	杨锜	杨鑑	？
子侄辈	杨暄、杨晓、杨咄、杨晞	？	杨昢	？	？

---

① 据《孟子·梁惠王上》："老（孝敬）吾老，以及人之老；幼（爱护）吾幼，以及人之幼。天下可运于掌。《诗》云：'刑（型，示范）于寡妻（先给妻子做榜样），至于（再推广到）兄弟，以御于家邦（再进而推广到封邑和国家）。'言举斯心加诸彼而已。故推恩足以保四海，不推恩无以保妻子。古之人（指圣贤者）所以大过人者，无他焉，善推其所为而已矣。……"

② 参看袁庭栋《古人称谓·九·谥号》，山东画报出版社，2007 年。

③《唐会要》卷七十九《谥法上》，第 1720 页。

④ 参看许道勋、赵克尧《唐玄宗传》，人民出版社，1993 年，第 302 页；王双怀《大唐贵妃》，陕西师范大学出版总社，2015 年，第 4 页。

在杨贵妃的亲属中，最早享受皇帝"推恩"者，为其叔父（养父）杨玄璬。在开元二十三年（735）十二月，杨玉环被选册为寿王妃、嫁入皇家之后，杨玄璬就由河南府士曹参军（正七品下）升迁为国子司业（从四品下）。①

天宝四载（745）八月，唐明皇册封杨太真为"贵妃"，追赠其生父杨玄琰兵部尚书（正三品）；之后又累赠太尉（正一品）、齐国公；追赠其母李氏凉国夫人。杨贵妃在京城为其父、祖立私庙，祭祀供奉，明皇御制家庙碑文并书写。②

其叔父杨玄珪（原先官职不详）先擢升为光禄卿（从三品）——级别地位高而俸禄优厚的"美官"，后"累迁至兵部尚书（正三品）"。③

在这次最高等级的"推恩杨氏"中，杨玉环的生身父母"出现"了，这属于国家"封赠"制度范畴。但是，杨玉环的叔父（养父）杨玄璬却未见记载，他若健在，也应加封官爵；若已经亡故，则应追赠官爵——其中原因，无疑是在为明皇"隐讳"。

杨玉环被选册为寿王妃，杨玄璬是寿王的岳父，与明皇是平辈的"亲家"关系。而杨玉环"度道入宫"册封为贵妃，杨玄璬的身份仍是岳父，但与明皇却成了"翁婿"关系，差了一个辈分——无论他还健在或已经身故，都不宜再"露脸"了。④

---

① 《新唐书》卷七十一下《宰相世系表一下》，第 2362 页。

② 《旧唐书》卷五十一《后妃传上·玄宗杨贵妃》，第 2180 页；《资治通鉴》卷二一五，第 6985 页。

③ 《旧唐书》卷五十一《后妃传上·玄宗杨贵妃》，第 2180 页。

④ 参看许道勋、赵克尧《唐玄宗传》，人民出版社，1993 年，第 350—351 页。

（二）"姊妹弟兄皆列土"

对于唐明皇"推恩杨氏"，白居易《长恨歌》咏曰"姊妹弟兄皆列土"①；陈鸿《长恨歌传》云"叔父昆弟皆列位清贵，爵为通侯。姊妹封国夫人"。

杨玉环出生于剑南道蜀州（治所在今四川崇州市），父母亦亡故于蜀地；哥哥和三个姐姐成家后一直生活在蜀地。直到她"度道入宫"得宠、被册封为贵妃之后，在蜀地的家人都被接到京城长安，享受皇帝"推恩"之荣华富贵。

1. 杨贵妃的亲哥哥杨铦②，开始任殿中少监（从四品上），后升迁鸿胪卿（从三品），再授三品、上柱国，享受"私第立戟"的政治荣耀。③

唐代高官私第"列戟"，属于国家制度（《仪制令》）。其等级如下。④

---

① 所谓"列土"，指天子"封建诸侯"，分给其土地和人口。早在先秦时代就有"裂土分茅"制度（西周初年"封建诸侯"最为典型），天子分封同姓、异姓诸侯时，用白茅裹着社坛（土地神坛）上的泥土授予受封者，象征土地和权力。

②《新唐书》卷七十一下《宰相世系表一下》，第2361页。参看赵超《新唐书宰相世系表集校》卷一杨氏，中华书局，1998年，第132—135页。

③ 据《唐会要》卷三十二《舆服下·戟》：唐明皇开元八年（720）九月敕：三品以上官员，"其门戟幡有破坏，五年一易，百官门不在官易之限。薨者葬讫归纳。若子孙合给者，听准数留，不足更给。其以理去任及改为四品官，非被贬责，并不合追收"。

④《唐六典》卷四《礼部·礼部司》，第116页。按：a. 在先秦时代，"戟"为战场实用的长兵器之一。到隋唐时代，早已经退出了实战，成为仪仗器物之一荣戟（油漆的木戟，有赤黑色缯衣，出行时执之以为前导）。b. 其"门戟"陈列于庙社、宫殿、官衙大门外，是用来表示国家威仪；陈列在王公高官私第大门外，主要是显示其政治荣耀。c. 唐明皇时期，卫尉卿（从三品）张介然为河陇行军司马，因入奏上言曰："臣今三品，合立荣戟。臣河东人，若得本乡立之，百代荣盛。"上（明皇）曰："卿且将戟归故乡，朕更别给卿戟，列于京宅。"本乡立戟，自张介然始也。

"门戟"等级		享受"列戟"荣耀者
1	16 戟	正一品：太师、太傅、太保、太尉、司徒、司空、亲王
2	14 戟	开府仪同三司、嗣王、郡王、若上柱国·柱国带职事二品已上
3	12 戟	上柱国·柱国带职事三品已上
4	11 戟	国公及上护军·护军带职事三品
备注		凡"职事官"有具体的岗位职责，掌握实际事务权力

2. 杨贵妃的三个姐姐，明皇呼之为"姨"，皆赐第京师，并封"国夫人之号"。按照在杨氏家族姊妹中的排行，大姐曰大姨，封韩国夫人；三姐曰三姨，封虢国夫人；八姐曰八姨，封秦国夫人。这三位"国夫人"皆美貌多才，丰硕修整，工于谐浪，巧会旨趣，并承恩泽，出入宫掖不禁，移时方出，宠贵赫然，势倾天下。[①]

3. 其从兄杨锜（叔父杨玄珪之子），初任侍御史（从六品下）；因尚（娶）太华公主，按照惯例成为驸马都尉（从五品下）。而太华公主为武惠妃所生，"以母爱，礼遇过于诸公主，赐甲第，连于宫禁（兴庆宫）"。[②]

太华公主与寿王瑁为同母兄妹，杨玉环嫁为寿王妃后，两人为"姑嫂"关系。而杨玉环"度道入宫"升为贵妃，与寿王兄妹的关系就转变成了"母子"辈分。在皇族男女婚姻中，这种亲属辈分错乱之事并非个案。由此可见，在当时的婚姻关系中，当事人对政治和经济

---

① a. 据《旧唐书》卷九《玄宗本纪下》：天宝七载（748）十月，"幸华清宫，封贵妃姊二人为韩国（大姐）、虢国夫人（三姐）"。未言及秦国夫人（八姐）。b. 据《资治通鉴》卷二一六：天宝七载（748）十一月，"以贵妃姊适崔氏者为韩国夫人，适裴氏者为虢国夫人，适柳氏者为秦国夫人"。c. 在天宝十五载（756）六月的"马嵬事变"中，杨氏家族被诛灭。据《资治通鉴》卷二一八：禁军将士"并杀……韩国、秦国夫人"。此有误，秦国夫人（八姐）早亡，但具体时间不详。

②《旧唐书》卷五十一《后妃传上·玄宗杨贵妃》，第 2179 页。

利益的考量是第一位的。

4. 其堂弟杨鑑（叔父杨玄璬之子）年龄比较小，在天宝九载（750）尚（娶）承荣郡主，所授官职为湖州（今浙江湖州市）刺史。①

杨贵妃的兄弟姊妹们，绝大多数为平庸之才，贪婪之辈，安于因"裙带关系"而获得的高官厚禄和尊荣富贵。只有其从祖兄杨钊（国忠）比较突出，精明强干，长于经济理财，并怀有政治野心，最终爬上了位极人臣的宰相地位。

二、"暴发"宰相杨国忠

杨国忠（？—756）本名杨钊，蒲州永乐（今山西芮城县西南）人，是杨贵妃的堂兄。他的父亲、祖父生前皆地位寒微②；他的舅父张易之是女皇武则天的面首（男宠），被杀于神龙元年（705）的宫廷政变中，是个臭名昭著的人物。

（一）杨钊在蜀中经历③

杨钊年轻时，头脑精明，但品性恶劣，不务正业，嗜酒爱赌，借钱赖账，为亲族和乡人所鄙视。他在30来岁时，发愤投军来到蜀中，"以屯优（屯田成绩优秀）"被授予新都（今属四川）县尉。但仍然是恶习不改，经常赌博，手头拮据。然幸运的是，他结识了一位名叫

①《旧唐书》卷五十一《后妃传上·玄宗杨贵妃》，第2180页；《新唐书》卷七十六《后妃传上·玄宗贵妃杨氏》，第3495页；《新唐书》卷七十一下《宰相世系表一下》，第2362页。

②据《旧唐书》卷一〇六《杨国忠传》：其父杨珣，以国忠显贵，追赠兵部尚书（正三品）。

③据《旧唐书》卷一〇六《杨国忠传》；《新唐书》卷二〇六《外戚传·杨国忠》；两《唐书》玄宗本纪、杨贵妃传；《资治通鉴·唐纪·玄宗纪》等。征引繁细，非有考辨不详注。

鲜于仲通的富翁，时常得到一些经济资助。

当杨钊来到蜀中时，堂叔父杨玄琰夫妻已经去世，小女儿杨玉环被其三叔父接到洛阳家中生活。杨钊常到几个堂姊妹家走动，表示关心，因而与生性风流的二堂妹（裴杨氏、虢国夫人）相好私通。他拿了二堂妹的钱财到成都去赌博，结果又输得精光，只好"跑路"。后来曾调任扶风（陕西今县）县尉，仍然很不得志，又回到了蜀中。

据《旧唐书·杨国忠传》："国忠娶蜀倡裴氏女曰裴柔"为妻。[1]娶倡家女儿为妻，正说明他在蜀中多年，实在是"混得不咋样"。

（二）奔赴京城"攀裙带"

再说杨钊结识的富翁鲜于仲通（名向），爱读书，有才智，受到剑南节度使章仇兼琼赏识，充任采访支使，委以心腹，深受信任。而章仇兼琼与朝中宰相李林甫关系不洽，在闻知杨贵妃入宫得宠后，欲使鲜于仲通到京城去打通关系，引为奥援。

鲜于仲通遂将"奇货可居"的杨钊，推荐给了章仇兼琼。

章仇兼琼见到高身材、美仪表、言谈机敏的杨钊后，心中大喜，立即"辟为推官"，尽力与其结交相好。不久，章仇兼琼派遣杨钊前往京城"献春彩（蜀锦）"。杨钊路经郫县（今四川成都市郫都区），章仇兼琼已经准备好了各种精美蜀货，价值万缣。

杨钊昼夜兼程，赶到京城长安后，先将手中蜀货的一半送给贪财的虢国夫人。而虢国夫人此时新寡，难耐寂寞，又与杨钊重温旧情，

---

[1] 所谓"倡"，指倡伎（乐伎），其社会身份有两类，一为官府所置，一为私家所有，在隋唐时代皆属于"贱民"阶层（其群体内部还分不同等级）。而"蜀倡裴氏"，指户籍落在地方州县的乐伎世家。倡家女子裴柔能与杨钊（属于平民身份）结婚，说明其家庭属于乐伎群体中的"太常音声人"——"有县贯"（户籍登记），受田"与百姓同"，并"依令婚同百姓"。参看穆渭生、张维慎《盛唐长安的国家乐伎与乐舞》，陕西人民出版社，2016年，第75页。

杨钊"遂馆于其室"。接着，杨钊逐一拜访杨氏兄弟姐妹，分赠蜀货，并一再说明"此章仇公所赠也"。

在虢国夫人和杨氏兄妹引荐下，杨钊入宫拜见贵妃，进而朝见明皇，得到金吾兵曹参军（正八品下）之职，并获得可随供奉官出入禁中的特许。

从此，杨钊在宫中和朝廷上，曲意奉迎，巴结权贵，投机钻营，一步步攀上权力顶峰。杨钊能够跻身中央朝廷，一是借助"椒房之亲"（与杨贵妃的"裙带关系"），能够经常出入宫禁；二是自身精明强干，长于经济理财。每当明皇与贵妃姊妹在宫中娱乐，玩"樗蒲"（古代博戏，类今"掷骰子"）等赌博游戏时，他常在旁边负责计数，又快又准确，明皇随口夸赞曰："度支郎才也。"贵妃姊妹遂借此戏言，为杨钊求官——充任户部郎中兼户口色役使王鉷的判官，很快升任监察御史（正八品上）。

章仇兼琼在诸杨兄妹称誉下，于天宝五载（746）五月入京任户部尚书。

（三）杨国忠的暴发史

从天宝五载（746）开始，杨钊由监察御史升迁为检校度支员外郎，兼侍御史（从七品上），监水陆运及司农、出纳钱物、内中市买、招募剑南健儿等使职，以称职胜任再升迁为度支郎中（从五品上）。不到一年，其一身兼领的职务就超过了十五项。

> ［天宝七载（748）六月，］度支郎中兼侍御史杨钊善窥上（明皇）意所爱恶而迎之，以聚敛（善于搜刮钱财）骤迁，岁中领十五余使。甲辰，迁给事中，兼御史中丞（正五品上），专判度支事，恩幸日隆。[①]

---

①《资治通鉴》卷二一六，第7009—7010 页。

户部"度支司",是负责王朝国家统计核算、财赋收支的机构。杨钊与户部郎中王鉷等人,都是善于搜刮民财、聚敛钱物的能手。天宝年间,唐明皇好大喜功,边疆地区的战事接连不断,军费开支巨大;再加上宫中的奢侈挥霍,用度剧增,这就使得专掌钱粮财赋收入的"计臣",日益受到重用和信任。

天宝八载(749)春,明皇率领百官参观太极宫左藏库房,里面财货钱币堆积如山。明皇心中非常高兴,赏赐杨钊紫衣金鱼袋——三品官员的服装("章服")。受赏"章服"是非常荣耀的事情。次年,杨钊又兼任兵部尚书(正三品)。

这年十月,杨钊奏请为其舅父张易之兄弟昭雪。而明皇竟然下制(令),为这两个当年企图谋反的"逆贼"恢复名誉。随后,杨钊又以自己的名字"钊"字与图谶"金刀"相应,很不吉利,奏请更改。明皇遂亲赐其名曰"国忠"。

天宝十载(751)十一月,以杨国忠权知蜀郡(益州)都督府长史、充剑南节度副大使,知节度事。杨国忠又推荐鲜于仲通代替自己为京兆尹。

从开元后期以降,"口蜜腹剑"的宰相李林甫把持朝政,排斥异己。而杨钊一开始就投靠依附李林甫,为其充当政治打手——先是受李林甫指使,与侍御史杨慎矜一起,诬陷太子(李亨)妃兄韦坚等人;后又与王鉷一起陷害杨慎矜兄弟。

京兆府法曹吉温,善于钻营投机,看着杨国忠凭借"裙带关系"而权势暴贵,便倾心巴结,私下里为其出谋划策——取李林甫而代之。这正中杨国忠下怀。

杨国忠听用吉温的阴谋计策,第一步,借机将李林甫的党羽京兆尹萧炅、御史中丞宋浑等人贬逐流放。第二步,向恩宠威望高过自己的王鉷开刀,利用王鉷弟弟王銲(任户部郎中)等人"阴谋叛乱"的机会,落井下石,构成大狱。天宝十一载(752)四月,御史中丞兼京兆尹王鉷等人被"赐死"；明皇以杨国忠兼任京兆尹。

是年十一月，尚书左仆射兼右相李林甫（？—752）病薨，以御史大夫兼蜀郡长史杨国忠为右相兼吏部尚书——登上了权力顶峰。

经过五六年的投机钻营，杨国忠从八品小官"跳跃"到了宰相高位。攀升之快速，无人可比，即便享有特权的贵族子弟，升迁得快，一般也需要二十多年时间。

杨国忠凭借"裙带关系"发迹，骤然跻身于朝廷清要之职，朝中官员大多嗤鼻蔑视。但随着杨国忠快速"大红大紫"，望风转舵、巴结投靠的人就越来越多了。

自天宝后期开始，唐明皇通过扶植杨国忠，逐渐疏远李林甫。

虽然唐明皇因宠爱杨贵妃而荒怠政事，昏庸日甚，但他毕竟是老谋深算的政治家，惯于玩弄各种权术手腕。李林甫久居相位，专权跋扈达十九年之久，已经衰老多病。这些因素，也就为杨国忠在政治权势上的"暴发"，提供了形势和机遇。

史载李林甫柔佞多狡，专权独断而"口蜜腹剑"，排斥陷害有才智声望、不阿附自己的官员，招致了众多的怨恨和诅咒。他在临死前几个月，借着南诏国不断侵犯剑南（治所在今四川成都）边境之机，奏请派遣杨国忠赴剑南去安定局势（杨国忠遥领剑南节度使），企图将其排挤出京城。杨国忠临行前，在明皇面前哭诉李林甫陷害他；杨贵妃也极力为其说情。杨国忠到剑南后时间不长，就被召回了京城。

杨国忠为人轻躁狂妄，手段毒辣。他登上相位不到两月，便指使人诬告李林甫生前曾与蕃将阿布思（突厥族）同谋反叛，借此来清除李林甫在朝中的党羽势力。

天宝十二载（753）二月，明皇听信杨国忠等人的诬告和伪证，下令追削李林甫生前官爵，其子弟宗党被贬官流放者50人，家财没收入官。更为恶毒的是，杨国忠指使其党羽剖开李林甫的棺材，夺走其尸体口中所含玉珠，剥去身上的"章服"（紫衣金鱼袋），改用小棺材，按照庶人（平民）的丧礼待遇给予埋葬。

事后，杨国忠与左相陈希烈竟因断狱有功，皆赐爵为国公（从一品）。从此，杨国忠把持朝政，直至"安史之乱"爆发。朝中公卿百官，慑于杨国忠的恩宠权势，人人谨慎小心，务求明哲保身，对于军国大事，不敢再有什么异议。

杨国忠品行"厚黑"，贪婪而刻毒。他曾对宾客"坦率"而言：

"吾本寒家，一旦缘椒房（裙带关系）至此，未知税驾（归宿）之所，然念终不能致令名（美名），不若且极乐耳。"……国忠既居要地，中外馈遗（送礼行贿）辐辏，积缣（绢帛）至三千万匹。[1]

杨国忠之子［杨］暄，举明经（参加科举考试），礼部侍郎达奚珣考之，［杨暄］不及格，将黜落，惧国忠而未敢定。时［皇］驾在华清宫，［达奚］珣子抚为会昌［县］尉，珣遽召使，以书报抚，令候国忠，具言其状。［达奚］抚既至国忠私第，五鼓初起，列火满门，将欲趋朝（上朝），轩盖如市。国忠方乘马，抚因趋入，谒［见］于灯下，国忠谓其子必在选中，抚盖微笑，意色甚欢。［达奚］抚乃白曰："奉大人（父亲）命，相君之子［考］试不中，然不敢黜退。"国忠却立，大呼曰："我儿何虑不富贵，岂藉一名，为鼠辈所卖耶！"不顾，乘马而去。［达奚］抚惶骇，遽奔告于珣曰："国忠持势倨贵，使人之惨舒（严宽、盛衰更迭），出于咄嗟（叹息之间），奈何以校其曲直？"因致［杨］暄于上第（成绩上等）。

既而［杨暄］为户部侍郎（正四品下），［达奚］珣才自礼部侍郎（正四品下）转吏部侍郎（正四品上），与同列（级别相

①《资治通鉴》卷二一六，唐玄宗天宝十二载（753）十月戊寅，第7039页。

同）。[杨]暄话于所亲，尚叹己之淹徊（徘徊、逗留），而谓[达奚]珣迁改疾速。①

此可谓"有其父必有其子"。老子专权跋扈，儿子狐假虎威，尸位素餐。

三、天下"羡慕嫉妒恨"

杨贵妃姊妹昆仲五家——韩国、虢国、秦国三夫人与杨铦、杨锜，在京城长安，甲第洞开，僭拟宫掖，车马仆从御手（车夫），照耀京邑，递相夸尚。每建造一堂，用钱逾千万计，看到他人房屋规模宏壮华丽，有超过自家者，即撤毁而复造，土木之功，不舍昼夜。明皇凡有赏赐，五家如一，中使往来不绝于路。凡五家每有请托，府县官员承迎奔走，急如诏敕；四方奸利投机之辈，争相贿赂送礼以求结纳者，辐辏其门，朝夕若市。自开元以来，豪贵雄盛之家，无如杨氏家族之比也。

唐明皇每年十月驾幸骊山华清宫，常在过冬后才返回京城。

杨氏兄弟姊妹的汤沐馆在华清宫的东侧，五家栉比，甍栋相接，皆为明皇所赏赐。而明皇但有临幸，必遍过五家，赏赐物品不可胜计。凡出有赏赐，曰"践路"（外出前的赐予和践行）；返回有劳，曰"软脚"（接风。宴饮远归之人）。

还有前来巴结攀附杨氏兄弟姊妹的各类人等（亲朋、官员、商人），争先恐后，络绎不绝，"赠送"的礼物有金钱财货、歌儿舞女、阉童、马匹与猎犬等。②

而杨氏家族因缘际会，继续联姻皇家，更紧密地攀附皇权。

---

① 《明皇杂录》卷上，第13—14页。
② 《新唐书》卷二〇六《外戚传·杨国忠》，第5849页。

1. 自杨贵妃以下，杨氏家族与皇家相互嫁娶——亲上加亲。

杨氏子弟尚（娶）二公主（皇帝女儿）、二郡主（皇太子女儿）。

太华公主，武惠妃所生，下嫁杨锜，薨于天宝年间。万春公主，杜美人所生，下嫁杨昢（杨国忠之子），又嫁杨锜，薨于代宗大历年间。①

承荣郡主，下嫁杨鑑。延和郡主，下嫁杨暄（杨国忠之子）。

2. 杨贵妃三个姐姐家也与皇室结亲——"裙带关系"再延伸。

大姐韩国夫人（丈夫崔峋，任秘书少监）的女儿，嫁皇孙（即代宗）为妃。②

二姐虢国夫人（丈夫姓裴，事迹不详）的女儿嫁宁王（明皇大哥李宪）之子为妃；儿子裴徽娶延光公主（肃宗女儿）为妻。③

三姐秦国夫人（丈夫柳澄去世早）的儿子柳钧，娶长清县主（亲王之女封县主）为妻；而柳澄之弟柳潭，娶皇太子女儿（肃宗和政公主）为妻。④

在杨氏家族兄弟姊妹中，杨铦、秦国夫人去世较早；韩国夫人、虢国夫人和族兄杨国忠显贵时间较长。在十余年时间里，因缘杨贵妃入宫得宠，其兄弟姊妹凭借"裙带关系"骤然富贵显达——令天下人羡慕不已。

《长恨歌传》曰："男不封侯女作妃，看女却为门上楣。"民间歌曰："生男勿喜女勿悲，君今看女作门楣。"《资治通鉴》胡三省注曰：

---

①《新唐书》卷八十三《诸帝公主传》，第3659页。

②《旧唐书》卷五十二《后妃传下·代宗崔妃》，第2190页。

③《旧唐书》卷五十一《后妃传上·玄宗杨贵妃》，第2181页；《唐会要》卷六《公主》，第75页。据《新唐书》卷八十三《诸帝公主传》（第3662页）：唐肃宗女儿"郜国公主，始封延光。下嫁裴徽（死于马嵬事变），又嫁萧升"。

④《旧唐书》卷五十一《后妃传上·玄宗杨贵妃》，第2181页；《新唐书》卷八十三《诸帝公主传》，第3660—3661页。

凡人作室，自外至者，见其门楣宏敞，则为壮观。言杨家因生女而宗门崇显（宗族门第崇高显赫）也。或曰：门以楣而撑拄，言生女能撑拄门户也。①

早在武周（武则天称帝）神功（697）时，苏州刺史袁谊曾议论曰：

门户须历代人贤，名节风教，为衣冠顾瞩（注目），始可称举，老夫是也。夫山东人尚于婚媾，求于禄利；作时柱石（比喻担当重任者），见危授命，则旷代无人。何可说之以为门户！②

依照袁谊的"门户"标准来衡量，杨贵妃的兄弟姊妹们可谓"注水肉"。

（一）贪婪无厌炫富贵

杨贵妃的家人从遥远的蜀中来到繁华的京师长安城，凭借"裙带关系"而"暴发"，跻身于朝廷显贵阶层，既贪婪富贵，又虚荣矫饰，极力炫耀。

每年"三朝庆贺"（正月一日，为年、月、日之始，称"三朝"），要在京城举行最为隆重的"大朝会"，文武百官、四夷酋长等朝贺皇帝，外命妇朝贺皇后。京城的高级官员，五鼓待漏（提前赶到皇宫外等候进入），按班入宫。

杨氏家族的兄弟们身穿品官朝服，姐妹们亦朝服靓妆，精心打扮。其各家皆盛饰车马，仆从盈巷，蜡炬如昼，前呼后拥，衢路争先，显示排场威风。

每年冬春天寒时节，明皇都要驾幸骊山华清宫，避寒洗浴，百官

---

① 《资治通鉴》卷二一五，唐玄宗天宝五载（746）七月胡三省注，第6991页。
② 《旧唐书》卷一九〇上《文苑传上·袁朗》附袁谊传，第4986页。按：袁谊，其家"世为冠族"，祖父袁朗，在唐太宗初年，为门下省给事中。外祖父虞世南（大书法家），为银青光禄大夫、弘文馆学士，贞观十二年（638）卒，赠礼部尚书。

随从，禁军护驾，车马队伍浩大壮观。杨氏兄妹五家也在队列之中。

> 上（明皇）将幸华清宫，[杨] 贵妃姊妹竞（竞赛）车服，为一犊车（牛车），饰以金翠，间以珠玉，一车之费，不下数十万贯。既而重甚，牛不能引（拉不动），因复上闻，请各乘马。于是竞购名马，以黄金为衔鞯（马嚼子），组绣为障泥（马鞍的垫子，以遮挡泥土），共会于国忠宅，将同入禁中，炳炳照灼，观者如堵。自国忠宅至于城东南隅，仆御车马，纷纭其间。①

杨氏每家为一队，穿一色衣服，五家合队，车马仆从，充溢数坊街路，锦绣珠玉，华鲜夺目，相互映照，如百花之焕发，若云锦之灿烂。五家再会集于杨国忠府邸——杨国忠遥领剑南节度使，以其节度使大旗为前导，极尽招摇。行进途中，有"遗钿坠舄（一种木底鞋），瑟瑟珠翠，灿烂芳馥于路"。②

杨国忠随驾在骊山华清宫，居于其私宅，每日"五鼓初起，烈火满门，将欲趋朝，轩盖如市"③。杨氏家族的豪奢挥霍生活情况，据《开元天宝遗事》记载：

> 杨国忠子弟每至上元（正月十五）夜，各有千炬红烛围于左右。

> 韩国夫人置百枝灯树，高八十尺，竖之高山，元夜点之，百里皆见，光明夺月色也。

> 杨国忠初因贵妃专宠，上（明皇）赐以木芍药数本，植于家，国忠以百宝妆饰栏楯（栏杆上的横木），虽帝宫之内不可及也。

> 杨国忠又用沉香为阁，檀香为栏，以麝香、乳香筛土和为泥

---

① 《明皇杂录》卷下，第29页。
② 《旧唐书》卷五十一《后妃传上·玄宗杨贵妃》，第2179页。
③ 《明皇杂录》卷下，第14页。

饰壁。每于春时木芍药盛开之际，聚宾友于此阁上赏花焉。［宫］禁中沉香之亭远不侔此壮丽也。

杨国忠子弟，每春至之时，求名花异木植于槛中，以板为底，以木为轮，使人牵之自转。所至之处，槛在目前，而便即欢赏，目之为"移春槛"。

杨国忠子弟恃后族之贵，极于奢侈，每春游之际，以大车结彩帛为楼，载女乐数十人，自私第声乐前引，出游园苑中，长安豪民贵族皆效之。

杨氏子弟，每至伏中，取大冰使［工］匠琢为山，周围于宴席间。座客虽酒酣而各有寒色，亦有挟纩（披着锦衣）者。其骄贵如此也。

杨国忠子弟以奸媚结识朝士，每至伏日，取坚冰令工人镂为凤兽之形，或饰以金环彩带，置之雕盘中，送与王公大臣。……

杨国忠家，以炭屑用蜜捏塑成双凤，至冬月则燃于炉中，及先以白檀木铺于炉底，余灰不可参杂也。

虢国夫人有夜明枕，设于堂中，光照一室，不假灯烛。

杨氏兄弟姊妹极力炫耀富贵，可谓古人"衣锦还乡"心态的极端表现。

（二）外戚仗势凌公主

每年正月十五（元宵节、灯节），京城以及州、县城邑皆张灯结彩，开放"宵禁"（"放夜"），听任百姓通宵达旦观灯游乐。据《旧唐书》卷二十八《音乐志一》：

每初年望（十五日）夜，［明皇］又御［兴庆宫］勤政楼，观灯作乐，贵臣戚里，借看楼（搭棚观看）观望。夜阑，太常乐府县散乐毕，即遣宫女于楼前缚架出眺歌舞以娱之。若绳戏竿木，诡异巧妙，故无其比。

> 天宝三载（744）十一月敕："每载（年）依旧正月十四、十五、十六日开坊市燃灯，永为常式。"①

所谓"依旧"，指正月十五"观灯"习俗由来已久，以京城最为盛大热闹。天宝十载（751）正月望夜，京城坊市照例大开四门，任市民出入观灯游乐。

> 杨氏［兄妹］五宅夜游，与广平公主（明皇女儿）从者争西市门。杨氏［家］奴挥鞭及公主衣，公主坠马，驸马程昌裔下扶之，亦被数鞭。公主泣诉于上（明皇），上为之杖杀杨氏奴。明日，免昌裔官，不听（不允许）朝谒。②

杨氏兄妹以及家奴仗势作威，气焰嚣张，明皇之恩宠祖护乃其"靠山"。

杨贵妃的三个姐姐经常出入宫掖，车马排场，气焰嚣张。每遇节庆时日，外命妇朝见皇帝，明皇的妹妹玉真公主（字持盈）等皆避让，不敢入班就位。

明皇的女儿建平公主、信成公主，因为与杨氏兄妹相抵触（有矛盾，关系不睦），被"追内封物，驸马都尉独孤明（信成公主丈夫）失官"。③

韩国夫人的女儿崔氏，嫁为皇孙广平郡王（即代宗）妃，也是仗势跋扈。

> 代宗崔妃，博陵安平人。父峋，秘书少监；母杨氏，韩国夫人（杨贵妃大姐）。天宝中，杨贵妃宠幸，即妃之姨母也。时韩国、虢国之宠，冠于戚里。时代宗为广平王，故玄宗选韩国之女，

---

① 《唐会要》卷四十九《燃灯》，第 1010 页。

② 《资治通鉴》卷二一六，第 7021 页。按：广平公主，《新唐书》卷八十三《诸帝公主传》作"广宁公主，董芳仪所生。下嫁程昌胤，又嫁苏克贞。薨［代宗］大历时"。

③ 《新唐书》卷七十六《后妃传上·玄宗贵妃杨氏》，第 3493 页。

嫔于广平邸，礼仪甚盛。生召王偲。初，［崔］妃挟母氏之势，性颇妒悍。及西京（长安）陷贼，母党皆诛，妃从［广平］王至灵武（今宁夏吴忠市），恩顾渐薄，达京而薨。①

天宝中，帝（代宗）为广平王，时贵妃杨氏外家贵冠戚里，……［崔］妃生子偲，所谓召王者。妃倚母家，颇骄娟（嫉妒）。诸杨诛，礼寖薄，……②

很显然，崔妃的"妒悍"性情和行为作风，与其家庭缺乏"名节风教"不无关系。她"达京而薨"，是在肃宗至德二载（757）十月，唐军收复长安、皇驾返京之后。因杨贵妃家族覆灭，其"恩顾渐薄"（失宠），去世时不到30岁。

（三）虢国夫人最骄横③

杨太真入宫被册封为"贵妃"之后，其兄弟姊妹"皆赐第京师，宠贵赫然"。天宝七载（748）十月，明皇在华清宫册封杨贵妃的三个姐姐为"国夫人"；她们出入后宫，并承恩泽，所获赏赐无数，仅每年的"脂粉费"就多达千贯钱。

杨贵妃的三个姐姐，以虢国夫人最为活跃，也最为贪婪。明皇赏赐她的"照明玑"（珍珠，圆者为"珠"，不圆者为"玑"），乃稀世珍宝。④

虢国夫人（？—756）性情放荡不羁，长期与从祖兄杨国忠私通，乃公开的秘密。二人的私宅，同在朱雀街东宣阳坊，构连甲第，土木被绨绣，栋宇之盛，京都莫比，昼会夜集，无复礼度。若遇到同时入宫谒见明皇，二人平明出门，在大街上并辔齐驱，挥鞭走马，以为谐

---

① 《旧唐书》卷五十二《后妃传下·代宗崔妃》，第2191页。
② 《新唐书》卷七十七《后妃传下·代宗贞懿皇后独孤氏》，第3500页。
③ 据两《唐书》杨贵妃本传；《资治通鉴》卷二一六，第7010—7011页。
④ 《明皇杂录·辑佚》，第66页。

谴，不避"雄狐"（好色乱伦）之刺；其从监、侍姆百余骑，火炬如昼，靓妆盈里（坊），不施帷障，衢路有市民观之，莫不骇叹。①

虢国夫人出入宫禁，时常骑一匹紫骢马，由一名眉清目秀的小宦官牵马。紫骢马之俊美健壮，小宦官之仪态端秀，皆堪称冠绝一时。②

> 虢国夫人承主恩，平明骑马入宫门。却嫌脂粉污颜色，淡扫蛾眉朝至尊。③

> ……杨氏诸姨车斗风。……虢国门前闹如市。④

杨氏姊妹贪婪无厌，多方敛财。凡十宅诸王与百孙院婚嫁，皆先以钱千缗（一千文为一缗）贿赂韩国、虢国夫人，拜托其代为奏请明皇，无不如愿。

自古及今，凡社会地位由寒微而显达，或发财致富者，皆要翻修旧宅、扩建新房，以夸耀显摆。虢国夫人正是如此，大治宅第，其栋宇之华盛，举无与比者。

她看上了已故大臣韦嗣立家在宣阳坊的宅院。一日，韦氏诸子正在家中堂庑间休息，忽见一位穿黄罗帔衫的夫人，从步辇上下来，后面跟着数十名侍婢，走进门来，笑语自若，问道："闻此宅欲货（卖），其价几何？"韦氏诸子回答："先人旧庐，所未忍舍。"根本没有这回事。双方正说着话，已经涌进来数百名工徒，上房揭瓦，开始拆毁旧屋。韦氏子被迫让家童将琴书等搬出来，委于路中。

而虢国夫人仅用十来亩空闲地给韦家作为补偿，对其旧宅一无

①《旧唐书》卷一〇六《杨国忠传》，第3245页；《旧唐书》卷五十一《后妃传上·玄宗杨贵妃》，第2179页；《新唐书》卷七十六《后妃传上·玄宗贵妃杨氏》，第3495页。

②《明皇杂录》卷下，第29—30页。

③《全唐诗》卷五一一张祜（唐后期诗人）《集灵台》二首之二，第5883页。

④《全唐诗》卷四一九元稹《连昌宫词》诗句，第4625页。

所酬。

　　虢国夫人雇用土木工匠和民工，昼夜施工，为自己建造新宅。中堂建成之后，招请工匠圬墁（涂饰墙壁。旧谓"抹细泥"），约定工钱二百万。工匠们皆手艺高超，干活特别精细，完工之后，复求给予赏钱，虢国夫人以绛罗（一种稀疏而轻软的深红色丝织品）500 段赏之。工匠们嗤之以鼻，曰："请取蟋蟀、蜥蜴，记其数放置在堂中，关好门过一夜，假如少了一个，我们都不敢受赏。"

　　在天宝十五载（756）六月"马嵬事变"中，杨贵妃家族被诛杀。次年（肃宗至德二载），唐军收复西京后，韦氏老宅院"发还"韦氏诸子。有一次遭遇暴风（龙卷风），大树被连根拔起，砸在中堂顶上，竟然无甚损毁，掀开房顶的瓦片，才发现下面皆承以木瓦，非常坚固。虢国夫人与杨氏兄弟姊妹的宅第建造之精致，皆此类也。[①]

　　可见，虢国夫人恃恩骄横，贪婪而奢侈，待人接物却是极为吝啬刻薄。

（四）杨慎矜案"导火索"

　　天宝六载（747）十一月，隋炀帝的玄孙杨慎矜（任户部侍郎，正四品下）与兄杨慎馀（任少府少监，从四品下）及弟杨慎名（任洛阳县令，正五品上），并为右相（中书令）李林甫和御史中丞王铁构陷，兄弟三人皆下狱死。[②]

　　而骄横贪婪的虢国夫人，就是引发这起"大狱"的"导火索"。

　　杨慎矜三兄弟皆仪表秀伟，有学识才干，勤恪清白，以慎矜为最，

---

①《明皇杂录》卷下。参看〔清〕徐松撰，李健超增订《最新增订唐两京城坊考》，三秦出版社，2019 年，第 108 页。

②本节据《旧唐书》卷九《玄宗本纪下》，第 221 页，卷一○五《杨慎矜传》，第 3225—3228 页；《新唐书》卷一三四《杨慎矜传》，第 4562—4564 页；《资治通鉴》卷二一五，第 6998—7001 页。

受到明皇赏识恩顾。当时，右相李林甫把持朝政，而杨慎矜迁拜不由其门，亦不阿附其权势（在官场上引身中立，候望形势），心中颇为不悦，遂"浸忌之"（逐渐妒忌）。

王铁之父王缙，与杨慎矜为"中外（表）兄弟"，是故在官场上，杨慎矜对表侄王铁"亦有推引"，虽为同列（同僚），常以晚辈待之，直呼其名。而王铁自恃依附右相李林甫，心中颇为不平。还有，杨慎矜曾夺占王铁的职分田①；王铁的母亲出身低贱，杨慎矜却不为之隐讳，反而告诉他人，令王铁深感羞辱，遂衔恨于心。李林甫闻知两人关系不睦，遂指使王铁暗中伺察能"构陷"杨慎矜的"把柄"。

杨慎矜之父杨崇礼，生前曾任太府寺少卿（从四品上）等职务，去世后葬于京城东南的少陵原。天宝六载（747）中，其墓地发生了特别诡异的情况。

> 封域（坟陵、墓田）之内，草木皆流血。守〔墓〕者以告，慎矜大惧，问史敬忠。忠有〔法〕术，谓慎矜可以禳之免祸（祭祀鬼神以祈求消灾避祸）。乃于慎矜后园大陈法事（宗教性仪式），〔慎矜〕罢朝归，则裸袒桎梏（赤身戴刑具），坐于丛棘（荆棘丛中）。如是者数旬，而流血亦止。……②

杨慎矜与史敬忠（还俗胡僧）友善，常相游处。史敬忠作法禳灾生效，杨慎矜特别感谢，以侍婢明珠相赠。明珠年青有美色，史敬忠心中喜爱，被杨慎矜察觉。

史敬忠骑马、明珠乘车，路过虢国夫人宅第门前。而虢国夫人也认识史敬忠，从临街楼上看见，使仆人拦车问曰："何得从车乎?"史敬忠还未答话，仆人就揭开车帘，看见了美女明珠。虢国夫人一听仆

---

① 职分田（禄田），按官品级别授予，借民佃耕，以地租收入作为官员俸禄的一部分。
②《明皇杂录·逸文》，第52页。

人回话，立即强邀史敬忠上楼作客，曰："后车美人，请以见遗（赠送给我）。"不由史敬忠分说，就叫使人把明珠所乘车子牵进了家门。而史敬忠畏惧虢国夫人和杨家权势熏天，不敢有半点拒绝。

在当时，私家奴婢属于"贱民"阶层，"律比畜产"——是其主人的私有财产，可以合法买卖（须经官府审查，发给正式契约文书），也可作为礼物赠送他人。

虢国夫人自恃皇恩，蛮横霸道，强夺他人奴婢，犹如盗寇。

更令人惊异者，由此引发了"连锁反应"——次日，虢国夫人入宫，以美女明珠为随身侍婢。明皇见而异之（以前未见过明珠），遂问其来历。明珠不敢有所隐瞒，将自己的婢女身份、杨慎矜"禳灾"（"厌胜"）事由经过，俱如实禀告。

明皇闻言大怒，命宰相李林甫严加追查。于是，李林甫借机"落井下石"，与王铁、杨钊（国忠）等人，会同刑部、大理寺、御史台官员"同鞫"（审案）；酷吏吉温（任京兆府士曹）赶赴汝州（今河南汝州市）逮捕史敬忠，威逼其作伪证，构成"大狱"："云［杨］慎矜是隋家子孙，心规克复（复辟）隋室，故蓄异书（谶书），与凶人来往，而说国家休咎（吉凶、祸福）。"杨慎矜兄弟三人皆被"赐死"，亲属长流岭南道诸郡（州），家财没官；同僚、亲戚与史敬忠"连坐"（决重杖、贬官流放）者数十人。

第七章　杨贵妃"出宫"风波

杨太真从天宝三载（744）入宫、四载（745）册封为贵妃，到十五载（756）死于"马嵬事变"的十余年间，宠冠六宫，礼遇如同皇后。但在此期间，她与唐明皇的夫妻关系并非一直"琴瑟和鸣"，还曾发生过两次比较大的矛盾——"被谴"出宫。

但令后世感到疑惑的是，唐明皇并没有采取惯常的处置方式，将其废为"庶人"打入冷宫，或直接"赐死"宫中。尤其是经过这两次短暂的"出而复返"风波之后，杨贵妃不仅未被"冷落"，反而"恩宠愈隆"。其中缘由颇值得探究。

一、两次"被谴"出皇宫

杨贵妃第一次"出宫"风波，发生在天宝五载（746）七月——获得"册封"（后宫正式名号地位）之后不到一年时间，但整个事态过程仅有两天时间就平息了。

（一）"妒悍不逊"送出宫

先看杨贵妃第一次"出宫"风波的诸史记载，再作分析探究。

> ［天宝］五载（746）七月，贵妃以微谴送归杨铦宅（在崇仁坊①），比至亭午，上（明皇）思之不食。高力士探知上旨，请送贵妃院供帐、器玩、廪饩（食物原料）等办具百余车，上又分御

---

① 崇仁坊，西邻皇城，东邻胜业坊；胜业坊东邻兴庆宫，北邻安兴坊。

馔以送之。帝（明皇）动不称旨，暴怒笞挞左右。力士伏奏请迎贵妃归院。是夜，开安兴里门（东邻兴庆宫）入内，［贵］妃伏地谢罪，上（明皇）欢然慰抚。翌日，韩［国］、虢［国夫人］进食（进献食物），上（明皇）作乐终日，左右暴有赐与。自是［贵妃］宠遇愈隆。①

它日，［杨贵］妃以谴还［杨］铦第，……高力士欲验（试探）帝意，乃白以殿中供帐、司农酒饩百余车送妃所，帝（明皇）即以御膳分赐。力士知帝旨，是夕，请召妃还，下钥安兴坊门驰入。妃见帝，伏地谢，帝释然，抚慰良渥。……由是愈见宠，赐诸姨（贵妃诸姐）钱岁百万为脂粉费。②

五载七月，妃子以妒悍忤旨。乘单车，令高力士送还杨铦宅。……力士探旨，奏请载还，送［贵妃］院中宫人衣物及司农米面酒馔百余车。［贵妃］诸姊及［杨］铦初则惧祸聚哭，及恩赐浸广，御馔兼至，乃稍宽慰。……既夜，遂开安兴坊，从太华［公主］宅以入③。及晓，玄宗见之内殿，大悦。贵妃拜泣谢过。因召两市（东、西市）杂戏以娱贵妃。贵妃诸姊进食作乐。自兹恩遇日深，后宫无得进幸矣。④

至是，妃以妒悍不逊，上（明皇）怒，命送归兄［杨］铦之第。……及夜，力士伏奏请迎贵妃归院，遂开禁门而入。自是

---

①《旧唐书》卷五十一《后妃传上·玄宗杨贵妃》，第 2179 页。

②《新唐书》卷七十六《后妃传上·玄宗贵妃杨氏》，第 3493—3494 页。

③据《旧唐书》卷五十一《后妃传上·玄宗贵妃》。按：太华公主，武惠妃所生，下嫁杨锜（杨贵妃堂兄），"礼遇过于诸公主，赐甲第，连于宫禁"。所赐宅第在兴庆宫之西安兴坊，便于出入。参看〔清〕徐松撰，李健超增订《最新增订唐两京城坊考》，三秦出版社，2019 年，第 79 页。

④〔宋〕乐史《杨太真外传》卷上 //《开元天宝遗事十种》，上海古籍出版社，1985 年。

恩遇愈隆，后宫莫得进矣。①

所谓"微谴"（小罪过）与"谴"，皆比较笼统，具体情由含糊不明；所谓"妒悍"比较具体——后宫嫔妃之间相互争宠（争风吃醋），是经常发生的"故事"；而"不逊"，是指言语行为粗陋（冲撞）。依据上揭史料，可获以下几点认识：

1. 杨贵妃第一次"被谴"出宫，发生在她受册"贵妃"的次年，她还未完全适应后宫的"政治生态环境"，不能与众嫔妃"和平相处"。因为，皇帝贵妃地位之尊贵，与亲王（皇子）妃相差悬殊，不可同日而语。

2. 宦官首领高力士的态度比较积极。他"探知帝意"（看出了端倪）——明皇直到正午还无心思吃饭，乱发脾气，责罚左右。于是，就先试探明皇的心意，然后奏请迎贵妃回宫。高力士经常在明皇身边陪侍供奉，善于察言观色，揣摩圣意，处事谨慎，其为人处世的立场和出发点，始终是站在明皇（皇权）一边。

3. 翌日，杨贵妃的两个姐姐（韩国、虢国夫人）入宫"进食"②，明皇作乐终日，心情转好，并对二人大加赏赐。这次风波时间短暂，可谓"有惊无险"。

4. 明皇未采取断然处置，颇耐人寻味。杨贵妃被"遣送出宫"之后，明皇情绪失常，焦躁暴怒——62岁的老皇帝已经离不开28岁的杨贵妃了。

而杨贵妃因为"妒悍"竟然敢对明皇"不逊"，可见与其"争宠

---

① 《资治通鉴》卷二一五，第6992页。

② 按："进食"，是当时诸公主相互仿效的一种风气（孝敬、讨好父皇）。"天宝中，诸公主相效（相互仿效）进食，上（明皇）命中官袁思艺为检校进食使，水陆珍羞数千，一盘之贵，盖中人十家之产。中书舍人窦华尝因退朝，遇公主进食，方列于通衢，乃传呵按辔，行于其间。宫苑小儿数百人奋梃（木棒）而前，〔窦〕华仅以身免。"据《明皇杂录》卷下，第47页。又见《资治通鉴》卷二一六，第7017页。

吃醋"的对手的地位不可小觑——究竟是谁？史无明文可稽，亦不可妄测。

（二）"忤旨"真相费猜疑

杨贵妃第二次"出宫"的整个过程，与第一次相比，时间也不算很长。但是，事态的严重程度，却明显超过了第一次。

天宝九载（750），贵妃复忤旨，送归外第。时吉温与中贵人善，温入奏曰："妇人智识不远，有忤圣情，然贵妃久承恩顾，何惜宫中一席之地，使其就戮，安忍取辱于外哉！"上（明皇）即令中使张韬光赐御馔，[贵]妃附韬光泣奏曰："妾忤圣颜，罪当万死。衣服之外，皆圣恩所赐，无可遗留，然发肤是父母所有。"乃引刀剪发一缭附献。玄宗见之惊惋，即使力士召还。①

天宝九载（750），妃复得谴还外第，[杨]国忠谋于吉温。温因见帝（明皇）曰："妇人过忤当死，然何惜宫中一席广为铁锧（斩人刑具）地，更使外辱乎？"帝感动，辍食，诏中人张韬光赐之。妃因韬光谢帝曰："妾有罪当万诛，然肤发外皆上所赐，今且死，无以报。"引刀断一缭发奏之，曰："以此留诀。"帝见骇惋，遽召入，礼遇如初。因又幸秦国[夫人]及国忠第，赐两家巨万。②

太真妃常因妒媚（妒忌、逢迎取悦），有语侵上（明皇），上怒甚，召高力士以辎軿（规格等级比较低的乘车）送其家。妃悔恨号泣，抽刀剪发授力士曰："珠玉珍异，皆上所赐，不足充献，唯发父母所生，可达妾意，望持此伸妾万一慕恋之诚。"上（明

---

① 《旧唐书》卷五十一《后妃传上·玄宗杨贵妃》，第2180页。
② 《新唐书》卷七十六《后妃传上·玄宗贵妃杨氏》，第3494页。

皇）得发，挥涕悯然，遽命力士召归。①

[九载]（750）二月，杨贵妃复忤旨，送归［宫外］私第。……上（明皇）遽使高力士召还，宠待益深。②

所谓"常因妒媚，有语侵上"，可谓"醋劲很大"，言语冒犯龙颜。杨贵妃从小喜欢歌舞，活泼好动，性格外向（关中俗谓"阳性子人"），遇到"气不顺"的事情，就会按捺不住，必欲发泄而后快——不考虑后果，先"出口恶气"。

皇帝后妃之间的"争宠吃醋"行为，有明争、暗斗两种手段。其"暗斗"为背后恶意造谣，诋毁名声；见面时"横眉冷脸"，互不理睬。其"明争"就是公开地恶言相向（指桑骂槐、唱街骂道），甚至不顾体统而直接"大打出手"。

而"忤旨"，即违逆圣旨，显然比"微谴"与"妒悍不逊"严重得多——杨贵妃"引刀剪发"以示诀别，就是最好的说明。但其"忤旨"的具体事由，史载语焉不详。

上揭史料有一个细节：杨贵妃被"遣送"还家，乘坐"辎軿车"——有帷盖（遮蔽风雨）的普通牛车，既可乘人（多为妇女）也可载物。③

前文已述，杨贵妃在宫中享受的礼遇"一同皇后"。可想而知，当杨氏家人看到坐着辎軿车被"遣送"归家的贵妃时，立刻就会明白

---

① ［唐］郑綮《开天传信记》//《开元天宝遗事十种》，上海古籍出版社，1985 年。按：郑綮（？—899），以进士登第，历官户部、刑部诸司郎中、州刺史，昭宗时拜相，以太子少保致仕。

②《资治通鉴》卷二一六，第 7016—7017 页。

③ 据《唐六典·内侍省·内仆局》与《旧唐书·舆服志》，后妃的乘车规格（等级）是：凡皇后之车有六（皆驾马），其三曰翟车，归宁（省亲）用之；六曰金根车，常行用之。"内命妇，夫人乘厌翟车，嫔乘翟车，婕妤已下乘安车，各驾二马。"乘坐马车或牛车，其等级差别一望便知。

"出大事"了。

1. 杨氏家族中出面奔走、竭力挽回事态的人，有秦国夫人（杨贵妃三姐）和杨国忠——处于"主心骨"地位并发挥了主要作用。但他请托"关系"为之说情的人，并非宦官首领高力士，而是户部郎中（从五品上）吉温。[①]

上述吉温的奏言，婉转巧妙，让明皇盛怒缓解，也有"台阶"可下。

2. 杨贵妃心里清楚事态的严重性。杨氏家族因为她的一时任性，即将"跌落云端"甚或有"灭顶之祸"，再来一次痛哭流涕肯定无效，遂采取"截发诀别"之策，企图缓和事态，挽回明皇心意——犹如赌博场上的"孤注一掷"。

其事态再次上演了"戏剧性"结局——老皇帝还是无法割舍杨贵妃。

3. 高力士在杨贵妃第二次"出宫"风波中的态度，与第一次明显不同。他只是在明皇心意转变之后，奉命将杨贵妃接回兴庆宫中。高力士观望形势而采取了中立态度，是因为深知其中的利害关系、性质严重程度。

由此推测，杨贵妃第二次"出宫"风波，其缘由可能并非一般的"争宠吃醋"，也许具有明显的"政治性质"——触犯了某个敏感的"政治问题"。

然而，宫闱秘事，旧史隐讳不载，遂成千古悬案。今人猜测、推

---

① 吉温其人，"谲诡能诇事人，游于中贵门，爱若亲戚。……早以严毒闻，频知诏狱，忍行枉滥，推事未讯问，已作奏状，计赃数"。其为人狡黠善变，精于钻营投机，望风使舵，且性情残忍，是个名副其实的"酷吏"。他先后依附宰相李林甫、巴结宦官首领高力士、附会蕃族大将安禄山、交通杨国忠为其出谋划策。据《旧唐书》卷一八六下《酷吏传下·吉温》，第4854—4857页。

理，尝试破解，乃学术研究应有之义。即便最终"无解"，也属正常之事。①

二、"争宠者"旧说辩证

杨贵妃两次"被谴出宫"是与何人"争宠"？正史无明文记载。

据唐宋笔记杂说和诗咏，其"争宠"对手有两人，一是唐明皇的另一个妃子江采蘋（"梅妃"）——这符合一般情理逻辑，皇帝后宫的"争宠"必在后妃之间。二是杨贵妃的二姐虢国夫人——宫外的姐姐竟然与宫内的妹妹"争宠吃醋"，这显然属于比较特殊的情况。但是，经过爬梳史料，仔细推敲，二者皆属似是而非。

（一）"梅妃故事"系伪造

唐明皇"梅妃"生平事迹，见无名氏撰《梅妃传》。但此书在《新唐书》《宋史》艺文志，以及南宋人的书目《郡斋读书志》《直斋书录解题》中，皆未见著录。② 学术界已有研究定论，此书乃宋代人的伪造之作。③ 以下引录《梅妃传》的主要内容（时间、地点、人物

---

① 例如，在今陕西乾县乾陵（唐高宗与武则天的合葬墓），有一座巨型的"无字碑"——是否为武则天所立？为何"无字"？至今仍是众说纷纭，莫衷一是。

② 按：清代《唐人说荟》本《梅妃传》，题作"曹邺著"。曹邺（约816—约875），晚唐诗人，桂州阳朔（今属广西）人，唐宣宗大中四年（850）举进士及第。鲁迅先生指出："今本或题唐曹邺撰，亦明人妄增之。"据鲁迅《中国小说史略》，上海古籍出版社，2004年，第90页。

③ 参看卢兆荫《"梅妃"其人辨》//《学林漫录》第九集，中华书局，1984年；黄永年《杨贵妃和她的故事》，《中国典籍与文化》1993年第2期；许道勋、赵克尧《唐玄宗传》第十五章第二节，人民出版社，1993年。

故事情节)①，并作针对性的"辨伪"考证。②

1. 正史记载无"梅妃"。据两《唐书·后妃传》、《唐会要》等，唐明皇的后妃中无"梅妃"（江采蘋）。被武惠妃谗言害死的李瑛、李瑶、李琚（"三庶人"）的生母赵丽妃、皇甫德仪、刘才人等，正史皆有记载，真有"梅妃"缘何讳而不书？

> 梅妃，姓江氏，莆田（今属福建）人。父仲逊，世为医。妃年九岁，能颂二《南》（《诗经·国风》之《周南》《召南》），语父曰："我虽女子，期以此为志。"父奇之，名之曰采蘋。开元（713—741）中，高力士［出］使闽、粤，妃笄矣③。见其少丽，选归。侍明皇，大见宠幸。长安大内（太极宫）、大明、兴庆三宫，东都大内（洛阳宫）、上阳两宫，几四万人④，自得［梅］妃，视如尘土。宫中亦自以为不及。妃能属文，自比谢女（东晋女诗人谢道韫）。尝淡妆雅服，而姿态明秀，笔不可描画。性喜梅，所居栏槛，悉植数株，上（明皇）榜曰"梅亭"。梅开赋赏，至夜分尚顾恋花下不能去。上（明皇）以其所好，戏名曰"梅妃"。妃有《萧兰》《梨园》《梅花》《凤笛》《玻杯》《剪刀》《绮窗》七赋。

《梅妃传》所云"开元中，高力士［出］使闽、粤"，史无明文可

---

① 无名氏《梅妃传》//《开元天宝遗事十种》，上海古籍出版社，1985 年。

② 众所周知，构成完整"历史知识"的基本要素有时间、空间（地点）和人物及其活动——确认、理解"真实历史"的基本"抓手"。常识性的历史知识常常比特殊的历史事实更具有"可检验性"，而辨别"伪书"的方法之一，就是"内证法"（以其矛攻其盾），找出其自相矛盾的"硬伤"。

③ 笄，簪子，古人用来束发或固定弁、冕。也指女子成年之时，行插笄之礼。据《礼记·内则》："十有五年而笄，二十而嫁。"

④ 据《唐会要》卷三《出宫人》：唐太宗"贞观二年（628）春三月，中书舍人李百药上封事曰：'……窃闻大安宫及掖庭内，无用宫人，动有数万，……'"又据《新唐书》卷二〇七《宦者传·序》：唐玄宗"开元、天宝中，宫嫔大率至四万［人］，……"

稽。而如此编造之缘由，一是唐代宦官奉命出使各地，极为常见；二是高力士其人为宦官首领，是唐明皇身边的亲信（忠实的"老奴"），曾经多次"奉命选美"。

"梅妃"与"梅亭"名头如此之大，但在记载长安、洛阳皇宫建筑的地理书（《长安志》《唐两京城坊考》等）中，却找不到"梅亭"所在何处。

> 是时，承平岁久，海内无事，上（明皇）于兄弟间极友爱，日从燕闲，必［梅］妃侍侧。上命破橙往赐诸王，至汉邸，潜以足蹴（踩、踏）妃履（鞋），妃登时退阁。上命连宣，报言："适履珠脱缀，缀竟当来。"久之，上亲往命妃。妃拽衣迓（迎）上，言胸腹疾作，不果前也，卒不至，其特宠如此。

> 后上（明皇）与妃斗茶，顾诸王戏曰："此梅精也。吹白玉笛，作《惊鸿》舞，一座光辉。斗茶今又胜我矣。"妃应声曰："草木之戏，误胜陛下，设使调和四海，烹饪鼎鼐，万乘自有宪法，贱妾何能较胜负也。"上大喜。

《梅妃传》云"笄矣"（15岁），于"开元中"被选入宫，但无具体年份。梅妃的年岁，可据"上（明皇）于兄弟间极友爱，日从燕闲，必［梅］妃侍侧"进行考论。先列出表格（据两《唐书》玄宗本纪、睿宗诸子传），以便判断。

明皇兄弟（诸王）		亡故时间顺序
六郎	隋王李隆悌	早薨。追封隋王
二郎	申王李㧑（成义）	开元十二年（724）十一月薨
四郎	岐王李范（隆范）	开元十四年（726）四月薨
五郎	薛王李业（隆业）	开元二十二年（734）七月薨
大郎	宁王李宪（成器）	开元二十九年（741）十一月薨

由此推论：梅妃被选入宫的时间，必在申王李㧑（成义）

去世——开元十二年（724）十一月之前。若梅妃在开元五年（717）被选入宫，则杨玉环（719—756）尚未出生；若梅妃在开元十年（722）被选入宫，杨玉环才4岁。

如此，梅妃与杨贵妃的年龄差距为11至16岁。天宝四载（745），杨太真被册封为"贵妃"时27岁。而梅妃38至43岁，乃"徐娘半老"且无生育（非"母以子贵"），如何能与杨太真"争宠"！在隋唐时代，女子大多"早婚"（15岁左右），在40岁当奶奶者并不稀罕。而年龄差距对于后宫嫔妃，乃"隐形杀手"。

由此可见，《梅妃传》的作者不谙旧史，率尔编造，哗众取宠。

> 会太真杨氏入侍，宠爱日夺，上（明皇）无疏意。而二人相嫉，避路而行。上方之英、皇（女英、娥皇。传说为唐尧之女，同嫁虞舜为妃），议者谓广狭不类，窃笑之。太真忌而智，[梅]妃性柔缓，亡（无）以胜。后竟为杨氏迁于上阳东宫（在东都洛阳禁苑东面）。后上（明皇）忆[梅]妃，夜遣小黄门灭烛，密以戏马召妃至翠华西阁（长安西内苑有翠华殿），叙旧爱，悲不自胜。既而上（明皇）失寤，侍御惊报曰："妃子（杨太真）已届阁前，当奈何？"上披衣，抱[梅]妃藏夹幕间。太真既至，问："梅精安在？"上曰："在东宫。"太真曰："乞宣至，今日同浴温泉。"上曰："此女已放屏，无并往也。"太真语益坚，上顾左右不答。太真大怒曰："肴核狼藉，御榻下有妇人遗舃（木底鞋），夜来何人侍陛下寝，欢醉至于日出不视朝？陛下可出见群臣，妾止此阁以候驾回。"上（明皇）愧甚，拽衾向屏复寝曰："今日有疾，不可临朝。"太真怒甚，径归私第。上顷觅[梅]妃所在，已为小黄门送令步归东宫。上怒斩之。遗舃并翠钿命封赐[梅]妃。妃谓使者曰："上弃我之深乎？"使曰："上非弃妃，诚恐太真恶情耳。"妃笑曰："恐怜我则动肥婢情，岂非弃也？"妃以千金寿高力士，求词人拟司马相如为《长门赋》，欲邀上意。力

士方奉太真，且畏其势，报曰："无人解赋。"妃乃自作《楼东赋》，……

太真闻之，谓明皇曰："江妃庸贱，以庾词（隐语）宣言怨望，愿赐死。"上（明皇）默然。会岭表使归，［梅］妃问左右："何处驿使来，非梅使耶？"对曰："庶邦贡杨妃果实（荔枝）使来。"［梅］妃悲咽泣下。上在花萼楼，会夷使至，命封珍珠一斛密赐［梅］妃。妃不受，以诗付使者，曰："为我进御前也。"［诗］曰：

柳叶双眉久不描，残妆和泪湿红绡。

长门自是无梳洗，何必珍珠慰寂寥。

上览诗，怅然不乐，令乐府以新声度之，号《一斛珠》，曲名始此也。

唐明皇自开元二十四年（736）以后，长住关中直到"安史之乱"爆发（755），不复东巡洛阳。杨贵妃入宫得宠十余年，自然是在西京长安。

《梅妃传》云：杨贵妃"忌而妒"，竟擅自将梅妃"迁于上阳东宫"——在东都洛阳禁苑内。如此，若唐明皇背着杨贵妃，在夜晚召见梅妃（犹如偷情），她要骑乘"戏马"（舞马）从洛阳回到长安——如何能一夜"飞行"八百余里？

杨贵妃与梅妃"争宠吃醋"，蛮横霸道，犹如乡野泼妇"母老虎"；而唐明皇则羞愧唯诺，如同怕老婆的"妻管严"。果真如此，又何来杨贵妃两次"被遣出宫"风波？将等级森严的后宫秩序，"伴君如伴虎"的宫闱政治生态，等同于市井闾里草民阶层社会。套用现今的一句流行话，纯粹是"狗血剧情"！

所云"［杨］太真怒甚，径归私第"，如同民间市井夫妻之间闹矛盾，受了委屈，一气之下就要"回娘家"——完全不懂皇帝后宫（数重高墙深院）"警卫制度"之森然严厉（详见后文）。而且，皇帝本人也不能随便出宫,因为"皇帝的人身安全"是警卫制度的核心。至于嫔妃们"径归私第",则是根本不允许的行为!

> 后[安]禄山犯阙,上(明皇)西幸,太真死。及东归,寻[梅]妃所在,不可得。上悲谓兵火之后,流落他处,诏有得之,官二秩,钱百万,搜访不知所在。

> 上(明皇)又命方士飞神御气,潜经天地,亦不可得。有宦者进其画真(画像),上言似甚,但不活耳。诗题于上,曰:

> 忆昔娇妃在紫宸,铅华不御得天真。

> 霜绡虽似当时态,争奈娇波不顾人。

> 读之泣下,命模像刊石。后上(明皇)暑月昼寝,仿佛见[梅]妃隔竹间泣,含涕障袂,如花朦雾露状。妃曰:"昔陛下蒙尘,妾死乱兵之手,哀妾者埋骨池东梅株傍。"上骇然流汗而寤。登时令往[大明宫]太液池发视之,不获。上益不乐,忽悟[临潼骊山]温泉池侧有梅十余株,岂在是乎?上自命驾,令发视,才数株,得尸,裹以锦袍,盛以酒槽,附土三尺许。上大恸,左右莫能仰视。视其所伤,胁下刀痕。上自制文诔(哀悼)之,以妃礼易(改)葬焉。

因梅妃被"迁于上阳东宫",后"死乱兵之手"(被安禄山叛军杀害)。但其尸骨却是在临潼温泉池(华清池)东找到的——明皇昼寝,梅妃托梦!

由此可见,《梅妃传》不仅存在着时间之"穿越"、空间之"错位"问题,还有明显的"神话"色彩——如此荒诞的故事情节,其可信乎?

2. 虚构编造之来源。梅被"迁于上阳东宫"的故事情节,显然是套用中唐大诗人白居易的"新乐府"之一《上阳人》(《上阳白发人》,愍怨旷也)。

> 天宝五载(746)已后,杨贵妃专宠,后宫人无复进幸矣。六

宫有美色者，辄置别所，上阳［宫］是其一也，［德宗］贞元
（785—805）中尚存焉。

　　上阳人，红颜暗老白发新。绿衣监使守宫门，一闭上阳多少
春。玄宗末岁初选入，入时十六今六十。同时采择百余人，零落
年深残此身。忆昔吞悲别亲族，扶入车中不教哭。皆云入内便承
恩，脸似芙蓉胸似玉。未容君王得见面，已被杨妃遥侧目。妒令
潜配上阳宫，一生遂向空房宿。……①

而《上阳人》与《长恨歌》一样，属于"诗笔"而非"信史"！

唐代皇帝后宫的宫人（宫女）多达数千上万，担负各种杂役劳
作，她们的社会法律地位属"官奴婢"，其"名籍"由宦官机构内侍
省掖庭局管理。②

白居易诗歌中的"上阳宫人"在 16 岁时被选入宫，乃是普通宫
女，并非受册封、有名号的皇帝嫔妃，根本无资格与杨贵妃"争宠"。
即便有年青美貌的宫女被皇帝"宠幸"，甚至生育儿女，也未必就能
彻底改变其命运。③

"梅妃"的死亡（遇害）时间、地点、"悬赏"寻访无果等，与广
平王（代宗）沈妃（德宗生母）的遭遇，具有很大"相似性"——虚
构人物之"原型"。

据《旧唐书》卷五十二《后妃传·代宗睿真皇后沈氏》：明皇开
元末年，

［沈氏］以良家子选入东宫，赐太子（即肃宗）男广平王
（即代宗）。天宝元年（742），生德宗皇帝。禄山之乱，玄宗幸
蜀，诸王、妃、［公］主从幸不及者，多陷于贼（叛军），［沈］

---

①《全唐诗》卷四二六，第4704页。

②《唐六典》卷十二《内侍省·掖庭局》，第358页。

③参看高世瑜《唐代妇女》第二章之"宫人"小节，三秦出版社，2011年，第27页。

后被拘于东都（洛阳）掖庭。及代宗（广平王）破贼，收东都，见之，留于宫中，方经略北征，未暇迎归长安。俄而史思明再陷河洛。及［史］朝义败，复收东都，失［沈］后所在，莫测存亡。代宗遣使求访，十余年寂无所闻。德宗即位，……遥尊圣母沈氏为皇太后，……①

在"安史之乱"中，沈妃被叛军从西京长安掳掠到东都洛阳——洛阳城两度失陷与收复，历遭战火摧残，百姓流离失所，而沈妃则不幸"失踪"。历经代宗、德宗两朝多年寻访查找，仍"生不见人，死不见尸"，只得不了了之。

而"梅妃故事"也是在"安史之乱"中、在洛阳宫中"死乱兵之手"。但其尸骨最终却在临潼温泉池（华清池）侧的梅树之下找到了——离奇而圆满。

唐明皇"命方士飞神御气"（装神弄鬼）寻找梅妃、题诗于梅妃画像之上、又"命模像刊石"等情节，皆"抄袭"《长恨歌》《长恨歌传》等诗文。

唐明皇"以妃礼易葬焉"——"改葬梅妃"之情节，乃是借用"真实的历史故事"——明皇欲"礼葬杨贵妃"而未能如愿（详见第九章）。

由此可曰："梅妃"乃"借尸还魂"之虚构人物也。

（二）虢国夫人非"情敌"

杨贵妃的三个姐姐，皆才貌修整，工于谑浪（戏谑放浪），巧会旨趣；明皇呼之为"姨"，并封为"国夫人"，并承恩泽。三人出入宫掖不禁，移时方出。

其二姐虢国夫人，最为泼辣而放浪，贪婪而蛮横。还在蜀中时，

---

① 《旧唐书》卷五十二《后妃传·代宗睿真皇后沈氏》，第2188—2189页。

其夫死寡居，就与族兄杨钊（国忠）勾搭成奸。及至到了京城后，两人宅第相邻（虢国夫人居宣阳坊之左，杨国忠宅第在其南①），私情如故，不避人言。

正是由于虢国夫人任情放荡，在"男女关系"上不检点，遂成为后人猜测（或编排风流故事）的"焦点"对象——对明皇"骚情"，与贵妃"争宠"。

这种说法（观点）虽不能说完全是空穴来风，但同样经不起严格审查。

1. 虢国夫人非皇帝嫔妃，亦非后宫女官，居于宫外，但能经常"出入宫掖"。在唐后期诗人张祜笔下，其神气情态可谓恃恩骄横，目中无人，不可一世。

> 虢国夫人承主恩，平明骑马入宫门。
>
> 却嫌脂粉污颜色，淡扫蛾眉朝至尊。②

虢国夫人平明入宫，"素面"朝见天子，并无正经"公事"，除同妹妹杨贵妃聊天玩乐、献殷勤讨好明皇之外，肯定还有别的"故事"——后人借此引申演绎（发挥想象力），尤其在"男女关系"方面——唐明皇"寡人好色"，荒政误国；虢国夫人水性杨花，生活放浪，于是两人勾搭成奸。常人猎奇，对男女风情津津乐道，一个人望风捕影，道听途说，旁听者添盐加醋，围观起哄。俗谓"看热闹的不嫌事大"。

众所周知，男女之间发生"婚外偷情"，必须有"私密"的时间和空间。但是，虢国夫人"入宫"时间在白天，她在宫内的活动基本是"公开透明"的。

---

① 〔清〕徐松撰，李健超增订《最新增订唐两京城坊考》，三秦出版社，2019 年，第 108 页。

② 《全唐诗》卷五一一张祜《集灵台》二首之二，第 5883 页。

皇帝"坐朝听政",百官上奏议论国事,决断大政方针,在皇帝身边,随时有宦官和宫女侍奉,还有"史官"(起居郎、起居舍人①)专门负责记录皇帝每日言行——众目睽睽之下,哪里有"私密"机会干男女苟且之事!

唐朝的"宫禁制度":宫城的宫门、院门与宫殿门,皆有禁军值勤警戒,臣下入宫觐见皇帝,要经过严格检查——皇帝人身安全乃"国家大事"。凡官员进宫,有严格的"门籍"(记名牌)制度②,无"门籍"者要有皇帝"特诏"(通行证)。

2. 虢国夫人出入宫掖,有另一类"公事"——充当皇家"媒婆"。

> 十宅诸王百孙院婚嫁,皆因韩〔国〕、虢〔国夫人〕为绍介,仍先纳赂千贯,而奏请罔(无)不称旨(符合皇帝旨意)。③

由此可见,虢国夫人贪婪成性,经常入宫奔走,热衷于"捞钱"。

3. 从古至今,淫奔、贿赂等龌龊之事,皆非光彩行为,见不得"阳光",必须谨慎保密,绝不能让局外人知晓——最好的办法就是采取"夜间行动"。

---

① 据《唐六典》卷八《门下省》:"起居郎二人,从六品上。起居郎掌录天子之动作法度,以修记事之史。"卷九《中书省》:"起居舍人二人,从六品上。起居舍人掌修记言之史,录天子之制诰德音,如记事之制,以纪时政之损益。"皇帝"上朝"听政,起居郎、起居舍人在左、右,对立于殿中,记载皇帝言行,按时间顺序编排汇总,月为日历,季为起居注,季终送交史馆,以备编修实录和国史。

② a."门籍",记名牌。以两尺长竹板书写官员姓名、年龄、身份等,悬于宫门外,以备检查出入。后改竹籍为簿册。b. 据《唐六典》卷二十五《诸卫府》:左、右监门卫,各设大将军一人,正三品;将军二人,从三品。"掌诸门禁卫、门籍之法。"凡京司应入宫殿门者,皆有籍(皆本司具其官爵、姓名,以移牒其门,以门司送于监门),勘同(左将军判入,右将军判出),然后听入。其籍每月一换。参看肖爱玲、周霞《唐长安城门管理制度研究》,《陕西师范大学学报(哲学社会科学版)》2012年第1期。

③《旧唐书》卷五十一《后妃传上·玄宗杨贵妃》,第2180页。

虢国夫人居住的宣阳坊，北邻平康坊，再北为春明门—金光门大道，由此向东经过胜业坊，就到了兴庆宫（南内）——有三四里路，可谓"就近方便"。

京师的外郭城门，皆有禁军把守①；城内百余个坊、市区，皆有夯土围墙，坊门有专人值守，每日晨暮按时（听"街鼓"）启闭②；京城实行严格的"宵禁"制度③——想"夜行"出门办"好事"也不行，京城安全与皇帝安全密切相关。

京城宵禁（夜禁）制度：暮鼓响过之后，全城开始"宵禁"，金吾禁军沿街巡逻，街使以骑卒巡行叫呼，武官巡察暗探，有"犯夜"者，处以"杖责"。

捕捉持更者，晨夜有行人必问，不［答］应，则弹弓而向之（空弹弓弦警告）；复不应，则旁射（不射人）；又不应，则射之（射其人）。昼以排门人远望，暮以持更人远听。有众而嚣（喧

---

① 据《新唐书》卷四十九上《百官四上·左右金吾卫》："左、右街使，掌分察六街徼巡（巡查）。"在各个城门、角门，皆设有武候铺，由卫士分守。其人数大城门 100 人，大铺 30 人；小城门 20 人，小铺 5 人。皆听闻"街鼓"启闭其门。

② 长安外郭城、宫城与皇城、各个坊市之门，每日早晚"随昼夜鼓声以行启闭"。在城内直通外郭城门的六条大街上设有"街鼓"，每日凌晨五更时，太极宫（西内）承天门上"晓鼓"响，六街之鼓承而振之，擂响 3000 声，城内各类大门才得开启，人员车马才能出入。日暮，随着承天门上"暮鼓"响，六街之鼓又承而振之，擂响 800 声，城内各类大门即时关闭，大街上禁断行人。据〔五代〕马缟《中华古今注·街鼓》//《苏氏演义》（外三种），中华书局，2012 年。

③ 据《唐六典》卷十三《御史台》、卷二十五《诸卫府》；《旧唐书》卷四十四《职官志三·武官》：京城的治安管理，由诸卫禁军和中央检察部门御史台互相配合，共同负责。a. 左、右金吾卫。各设大将军一人，正三品；将军二人，从三品。"掌宫中及京城昼夜巡警之法，以执御非违。"监督京城内左、右六街昼夜巡警之事。b. 左、右街使。由左、右金吾卫大将军充任，主要负责外郭城（朱雀大街东、西）各条大街的昼夜巡警检查、京城之内的治安秩序。c. 左、右巡使。由中央监察机关御史台殿中侍御史（从七品下）担任，主要负责京城各个坊里内的治安，巡查不法之事。

哗、吵闹),则告主帅。①

所谓"犯夜",指"闭门鼓后,开门鼓前",仍在大街上闲逛者,处以"笞二十"的惩罚。② 凡因为公事、家中有病人吉凶等急事,必须夜晚出入坊门者,须持有府县或本坊"文牒",交验之后才能放行。凡在坊内出家门走动者,则不属于"犯夜"。③

凡普通市民、工商店铺(集中在东市、西市),都不能在围墙上向外(大街)开门。只有少数高官的宅第、皇帝赏赐的府第,才能向坊外大街开门。由此可见,在当时的长安城里,没有类似现今的"夜生活"(餐饮、文化娱乐等)。故民间歌谣云:

　　六街鼓歇行人绝,九衢茫茫空有月。④

只有在节庆时日,才允许坊、市门夜间开放,听任市民自由出入。例如,每年正月十五有"灯节",从十四到十六日,大开坊、市门,市民可通宵达旦纵情游乐。

再说虢国夫人,她是有资格"向街开门"的。但是,想在夜间出坊去干"好事",走在大街上,也必须接受禁军盘查。至于夜晚"入宫",更要有皇帝"特诏"。

---

①《唐六典》卷二十五《诸卫府》,第644—645页;《新唐书》卷四十九上《百官志四上》,第1288页。

②据《旧唐书》卷十四《宪宗本纪上》:唐宪宗元和三年(808)四月,中使郭里旻酒醉犯夜,被杖杀之;金吾薛伾、巡使韦绲皆被贬逐。按:自中唐以降,夜禁制度渐趋松弛(如出现"夜市")。

③据《唐律疏议》卷二十六《杂律》"犯夜"条,上海古籍出版社,2013年,第418页。

④《全唐诗》卷八六六《秋夜吟》,第9855页。按:现今的历史小说、影视剧中,有隋唐长安城平时的"夜生活"(酒店、妓院与多人聚会等)情节,皆属"虚构的故事"。

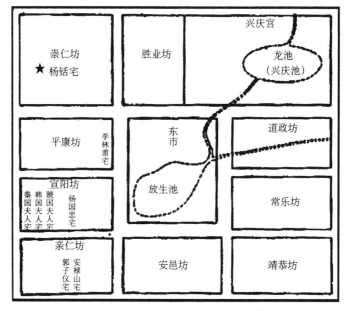

图 1 　杨贵妃兄弟姊妹宅第示意图①

4. 在京城"偷情"有诸多不便，那么，等到皇驾行幸骊山华清宫期间，明皇可抽空"临幸"（微服私访）虢国夫人的私宅，与其幽会。

然而，在华清宫想干此等"好事"，仍然是有难度的。明皇虽然贵为天子，口含天宪，却不能随便出宫活动——仍然是出于安全方面的考量。

> 天宝中，玄宗在华清宫，乘马出宫门，欲幸虢国夫人宅（其赐宅在宫东门之南），［陈］玄礼（禁军大将军，职掌宫禁宿卫）曰："未宣敕报臣，天子不可轻去就。"玄宗为之回辔。他年在华清宫，逼正月半（十五日），欲夜游，玄礼奏曰："宫外即是旷

---

① 据王双怀《大唐贵妃》，陕西师范大学出版总社，2015 年，第 101 页。

野，须有备预，若欲夜游，愿归城阙。"玄宗又不能违。①

所云"宣敕""预备"，显然属于宫廷安全警卫制度的操作细则，否则，"天子不可轻去就"。可见，皇帝的行动，往往还不如市井百姓随意自由。

5. 若唐明皇真的"喜欢"虢国夫人，根本不用玩弄手段。唐明皇身边从来不缺美人。如白居易诗云"三千宠爱"，杜甫诗云"先帝侍女八千人"②。这些皆属于文学性描述。

而真实情况是：明皇有正式名号的后妃（妻妾）数十人。此外，有宜春院"内人"（年轻美丽的歌舞乐伎）约百人，还有外教坊乐伎（数百至千人），有品级的宫官（女官）和宫女数以万计。她们都是皇帝的"财产"，喜欢哪个就召之"宠幸"。

用现今的"妓院式"眼光来看待"男女关系"，纯粹是皮肉生意。然而，历代王朝国家的"后妃制度"，乃是皇帝一人的"婚姻制度"——若用现今的"一夫一妻"婚姻制度来看待衡量，视为"滔天罪过"，口诛笔伐，实属"削足适履"。

认识了解历史、研究分析历史，绝不是要改变历史（也改变不了）。③

说实在话，虢国夫人并不具备与妹妹杨贵妃"争宠"的条件和资格。

首先，杨贵妃年轻美丽，具有杰出的音乐歌舞才能，深得明皇宠爱——虢国夫人无法相比（她是否有歌舞才艺，史无明文）。其次，

---

① 《旧唐书》卷一〇六《王毛仲传》附陈玄礼传，第3255页。

② 《全唐诗》卷二二二杜甫《观公孙大娘弟子舞剑器行》，第231页。

③ 按：学习并研究古代历史，必须实事求是。首先要认真"还原"历史事件的真相，重在揭示历史现象背后的本质（概念、规律），让读者在获得历史文化知识的同时，能够掌握"历史思维"的基本理论和方法。

她是个寡妇，尤其是与杨国忠长期私通，不避人言——明皇绝对是"知情"的。再次，她不在皇帝"后妃"之列，居于皇宫之外，虽然能够经常出入宫禁，但毕竟受到诸多限制。最后，杨贵妃面对明皇敢于"妒悍不逊"，难道对付不了自家姐姐？要知道，杨氏兄弟姊妹以及整个家族的尊荣富贵，都是"兔子跟着月亮跑——沾了杨贵妃的光"。换言之，在杨氏家族中无人敢惹杨贵妃！对此，虢国夫人绝对心知肚明。

6. 从表面上看，皇帝后妃之间的"争宠吃醋"，是后宫中经常上演的"故事"，并非什么特别的稀罕事情，其结果不外乎一方"得宠"，而另一方"失宠"。

但是，每一位后妃都是一条"裙带关系"，其身后都联系着一个以其家庭（家族）为核心的"利益小集团"，就使得"争宠"常常会带来严重的"政治后果"——"失宠者"会付出被废黜，甚至株连全家的惨重代价。对于每一位后妃及其娘家来说，巨大的政治经济利益与致命的风险同时并存，犹如一把锋利的"双刃剑"。是故可曰"伴君如伴虎"，就是"皇帝制度"（家天下）之下的"后宫政治生态"。

退一步讲，即便唐明皇真的与虢国夫人"有一腿"，也不会与杨贵妃形成"争宠"态势。她们的"目的"具有一致性：获取更多的"皇恩"（权势和钱财）。再说，在古代历史上，也不乏姐妹双双入宫得宠的故事，如唐高宗时的武则天姐妹，汉成帝时的赵飞燕姐妹。

（三）"闲把宁王玉笛吹"

据宋代人乐史《杨太真外传》（笔记小说类）卷上：

> ［天宝］九载（750）二月，上（明皇）旧置五王帐，长枕大被，与兄弟共处其间。妃子无何窃宁王（明皇大哥）紫玉笛吹。故诗人张祜诗云："梨花静院无人见，闲把宁王玉笛吹。"因此又忤旨，放出。

所云"因此又忤旨",乃牵强附会,子虚乌有,空穴来风。①

1. 宁王是明皇大哥、寿王(李瑁)的伯父和养父,病逝于开元二十九年(741)。而宁王生前精通音律,擅长乐器,曾经"教导"过寿王妃(杨贵妃)——拿宁王的遗物来把玩又有何妨?明皇难道会因此而龙颜震怒?

如果说,唐明皇和杨贵妃曾经一起"闲把宁王玉笛吹",则是完全有可能的。因为,明皇极为敬重大哥(赐谥号"让皇帝"),杨贵妃也是如此。尤其是两人皆通晓音律,擅长乐器,一起切磋技艺,乃正常之事。这与"忤旨"有何相干!

2. 中唐以降直到宋代的文人,如此虚构敷衍故事,乃是"猎奇"心态之下的游戏文字,编排名人传奇故事,也属于"创作",视之为"文学故事"而非"史家载笔"即可矣。就如同人们每天说过的话,"闲话"远多于"正经话"。

在传世的唐史文献中,杨玉环(太真)在"寿王妃"和"明皇贵妃"的正式婚姻角色之外,并无今人眼中的"婚外情"之事。而史籍中所谓杨贵妃与蕃将安禄山之间的暧昧之事,则纯属"捕风捉影"之谈(详见第八章)。

叙述至此,有必要对唐代妇女的社会地位(礼制、法律层面)、社会风情的"开放性"作扼要介绍。通过当时的经济社会生活风俗景观,更好地理解人物故事的时代特征——片面或孤立地看待历史事物,难免会"误读"(以今揆古)。

三、说唐代妇女地位

恩格斯曾指出:"在任何社会中,妇女解放的程度是衡量普遍解放

---

① 参看许道勋、赵克尧《唐玄宗传》,人民出版社,1993年,第372页。

的天然尺度。"① 换言之，在人类历史上，妇女社会地位（政治权利、经济地位、文化教育、婚姻自由等状况）的提高，是人类社会文明进步的重要标志。

在中国古代社会，官贵民贱，男尊女卑，"妇女的冤仇深"——深受"四权"（神权、政权、族权、夫权）之压迫。但在唐代社会，（1）尚无摧残妇女身心的"缠足"陋习。平民妇女不仅担负家务劳作，也参加生产劳动。（2）国家提倡女子接受文化教育，识字读书者不仅有中上层社会妇女，还有平民女子、姬妾、娼妓、女尼、道姑等。（3）"礼教"束缚相对较少，尚无"饿死事小，失节事大"那样奇酷的伦理观念，妇女"从一而终"的婚姻观念也比较淡薄，寡妇改嫁习以为常。② （4）社会风情具有明显的"胡化"色彩，与魏晋南北朝以降，北方地区（从漠北到黄河流域）的民族大迁徙——文化交流与融合直接相关。如北方游牧族类的妇女地位比较尊崇（"俗重夫人而轻丈夫"）。

（一）平阳公主"娘子军"

隋炀帝大业十三年（617），太原留守李渊起兵反隋。平阳公主（李渊第三女）在其关中鄠县（今西安市鄠邑区）的庄园，散家财招募兵马，以为响应。她"每申明法令，禁士兵无得侵掠，故远近奔赴者甚众，得兵七万人"，控制了鄠县、鄜县、武功与始平（今兴平市）一带，有力地配合了李渊父子进兵关中，夺取长安的军事行动。她与李世民（秦王、唐太宗）会师渭北，所率精兵万余人，号称"娘子军"。

武德六年（623）二月，平阳公主薨，葬礼极为隆重。

---

① ［德］恩格斯《反杜林论》//《马克思恩格斯选集》第三卷，人民出版社，1972年，第300页。

② 如两《唐书·列女传》记载的妇女事迹，除烈妇、贞女之外，还有孝敬、慈惠、训子、武勇、忠义、复仇、伸冤、勤劳（昼田夜纺）、诗文、守法等多种类型。

诏加前后部羽葆鼓吹（仪仗鼓吹乐队）、大辂（天子乘车）、麾幢、班剑四十人、虎贲甲卒。太常奏议，以礼，妇人［葬礼］无鼓吹。高祖曰："鼓吹，军乐也。往者公主于司竹（今周至县东南）举兵以应义旗，亲执金鼓，有克定之勋。……公主功参佐命，非［平］常妇人之所匹也。何得无鼓吹！"遂特加之，以旌殊绩；仍令所司按谥法"明德有功曰昭"，谥公主为昭。①

平阳公主响应其父反隋之壮举，可谓"巾帼不让须眉"，名副其实。

（二）武则天奏改"丧服"

武则天是古代历史上唯一的女皇帝——改唐为"周"，南面称帝。

武则天执政期间的所作所为，与传统礼教（维护父家长制）多有相悖，但她在崭露政治头角时，却是以标榜礼教来猎取名声②。她从开始参与朝政事务到实际执掌国家权力期间，颇为注意社会礼俗改善问题，曾率先衣着朴素、奏请改革丧服制度、要求出家僧道致敬父母和尊长；令"北门学士"编撰《列女传》一百卷、《古今内范记》一百卷、《内范要略》十卷、《保傅乳母传》一卷等，为妇女树碑立传，歌功颂德，提倡为妻、为子女之道，还禁止妇女为"俳优之戏"（俗乐），等等。暂且不论武则天是出于何种政治意图，其在客观上都有助于妇女社会地位的提高。③

唐高宗上元元年（674）八月，皇帝称"天皇"，皇后（武则天）称"天后"。十二月，天后上表奏请"父在子为母服齐衰（丧服）三年"。

至如父在为母服止一期（一周年），虽心丧三年，服由尊

---

①《旧唐书》卷五十八《柴绍传》附平阳公主传，第2315—2316页。

② 高世瑜《唐代妇女》，三秦出版社，2011年，第167页。

③ 参看赵文润、王双怀《武则天评传》第十三章第二节，三秦出版社，2000年；雷家骥《武则天传》第十四章第三节，人民出版社，2001年。

降。窃谓子之于母，慈爱特深。非母不生，非母不育。推燥居湿，咽苦吐甘，生养劳瘁，恩斯极矣！所以禽兽之情，犹知其母；三年在怀，理宜崇报。若父在为母服止一期，尊父之敬虽周，报母之慈有阙。且齐斩之制，足为差减，更令周以一期，恐伤人子之志。今请父在为母终三年之服。"高宗下诏，依议行焉。……①

到唐明皇开元二十年（732），中书令萧嵩与学士改修定五礼，又议请依〔高宗〕上元敕，父在为母齐衰三年为定。及颁礼，乃一依行焉。②

武则天奏请"父在子为母终三年之丧服"，既是要求提高妇女社会地位的呼吁，也是对传统"丧服制度"精神（男尊女卑）的严重挑战。而唐明皇对其祖母，也谈不上有多深的感情（其生母窦氏就是被武则天所杀），但仍然规定"父在为母齐衰三年"，就是因为这一要求完全合乎人情伦理——母子之情，崇报之理。③

（三）官宦妇女的"故事"

1."吃醋"典故出唐代。现今的"吃醋"一词，主要是指在男女关系方面产生的嫉妒情绪。然而，历史上的"吃醋故事"，却是与今"不同的版本"。

据初、盛唐人张鷟《朝野佥载》卷三（任瓌氏版本）：

初，兵部尚书任瓌，敕赐宫女二人，皆国色。妻妒，烂二

---

① 《旧唐书》卷五《高宗本纪》，第99页；《新唐书》卷七十六《后妃传上·高宗则天顺圣皇后武氏》，第3477页；《旧唐书》卷二十七《礼仪志七》，第1023页；《全唐文》卷九十七高宗武皇后《请父在为母终三年服表》，第437—438页。

② 《旧唐书》卷二十七《礼仪志七》，第1031页。

③ 参看陈戍国《中国礼制史·隋唐五代卷》，湖南教育出版社，1998年，第181—182页。

女头发秃尽。太宗闻之,令上官(尚宫,后宫女官)赍金壶瓶酒赐之,云:"饮之立死。[任]瑰三品[官],合置姬媵。尔后不妒,不须饮;若妒,即饮之。"柳(刘)氏拜敕讫,曰:"妾与瑰结发夫妻,俱出微贱,更相辅翼,遂致荣官。瑰今多内嬖,诚不如死。"饮尽而卧。然实非鸩(毒酒)也,至夜半睡醒。帝(太宗)谓瑰曰:"其性如此,朕亦当畏之。"因诏二女令别宅安置。①

唐太宗赐给任瑰妻子的是醋,不是毒酒,遂有"吃醋"之说。这位任家夫人竟然视死如归,毫无惧色。当然,这是个"诚实的玩笑"(或恶作剧)。

据唐人刘𫗧《隋唐嘉话》卷中(房卢氏版本):

梁公(房玄龄)夫人至妒。太宗将赐公美人,屡辞不受。帝(太宗)乃令皇后召夫人,告以媵妾之流,今有常制(朝廷制度),且司空(房玄龄拜司空)年暮,帝欲有所优诏之意。夫人执心不回。帝乃令谓之曰:"若宁不妒而生,宁妒而死?"曰:"妾宁妒而死。"乃遣酌卮酒与之,曰:"若然,可饮此鸩。"一举

---

① 〔唐〕张鷟《朝野佥载》,中华书局(赵守俨点校),1979 年,第 59 页。又:a. 据《旧唐书》卷五十九《任瑰传》:"任瑰……妻刘氏妒悍无礼,为世所讥。" b. 据〔唐〕韩琬《御史台记》:"唐管国公任瑰酷怕妻。太宗以功赐二侍子(侍女),瑰拜谢,不敢以归。太宗召其妻赐酒,谓之曰:'夫人妒忌,合当七出(休妻的七条理由)。若能改行无妒,则无饮此酒。不尔,可饮之。'[其妻]曰:'妾不能改妒,请饮酒。'遂饮之。比醉归,与其家死诀,其实非鸩(毒酒)也。既不死,他日,[同僚]杜正伦讥弄瑰,瑰曰:'妇当怕者三:初娶之时,端居若菩萨,岂有人不怕菩萨耶?既长,生男女,如养儿大虫(老虎),岂有人不怕大虫耶?年老面皱,如鸠盘荼鬼(比喻貌丑),岂有人不怕鬼耶?以此怕妇,亦何怪焉?'闻者欢喜。"《全唐五代笔记》,三秦出版社,2012 年,第 92—93 页。

便尽，无所留难。帝曰："我尚畏见，何况于玄龄。"①

房卢氏与任刘氏一样，也是"视死如归"。这可视为古代妇女的"从一而终"和对家庭的维护。而房玄龄对妻子"礼之终身"，正所谓"糟糠妻子不下堂"。

据中唐人孟棨《本事诗·嘲戏第七》(裴谈妻)：

> ［唐］中宗朝，御史大夫裴谈崇奉释氏（佛教）。妻妒悍，［裴］谈畏之如严君（父亲），尝谓人："妻有可畏者三：少妙之时，视之如生菩萨。及男女（生育儿女）满前，视之如九子魔母②，安有人不畏九子魔母耶？及五十、六十，薄施脂粉，或黑或青，视之如鸠盘荼③，安有人不畏鸠盘荼？"时韦庶人（韦皇后）颇袭武氏（武则天）之风轨，中宗渐畏之。内宴唱《回波词》，有优人词曰："回波尔时栲栳，怕妇也是大好。外边只有裴谈，内里无过李老。"韦后意色自得，以束帛赐之。④

由此可见，从皇帝到大臣"怕老婆"者大有人在。在当时的法律制度、"一夫一妻多妾制"婚姻形态下，妻子"妒忌"就是丈夫"休妻"的合法理由之一⑤。但法律也规定了妻子有"三不去"：一是经持

---

①［唐］刘餗《隋唐嘉话》卷中，中华书局（程毅中点校），1979年。又据［唐］张鷟《朝野佥载·补辑》："卢夫人，房玄龄妻也。玄龄微时（未显贵时），病且（将要）死，诿（推托）曰：'吾病革（重），君年少，不可寡居，善事后人。'卢泣，入帷中，剔一目示玄龄，明无他。会玄龄［病］良愈，礼之终身。□按《妒妇记》亦有夫人，何贤于微时而妒于荣显邪？予（我。即作者张鷟）于是而有感。"中华书局（赵守俨点校），1979年，第180页。

② 九子魔母，佛经中的鬼子母。传说生有五百子，逐日吞食王舍城中的童子，后经独觉佛点化，成为保佑人生子的女神。

③ 鸠盘荼，佛书中谓啖人精气的恶鬼。常用来比喻丑妇或妇人的丑陋之状。

④［唐］孟棨《本事诗》//《唐五代笔记小说大观》，上海古籍出版社，2000年。

⑤ 据《唐律疏议》卷十四《户婚律》"妻无七出（问答一）"条："七出者，依令：一无子，二淫佚，三不事舅姑（公婆），四口舌，五盗窃，六妒忌，七恶疾。"

舅姑之丧（为公婆服丧守孝三年。对丈夫有恩也），二是娶时夫贱而后贵（丈夫先贱后贵。妻子有德也），三是有所受无所归（妻子娘家户绝），凡丈夫出妻者，杖一百。[①]

由此以观，上述"吃醋故事"中的任瑰妻刘氏、房玄龄妻卢氏，既符合"从一而终"的传统礼教，也符合"三不去"的法律（《户婚律》）规定。

此外，已婚妇女发生"婚外情"，在当时也属常见之事。

2. 杨钊妻"梦中有孕"。杨贵妃的同族兄杨钊（国忠）品性"厚黑"，贪婪好色，他与堂妹虢国夫人长期私通，不避人言，前文已述。又据《开元天宝遗事》：

> 杨国忠于冬月，常选婢妾肥大（身高体胖）者，行列于前，令遮风，盖藉人之气相暖，故谓之"肉阵"。（卷下）

> 杨国忠出使于江浙，其妻（裴氏，出身乐伎之家）思念至深，荏苒成疾。忽昼梦与国忠交，因而有孕，后生男名昢。洎至国忠使归，其妻具述梦中之事，国忠曰："此盖夫妻相念情感所致。"时人无不讥诮也。（卷上）

不言而喻，"梦中有孕"乃是自欺欺人的"鬼话"，实际上是婚外偷情。但是，这则故事的真实性也令人质疑——好事者故意给杨国忠"编排故事"。

然由此可见，在当时的社会伦理道德上，"贞节"观念比较淡薄，并不太注重"名节"，此类婚外偷情私通之事，稀松平常，不足为奇。尤其是上层社会，男子可以纳妾、蓄养女乐，纵情声色；女子也难免

---

① 据《唐律疏议》卷十四《户婚律》"妻无七出（问答一）"条。

温饱思淫欲而"红杏出墙"。

3."自由开放"的仕女。唐代妇女不"裹脚",天足健步,方便参加各种户外活动。平民妇女参加生产劳动,并不限于一般意义的"男耕女织"。官宦妇女可以参加官场社交、郊外游赏等群体活动。据《开元天宝遗事》:

> 长安贵家子弟,每至春时,游宴供帐于园圃中,随行载以油幕(帐篷),或遇阴雨,以幕覆之,尽欢而归。(卷下)

> 都(京城)人士女(贵族官宦阶层妇女),每至正月半(正月十五)后,各乘车跨马,供帐于园圃或郊野中,为探春之宴。(卷下)

> 长安士女游春野步,遇名花则设席藉草,以红裙递相插挂以为宴幄,其奢逸如此也。(卷下)

> 天宝宫中至寒食节,竞竖秋千,令宫嫔辈戏笑,以为宴乐。帝(明皇)呼为半仙之戏,都(长安)中士民因而呼之。(卷下)

> 长安城中,每月蚀(月食。俗谓"天狗吃月亮")时,即士女取鉴(铜盆)向月击之,满郭[城]如是,盖云救月蚀也。(卷下)

> [宰相]李林甫有女六人,各有姿色。雨露(指蒙受恩泽)之家,求之不允。林甫厅事壁间开一横窗,饰以杂珠,幔以绛纱,常日使六女戏于窗下。每有贵族子弟入谒,林甫即使女于窗中自选,可意者事之。(卷上)

婚姻自由,历来被视为"妇女解放"的前提条件和重要权利。李林甫出身皇族,身份高贵,其女儿们的择偶对象也是贵族子弟。但能够让女儿通过"选婿窗"来自选"意中人",可见对于"父母之命,媒妁之言"的传统礼法并不甚重视。

在唐代上层社会的婚姻观念中，普遍重视门第、礼法、资财、功名、姿色、才艺等。不言而喻，庶民百姓也是如此，但限于社会阶层地位，难以讲求得来。所以，注重男女相悦与夫妻情爱、个人品德，就成为下层社会婚姻理念的基本特征。

而妇女离婚与再嫁的相对自由，男子娶再嫁妇女（寡妇）习以为常，也是唐代婚姻风习的鲜明特色。寡妇再嫁，国家法令不禁，社会习俗认可，父母亲属支持——上流社会妇女尤为突出。以下仍举李唐皇家公主为例。

皇家公主是妇女群体中血统高贵、最有权势的阶层，也是贵盛骄奢、不拘礼法、行为恣肆放纵的典型代表。据《新唐书·诸帝公主传》记载，在唐代宗以前，近百名皇家公主中，再嫁、三嫁者有30人。以下仅举其中最为典型者。

> 太平公主，则天皇后所生，［皇］后爱之倾诸女。……择薛绍尚之。……绍死，更嫁武承嗣，会承嗣小疾［病］，罢昏。后杀武攸暨妻，以配［太平公］主。①

> ［中宗女］定安公主，……下嫁王同皎。同皎得罪，神龙（705—707）时，又嫁韦濯。濯即韦皇后从祖弟，以卫尉少卿［被］诛，［公主］更嫁太府卿崔铣。

> 安乐公主，［中宗］最幼女。……［韦皇］后尤爱之。下嫁武崇训。……崇训死，［公］主素与武延秀乱（通奸），即嫁之。②

> ［明皇女］齐国公主，始封兴信，徙封宁亲。下嫁张垍，又

---

① 《新唐书》卷八十三《诸帝公主传》，第3650页。
② 《新唐书》卷八十三《诸帝公主传》，第3653—3654页。

嫁裴颖，末嫁杨敷。薨［德宗］贞元（785—805）时。①

　　［肃宗女］萧国公主，始封宁国。下嫁郑巽，又嫁薛康衡。乾元元年（758），降回纥英武威远可汗，乃置府。二年（759），还朝。……②

　　由于皇家公主的婚姻大多具有"政治交易"色彩，其夫妻情感和家庭生活并不都是满意幸福的。所以，公主们婚后纵情放荡，找情人、养男宠的不乏其人。

　　如唐太宗的女儿合浦公主（始封高阳），下嫁房遗爱（宰相房玄龄之子），她因得父皇宠爱，有恃无恐，行事骄纵，与浮屠（和尚）辩机通奸；还有浮屠智勖、惠弘以及道士李晃，"皆私侍［公］主"。高宗时，公主与房遗爱谋反，被"赐死"。③

　　唐肃宗的女儿郜国公主下嫁裴徽，再嫁萧升，"升卒，［公］主与彭州司马李万乱（通奸），而蜀州别驾萧鼎、澧阳令韦恽、太子詹事李昪，皆私侍主家"。④

　　在古代社会的"一夫一妻多妾制"婚姻形态下，官宦显贵、经济富裕阶层的男子皆可一妻多妾、蓄养女乐，纵情声色。那么，政治权势和经济地位优越的皇家公主们，也就不会严格地恪守"从一而终"的礼教规范了。⑤

---

①《新唐书》卷八十三《诸帝公主传》，第 3659 页。

②《新唐书》卷八十三《诸帝公主传》，第 3660 页。

③《新唐书》卷八十三《诸帝公主传》，第 3648 页。

④《新唐书》卷八十三《诸帝公主传》，第 3662 页。

⑤参看牛志平《唐代婚丧》，三秦出版社，2011 年，第 81—84 页。

四、说唐代"社会风情"

所谓"风情",狭义指男女爱情;广义指风土人情(地理环境与民风习俗)。

所谓"风俗",指历代相沿、积久(积淀)而成的社会风尚与礼俗的总和。[①]

众所周知,各地(小到乡里,大到国家)、各民族的风俗习惯各具特色(差异性),随着人口迁徙和杂居而相互交流浸染——"五方错杂,风俗不一"。唐代"社会风情"的时代特征,就是具有地区、民族和国际之间的交流与融合。

(一)国家"开放"来八方

隋唐两代(581—907)三百余年,是封建社会的第二个发展高峰时期。其疆域版图伴随综合国力盛衰起伏,历经开拓与收缩,最广大时东临大海,西至中亚咸海,北抵俄罗斯贝加尔湖,南达越南中部,极为广袤。

[①] a. 早在先秦时代,已使用"风俗"一词。"风",指人们基于气候、水土、物产等自然地理环境与经济生业之不同,而形成的不同的行为习惯,秉性刚柔缓急、口音(方言)、乐舞等等。如"南稻北粟"的饮食习惯,"南船北马"的交通工具。"俗",是由于人文社会环境条件之不同而形成的动静取舍之习尚。如古代华夏民族的"束发加冠"、游牧族类的"披发左衽";古代的跪拜礼节(与"席地坐卧"的起居方式直接相关),到辛亥革命后改为行鞠躬礼。b. 按:自然地理环境的变迁很缓慢,而社会风俗改易则比较快。中唐宰相杜佑论曰:"雍州之地,厥田上上,郭杜之饶,号称'陆海'[言其高陆物产,如海之无所不出]。四塞为固,被山带河。秦氏资之,遂平海内。汉初,高帝(刘邦)纳娄敬说而都焉。又徙齐[国]诸田,楚[国]昭、屈、景,燕、赵、韩、魏之后及豪族名家于关中,强本弱末,以制天下。自是每因诸帝山陵(陵墓),则迁户立县,率以为常。故五方错杂,风俗不一。……"据《通典》卷一七四《州郡四·古雍州下·风俗》,第4560页。

在此极为辽阔的疆域土地（历史舞台）上，承继魏晋南北朝以降的多民族大迁徙与大融合之积淀，隋唐时代的经济基础（生产力与科学技术）、上层建筑（典章制度）以及世俗文化风情等领域，皆呈现出兼容并蓄、丰富多彩的新气象。

1. 唐墓壁画《客使图》。在中国古代邦国（与部族）之间的外交关系中，互遣使者是最重要的途径。中原王朝国家派遣官员出使"四夷"（部族、政权），持有节杖（象征性的国家凭证），故称"使节"。

唐朝（618—907）实行对外"开放"国策，凡来中国通使（外交）、兴贩贸易的"四夷"（部族、政权）络绎不绝。有唐一代，先后与中国发生过交往的"诸蕃"（部族、邦国）有199个，派遣外交使团前来"朝贡"的有183个国家（或政权）。凡诸蕃入唐朝贡使者有明确身份姓名，见于记载者数以百计，有王（可汗、城主）、大首领、首领、王子与王女、大臣、酋长、王（或可汗）之宗亲等。请看下表。①

诸蕃	次数	诸蕃	次数	诸蕃	次数	诸蕃	次数	诸蕃	次数
突厥	30	薛延陀	18	骨利干	2	同罗	3	铁勒	4
坚昆	4	黠戛斯	2	结骨	1	拔野固	1	拔悉密	1
回纥	33	吐谷浑	28	党项	3	东女国	1	吐蕃	52
女国	1	大羊同	2	高昌	9	龟兹	10	焉耆	8
于阗	13	疏勒	4	西突厥	22	突骑施	5	葛罗禄	2
处月	2	沙陀	1	康国	31	米国	10	史国	5
石国	21	安国	17	曹国	8	何国	2	吐火罗	26
罽宾	21	勃律	5	护密国	3	俱密国	6	拔汉那	22
大宛	1	康居	1	大食	2	波斯	4	拂林	7

---

① 据《隋书》、《通典》、两《唐书》、《唐会要》、《册府元龟》诸书之四夷、外臣传等。仅列出唐朝时期，北方、西方诸蕃派遣"朝贡"使者的情况。此统计尚有遗漏，并不完全。

图2 章怀太子李贤墓壁画《客使图》(描摹)①

1971年10月,考古人员在章怀太子(李贤)墓(唐高宗与武则天乾陵陪葬墓之一)墓道中部东、西两壁发现的《客使图》,高1.85米,宽2.42米,描绘的是鸿胪寺(外交机构)礼官接待"诸蕃"使节的场面,形象自然生动。在右图中,左边三人身穿朝服,皆为唐朝官员;右边三人的面貌与服饰各异,秃顶者为拂菻(东罗马帝国)使节,戴尖状小冠者为新罗国(在今朝鲜半岛)使节,戴翻耳皮帽者为东北地区的室韦(或鞯鞨)使节。隋唐史学界的一般观点认为,《客使图》描绘的情景,是唐中宗(李显)为其兄——雍王李贤,举行迁葬时的"发哀临吊"场面。这是唐朝前期,国家政治外交活动的一个"缩影",也是珍贵的图像史料。②

2. 殿堂之上"十部乐"。唐朝太常乐署的"十部乐",沿承隋制(隋文帝时设七部乐③,炀帝时增为九部乐)并有所损益,其确立过程

<hr>

① 据李西兴《唐李贤墓壁画〈客使图〉疏证》//《陕西历史博物馆馆刊》第24辑,三秦出版社,2017年,第302页。

② 参看李西兴《唐李贤墓壁画〈客使图〉疏证》//《陕西历史博物馆馆刊》第24辑,三秦出版社,2017年。按:对于《客使图》中诸位客使的具体国别,学术界尚有不同观点。此不具列。

③ 关于隋代"七部乐"的形成过程,参看王小盾《隋唐音乐及其周边·论中国乐部史上的隋代七部乐》,上海音乐学院出版社,2012年。

历经 60 余年。而其中的四方外族、外邦乐舞，辗转流传到中原地区的过程，更是经历了数百年之久。①

隋、唐太常"多部乐"名称对照表

朝代	隋七、九部乐		唐九、十部乐		四方乐传入中原时间（公元）
	七部乐	九部乐	九部乐	十部乐	
乐部名称	/	/	讌乐	讌乐伎	讌乐伎	（唐朝创制）
	清商伎	清商	清商	清商伎	清商伎	（中原旧乐）
	国伎	西凉	西凉	西凉伎	西凉伎	403／十六国
	龟兹伎	龟兹	龟兹	龟兹伎	龟兹伎	385／十六国
	天竺伎	天竺	/	天竺伎	天竺伎	348／十六国
	/	/	扶南	/	/	605／隋
	/	康国	康国	康国伎	康国伎	437／北魏
	/	疏勒	疏勒	疏勒伎	疏勒伎	437／北魏
	安国伎	安国	安国	安国伎	安国伎	437／北魏
	高丽伎	高丽	高丽	高丽伎	高丽伎	420—／刘宋
	文康伎	礼毕	/	/	/	（东晋创制）
	/	/	/	/	高昌伎	约437／北魏
	《隋书》	《隋书》	《通典》	《新唐书》	《唐六典》	/

说明：(1) 唐武德至贞观前期的"九部乐"，有"文康伎"（礼毕）；(2)"讌乐"乐部创制于贞观十四年（640）。《通典》与《新唐书》所记有误。

唐太宗贞观十六年（642）十一月，"宴百僚，奏十部乐"。其序列如下。

（1）"讌乐"为颂扬本朝文德武功之创制，地位尊崇，列在第一。（2）"清商乐"是汉、魏以来旧乐（中原民间乐舞），列在第二。（3）"西凉乐"因西凉（治所在今甘肃武威市）地处"河西走廊"东部，为

---

① 据《唐会要》卷三十三《讌乐》，《册府元龟》卷五六九《掌礼部·作乐五》。

"丝绸之路"东段咽喉孔道，是中原与西域各族、各国文化接触融合的前沿，其音乐与中原最为接近，列在第三。（4）在七部"四方乐"中，除"高丽乐"为"东夷"之外，皆为西域地区部族和外国的乐舞。其中高昌、龟兹、疏勒（皆在今新疆境内天山以南地区）隶属唐安西都护府（初治今吐鲁番东高昌故城，后迁至库车）统辖，以龟兹乐舞最具地域特色。而天竺、康国、安国皆远在葱岭（帕米尔高原）以西，这些外邦音乐大多是先传到龟兹，与当地音乐融合后，再东传中原地区。（5）贞观十四年（640），唐军平定高昌国，经营西域之地缘战略宏图方兴未艾，其乐"著于令"。①

有唐一代，凡"声节"存于太常寺的"四方之乐"共有 14 部。②

太常"四方之乐"名称		著令为"十部乐" / 地理方位	
东夷乐	高丽、百济、新罗、倭国	高丽	东北
北狄乐	突厥、鲜卑、吐谷浑、部落稽	皆无	北、西
西戎乐	高昌、龟兹、疏勒、康国、安国	皆入"十部乐"	西域
南蛮乐	扶南、天竺、南诏、骠国	天竺	南、西域

从"国际地缘政治"格局着眼，"四方乐"来源偏重在北方、西域。而隋朝和初唐的边疆战争事关国家安危，其"重头戏"就在北方和西域。在唐太宗著令"十部乐"时，东突厥、吐谷浑已经宾服，其乐"落选"。这种安排绝非巧合或偶然。

隋唐两代的"十部乐"（燕乐），属"太常礼司"职掌，具有鲜明的政治礼仪性质。据《通典》卷一二三《礼八十三·开元礼纂类

---

① 参看穆渭生、穆文嘉《"悦近来远"的中华礼乐文化——唐贞观"十部乐"地缘政治背景透视》，《地域文化研究》2018 年第 3 期。

②《唐会要》卷三十三《四夷乐》，第 722—725 页。按：南诏乐与骠国乐，是在唐后期德宗时才传入中原的。

十八·嘉礼二》：

> ……太乐令设登歌于殿上，引二舞（文舞、武舞）入，立于
> [乐] 悬南，……若设九部乐，则去乐悬，无警跸。太乐令帅九
> （十）部伎立于左、右延明门（西内太极殿南面的东、西门）外，
> 群官初唱"万岁"，太乐令即引九部伎声作而入，各就座，以次
> 作如式（程式）。

"凡 [元正、冬至] 大燕会（大朝会），则设十部之伎于庭（殿
庭），以备华夷"①，就是用在百官云集、"四夷来朝"的盛大典礼场
合。"十部乐"共有200多名乐工，"声作而入"——器乐鸣奏，亦步
亦舞地进入殿庭，队列壮观，尤为引人视听。

"四部乐"的演奏过程是"各就座，以次作如式（程式）"——
以多部乐舞循序演奏的盛大排场，宣扬"天朝上国"之声威，体现
"悦近来远，招附殊俗"的政治怀柔和羁縻策略。据隋唐史籍记载，
九、十部乐的使用（大朝会，接待外邦君主、部族酋首或使臣），以
隋炀帝、唐高祖和太宗朝最多②。

3. "胡姬当垆笑春风"。在隋唐时期，来自西域的诸蕃（波斯、
粟特、突厥）"胡人""胡商"（商胡、蕃客）络绎不绝。来到长安的
西域胡人，大多聚居在西市周围的坊区中（朱雀街西）。③ 据中唐人刘

---

① 《唐六典》卷十四《太常寺·太乐署》，第404页。

② 据左汉林统计：唐代九、十部乐的演奏情况，可考者至少有47次；高祖、太宗
两朝就有31次之多。见其著《唐代乐府制度与歌诗研究》附录三，商务印书馆，2010
年。按：此统计数字并不完全。如每年元旦、冬至大朝会，例例皆演奏"九、十部乐"。

③ 入居长安的西域胡人，大多居住在西市周围，以醴泉坊（南邻西市）最多。西域
粟特人（昭武九姓胡）信仰祆神（拜火教），其聚居之地多建有"祆祠"。在醴泉坊、
布政坊（西市东北角）、崇化坊（西市西南角）、普宁坊（西市西北方）等，皆有"祆
祠"。据〔清〕徐松《唐两京城坊考》，中华书局（方严点校），1985年，第117页。参
看向达《唐代长安与西域文明》，生活·读书·新知三联书店，1957年，第25页。

肃《大唐新语》卷九《从善》：唐太宗时期，

> ［长安］金城坊（西市北面第二坊）有人家为胡［人］所劫者，久捕贼不获。时杨纂为雍州（京兆府）长史，判勘京城坊市诸胡，尽禁推问。司法参军尹伊异判之曰："贼出万端，诈伪非一。亦有胡着汉帽，汉着胡帽，亦须汉里兼求，不得胡中直觅。请追禁西市胡，余请不问。"……俄果获贼。

而所云"亦有胡着汉帽"者，说明其"汉化"程度也比较高。

来到长安的西域"胡商"，大多经营珠宝、金银器、高利贷、酒馆、饼店、香料、药物、邸店以及牛羊牲畜等，既有富商大贾，也有小本生意。在西市、东市的"胡商"中，有不少经营酒店（餐饮服务业）者。这些"胡店"具有鲜明的异域特色——供应酒水、"胡食"（毕罗、炉饼、油饼、搭纳等以及牛、羊、鱼肉菜肴），还有美貌的"胡姬"（胡人女子）接待顾客，并演奏音乐歌舞以招徕生意；而且，顾客可以赊酒（赊账），其经营灵活，生意兴旺。因而"酒家胡""胡姬"屡见于唐代文人题咏。

> 有客须教饮，无钱可别沽。
> 来时长道赊，惭愧酒家胡。[1]

盛唐大诗人李白（701—762）豪情浪漫，喜欢纵饮。他在长安任职期间，经常出入胡人的酒肆，留下了不少题咏胡人酒家和胡姬的篇章。

> 五陵少年金市东，银鞍白马度春风。
> 落花踏尽游何处，笑入胡姬酒肆中。[2]

所谓"金市"指西市。长安的富贵少年喜欢光顾胡人酒家，因为

---

①《全唐诗》卷三十七王绩《过酒家》，第487页。
②《全唐诗》卷一六五李白《少年行》，第1710页。

有来自异域的"胡姬"当垆侍酒、歌唱舞蹈。李白《前有樽酒行》（之二）咏曰：

> 琴奏龙门之绿桐，玉壶美酒清若空。催弦拂柱与君饮，看朱成碧颜始红。胡姬貌如花，当垆笑春风。笑春风，舞罗衣，君今不醉将安归！①

美貌如花的胡姬，笑脸相迎，奏乐歌唱舞罗裙，风流顾客安得不醉饮方休。

> 何处可为别，长安清绮门。

> 胡姬招素手，延客醉金樽。……②

"清绮门"即春明门（外郭城东面中门，西近东市）。诗人送别朋友到此，执手难分；路边酒肆门前有胡姬正在招手延客，借此醉饮话别，以消不舍之情。

> 胡姬春酒店，弦管夜锵锵。红毹铺新月，貂裘坐薄霜。玉盘初鲙鲤，金鼎正烹羊。上客无劳散，听歌乐世娘。③

> 妍艳照江头，春风好客留。当垆知妾惯，送酒为郎羞。香渡传蕉扇，妆成上竹楼。数钱怜皓腕，非是不能留。④

> 为底胡姬酒，长来白鼻騧。摘莲抛水上，郎意在浮花。⑤

卖酒的"胡姬"能歌善舞，性感妖娆；富贵少年、文人墨客流连胡姬美酒的"浮花情意"——唐代城市商业经济形态中特有的"异域文化风情景观"。

---

①《全唐诗》卷一六二，第1688页。

②《全唐诗》卷一七六李白《送裴十八图南归嵩山》，第1802页。

③《全唐诗》卷一一七贺朝《赠酒店胡姬》，第1182页。

④《全唐诗》卷三三三杨巨源《胡姬词》，第3721页。

⑤《全唐诗》卷五一一张祜《白鼻騧》，第5872页。

（二）唐朝的"乐伎制度"

具有商业服务性质的市井娼妓（倡伎。卖艺卖身），是具有世界性的古老职业——"娼妓制度"源远流长，但在不同时代，其具体情形"各具特色"。[①]

在中国古代，王朝更替犹如"走马灯"，而"乐伎制度"历朝相沿不替。

从唐代乐伎的人身隶属关系上来看，涉及官伎、私伎两个层面。在地理空间分布上，以两京（长安、洛阳）最为集中，州城次之，县城再次之。

1. 皇帝"宫妓"最兴盛。唐代官、私"女乐"的人身隶属关系，可以分为四类：（1）宫廷乐伎，主要服务于皇帝和后妃。（2）地方州县衙门、军队中的官伎（乐伎、营妓），服务于国家文武官僚群体。（3）官员、富家蓄养的"女乐"（歌舞女子、家妓[②]），类同姬妾。（4）公开的市井"娼妓"，服务于社会各阶层，属商业性质（自谋生计）。通过下列简表（并进行比较），更易于理清头绪。

---

① 参看王书奴《中国娼妓史》，上海三联书店，1988 年；陈东原《中国妇女生活史》，上海文艺出版社，1990 年；［法］维奥莱纳·瓦诺依克《世界上最古老的行业——古希腊罗马的娼妓与社会》，中国人民大学出版社，2007 年。

② a. 女乐，乃娼妓之源。早在先秦时代，天子、诸侯等贵族阶级（奴隶主）就蓄养有"女乐"（女性乐工、歌舞伎）。据《管子·轻重甲》："昔者［夏］桀之时，女乐三万人，晨噪于端门（王都南门），乐闻于三衢。是无不服文绣衣裳者。"b. 据《后汉书·马融传》："常坐高堂，施绛纱帐，前授生徒，后列女乐。"凡历代官员、富豪蓄养的女乐，年轻美貌，擅长音乐舞蹈，日则歌舞，夜则枕席，实乃"家妓"。其名称多样：女乐、声妓、舞妓、歌姬、侍姬、爱妾、美人、美妾、歌舞人、音声人等。其社会法律身份如同奴隶（"贱民"），可以赏赐、赠送和买卖，甚至随意杀害。

盛唐时期官、私乐伎名色简表

隶属系统／机构		乐伎名色／伎艺	人数
官属乐伎	宫廷乐伎 云韶院	云韶宫妓，按习雅乐，备后宫礼仪用乐	？
	宜春院	内人、前头人、内妓，擅长歌舞	百余人
	内教坊	明皇称帝前的"藩邸散乐"（男伎、女伎皆有），在大明宫侧东内苑	？（数十人）
	外教坊（左、右）	教坊妓，两院妇女，教习歌舞、歌舞戏、竿木、绳伎等杂伎艺	？（约有千人）
	皇帝梨园	女弟子（女部），教习演奏"法曲"	数百人
	官伎 州、县衙	官使妇人、风声妇人、酒妓、饮妓	？
	军营	乐营女子、营妓、酒妓	？
私伎	市井娼妓	长安平康妓（北里妓）、州县"市妓"	？
	家妓（女乐）	歌舞女子（类同姬妾）	？

需要说明的具体情况还有以下几点。（1）凡官属乐伎（男、女[①]）皆为"国家贱民"，非经官府"赦免"（解放），不能"诈伪"（私自改变）脱离"贱籍"。其基本的生活资料（衣粮）由官府供给。凡太常乐户、太常音声人（见下表）轮流"上番"服役期间，由官府供给"身粮"。（2）凡地方州县、军营的"官妓"，基本上"卖艺不卖身"，主要依靠歌舞、诗赋才艺和交际应酬能力（谈吐风雅、机智诙谐、熟谙酒令等），并非仅依赖"色相"取媚于人。（3）市井"娼妓"面向社会各阶层提供"商业性服务"（贱业），但其社会法律地位基本同于平民。若有狎客特别喜爱某位妓女，可以向其假母（老鸨）支付一笔

---

① 按：在先秦时代，"倡伎"名称所指不分男女。倡，指歌舞伎艺、歌舞艺人。伎，指技术、伎艺，也专指歌舞艺人。市井社会中以卖笑、卖身谋生的职业娼妓，乃是后起之义。参看王书奴《中国娼妓史》第一章第一节，上海三联书店，1988年；武舟《中国妓女文化史》，东方出版中心，2006年。

钱财，为其"赎身"并与之结婚（纳妾、纳为"外室"）。（4）官员与富家蓄养的"女乐"（家妓），其法律地位同于奴婢（"贱民"），可以买卖、赠送。

以下表列唐代"官属贱民"名色，借以说明乐伎的社会法律地位。

唐代"官属贱民"名色比较简表

名色	京城（长安、洛阳）		地方诸州、县	
	官奴婢	官户（番户）、乐户	杂户	太常音声人
户籍	州县无贯	州县无贯	附贯州县	州县有贯
受田	不受田	每丁男口分田40亩	例同百姓，受田百亩	
服役	长役无番衣粮官给	一年三番（每番服役一个月）；可纳资代役	两年五番；可纳资代役	分番上下；可纳资代役
婚姻	当色为婚	当色为婚	当色为婚	婚同百姓
赦免	三免为良	再免为良	一免为良	可以军功免贱

据《教坊记》：宫廷"外教坊"（左、右教坊）妓女，容貌美丑与伎艺水平参差不齐，其经济生活待遇（特别是额外赏赐）悬殊。也有向私家提供"有偿服务"者。

苏五奴妻张四娘善歌舞，亦［有］姿色，能弄《踏谣娘》（歌舞戏）。有邀迓（迎）者，五奴辄随之前。人欲得其速醉，多劝酒。五奴曰："但多与我钱，虽吃馄子（蒸饼）亦醉，不烦酒也。"今呼鬻妻者为"五奴"，自苏始。

苏五奴曰"但多与我钱"，正说明张四娘受邀表演是"有偿服务"。

由此可见，官属乐伎为私家提供"有偿服务"，属于"业余挣钱"。如四民（士、农、工、商）婚丧嫁娶陈设音乐歌舞，为风俗习惯，由来已久。[①]

仅从经济生活状况上比较，外教坊（容纳"百戏"伎艺）乐伎的基本温饱虽然有保障，但是处于宫廷乐伎群体的最底层。他（她）们在年老"出内"（放免为良）之后，就要自食其力谋生了。其女伎（乐伎）大多已经年老色衰，若为单身者，或有幸结婚成家[②]，或沦落为卖笑（兼卖身）的市井娼妓。

2. 官员、富家蓄"女乐"。唐承隋制，达官显贵可以"合法"蓄养"女乐"。其来源之一就是皇帝的"因功赏赐"。以下用表格举达官显贵之例。

朝代	受赐者	赏赐"女乐"人数	备注
隋朝	杨素	赐"女妓十四人""姬妾二十人"[③]	《元龟》卷三八三
	樊子盖	赐"女乐五十人"	《隋书·樊子盖传》
	贺若弼	赐"女乐二部"	《隋书·贺若弼传》
	王仁恭	赐"女妓十人"	《隋书·王仁恭传》
唐朝	李孝恭	赐"女乐二部"	《旧唐书·河间王孝恭传》
	窦抗	赐"女乐一部"	《旧唐书·窦抗传》
	李晟	赐"女乐八人"	《旧唐书·李晟传》
	浑瑊	赐"女乐五人"	《旧唐书·浑瑊传》

唐中宗神龙二年（706）九月，敕令："三品已上［官员］，听有

---

① 参看穆渭生、张维慎《盛唐长安的国家乐伎与乐舞》，三秦出版社，2016年，第319—322页。

② 如中唐大诗人白居易《琵琶引》题咏："……自言本是京城女，家在虾蟆陵下住。十三学得琵琶成，名属教坊第一部。……门前冷落鞍马稀，老大嫁作商人妇。……"据《全唐诗》卷四三五，第4831—4832页。

③ 按：皇帝赏赐给达官显贵、功臣的"人口"，其身份有女乐、姬妾、奴婢等。

女乐一部①；五品已上，女乐不过三人。［凡私家］皆不得有钟、磬（用于演奏雅乐）。……"②

唐玄宗天宝七载（748）九月，敕令："五品已上正员清官、诸道节度使及［郡］太守等，并听当蓄丝竹（器乐乐伎），以展欢娱，行乐盛时，式覃（广施）中外。"③

但实际上，官员蓄养"女乐"的人数，与敕令规定并不完全"同步"。嗜好声色者或数十上百，不爱声色者则一无所养。不仅高官，即使中、下级官员，甚至民间文士、富家（商人、地主），只要经济条件具备，皆热衷于蓄养"女乐"。

唐朝初年，高祖（李渊）的侄子陇西王李博义，"有妓妾数百人，皆衣罗绮，食必粱肉，朝夕弦歌自娱，骄侈无比。……为高祖所鄙"。④

唐高宗时显贵大臣许敬宗，奸佞贪婪，好色无度。"营第舍华僭（华丽超越营缮制度），至造连楼，使诸妓［女］走马其上，纵酒奏乐自娱。"⑤

唐明皇大哥宁王（李宪）地位贵盛，有"宠妓数十人，皆绝艺上色"。⑥

---

①按："女乐一部"有多少人，史载不详。部，即乐部（乐队。包括器乐、歌唱和舞蹈乐伎），其人数多少，与音乐种类和体制等密切相关，或数人或数十人。如唐玄宗天宝九载（750）八月，赏赐蕃族大将安禄山"音声口"（乐伎）龟兹乐一部，鸡栖鼓、指鼓、腰鼓、笛、箫、觱篥（大、小觱篥）等七人。据〔唐〕姚汝能《安禄山事迹》卷上，中华书局（曾贻芬点校），2006年。

②《唐六典》卷四《礼部》，第116页，卷十四《太常寺·协律郎》，第399页；《唐会要》卷三十四《杂录》，第733页。

③《通典》卷三十五《职官十七·俸禄》，第968页。《唐会要》卷三十四《杂录》记载为"天宝十载（751）九月二日敕"。

④《旧唐书》卷六十《宗室列传·陇西王博义》，第2357页。

⑤《新唐书》卷二二三上《奸臣列传上·许敬宗》，第6338页。

⑥〔唐〕孟棨《本事诗·情感》//《唐五代笔记小说大观》，上海古籍出版社，2000年。

　　唐代宗时，"盖代之勋臣一品"郭子仪，"宅中有十院歌姬"。① 但此说出自传奇小说，大话夸言，不足凭信。而郭子仪喜好声色，则属于事实。其家中有元配夫人（妻）王氏，有爱姬（姜）南阳夫人、李夫人、张氏、孙氏等②；还有代宗赏赐的"美人卢氏等六人、从者八人"以及女乐（人数不详）。③ 他出镇节度行营（军营）、入京居家（汾阳王府），常以声色自娱④，与宠爱的姬妾、家妓饮酒奏乐时，下令守门者谢绝宾客，部下有事也免见。唐德宗建中二年（781）春天，郭子仪垂暮（85 岁）染病，朝中官员络绎登门探望慰问，他在会见宾客时，身边也有姬妾侍奉，不离左右。⑤

　　唐代文士大多蓄养"女乐"自娱。以下举其"著名者"（社会名流）。

　　韩愈（字退之。768—824）"有二姜，一曰绛桃，一曰柳枝，皆能歌舞。……柳枝后逾垣遁去，家人追获。及镇州（治所在今河北正定县）初归，诗曰：'别来杨柳街头树，摆弄春风只欲飞。还有小园桃李在，留花不放待郎归。'自是专宠绛桃矣"。⑥

　　白居易（772—846）通晓音律，喜爱声色，居常以妓乐诗酒自娱。其诗歌中可知姓名的妓女就有十几个。如《咏兴五首·小庭亦有月》咏曰：

---

①〔宋〕李昉等编《太平广记》卷一九四《昆仑奴》，中华书局，1961 年，第 1452 页。

②〔唐〕赵璘《因话录》卷一//《唐五代笔记小说大观》，上海古籍出版社，2000 年。

③《旧唐书》卷一二〇《郭子仪传》，第 3461 页。

④唐代宗大历十二年（777）四月初，任命太常卿杨绾（字公权）为中书、礼部侍郎，加同中书门下平章事，主持朝政。杨绾秉性正直，居官清廉简朴，从不阿附权贵，雅有声望。其命相之日，朝野庆贺。京城内外官员闻风自戒奢华。郭子仪在邠州（治所在今陕西彬州市）行营宴请宾客，闻报杨绾拜相，立即下令将演奏音乐歌舞的乐伎（属军营官伎）减去五分之四。据《旧唐书》卷十一《代宗本纪》，第 300 页，卷一一九《杨绾传》，第 3435 页；《资治通鉴》卷二二五，第 7361—7362 页。

⑤《旧唐书》卷一三五《卢杞传》，第 3713—3714 页。

⑥〔宋〕王谠撰，周勋初校证《唐语林校证》卷六，中华书局，1987 年，第 585 页。

> 菱角执笙簧，谷儿抹琵琶。
>
> 红绡信手舞，紫绡随意歌。

菱角、谷儿、红绡、紫绡，"皆小臧获（奴婢）名也"。其诗序云："〔文宗大和〕七年（833）四月，予罢河南府，归履道第，庐舍自给，衣储自充，无欲无营，或歌或舞，颓然自适，盖河洛间一幸人也。……"①当时，白居易已经年过花甲（60岁）。而在他身边陪伴多年、深得喜爱的家妓，还有"姬人樊素，善歌；妓人小蛮，善舞。尝为诗曰：'樱桃樊素口，杨柳小蛮腰。'年既高迈，而小蛮方丰艳，……"②

唐宪宗时，有蜀中人符载，曾为剑南节度使幕府僚佐，后辞官归隐，"栖于庐山。……草堂中以女妓二十人娱侍，声名藉甚（盛）。……"③

长安富户孙逢年，"日一醉，无虚席。妓妾曳绮罗者二百余人，……"④

3. 长安的市井"娼妓"。唐史文献中有关"市妓"的史料比较少。下文主要叙述具有代表性的长安平康坊"北里妓女"。据《开元天宝遗事》与《北里志》⑤：

> 长安有平康坊（在朱雀街东，东邻东市，北邻春明门—金光门大街），妓女所居之地，京都侠少萃集于此，兼每年新进士以红笺名纸游谒其中。时人谓此坊为"风流薮泽"。（《开元天宝遗事》卷上）

---

① 《全唐诗》卷四五二《咏兴五首》，第5130—5131页。

② 〔唐〕孟棨《本事诗·事感》//《唐五代笔记小说大观》，上海古籍出版社，2000年。

③ 〔五代〕孙光宪《北梦琐言》卷五，中华书局（贾二强点校），2002年。

④ 〔唐〕冯贽《云仙杂记》卷八//《全唐五代笔记》，三秦出版社，2012年。

⑤ 〔唐〕孙棨《北里志》//《唐五代笔记小说大观》，上海古籍出版社，2000年。按：此书成于唐僖宗中和四年（884），所记为唐后期长安文士和北里妓女的生活情状。但从唐初开始，平康坊就是市井娼妓的聚居之地，其商业经营性质与官府管控制度，早就形成了。

平康里（坊）。入北门，东回三曲（小巷），即诸妓所居之聚
也。妓中有铮铮（名声响亮）者，多在南曲、中曲。其循墙一
曲，卑屑妓所居，颇为二曲轻斥之。其南曲、中曲门前通［坊
中］十字街，初登馆阁者，多于此窃游焉。二曲中居者，皆堂宇
宽静，各有三数厅事，前后植花卉，或有怪石盆池，左右对设，
小堂垂帘，茵榻帷幌之类称是。（《北里志·海论三曲中事》）

平康坊（紧邻东市，周围坊区人口密集）私营娼妓聚居于此坊东
北隅，形成以狎妓宴饮著称的娱乐消费区。在东市周围坊里，也有妓
女分散居住。如盛唐时，靖恭坊（在东市东南隅）有妓，字夜来，稚
齿巧笑，歌舞绝伦，贵公子破产迎之。……①

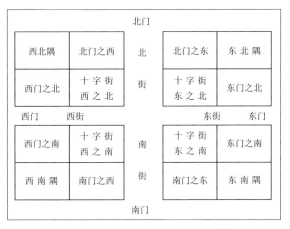

图3 唐长安城坊里平面示意图②

（1）北里"娼妓之家"。平康坊的妓女，一般是"假母"（鸨母）
蓄养几个妓女，名为"养女"，以姊妹排行，冒假母姓氏，居"家"

---

① ［唐］段成式《酉阳杂俎》前集卷十二 // 《唐五代笔记小说大观》，上海古籍出
版社，2000 年。

② 据张永禄《唐都长安》（增订本），三秦出版社，2010 年，第 188 页。

经营，开门接客。

> 妓之母，多假母也，俗呼为爆炭，不知其因，应以难姑息之故也。亦妓之衰退者为之。诸女自幼丐育，或佣其下里贫家，常有不调之徒潜为渔猎。亦有良家子，为其家聘之，以转求厚赂，误陷其中，则无以自脱。初教之歌令而责之，其赋甚急。微涉退怠，则鞭扑备至。皆冒假母姓〔氏〕，呼以女弟女兄，为之行第（排行）。……（《北里志·海论三曲中事》）

其"假母"或为市井老妪有资财者，收买"养女"为妓；无资财者则母女为妓，卖笑卖身。或是原为"官妓"者，在年老色衰"出内"（放免为良）之后，仍操旧业，收养"下里贫家"幼女，教习伎艺，自立门户，为谋生之计。

> 开元皇帝掌中怜，流落人间二十年。长说承天门上宴，百官楼下拾金钱。歌喉渐退出宫闱，泣话伶官上许归。犹说入时欢《圣寿》，内人初著五方衣。①

> 范汉女大娘子（大女儿），亦是竿木（杂伎）家，开元二十一年（733）出内。有姿媚，而微愠羝。谓腋气也。（《教坊记》）

> 庞三娘善歌舞，其舞颇脚重。然特工装束。又有年，面多皱，帖以轻纱，杂用云母和粉蜜涂之，遂若少容。尝大酺（国有节庆，民间聚会设乐饮酒）汴州（治所在今河南开封市），以名字求雇（雇请表演）。……（《教坊记》）

庞三娘虽然"又有年，面多皱"，却擅长化妆，犹如少女，仍有

---

① 《全唐诗》卷五一一张祜《退宫人》二首，第5879页。按：a. "长说承天门上宴，百官楼下拾金钱"所指，据《旧唐书》卷八《玄宗本纪上》：先天二年（713）九月十九日，"宴王公百僚于承天门（太极宫正南门），令左右于楼下撒金钱，许中书门下五品已上官及诸司三品已上官争拾之，仍赐物有差"。b. "犹说入时欢《圣寿》"所指，在开元十一年（723）初，宜春院排演歌舞大曲《圣寿乐》。据〔唐〕崔令钦《教坊记》。

人慕名前来雇请表演歌舞——自然要付酬金。她是一名年老色衰"出内"（放免）之教坊宫妓，流落民间市井，仍以盛年时所擅之歌舞伎艺来自谋生计。① 像范汉女、庞三娘这样的名妓，待到年老"出内"之后，大多会"退为假母"，经营"娼妓之家"。

> ［北里］诸妓以出里（坊）艰难，每［平康坊］南街保唐寺（原名菩提寺②）有讲席（讲说佛经的席位），多以月之八日，相牵率听焉。皆纳其假母一缗（1000 文），然后能出于里。其于他处，必因人而游，或约人与同行（防止逃走），则为下牒（文书），而纳资于假母。故保唐寺每三八日（初八、十八、二十八日）士子极多，盖有期于诸妓也。（《北里志·海论三曲中事》）

> 长安戏场（讲说佛经、传布道教、表演俗乐等）多集于慈恩，小者在青龙，其次荐福、永寿。尼讲（比丘尼讲经）盛于保唐［寺］，名德（高僧讲经）聚之安国。士大夫之家入道，尽在咸宜［观］。③

平康妓女平常被假母严加看管，无人身自由。从北街到南街的寺院去听"讲经"，也要给假母交"保证金"。而妓女们可以利用这样的机会和时间，自由活动，或与"有期"的士子相见狎玩，能够得到一些"赠资"，为自己积攒"私房钱"。

（2）市井娼妓的管理制度。长安（以及地方州县）的市井娼妓，皆在官府的控制之下（登记户籍）。凡"私事"召妓侑酒，须得官厅许可（"打报告"审批）。

> 京中饮妓，籍属教坊（姓名簿籍由宫廷教坊管理），凡朝士宴集，须假诸曹署行牒（公文），然后能致于他处。……（《北里

① 参看任半塘《教坊记笺订》，中华书局，2012 年，第 36 页。
② 据《唐会要》卷四十八《寺》：唐武宗会昌六年（846）正月，"菩提寺改为保唐寺"。
③ ［宋］钱易《南部新书·戊》，中华书局（黄寿成点校），2002 年，第 67 页。

志·序》）

[平康坊] 曲内妓 [女] 之头角者，为都知（宫廷教坊乐官名称），分管诸妓，俾追召（应承官差）匀齐。……（《北里志·郑举举》）

京城（长安、洛阳）市井娼妓的管控体制为：宫廷"教坊使"→市井妓女"都知"→妓家（市妓）。凡有官府"追召"，由妓女"都知"分派给诸"妓家"。所谓"匀齐"，就是"平均分派"，经济利益（妓女应召陪酒有报酬）均沾。

由此类推，凡州、县城市的"私营娼妓"也在官府管控之下。因为，"户籍"登记和管理属于国家制度（具有行政、财政、治安和文教等多种功能）。凡官属"贱民"亦有簿籍，但管理部门与州县"编户"（良民）不同。

（3）狎妓宴饮，进士数风流。长安平康坊北里为"风流薮泽"，常来此地嬉游饮宴的狎客，有富家子弟、官员、新进士等，其中以进士辈最为"风流写意"。

需要指出的是，唐人狎妓具有其特定的"时代风尚"，一是狎客大多喜欢年长的妓女（风雅成熟，善于交际）；二是妓女以言辞诙谐、知晓音律、居住优雅和饮食精美为"上品"，年青美貌、体态性感者反在其次。

都中名姬（妓女）楚莲香者，国色无双，时贵门子弟争相诣之。莲香每出处之间，则蜂蝶相随，盖慕其香也。（《开元天宝遗事》卷上）

长安进士郑愚、刘参、郭保衡、王冲、张道隐等十数辈，不拘礼节，旁若无人。每春时，选妖妓三五人，乘小犊车，指名园曲沼，藉草裸形，去其巾帽，叫笑喧呼，自谓之"颠饮"。（《开元天宝遗事》卷上）

长安名妓刘国容，有姿色，能吟诗，与进士郭昭述相爱，他人莫敢窥也。后昭述释褐授天长［县主］簿，遂与国容相别。诘旦赴任，行至咸阳（?），国容使一女仆驰矮驹赍短书云："欢寝方浓，恨鸡声之断爱。恩怜未洽，叹马足以无情。使我劳心，因君减食。再期后会，以结齐眉。"长安子弟多诵讽焉。（《开元天宝遗事》卷下）

长安富家子刘逸、李闲、卫旷，家势巨豪，而好接待四方之士，疏财重义，有难必救，真慷慨之士，人皆归仰焉。每至暑伏中，各于林亭内植画柱，以锦绮结为凉棚，设坐具，召长安名妓间坐，递相延请，为避暑之会，时人无不爱羡也。（《开元天宝遗事》卷下）

京中饮妓，籍属教坊，凡朝士宴集，须假诸曹署行牒（公文），然后能致于他处。惟新进士设筵顾吏，故便可行牒追（追召妓女），其所赠之资（钱财），则倍于常数。诸妓皆居平康里，举子、新及第进士、三司幕府但未通朝籍未直馆殿者，咸可就诣。如不吝所费，则下车水陆（宴席）备矣。（《北里志·序》）

（4）平康妓女的"服务费"。长安（以及地方州县的）市井妓女，虽然也要承应官府"追召"，但其日常性的主要经济来源为"开门接客"（面向社会各阶层人士），收取"服务费"。而"花柳丛中"的常客，就是那些"不吝所费"者。

在唐朝后期（可为唐前期之参照），平康坊诸妓女的"名声"有上品、下品之分，其"服务项目"与"收费标准"自然也有高、低差别。[①]

平康坊诸妓女，以熟谙筵席章程，能作"酒纠"为上品。

所谓"酒纠"（席纠），即在聚会饮宴时，充当劝酒、监酒令者。

［①］参看吴宏岐《西安历史地理研究》第七章第四节"唐长安城平康坊酒席价与饮妓服务费"，西安地图出版社，2006年，第235—245页。

酒令，为宴会上助酒兴的游戏，推一人为酒令官，凡违令或依令该饮者都要饮酒。据《北里志》：

> 其中诸妓，多能谈吐，颇有知书言语者，自公卿以降，皆以表德呼之（称人之字）。其分别品流，衡尺人物，应对非次，良不可及。

> 有一姬号汴州人也，……每饮率以三锾（300 文），继烛即倍之。

> 曲中常价，一席（酒席）四锾（400 文），见烛即倍，新郎君（新及第进士）更倍其数，故云复分钱也。

> 曲中诸子（妓），多为富豪辈日输一缗（1000 文）于［假］母，谓之买断。但未免官使（官府"追召"），不复祇接于客。

> 张住住者，……少而敏慧，能辨音律。……［平康富家］陈小凤者，欲权聘住住，盖求其元（处女初夜），已纳薄币，……既而小凤以为获元，甚喜，又献三缗（3000 文）于张氏（住住母），遂往来不绝。……

平康坊北里的"妓家"接待狎客，一般为"设酒果以待"；若设水陆宴席，必须另付费用。妓女则主要依靠其平日的名气、接待客人的交际本领（谈谑、歌令等），获得狎客付给的"赠资"（彩缯遗酬）。不言而喻，妓女年青貌美且能"利口巧言，诙谐臻妙"者，就能得到更多的"赠资"。狎客对于特别喜欢的妓女，可以"买断"，一日付费为一缗（1000 文），对于妓家来说，这是相对稳定的"高收入"。

狎客若要携妓出坊游玩（暂时性"买断"），先需"纳资于假母"一缗钱；再付给妓女本人"赠资"（若"陪玩"令狎客满意，可获得较多的"赠资"）。

狎客若要为特别喜爱的妓女"赎身"，费用为"一二百金"（黄金一二斤，合 5600 ~ 11200 缗）。很显然，如此"身价"，唯有富贵公子才能"买得起"。

　　唐代大小城市的"市妓"，以卖笑（与卖身）自谋生计，虽为"贱业"但属"合法"，具有"商业化"性质，乃城市经济社会生活的"一道风景"。

　　就"市井妓女"的社会影响而言，涉及方面广泛而深刻——伦理道德（贞节观念）、婚姻制度（与习惯风俗），首当其冲。在这样的"社会风情氛围"中，备受指责的并非男性（父家长制社会），而是女性（深受礼教和法律压迫）。

第八章　贵妃"梦断"马嵬驿

　　唐明皇天宝十四载（755）冬天，突然爆发的"安史之乱"——边疆节度使（大将）针对中央朝廷的大规模军事叛乱，对王朝国家"运祚"的影响重大而深远。[①]

　　对于杨贵妃及其整个家族而言，"安史之乱"带来的是"灭顶之灾"。

　　先从发动军事叛乱的"元凶"安禄山说起。

一、"入唐蕃将"安禄山

　　安禄山属于"入唐蕃将"[②]。时值东北"两蕃"（奚、契丹）叛服

---

　　① 唐明皇末年爆发的"安史之乱"（755—763），是唐朝由盛转衰的"拐点"，也是中国古代历史上的重大转折——历经唐后期"藩镇割据"、五代十国（短命王朝更替频繁）、宋辽金夏（华夏与"夷狄"政权分立对峙），到元朝统一（1279），"天下分裂"长达五个多世纪。

　　② 参看马驰《唐代蕃将》，山西人民出版社，2024 年。a. 唐代的"蕃将"，是指少数民族将领。分为在内地正州任职的"入唐蕃将"、在羁縻府州（中央政府间接统治区）任职的"在蕃蕃将"两种类型。凡羁縻地区，在政治上皆"奉唐正朔（历法）"，为唐朝"天下"的组成部分。由此可见，"蕃将"具有深厚的社会基础——地域广阔，族类众多。b. 唐代的"羁縻州郡"——"著于令式"（国家制度）的特别行政区（类今民族区域自治）。据《新唐书》卷四十三下《地理志七下》："自太宗平突厥，西北诸蕃及蛮夷稍稍内属，即其部落列置州县。其大者为都督府，以其首领为都督、刺史，皆得世袭。虽贡赋版籍，多不上户部，然声教所暨，皆边州都督、都护所领，著于令式。……大凡府州八百五十六，号为羁縻云。"c. 据唐开元《杂令》："东至高丽、南至真腊（今柬埔寨）、西至波斯、吐蕃及坚昆都督（今俄罗斯叶尼塞河上游），北至突厥、契丹、靺鞨，并为八蕃，余为绝域（极远之地）。"天一阁博物馆、中国社会科学院历史研究所天圣令整理课题组校证《天一阁藏明钞本天圣令校证（附唐令复原研究）》下册，中华书局，2006 年，第 740 页。

无常，战事持续不解，局势动荡不安。安禄山风云际会，崭露头角，节度使张守珪赏识拔擢，唐明皇信任笼络并委以重任，遂使其青云直上，一身兼领三镇（节度使）兵马，专制东北边疆军事，拜爵封王，势力坐大而野心膨胀，遂起兵反叛争夺"天下"。

（一）外痴内狡邀"皇恩"①

1. 出身营州"杂种胡"。安禄山（703—757）为"杂胡"（混血儿），小名叫"轧荦山"，从小生活在河北道营州柳城（今辽宁朝阳市）。其生父身份不详，一说为康姓胡人（西域"昭武九姓"之康国人）②。其生母阿史德氏为突厥族女巫，以占卜为生。她生育比较晚，曾向轧荦山神祈祷求子，竟然灵验而怀孕（未婚母亲）。

轧荦山少孤（私生子），其母亲后来嫁给"胡将军"（指入唐为军官的胡人）安波注的哥哥安延偃，乃冒姓安氏，并改名为"安禄山"。

大约在唐明皇即位（712）之初，安延偃的族落破败，人口流散。当时，其同族人安道买已入唐多年，任平狄军（治所在今山西朔州市

---

① 本节主要据〔唐〕姚汝能《安禄山事迹》、两《唐书》安禄山本传。参看荣新江《安禄山的种族、宗教信仰及其叛乱基础》//《中古中国与粟特文明》，生活·读书·新知三联书店，2014年；牛致功《安禄山史思明评传》，三秦出版社，2000年。

② a. 据《安禄山事迹》卷上：安禄山曾对哥舒翰曰："我父是胡〔人〕，母是突厥女。尔父是突厥，母是胡〔人〕，与公族类颇同，何得不相亲乎？"由此可见，安禄山是"杂胡"。b. 据《全唐文》卷四五二郢说《代郭令公请雪安思顺表》云：安禄山"本姓康"。康姓、安姓皆来自"西域"（今中亚地区）的粟特人，即"昭武九姓"之康国、安国。c. 粟特人善于经商，利之所在，无远弗届。自南北朝以降，络绎东来，或沿西北"丝绸之路"进入中国各地，或走北方草原进入游牧汗国突厥。在突厥汗国控制地区的粟特人，政治上尊奉突厥可汗，但在社会组织上大多聚居一处，自成部落（"胡部"），自有首领（也是其宗教首领）。

东北）副使①。安延偃带领安禄山母子、安道买的长子孝节和次子贞节、安波注的儿子思顺和文贞等，一起前往投奔。安禄山当时大约十岁，一路上与孝节兄弟和思顺兄弟相随，成为"患难兄弟"。

此后不久，安思顺应募从军，去了唐朝与吐蕃长期对峙的陇右道边防前线，并很快以作战勇敢而崭露头角，成为一名"入唐蕃将"，后来逐渐升迁至节度使。

"牧羊小儿"安禄山长大成人，身高体胖，形貌剽悍。由于从小生活在边疆多民族（汉、奚、契丹、突厥与粟特人等）杂居地区，竟能通晓六蕃（一说九蕃）语言。

大约在开元二十年（732）以后，年已30的安禄山辗转来到幽州（治所在今北京市西南），因通晓多种民族语言，当上了诸蕃"互市牙郎"（经纪人兼翻译）。

安禄山从小经历辗转流动生活，养成了善于察言观色、精于算计的聪明狡黠，性情残忍、恃勇斗狠的痞子习气，偷鸡摸狗的无赖行径和贪婪奸诈的市侩品性。

因为偷羊事发，安禄山被官府抓捕归案，判处死刑。但他竟然临危不惧，口出大言，被范阳节度使张守珪所赏识，收留在军中驱使。

> 禄山盗羊奸发，追捕至，欲棒杀之。禄山大呼曰："大夫不欲灭奚、契丹两蕃耶？而杀壮士！"守珪奇其言貌，乃释之，留军前驱使，遂与史思明同为捉生将。

史思明与安禄山是同乡，两人同岁，也通晓诸蕃语言，与安禄山同为互市牙郎。其原名窣干，成为"入唐蕃将"后，曾入朝奏事，唐明皇赐名史思明。

---

① 据《资治通鉴》卷二〇六：武则天神功元年（697）二月，后突厥默啜可汗寇扰胜州（治所在今内蒙古准格尔旗东北），被唐朝平狄军（治所在今山西朔州市东北）副使安道买击破之。

2. 一人兼领三镇兵。盛唐时期的"外寇"劲敌，有东北"两蕃"（奚、契丹）、漠北的后突厥、西域的西突厥诸部，雪域高原的吐蕃王国，以及西南的南诏国。唐朝在边疆地区设置节度、经略使，以备捍御，始于睿宗景云二年（711），完成于明皇开元二十一年（733），历时 20 余年。盛唐时期的边疆防御格局如下表。

盛唐边疆十节度使镇防格局简表

名称／（治所今地）	设置时间	兵马数（万）	镇防任务
安西／（新疆库车）	开元六年（718）	兵 2.4／马 0.27	统安西四镇，抚宁西域
北庭／庭州（新疆吉木萨尔北）	先天二年（713）	兵 2／马 0.5	防制西突厥（突骑施、坚昆等部）、后突厥
河西／（甘肃武威）	景云二年（711）	兵 7.3／马 1.73	隔断吐蕃与突厥
陇右／（青海乐都）	开元二年（714）	兵 7.5／马 1	备御吐蕃
朔方／（宁夏吴忠）	开元九年（721）	兵 6.47／马 1.33	捍御突厥
河东／（山西太原）	开元十八年（730）	兵 5.5／马 1.48	与朔方共御突厥
范阳／（北京市西南）	开元二年（714）	兵 9.14／马 0.65	临制奚、契丹
平卢／（辽宁朝阳）	开元七年（719）	兵 3.75／马 0.55	镇抚室韦、靺鞨
剑南／（四川成都）	开元七年（719）	兵 3.09／马 0.2	西抗吐蕃，南抚蛮獠
岭南经略使／（广州）	开元二十一年（733）	兵 1.54	绥静夷獠
合计：又有长乐（今福建福州）经略、东莱（今山东烟台市牟平区）与东牟（今山东烟台市牟平区）守捉，凡镇兵共 49 万人，战马 8 万余匹。据《资治通鉴》卷二一五，天宝元年（742）记载。			

再说安禄山任唐军"捉生将"，凭借熟悉当地山川井泉、大道小径的经验，曾多次带领麾下三五名骑兵生擒契丹数十人，令节度使张守珪一再感到惊奇，刮目相待，先提升其为偏将，并收为"养子"；又以军功加员外左骑卫将军，充衙前讨击使。

开元二十四年（736），安禄山升任平卢将军；二十八年（740），升任平卢军（治所在今辽宁朝阳市）兵马使；二十九年（741）七月，以幽州节度副使安禄山任营州都督，充平卢军节度副使，押两蕃（奚、契丹）、渤海、黑水四府经略使。

天宝元年（742）二月，安禄山充平卢节度使，进阶骠骑大将军；天宝三载（744），授范阳长史，充范阳节度、河北采访使，兼平卢节度使；六载（747）正月，安禄山加兼御史大夫，其妻康氏、段氏并封为国夫人；天宝七载（748）六月，赐安禄山实封（实有封户）300 户及铁券（君主颁赐给功臣，世代据此享受某些特权），封柳城郡开国公；天宝九载（750）五月，安禄山进封东平郡王。节度使封王，自此始也①。天宝十载（751）二月，加安禄山云中郡（治所在今山西大同市）太守，兼充河东节度、采访使，余如故。至此，安禄山兼领三镇节度使，共计统兵 18.35 万人，战马 2.6 万匹。分别占全国边防军镇（十道节度使、经略使）总兵员的 37% 、战马的 33% 。

安禄山的升迁之快，权力之大，亦可谓"政治暴发户"。其为人"外若痴直，内实狡黠"。对上司巴结逢迎，贿赂买好求赞誉；对下级恩威并用，结其忠心为己用。在皇帝面前，也是装出一副憨厚忠诚情态，揣摩圣意，投其所好。

安禄山先后五次入朝京师。天宝二年（743）正月，初次入朝，明皇"宠待甚厚，谒见无时"。安禄山在明皇面前，应对机敏，杂以诙谐。其身体肥胖，腹垂过膝，自称重三百斤。明皇指其大肚子开玩笑："此胡腹中何所有，竟然这么大？"安禄山应声回答："更无余物，只有对陛下的赤胆忠心尔。"明皇听了特别喜悦。

安禄山曾任"市侩"，善于揣摩人心，钻营投机，挖空心思，投

---

① 《旧唐书》卷九《玄宗本纪下》，第 224 页。

明皇之所好。[1]

唐明皇信重"蕃将"（长于骑射，习于战斗），托付以边防大计。天宝六载（747）时，安禄山借内宴承欢之机，卖乖献媚，试探明皇心意：

> 臣蕃戎贱臣，受人主宠荣过甚，臣无异材为陛下用，愿以此身为陛下死。

对其"拍胸膛表忠心"，明皇虽然没有应答，内心却是甚为怜惜。

安禄山善于装傻（伪装和表演）。他初次见到皇太子（即肃宗），竟然不行拜礼。左右催促曰："为何不拜？"禄山拱立曰："臣蕃人，不识朝礼，不知太子是何官？"

明皇介绍曰："他就是皇位继承人，朕百岁之后，就传位于太子。"安禄山佯装恍然大悟："臣愚钝，以前只知道有陛下一人，不知道还有太子，臣罪该万死。"这才恭敬地向太子行拜见礼。而明皇竟认为禄山单纯真诚，对其更加喜欢。[2]

安禄山派其将领刘骆谷常驻京师为耳目，探听朝廷消息，搜集军国情报，随时向范阳报告；凡是应有的例行笺表，也由其代作上奏。又每年向朝廷献俘虏、杂畜、珍玩、奇禽异兽等，不绝于路，沿途经过的郡县疲于支应递运。

唐明皇笼络驾驭安禄山，一是加官晋爵，委以重任；二是频繁赏赐，收买其心。在京城道政坊（位于兴庆宫之南）、亲仁坊（在东市西南隅）、骊山华清宫，皆有赏赐给安禄山的宅第，由宦官监督修造，其台观池沼，壮观华丽，不限财力。还赏赐全套家具、金银厨具、锦

---

[1] 据《开元天宝遗事·助情花》："明皇正宠妃子，不视朝政，安禄山初承圣眷（眷顾），因进助情花香百粒，大小如粳米，而色红。每当寝处之际，则含香一粒，助情发兴，筋力不倦。帝（明皇）秘之曰：'此亦汉之慎恤胶也。'"

[2] 〔唐〕姚汝能《安禄山事迹》卷上，中华书局（曾贻芬点校），2006 年。

绣被褥和帷帐、精美的锦缎服装、杂彩绫罗等生活什物，其制作工艺精湛考究，甚至超过了宫中服御之物。还有乐伎、奴婢、名马、珍宝等；其入朝进京期间，赏赐御厨佳肴美食，更是络绎不绝。

明皇称赞安禄山"万里长城，镇清边裔"，其"一人得宠，全家沾恩"，母亲、妻子康氏与段氏并封为国夫人；十一个儿子皆获得明皇赐名，荣耀无比——长子庆宗任卫尉寺少卿（从四品上），尚（娶）皇室郡主，又改太仆寺卿（从三品）；次子庆绪为鸿胪寺少卿（从四品上）兼广（范）阳郡（今北京市西南）太守。

（二）"禄儿"献媚认干娘

杨贵妃"宠冠六宫"（礼遇比于皇后），地位尊贵，安禄山对其非常恭敬，挖空心思巴结讨好，如进献珠宝珍玩、精美乐器（如白玉箫管）等。在入宫觐见时，明皇与贵妃并坐，安禄山先拜贵妃，再拜明皇。明皇怪而问其故，安禄山答曰：

> 臣是蕃人，蕃人先母而后父。[1]

明皇闻言大悦，遂下令让杨贵妃的哥哥杨铦和三个姐姐，与安禄山"并约为兄弟姊妹"。这是明皇驾驭安禄山的"感情笼络"之策。

天宝九载（750）秋天，安禄山入朝后，诚恳奏请：愿为杨贵妃的"养儿"。

安禄山（703—757）比杨贵妃（719—756）大 16 岁，却要认"干娘"——这也是"胡俗"。明皇欣然恩许，君臣关系再加上"父子"感情，可谓亲如一家。

次年（751）正月一日，适逢安禄山的生日。先一天，明皇和贵妃分别赏赐其精美的日用器物、锦绣服装等；当日，又赏赐海陆产品

---

[1]《旧唐书》卷二〇〇上《安禄山传》，第 5368 页。

（山珍海味）、香药等，皆用金银器皿盛放，一并赐予。前后赏赐的物品种类和数量繁多，不可胜计。

后三日，召禄山入内，［杨］贵妃以绣绷子（束负小儿的宽布带。即襁褓）绷禄山，令内人以彩舆（抬轿）舁之，欢呼动地。玄宗使人问之，报云："贵妃与禄山作三日洗儿，洗了又绷禄山，是以欢笑。"玄宗就观之，大悦。因加赏赐贵妃洗儿金银钱物，极欢而罢。自是，宫中皆呼禄山为"禄儿"，不禁其出入。①

……后三日，召禄山入禁中，［杨］贵妃以锦绣为大襁褓，裹禄山，使宫人以彩舆舁之。……自是禄山出入宫掖不禁，或与贵妃对食，或通宵不出，颇有丑声闻于外，上（明皇）亦不疑也。②

禄山诏约杨［贵］妃，誓为母子；自虢国［夫人］已下，次及诸王（明皇诸兄弟），皆戏禄儿，与之促膝娱宴。上（明皇）时闻后宫三千合处喧笑，密侦则禄山果在其内。贵戚猥杂，未之前闻；凡曰钗鬟，皆啖厚利；或通宵禁掖，昵狎嫔嫱。……③

初，禄山尝于上（明皇）前应对，杂以谐谑。［杨贵］妃常在座，禄山心动。及闻马嵬之死，数日叹惋。④

面对美丽高贵的杨贵妃，安禄山萌生贪色欲念，实属正常心态。他本乃好色之徒，有两个妻子，还与其亲信孙孝哲之母（有美色）私通。⑤

对于此类"热点绯闻"，不特今人敏感，古代史家和文士早就有

①《安禄山事迹》卷上，第 82 页。

②《资治通鉴》卷二一六，第 7022 页。

③《资治通鉴》卷二一六，《考异》引温畬《天宝乱离西幸记》，第 7022 页。

④〔宋〕乐史《杨太真外传》卷下 //《开元天宝遗事十种》，上海古籍出版社，1985 年。

⑤参见《安禄山事迹》卷中。

"灵犀"联想，留下了二人关系暧昧，"颇有丑声闻于外"的讥刺之言。

然运用历史思维来考察，以上史料皆属似是而非，经不起推敲。

1. 所云杨贵妃、虢国夫人以下"次及诸王（明皇诸兄弟），皆戏禄儿"，就是明显"硬伤"——杨贵妃入宫是天宝中"故事"，而"诸王"早在开元中皆已身故。

还有"通宵不出"与"昵狎嫔嫱"云云，把高墙深院、警戒森严的宫禁之地形同于市井青楼，也属于"狗血剧情"之类。因为在当时，不仅宫城（与皇城）有森严的警卫制度，外郭城也实行"宵禁"制度——京城安全保卫非等闲之事。

2. 安禄山认"干娘"之举，可谓巧妙地发挥了其"胡人胡俗"——刻意巴结杨贵妃的实质性意图，是向唐明皇卖乖献媚，以获得更多的"政治利益"。而且，也使他有了堂皇理由和更多机会入宫进见杨贵妃，可以"饱餐美色"，自挠心痒。

由此可曰，安禄山只是"有色心"而已，故后来对贵妃之死"数日叹惋"。正所谓"爱美之心人皆有之"，垂涎美色而想入非非与真正勾搭成奸，不可混为一谈。

3. 杨贵妃对于"禄儿"的"宠溺"态度，无疑是在配合明皇的"笼络"政治旨意。况且杨贵妃乃"尤物"，唐明皇对其恩宠无比，岂容"杂胡"安禄山染指！

而安禄山认杨贵妃为"干娘"，实质乃"项庄舞剑，意在沛公"。①

①牛致功先生指出：如果把所谓的"丑声"理解为绯闻，是不可能真实的。安禄山的主要目的是了解、掌握唐玄宗的动态，以利于发展个人野心；决不会为了一时情欲而身首异处，断送发展个人野心的机会。见其著《安禄山史思明评传》，三秦出版社，2000年，第48—49页。

叙述至此，还需要辨析一个长期以来被大多数历史学者和读者所忽视的、似是而非的"史料"问题——杨贵妃与安禄山皆擅长"胡旋舞"。

（三）安禄山与"胡旋舞"

在唐代之前，西域康国（今中亚乌兹别克斯坦撒马尔罕一带）的"胡旋舞"已传到中原，表演时有单人、双人舞，其舞容姿态的突出特征是节奏快捷，急转如飞。[①] 在唐明皇时期，宫廷乐舞机构教坊的"杂舞类"有《胡旋舞》，宜春院"内人"（宫廷歌舞女伎）的表演水平为最佳。在教坊男伎中，也有擅长此舞者。

杨贵妃能歌善舞，其艺术水平在宜春"内人"之上，跳"胡旋舞"绝不在话下。

但是，安禄山是一个"腹垂过膝"的大胖子，如何能够"急转如飞"？

以下先列举安禄山能跳"胡旋舞"的史料，然后再作辨析。

> ［安禄山］晚年益肥，腹垂过膝，自称得三百五十斤。每朝见，玄宗戏之曰："朕适见卿腹几垂至地。"禄山每行，以肩膊左右抬挽其身，方能移步。玄宗每令作《胡旋舞》，其疾如风。……［李］猪儿，契丹之降口也，年十余岁，事禄山颇谨。……禄山腹大，每著衣服，令三四人擎腹，猪儿头戴之，始得系衣带。玄宗赐禄山华清宫浴，猪儿得入宫与禄山解著衣裳。（《安禄山事迹》卷下）

> ［张］守珪见其（安禄山）肥白，壮其言而释之。……常嫌

---

① 参看穆渭生、张维慎《盛唐长安的国家乐伎与乐舞》第十章第三节所述"健舞·胡旋舞"，陕西人民出版社，2016 年，第 220—221 页。

其肥，以守珪威风素高，［禄山］畏惧不敢饱食。以骁勇闻，遂养为子（义儿）。……晚年益肥壮，腹垂过膝，重三百三十斤，每行以肩膊左右抬挽其身，方能移步。至玄宗前作《胡旋舞》，疾如风焉。……禄山以体肥，长带疮。……禄山肚大，每著衣带，三四人助之，两人抬起肚，［李］猪儿以头戴之，始取裙裤带及系腰带。玄宗宠禄山，赐华清宫汤浴，皆许猪儿等人助解著衣服。（《旧唐书》本传）

［安禄山］伟而晳，……［张］守珪（幽州节度使）丑其肥，由是不敢饱［食］（减肥），因养为［义］子。……晚益肥，腹缓及膝，奋两肩若挽牵者乃能行，作《胡旋舞》帝（明皇）前，乃疾如风。……每乘驿入朝，半道必易马，号"大夫换马台"，不尔，马辄仆，故马必能负五石驰者乃胜载。……禄山腹大垂膝，每易衣，左右共举之，猪儿为结带，……及老，愈肥，曲隐常疮。（《新唐书》本传）

禄山体充肥，腹垂过膝，尝自称腹重三百斤。（《资治通鉴》卷二一五）

由此可知，安禄山从小就是个"胖墩"。他出身"杂胡"，会跳"胡旋舞"自不待言。如果说，他年轻时跳此舞能够"急转如飞"，但到天宝年间已经不能了。

安禄山第一次入朝进京，是在天宝二年（743）正月，时年约40岁，已经胖得"腹垂过膝"了。这样一个"超级胖子"，连步行走路都要左右搀扶，竟然还能跳舞，而且能"急转如飞"！这是不可思议、不合逻辑的事情。

但上揭几种史料皆"言之凿凿"——如何来解释（其中有何谬误）？

1. 在上举史料中,唐人姚汝能(曾任华阴县尉)《安禄山事迹》时代最早,是研究"安史之乱"的第一手文献,也是其后诸史(五代、北宋时成书)的主要来源。① 但是,对于其中如此明显的"失真"细节,为何后世史家却一再"拷贝"?

2. 中唐大诗人白居易的诗歌《胡旋女》咏云:

> 天宝季年时欲变,臣妾人人学圈转。中有太真外禄山,二人最道能胡旋。梨花园中册作妃,金鸡障下养为儿。禄山胡旋迷君眼,兵过黄河疑未反。贵妃胡旋惑君心,死弃马嵬念更深。……②

> 天宝中,安禄山每来朝,上(明皇)特异待之,每为致坐于殿,而偏张金鸡障其下,来辄赐坐。……③

> 玄宗尝御〔兴庆宫〕勤政楼,于御座东间设一大金鸡帐,前置一榻,〔赐禄山〕坐之,卷去其帘,以示荣宠。每于楼下宴会,百僚在座,禄山或拨去御帘而出。肃宗(时为皇太子)谏曰:"自古正殿无人臣坐之礼,陛下宠之太甚,必将骄也。"上(明皇)呼太子前曰:"此胡骨状怪异,欲以此厌胜(镇压、制服)之耳。"④

而《安禄山事迹》很可能就是受此影响。⑤ 但是,白居易的诗句重在"写意"(政治讽喻)而非"写实",属于"诗人之笔"而非"史官之笔"。册立杨贵妃在天宝四载(745),"养〔禄山〕为儿"在

---

① 参看黄永年《唐史史料学》,上海书店出版社,2002 年,第 135—137 页。

②《全唐诗》卷四二六,第 4704—4705 页。

③〔唐〕李德裕《次柳氏旧闻》//《开元天宝遗事十种》,上海古籍出版社,1985 年。

④《安禄山事迹》卷上,第 78 页。

⑤ 白居易与好朋友元稹经常赋诗唱和,元稹亦作有《胡旋女》:"天宝欲末胡欲乱,胡人献女能胡旋。旋得明王不觉迷,妖胡奋到长生殿。……翠华南幸万里桥,玄宗始悟坤维转。寄言旋目与旋心,有国有家当共谴。"据《全唐诗》卷四一九,第 4630 页。

天宝九载（750）。陈寅恪先生就曾指出："金鸡障与养为儿本是两事，乐天以之牵合为一，作为'梨花园中册作妃'之对文耳。"①

在当时，最为流行的还有《胡腾舞》，其音乐风格也是快捷多变，但其舞容姿态的突出特征是在一张小圆毡毯上腾踏跳跃，并非"急转如飞"。②

图1　宁夏盐池县出土唐墓墓门胡人舞蹈图（描摹）③

3. 安禄山以"能胡旋"迷惑了唐明皇的眼睛，使他丧失了政治警惕，养虎成患；杨贵妃以"能胡旋"迷惑了唐明皇的身心，使他沉溺于纵情享乐，荒怠朝政——是导致"安史之乱"的根源。于是，当时最为流行的"胡旋舞"就成了"不祥征兆"、舆论谴责的"政治抓手"。而"旋"（旋转）是最容易把人"转晕"的舞蹈。

因为安禄山出身"杂胡"，故自中唐以降，就被称为"逆胡"，安史叛乱被视为"胡乱"；带"安"字的地名也一度被改换。如唐肃宗

---

① 陈寅恪《元白诗笺证稿·胡旋女》，上海古籍出版社，1978年，第169—172页。

② 穆渭生、张维慎《盛唐长安的国家乐伎与乐舞》，陕西人民出版社，2016年，第221—223页。

③ 据王克芬《中国舞蹈发展史》，上海人民出版社，2014年，第228页。

至德二载（757）十一月，收复两京，河南、河东诸郡县皆平定，诏令：凡京城宫省门带"安"字者皆改之；改"安西"为"镇西"。[1]又据《唐会要》卷八十六《城郭》：

> ［肃宗］至德二载（757）正月二十七日，改丹凤门为明凤门，安化门为达礼门，安上门为先天门，及坊名有"安"者悉改之。寻并却如故。

不仅如此，当时朝野舆论普遍认为，安禄山反叛是由于唐明皇淫侈游乐——中心就在骊山华清宫；因而唐后期诸帝视游幸华清宫为"恶德"，罕复行幸。如此"政治忌讳"，当时的诗人又焉能不深受影响？白居易、元稹自然也不能免俗。[2]

由此可见，上举诸史"拷贝"同一条史料，并非真的以讹传讹，乃是出于痛心疾首与"政治批判"之需要，有意（或无意）地熟视无睹了。

二、渔阳鼙鼓惊《霓裳》

唐明皇对待安禄山，委以高官厚禄，寄托边防重任，可谓"仁至义尽"。但安禄山最终却起兵叛国，"恩将仇报"！唐明皇"养虎成祸"，追悔莫及！

（一）国家"干城"野心家

天宝九载（750）五月，唐明皇下令为安禄山封爵东平郡王[3]，其制书云：

> ……开府仪同三司兼左羽林大将军，员外置同正员，御史大

---

① 《旧唐书》卷十《肃宗本纪》，第 248 页；《资治通鉴》卷二一六，第 7169 页。
② 黄永年《六至九世纪中国政治史》，上海书店出版社，2004 年，第 273 页。
③ 《旧唐书》卷九《玄宗本纪下》，第 224 页。

夫，范阳大都督府长史，柳城郡太守，持节范阳节度、经略、支度、营田、陆运、押两蕃（奚、契丹）、渤海、黑水四府处置及平卢军、河北转运并营田管内采访使，上柱国柳城郡开国公安禄山，性合韬钤，气禀雄武，声威振于绝漠，捍御比于长城。战必克平，智能料敌。所以擢升台宪，仍杖旌旄。既表勤王之诚，屡伸殄寇之略。顷者，契丹负德，潜怀祸心，乃能运彼深谋，累枭渠帅。风尘攸静，边朔底宁。不示殊恩，孰彰茂绩？疆埸式遏，且殊卫、霍（卫青、霍去病）之功；土宇斯开，宜践韩、彭（韩信、彭越）之秩。可封东平郡王，仍更赐实封二百户，通前五百户，余如故。①

天宝十载（751）二月，安禄山兼云中郡太守、河东道节度使，余如故。十三载（754）正月，加安禄山尚书左仆射，赐实封千户，奴婢十房，庄、宅各一区；又加闲厩、五坊、宫苑、陇右群牧都使，以武（兵）部侍郎吉温为副使。②

……禄山恃此（皇恩），日增骄恣。尝以曩时不拜肃宗之嫌，虑玄宗年高，国中事变，遂包藏祸心，将生逆节。……③

禄山既兼领三镇（节度使），赏刑己出，日益骄恣。自以曩时不拜太子，见上（明皇）春秋高，颇内惧。又见［内地］武备堕弛，有轻中国之心。孔目官严庄、掌书记高尚因为之解图谶（符命占验之书），劝之作乱。……④

中唐宰相杜佑《通典》卷一四八《兵一·兵序》论曰：

---

① 《安禄山事迹》卷上，第78页；《全唐文》卷二十五《封安禄山东平郡王制》，第123页。

② 《旧唐书》卷九《玄宗本纪下》，第227页。

③ 《安禄山事迹》卷上，第82页。

④ 《资治通鉴》卷二一六，唐玄宗天宝十载（751）二月，第7024页。

……玄宗御极，承平岁久，天下乂安，财殷力盛。开元二十年（732）以后，邀功之将，务恢封略，以甘上（明皇）心，将欲荡灭奚、契丹，翦除蛮、吐蕃，丧师者失万而言一，胜敌者获一而言万，宠锡（赐）云极，骄矜遂增。

哥舒翰统西方二师（河西、陇右镇兵），安禄山统东北三师（范阳、平卢与河东镇兵），践更之卒，俱授官名，郡县之积，罄为禄秩。于是骁将锐士，善马精金，空于京师，萃于"二统"。边陲势强既如此，朝廷势弱又如彼，奸人乘便，乐祸觊欲，胁之以害，诱之以利。禄山称兵内侮，未必素蓄凶谋。是故地逼则势疑，力侔则乱起，事理不得不然也。

黄永年先生指出：杜佑是唐代中期著名的政治家、理财家，他在代宗大历（766—779）初年就纂修《通典》，去安史之乱为时无几。因此这段议论不同于后世文人的无聊史论，其中"二统"的说法，我认为是多少揭示了事态的真相。[1]

杜佑所云"未必素蓄凶谋"与"力侔则乱起"，符合唯物辩证之事理。

1. 市侩习性"胡夷心"。安禄山身兼三镇（节度使），"声威振于绝漠，捍御比于长城"。名副其实。在天宝年间，安禄山所统"东北三师"与哥舒翰所统"西方二师"，是两个最强大的边防军事集团。史载，此二人之间存在矛盾，关系不睦。

此二人皆为"入唐蕃将"，手握重兵，但安禄山最终起兵叛国，而哥舒翰则奉命统兵平叛（虽战败屈膝投降安禄山，晚节不保，但性质有别）。

---

① 黄永年《〈通典〉论安史之乱的"二统"说证释》//《文史探微》，中华书局，2000 年。

从文化素养和意识形态层面来看，此二人的"汉化"程度悬殊，哥舒翰其人可谓"形夷而心华"；安禄山则是"胡夷之心"，甚少"华化"（汉化）。

哥舒翰"好读《左氏春秋传》及《汉书》，疏财重义，士多归之"①。另一位著名蕃将李光弼"能读《左氏春秋》，兼该太史公、班固之学"②。两人的子孙也都"备闻诗礼""俱以儒闻"，是唐代"蕃将世家"中"形夷心华"之典型。

> 苟以地言之，则有华夷也。以教言，亦有华夷乎？夫华夷者，辨在乎心，辨心在察其趣向。……生乎夷域而行合乎礼义，是形夷而心华也。……③

唐人对"蕃人汉化"的评价标准，主要是辨别其是否具有"华心"——与汉人有着"表现在共同文化上的共同心理素质"。即"华夷之别"的要义不在于种族血统，而在于"文化属性（文化差异）"。④ 例如服饰、发型是典型的外在的文化特征，华夏族群以"束发冠带"为礼仪，四方"夷狄"以"披发左衽"为习俗。

陈寅恪先生指出：北朝时代汉胡之别，文化重于血统，"此点为治吾国中古史最要关键，若不明乎此，必致无谓之纠纷"。⑤ 北朝时代如此，隋唐时代亦如此。

俗谓"冰冻三尺，非一日之寒"。安禄山的人生轨迹符合"从量变到质变"的一般规律。解读其从小到大的"教育养成"，就可洞见其"胡夷之心"的奥秘。

---

① 《旧唐书》卷一〇四《哥舒翰传》，第 3212 页。
② 《全唐文》卷三四二颜真卿《李光弼碑》，第 1534 页。
③ 《全唐文》卷七六七陈黯《华心》，第 3539—3540 页。
④ 参看马驰《唐代蕃将》，三秦出版社，2011 年，第 192—193 页。
⑤ 陈寅恪《唐代政治史述论稿》，上海古籍出版社，1997 年，第 17—18 页。

安禄山出身"杂胡",在东北边疆多民族杂居地区长大,魁壮剽勇,以屡建军功而"从士兵到将军"。他基本上"不识文字",对儒家文化之"纲常"理念与"忠君"思想,无任何修养,与"汉化"鲜明的哥舒翰、李光弼等人不可同日而语。

> [天宝]十三载(754)……三月一日,禄山将拜官也,玄宗以宰相处之,……既而[杨]国忠谏曰:"禄山不识文字,命之为相,恐四夷轻中国。"乃止。①

> ……杨国忠谏曰:"禄山虽有军功,目不知书,岂可为宰相!制书若下,恐四夷轻唐。"上(明皇)乃止。②

安禄山虽是"文盲",但天性极为聪明。他从小生活在社会底层,历经辗转颠沛,向往富贵尊荣,渴望出人头地,故而贪婪心狠,求取利益不择手段。

安禄山幼年时,母亲带着他嫁给安延偃(粟特人),他的"教育养成"——语言和文化更多是接受了"粟特文化"熏陶。长大之后,"解九蕃语,为诸蕃互市牙郎(经纪人兼翻译)"。这是粟特商人普遍具有的才能。安禄山身上具有浓重的"市侩"习性,贪婪钱财,无有厌足;及至高官厚禄,仍热衷经商,积聚财富。

安禄山向唐明皇表忠邀功的手段之一,就是频繁地"进献"财宝:山石功德、幡花香炉、金银器物、珠玉、锦、罽(毛织物)、马匹与鞍辔、骆驼、奚车、鹿骨、奇禽异兽等等,不可胜计。对于从朝廷来到范阳的使者,安禄山皆谄佞曲事,赠以金帛等——所有这些财富之物,大多来自他(和部下亲信)的经商贩易收获。

安禄山多次入朝进京,对中原地区的农桑富庶,对东都洛阳、西

①《安禄山事迹》卷中,第91页。
②《资治通鉴》卷二一七,第7042页。

京长安的"首都景观"——皇宫壮丽、市场繁华等，羡慕不已。他在天宝十四载（755）十一月，起兵反叛；次年（756）正月，就迫不及待地在洛阳称帝（雄武皇帝）建国（大燕）。

是年六月十七日，叛军打破潼关，随后占领长安，将"府库兵甲、文物、图籍，宜春云韶［乐伎］，犀象、舞马，掖庭后宫"①，皆掳掠运往洛阳。叛军"所获子女金帛，皆输之范阳"②。由此可见安禄山的"市侩"贪婪习性（无雄踞四海之志）。

2. 利用宗教以"自神"。安禄山的一生，深受其母亲阿史德氏的影响（母爱和"母教"）。阿史德氏嫁给安延偃（粟特人）之后，兼有突厥女巫（萨满③）和祆教祭司身份。这位具有双重"神通"的母亲，对其"混血儿子"的教养和期望非同凡响——安禄山的"出生神话"，无疑出自其母亲的精心"创意"。

> ［安禄山］母阿史德氏，为突厥巫，无子，祷轧荦山神，应（感应）而生焉。是夜赤光傍照，群兽四鸣，望气者见妖星芒炽落其穹庐。怪兆奇异不可悉数，其母以为神，遂命名轧荦山焉。突厥呼斗战神为轧荦山。……④

阿史德氏"求子"祈祷的"轧荦山神"，实为粟特祆教的"光明

---

① 《安禄山事迹》卷下，第106页。

② 《资治通鉴》卷二一九，第7126页。

③ 萨满教（其巫师称"萨满"），形成于原始社会后期，具有氏族部落宗教特点（每个氏族皆有自己的萨满）。萨满教信仰万物有灵和灵魂不灭，认为宇宙有上（天、神灵）、中（人间）、下（阴间）三界；宇宙万物、人世祸福皆由神鬼主宰，神灵赐福，鬼魔布祸。本氏族萨满神保护族人，并在氏族内选派自己的代理人和化身——萨满，赋予其特殊品格以通神，为本氏族消灾求福。主要流行于亚洲和欧洲的极北部。

④ 《安禄山事迹》卷上，第73页。

神"。① 安禄山的生父为康姓胡人（粟特人），她期望"光明神"保佑腹中胎儿。安禄山的精神信仰和人生理想等，从小受到母亲的直接影响，根深蒂固并深信不疑——融入生命，烙印灵魂，行于实践。据《安禄山事迹》卷中、《新唐书》卷二二五上《安禄山传》：

> ［安禄山诸将领］潜于诸道商胡兴贩，每岁输异方珍货计百万数。每商［胡］至，则禄山胡服坐重床，烧香列珍宝，令百胡侍左右，群胡罗拜于下，邀福于天（天神）。禄山盛陈牲牢（祭品），诸巫击鼓、歌舞，至暮而散。
>
> ……至大会，禄山踞重床，燎香，陈怪珍，胡人数百侍左右，引见诸［商］贾，陈牺牲（祭品），女巫鼓舞于前以自神。

此种场景，既像臣下朝见君主：安禄山着"胡服"、踞"重床"（胡床），接受"群胡罗拜"；也像宗教仪式，"邀福于天"（胡天，即"祆神"）。可谓其"不臣之志"（政治野心）的预演（彩排），"胡夷之心"（信仰世界）的外化（自命为神）。

而"女巫鼓舞"（载歌载舞，娱神娱人），是萨满教与祆教（拜火教）② 祭祀仪式的共同"节目"。祆教乃粟特人的宗教，是安禄山从小在继父安延偃部落中就接受的精神信仰，也是他后来"阴有逆谋"，

---

① 参看荣新江《安禄山的种族、宗教信仰及其叛乱基础》//《中古中国与粟特文明》，生活·读书·新知三联书店，2014 年，第 288—290 页。

② 祆教（琐罗亚斯德教），公元前六世纪，波斯宗教改革者琐罗亚斯德（约前 628—前 551）在大夏（今阿富汗的巴尔赫）所创建，奉《波斯古经》为经典，崇拜火、日月星辰，认为宇宙间有善与恶、光明与黑暗两种力量在斗争；宇宙之主阿胡拉·马兹代表善和光明，火是其化身。在波斯萨珊王朝（224—651）时期大规模传入中亚；六世纪时传入中国。西域的康国、焉耆、疏勒、于阗等皆信奉该教；北魏、北齐与北周的皇帝都曾带头奉祀。隋唐时期，长安、洛阳都有粟特人建立的祆祠。

用来宣传和凝聚人心的思想工具。①

安禄山萌生"不臣之志"，大约在天宝十载（751）身兼三镇（范阳、平卢、河东节度使），手握重兵之后。其部下的汉人谋臣高尚、严庄等，心怀叵测，遂以"解说图谶（符命占验之书）"相引诱，促使其铤而走险。

> 高尚，幽州雍奴人也，本名不危。母老，乞食于人，［高］尚周游不归侍养。……［高］尚颇笃学，赡文词。尝叹息谓汝南周铣曰："高不危宁当举事而死，终不能咬草根以求活耳。"……天宝元年（742），拜左领军仓曹参军同正员。六载（747），安禄山奏为平卢掌书记，出入禄山卧内。禄山肥多睡，［高］尚执笔在旁或通宵焉，由是寝亲厚之。遂与禄山解图谶，劝其反。……及随禄山寇陷东京，伪授中书侍郎。伪赦书制敕多出其手。②

> 高尚者，……然笃学善文辞，尝喟然谓汝南周铣曰："吾当作贼死，不能吃草根求活也。"……为平卢掌书记，……遂与严庄语图谶，导禄山反。③

> 十三载（754）正月四日，禄山入觐于行在（骊山华清宫），……［三月初］禄山归范阳，玄宗御望春亭（在禁苑东南）送别，脱御服以赐之，禄山受之，惊惧不敢言。自谓先兆（黄袍加身），恐复留之，遂疾驱出［潼］关。……④

---

① 自远古时代以降，人类的精神世界受"万物有灵"与"灵魂不死"（有神论）所笼罩浸润，而宗教是最能够凝聚人心的意识形态。各民族的宗教皆源自远古时代的"巫教"。"巫"（女曰巫，男曰觋），具有"通神"能力，以占卜等法术预测吉凶祸福，以祈祷鬼神（并配合药物）为人驱邪治病等，地位神秘而崇高。在游牧族类部落与政权中，尤其如此。

② 《旧唐书》卷二〇〇上《高尚传》，第5374—5375页。

③ 《新唐书》卷二二五上《高尚传》，第6424页。

④ 《安禄山事迹》卷中，第90—91页。

安禄山起兵反叛、洛阳称帝，严庄、高尚"皆佐命元勋"。安禄山死后，此二人又扶立安庆绪为伪主，"［严］庄为伪御史大夫、冯翊郡王，以专其政"。①

众所周知，思想走在行动之前，就像闪电走在雷声之前。安禄山萌生"不臣之志"并最终走上叛国之路，其思想理念就是"胡夷之心"与"图谶"的混合发酵。

安禄山乃"短命皇帝"，名副其实。但是，在他成长生活、"发迹"之后经营多年的河北道境地（东北边疆多民族生息地区），却享有"圣人"之称誉；在他身死国灭之后，其持续时间竟然长达半个多世纪。

> 长庆初，……［张弘靖］充卢龙节度使。始入幽州，老幼夹道观。河朔旧将与士卒均寒暑，无障盖安舆，弘靖素贵，肩舆而行，人骇异。俗谓禄山、思明为"二圣"，弘靖惩始乱，欲变其俗，乃发墓毁棺，众滋不悦。②

安禄山乃罪恶滔天的"乱臣贼子"，也堪称叱咤风云的"一代枭雄"。

3. 麾下将士多"诸蕃"。天宝十四载（755）冬天，安禄山突然起兵反叛，挥军南下，其兵锋盛锐，所向披靡——既蓄谋已久，必有深厚基础。

安禄山统领的"东北三师"之所以"特别能战斗"，乃是少数民族（诸蕃）将士发挥了关键作用——长于骑射，习于战斗，剽勇气雄，为安禄山所用。③

---

①《旧唐书》卷二〇〇上《安庆绪传》，第 5372 页。

②《新唐书》卷一二七《张弘靖传》，第 4447—4448 页。

③ 黄永年《〈通典〉论安史之乱的"二统"说证释》//《文史探微》，中华书局，2000 年。参看荣新江《安禄山的种族、宗教信仰及其叛乱基础》//《中古中国与粟特文明》，生活·读书·新知三联书店，2014 年。

　　[安禄山] 养同罗（铁勒诸部之一）① 及降奚、契丹曳落河
（蕃人谓健儿为"曳落河"）八千余人为假子（义儿），及家童
教弓矢者百余人，以推恩信，厚其所给，皆感恩竭诚，一以当
百。……于是张通儒、李廷望、平洌、李史鱼、独孤问俗等在幕
下，高尚掌奏记，严庄主簿书，安守忠、李归仁、蔡希德、牛庭
玠、向润容、崔乾祐、尹子奇、何千年、武令珣、能元皓、田乾
真等为将帅，……②

　　十三载（754）正月……禄山奏前后破奚、契丹部落，及招讨
九姓、十二姓等应立功将士，其跳荡③、第一、第二功，并请不
拘，付中书门下批拟。其跳荡功请超三资，第一功请超二资，第
二功请依资进功。其告身（任命书）仍望付本官，为好书写送付
臣军前。制曰"可"。以是超授将军者五百余人，中郎将者三千
余人。④

　　[安禄山] 私作绯紫袍、鱼袋，以百万计（为奖励其部下将
士）。⑤

　　十四载（755）五月，禄山遣副将何千年奏表陈事，请以蕃将
三十二人以代汉将。[明皇] 遣中使袁思艺宣付中书门下，即日
进画，便写告身付千年。宰相杨国忠、韦见素相谓曰："流言禄山

---

　　① 按：朔方节度副使阿布思（突厥降将），伟貌多权略，部下有同罗数万骑。而安
禄山与阿布思关系不睦，遂"欲袭取之"。天宝十一载（752）三月，安禄山发兵征讨契
丹，表请阿布思协助作战。但阿布思心生畏惧，率部下逃归漠北。至十二载（753）五
月，"阿布思为回纥所破，安禄山诱其部落而降之，由是禄山精兵，天下莫及"。据《资
治通鉴》卷二一六，第7037页。
　　②《安禄山事迹》卷上，第82—83页。
　　③ 据《全唐文》卷七○二李德裕《请准兵部依开元二年军功格置跳荡及第一第二功
状》："开元格，临阵对寇，矢石未交，先锋挺入，陷坚突众，贼徒因而破败者，为跳荡。"
　　④《安禄山事迹》卷中，第90—91页。
　　⑤《资治通鉴》卷二一六，第7024页。

蓄不臣之心，今又请蕃将以代汉将，其反明矣。"……蕃人归降者
以恩煦之，不伏者以劲兵讨之，生得者皆释而待，锡以衣资，赏
之妻妾。……夷人朝为俘囚，暮为战士，莫不乐输死节，而况幽
蓟之士乎？①

> 禄山谋逆十余年，凡降蕃夷皆接以恩，有不服者，假兵胁制
> 之，所得士，释缚给汤沐、衣服，或重译以达，故蕃夷情伪悉得
> 之。禄山通夷语，躬自慰抚，皆释俘囚为战士，故其下乐输死，
> 所战无前。②

由此可见，安禄山军中有汉、奚、契丹、突厥、铁勒族、昭武九
姓（粟特人）等，其中坚力量则是人数最多的"两蕃"（奚、契丹）。

> 禄山专制河朔以来，七年余，蕴蓄奸谋，潜行恩惠，东至靺
> 鞨，北及匈奴，其中契丹委任尤重，一国之柄，十得二三，行军
> 用兵皆在掌握。

早在唐太宗时，就曾征发"两蕃"酋长从军征讨高丽；武则天时
期，"两蕃"因不堪忍受唐朝地方长官的侵侮，皆反叛扰掠，边患不
解；至唐明皇开元年间，设置范阳节度使以"临制奚、契丹"，平卢
节度使以"镇抚室韦、靺鞨"。③

而粟特人虽然受到安禄山信任，在军中担任重要的将领职务，但
他们（康、安、何、曹、史、石姓等）来自遥远的西域（今中亚地
区），以擅长经商而著称，辗转进入中国北方各地，其总体人数毕竟有
限，不能与当地"两蕃"（土著东胡种）比肩。

安禄山特别重视发展骑兵——临阵冲击，势不可挡；长途奔袭，
出奇制胜，是冷兵器战争时代的军事"王牌"。不言而喻，发展骑兵

---

① 《安禄山事迹》卷中，第91—96页。
② 《新唐书》卷二二五上《安禄山传》，第6417页。
③ 《新唐书》卷二一九《契丹传》，第6168—6172页；《奚传》，第6173—6175页。

首先要有充足优良的马源。

在盛唐时期的边疆诸道节度使（军镇）中，范阳镇有战马 6500 匹，平卢镇有 5500 匹，加在一起（1.2 万匹）还没有河西镇（1.73 / 1.94 万匹）多。[①]

> ［安禄山］乃于范阳筑雄武城，外示御寇，内贮兵器，……又畜单于、护真大马习战斗者数万匹，牛羊五万余头，……

天宝十三载（754）正月，安禄山入朝进京，请求兼任闲厩、陇右群牧都使，又请求兼任都苑总监，明皇皆许之，以兵部侍郎吉温为其副使。"禄山密遣亲信选健马堪战斗者数千匹，别饲之。"[②] 据《旧唐书》卷二〇〇上《安禄山传》：

> ［安禄山］既为闲厩、群牧等使，上筋脚马，皆阴选择之，夺得楼烦（今山西静乐县）监牧及夺张文俨马牧。

《新唐书》卷五十《兵志》云："马者，兵之用也；监牧，所以蕃（繁殖）马也，……安禄山以内外闲厩都使兼知楼烦监，阴选胜甲马归范阳，故其兵力倾天下而卒反。"

而装备骑兵部队，其军费开支远远超过步兵。如前文所述，安禄山放手让其部下将领"潜于诸道商胡兴贩"，就是借经商之名为反叛筹集钱财。

（二）将相争斗如水火[③]

天宝十一载（752）十一月，尚书左仆射兼右相（中书令）李林甫病故，御史大夫兼蜀郡长史杨国忠升任右相（中书令）兼文（吏）

---

① 《通典》卷一七二《州郡二》，第 4479 页；《旧唐书》卷三十八《地理志一》，1385—1388 页。

② 《旧唐书》卷九《玄宗本纪下》，第 227 页；《资治通鉴》卷二一七，第 7043 页。

③ 本节主要据两《唐书·杨国忠传》，《资治通鉴·唐纪·玄宗纪》。非有考辨不详注。

部尚书。① 杨国忠的权位，更超过了李林甫，除行政、财政与人事权之外，还握有一部分兵权。

唐承隋制，中央政府行政系统架构（"三省六部"）可列为如下简表。

盛唐时期中央行政系统示意简表②

皇帝														
三省	**门下省**				中书门下（政事堂）					中书省				
					户房	吏房	枢机房	兵房	刑礼房					
					尚书省（尚书都省）									
尚书省六部	/	礼部	/		户部	/	吏部	兵部	/	刑部	工部	/	/	
东宫、诸寺、诸监、诸卫	东宫官	国子监	光禄寺	鸿胪寺	太常寺	太府寺	司农寺	宗正寺	太仆寺	卫尉寺	大理寺	少府监	将作监	诸卫

杨国忠升任右相之后，踌躇满志，以天下为己任，裁决政务机要，果敢不疑，以草率为神明。其性情为人，轻躁强辩，在朝堂上动辄挽袖扼腕，缺乏威仪；对公卿百官，颐指气使，专横跋扈。左相陈希烈凡事唯唯诺诺，杨国忠因其乃李林甫所引荐，将其排挤下台，推荐为人和雅而易于控制的吏部侍郎韦见素继任。

从唐太宗时开始，宰相们在门下省议事的场所，称"政事堂"。武则天执政时期，政事堂迁至中书省。唐明皇开元中，改称"中书门下"，堂后设吏、枢机、兵、户、刑五房，处理庶政；中书令也由此成

---

① 《旧唐书》卷九《玄宗本纪下》，第 226 页。
② 据《唐六典》、《通典·职官》、两《唐书·职官志》等。

为执掌庶政的最高行政首脑。

按照惯例，宰相处理政务，自早朝至午后六刻（约下午二时半），才下朝回家。李林甫当权时，奏称天下太平无事，上午巳时（约十一时）便离开朝堂，一切机要事务，在其私宅中处理。杨国忠沿袭这一恶例，将私宅变成了朝堂。他退朝之后，经常去虢国夫人家（两人宅第相邻，长期私通），而报告公务的郎官、御史等则跟随而至。

杨国忠与虢国夫人长期通奸，一方面是其私生活荒唐腐朽，另一方面则是利用虢国夫人经常出入内宫，通过杨贵妃来探听明皇旨意，以便他在官场上政治投机。杨国忠不同于杨氏兄弟姐妹，他并不满足于豪华奢侈的物质享受，更看重攫取权力。

［杨国忠］又便佞（阿谀逢迎），专徇帝（明皇）嗜欲，不顾天下成败。①

杨国忠大权在握，朝野上下无人能与之抗衡。② 他执掌右相大权仅三年时间，就爆发了"安史之乱"。由此可见，他继续并加剧了李林甫当朝时的弊政——瞒上欺下、专权独断、杜绝言路、排斥异己，在政治上比李林甫更为贪横和腐朽。

自唐初以来，就形成了一个政治传统——功绩卓著的边疆大将常"入朝为相"。开元年间的宰相张说、杜暹、萧嵩、牛仙客等人皆是如此。天宝时期，当朝宰相李林甫专权已久（在相位长达19年），遂竭力阻断边疆节度使"入朝为相"之路。其阴谋手段，一是设计陷害，

①《新唐书》卷二〇六《外戚传·杨国忠》，第5849页。

② 如：天宝十三载（754）秋天，关中地区霖雨六十余日，京城内外房屋垣墙坍塌殆尽，粮价暴涨，民多饥饿。诏令出太仓米一百万石，开十处市场低价出粜，救济贫民。明皇非常担忧秋庄稼受灾，杨国忠挑选了一些长势尚好的禾谷，进献给明皇，谎称："雨水虽多，但庄稼受害不大。"扶风郡（治所在今陕西宝鸡市凤翔区）太守房琯如实奏报灾情，杨国忠竟派御史去推究问罪。是岁，地方长官慑于杨国忠之淫威，都不敢再上报灾情。据《资治通鉴》卷二一七，第7047页。

构成冤狱。例如曾倾轧陷害功高名盛的河西、陇右节度使王忠嗣①。二是重用寒族（在朝廷无党援）和蕃族（勇敢善战而文化水平低下）。

不过，这并不都是李林甫的"私心"，也有客观的形势因素。由于节度使责任重大，需要长驻久任方能熟悉边情，指挥若定；而高门贵族出身者在中央有更好的出路和升迁机会，大多不愿到艰苦的边疆去任职。于是，寒族和蕃将遂得到重用。②

所以，杨国忠接替李林甫之后，就与炙手可热的安禄山"狭路相逢"了。

比较而言，李林甫心思缜密，长于权术，口蜜腹剑，很会"玩人"，对安禄山恩威并施。在李林甫生前，安禄山一直心怀畏怯，格外谨慎，不敢有所傲慢。

而杨国忠属于"狗腿子"水平，对安禄山直接出手，两人的关系很快恶化。

杨国忠的发迹晚于安禄山，先曾示好拉拢，如搀扶肥胖的安禄山上下宫中的台阶。但安禄山自恃功高得宠，对杨国忠蔑视之。杨国忠升任右相后，心里很清楚，安禄山恃恩跋扈，不甘居人之下，便屡次向明皇奏言："安禄山有反叛之心。"

但明皇不相信，怀疑这是杨国忠出于妒忌之心而"找碴生事"。

天宝十二载（753）秋，杨国忠奏请以陇右节度使（驻今青海海东市乐都区）哥舒翰兼充河西节度使（驻今甘肃武威市）。安禄山与哥舒翰的关系"很臭"——代表着两大边防军事集团之间的矛盾，故

---

① 见《旧唐书》卷一〇三《王忠嗣传》，《新唐书》卷一三三《王忠嗣传》。按：杜佑《通典》所论盛唐边疆军事集团"二统"之一的哥舒翰，就是王忠嗣部下的亲信将领。

② 参看黄永年《〈通典〉论安史之乱的"二统"说证释》//《文史探微》，中华书局，2000年。

杨国忠想与哥舒翰联手，共同排挤安禄山。[1]

杨国忠为了自证"预言"、坐实安禄山的"反状"，以取信于明皇，便信心满满地上奏曰："陛下何不试召禄山入朝？其必不肯来。"明皇立即派遣使臣前往范阳，宣召安禄山入朝。而安禄山却是"闻命即至"，让杨国忠"打了自己的脸"。

原来，安禄山早就在京城布置了"耳目"，明面上有"幽州进奏院"（在皇城东侧崇仁坊。类似今之"驻京办"），暗地里有其"门客"（食客、依附者）。朝廷但有"风吹草动"，就立即向范阳方面报告。所以，安禄山这一次以将计就计对付杨国忠。

天宝十三载（754）正月，安禄山入朝，对明皇涕泣而言曰：

> 臣本胡人（杂胡），陛下不次擢用，累居节制，恩出常人。杨国忠妒嫉，欲谋害臣，臣死无日矣。

明皇为了笼络安禄山，欲授其宰相之职，并拟好了诏书。而杨国忠以禄山"不识文字，恐四夷笑话中国"为由谏阻，明皇乃作罢。由此可见，"不识文字"确实是安禄山的"软肋"，被杨国忠"拿捏"住了（仿效李林甫之计策）。

安禄山离京时，宦官首领高力士奉命送至长乐坡（通化门外七里，下临浐河。是东去送别必经之地），为其"饯行"；回来上奏曰禄山"恨不得宰相，颇怏怏"。

杨国忠搅破了安禄山的"宰相梦"，接着开始翦除其在京党羽。

1. 贬逐吉温。安禄山遥领内外闲厩使，奏请以兵部侍郎吉温知留后（留守。主持工作），兼御史中丞、京畿采访使，伺察朝廷上下动静。当年十月，杨国忠玩弄权术、罗织罪名，将吉温贬为澧阳郡（治所在今湖南澧县）长史。安禄山闻信，立即上表为之申辩，并指责杨国忠谗害嫉妒。明皇采取息事宁人之策，两不追究。

---

[1]《资治通鉴》卷二一六，第 7038 页。

十四载（755）正月，吉温以坐赃七千匹绢布、强娶士人之女为姜等罪，重贬端溪县（今广东德庆县），旋即在狱中被杖杀。[①] 吉温乃钻营投机之徒，先巴结高力士，后依附李林甫，又结交杨国忠。及至杨国忠与安禄山交恶，又转身投靠安禄山，如鱼得水，职位不断高升。故杨国忠心中衔恨，先拿其开刀。

2. 翦其耳目。杨国忠指使门客蹇昂、何盈，暗中调查安禄山的"阴事"，搜集反叛证据（黑材料）；命京兆尹李岘包围安禄山的京城住宅，抓捕了李超、安岱、李方来等人，关押到御史台狱中，指使侍御史郑昂秘密拷问，然后全部缢杀。

> 杨国忠日夜求禄山反状，使京兆尹围其第，捕禄山客李超等，送御史台狱，潜杀之。禄山子庆宗尚宗女荣义郡主，供奉在京师，密报禄山，禄山愈惧。[②]

杨国忠意图险恶，想激怒安禄山干出"反叛"举动，再以此取信于明皇。

安禄山人在范阳闻报，恨得咬牙切齿，立即命令其谋士严庄上表申辩、并予以"反击"——列举了杨国忠二十余件恶事（罪状）。而明皇担心安禄山因此生变，遂归罪于京兆尹李岘，将其远贬为零陵郡（治所在今湖南永州市）太守，以此来安慰安禄山。

不言而喻，这种政敌之间的"死掐"，就像"摩擦生火"，会酿成大祸。

而明皇还被蒙在鼓里。非但听不进去"禄山必反"的话，竟然要将敢言者"缚送禄山"（将送之，遇禄山起兵，乃放之[③]）。于是，"道

---

① 《安禄山事迹》卷中，第93页。又据《旧唐书》卷九《玄宗本纪下》：天宝十四载（755）十一月，"吉温自缢于狱"。

② 《安禄山事迹》卷中，第93页；《资治通鉴》卷二一七，第7051页。

③ 《安禄山事迹》卷中，第91页。

路以目，无敢言者"。

（三）"渔阳鼙鼓动地来"

1. 唐明皇的"太平梦"。在安禄山日益得宠、权力膨胀的十余年间，朝廷上下，先后有范阳节度使张守珪、河北道采访使张利贞、河北道黜陟使席建侯、户部尚书裴宽和右相李林甫等，赞扬其公直无私，严正奉法。故而明皇对安禄山的忠诚（花言巧语）深信不疑，对杨国忠的奏言（谗言离间）压根就听不进去。

若谓唐明皇宠爱杨贵妃是感情生活上的糜烂放纵，信重杨国忠是政治生活上的昏庸败德，二者殊途同归；那么，笼络重用安禄山则是政治嗅觉和警惕的失灵与麻痹。

客观而言，对于"边将权重"与"内地兵弱"的悬殊局势，唐明皇并非毫无察觉。这种军事危机局势，表面上看似平稳，而实际上如履薄冰——边疆节度使（军镇、大军区）驻守的国防体制，"式遏四夷"，功效显著；但"外重内轻"的国家军事权力格局，犹如一把"双刃剑"，玩不好就会"自伤"。据唐人郭湜《高力士外传》：

> 至［天宝］十年（751），……高公（力士）曰："……北兵（指安禄山兼统三镇）近甚精强，陛下何以制之？……臣恐久无备于不虞，卒有成于滋蔓，然后禁止，不亦难乎？"上（明皇）曰："卿……今日奏陈，雅符朕意。近小有疑虑，所以问卿，卿慎勿言，杜复泄露，应须方便，然可改张。"……

然而，唐明皇"应须方便，然可改张"的具体措施，却未见"出台"。

安禄山起兵反叛这一年（755），唐明皇已年过"古稀"。当年（26岁时）发动宫廷政变、提剑踏血的勇敢豪迈和进取精神，已经被他自己精心构筑的"温柔乡"和"神仙梦"腐化、销蚀得所剩无几了。面对积重难返之危局，苦无良策，只有心存侥幸，一切"都往好处想"——但愿"玄元皇帝"(老子)能保佑!

五月,杨国忠上奏,提出一个"釜底抽薪"之计:

> 臣画得一计,可镇其难,伏望以禄山带左仆射平章事,追赴朝廷,以贾循为范阳节度使,吕知诲为平卢节度使,杨光翙为河东节度使。

不言而喻,只要安禄山入朝任职——离开了其老巢范阳、被解除了兵权,就变成了"光杆司令",再无还手之力与杨国忠继续"叫板"了。

明皇准奏,下令起草制书。但在下达之前,先派遣中使辅璆林赴范阳,以送大柑子名义,"私候(观察)其状"。而安禄山故技重演,以优厚贿赂将辅璆林"搞定"。辅璆林返回京城,盛言:"禄山竭忠奉国,无有二心。"明皇遂对国忠曰:"朕对禄山推心待之,其必无异志。东北二虏(奚、契丹),藉其镇遏。朕自保之,卿等勿忧也。"

杨国忠的计谋放了"空炮",遂动手剪除安禄山的在京耳目(已见上述)。

六月,明皇"赐婚"安禄山长子、太仆卿庆宗——娶宗室女荣义郡主,派专使奉"手诏"赴范阳,宣其入京"观礼",安禄山竟然称病不奉诏命。[1]

如果说,杨国忠出于争夺权力而认为安禄山"必反",属于"歪打正着",那么,从安禄山几次"拒不奉诏"入朝,就更坚定了他的"判断"。两人的"目标指向"不同,杨国忠已经位极人臣,只要努力取信于明皇,就能固宠固权;而安禄山最终走上"叛国"之路,是其野心膨胀(比杨国忠更大)之必然。

杨国忠、安禄山二人又都与皇太子(肃宗李亨)有深刻矛盾。

---

[1]《新唐书》卷二二五上《逆臣传上·安禄山》,第6416页。

杨国忠曾经充当李林甫的"政治打手"，制造冤狱，构陷太子。一旦太子"接班"称帝，杨国忠与杨贵妃兄弟姊妹的好日子就到头了。

安禄山则是出于政治投机，初见太子时"不拜"（无礼）。唐明皇春秋已高（71岁），而安禄山的"初心"，则是等到明皇百年之后再"起事"。

杨国忠深怀危机感，在认识和对待安禄山上，比明皇有"先见之明"。

七月，安禄山奏请：献马3000匹、鞍辔100副，每匹马牵夫2人（共6000人），以蕃将22人部送进京；载物长行，车300乘，每乘车夫3人（共900人）。

若安禄山奏请"进献"得到允准，（1）从范阳（今北京市西南）途经洛阳到长安的路程为2523里（唐里）[1]，按照日行30／50里计算，就需要大约84／50天时间（不计恶劣天气影响）[2]。（2）3000匹马、300辆大车与近7000人的队伍，整个行程按大约70天（取平均数）计算，需要消耗多少粮草？沿途所过州县支应递送，必定甚为疲耗。（3）分析安禄山"进献"之目的：一是纯粹"邀功"性质，早在天宝九载（750）秋天，安禄山就曾有过"献奚俘八千人"的壮举[3]。

---

①《通典》卷一七八《州郡八·范阳郡》，第4709页。

②a. 古代野外行军，平常速度以日三十里、住一宿为"一舍"。b. 据《唐六典》卷三《户部·度支司》："凡陆行之程：马日七十里，步及驴五十里，车三十里。"

③《安禄山事迹》卷中，第80页；《新唐书》卷二二五上《逆臣传上·安禄山》，第6414页；《资治通鉴》卷二一六，第7019页。

但是，若"进献"马匹，一匹马是不需要"牵马夫二人"的①。二是隐藏"军事阴谋"（欲袭京师②）——3000匹马加上6000"牵马夫"，就是一支骑兵劲旅，可随时投入战斗，发动突然袭击。

河南府（今洛阳市）尹达奚珣看出了其中奥秘，怀疑有诈，上奏明皇曰：

> 禄山所进鞍马不少，又自将兵来，复与甲杖库同行，臣所未会，伏望特敕，禄山所进马，官给人夫，不烦本军远劳。将健（将领、健儿）所进车马，令待至冬即先后遥远，［禄山之］计隳（毁坏）矣。③

至此，明皇才有所警悟，开始怀疑安禄山。正巧辅璆琳受贿之事败露，明皇借其他事由将其打死（以免惊动安禄山）。接着派遣中使冯承威赴范阳，宣召安禄山：

> 与卿修得一汤（在骊山华清宫），故令召卿至，十月朕御于华清宫。

安禄山面对钦差宣旨，傲慢无礼，坐在床上也不起身，只是随口问了一声："圣人（明皇）安好？"冯承威宣诏、告知达奚珣所提"进献"方案，安禄山答曰："不进献马匹也可以。但进京也得等到十月才行。"就立刻命令左右送冯承威到客馆安顿，不再相见。过了几天之后，才放冯承威返回，也没有像以往那样有答复文表。

冯承威见到明皇，哭奏曰："臣差一点就不能活着回来见陛下了。"

---

① 有间接史料可供参考。据唐开元《厩牧令》：诸牧监（国家马场）放牧，马、牛以120匹／头为一"群"，有"牧长"1人，"牧子"（牧马人）4人。即5人为一个基层牧马单位。据天一阁博物馆、中国社会科学院历史研究所天圣令整理课题组校证《天一阁藏明钞本天圣令校证（附唐令复原研究）》下册，中华书局，2006年，第515页。

②《新唐书》卷二二五上《逆臣传上·安禄山》，第6416页；《资治通鉴》卷二一六，第7051页。

③《安禄山事迹》卷中，第93页。

2. 安禄山起兵反叛。唐明皇开始怀疑安禄山真有"异志",但仍然心存侥幸。天宝十四载（755）十月，明皇与贵妃驾幸骊山华清宫，洗浴温泉，歌舞宴乐。

> 骊宫高处入青云，仙乐风飘处处闻。
>
> 缓歌慢舞凝丝竹，尽日君王看不休。（《长恨歌》）

而此时的范阳，安禄山正在加紧准备"起事"。他多次入朝进京，对于洛阳、长安以及内地州县军备松懈的情况，已了如指掌。自八月起，就多次慰问、犒劳士卒，命令磨砺兵器，有异于平常。十月，安禄山与其"狗头军师"严庄、高尚，次子安庆绪，心腹将领孙孝哲、阿史那承庆等密谋具体行动方案，其余将佐皆不知情。

十一月初，适逢有奏事官员从京城返回范阳，安禄山借此机会，伪造皇帝诏书，召集将领出示之，接着煽动曰："奉事官胡逸自京回，奉密旨，遣禄山将随手兵入朝来，以平祸乱耳，诸公勿怪。"事发突然，众将不明真相，相顾愕然，无人敢有异言。

当晚，安禄山命令先头部队出发，夜行晓宿，以每夜60里的速度秘密南下。

安禄山的后方部署是：以范阳节度副使贾循、平卢节度副使吕知诲各为留后；以别将高秀岩守大同军，防备太原、朔方两个方向的唐军。安禄山虽然兼充河东节度使，但毕竟不是其"嫡系"，兵权掌握在副留守杨光翙手中。安禄山在公开反叛之前，派出一支"奇兵"，由部将何千年、高邈率领奚族精骑兵20人，以进献"射生手"（精于骑射的武士）为名，驰往太原，欲突袭劫持杨光翙。

十一月九日，安禄山公开起兵反叛，以同罗、契丹、室韦曳落河，兼范阳、平卢、河东、幽、蓟之众，号为父子军，马步兵相兼十余万，于范阳城南举行誓师大会，向将士宣称："奉皇帝密诏，入朝讨伐奸相杨国忠！"并张榜于军中："胆敢有异议扰乱军心者，灭其三族！"誓师之后，安禄山乘坐铁甲兵车，率领精锐骑兵部队，向南进发。叛军号称 20 万，战鼓号令，震天动地，车马奔驰，烟尘冲天。

"范阳兵变，安禄山造反"的消息犹如晴天霹雳，打破了萧索仲冬的安宁。

由于内地久处升平，地方官府的铠甲兵仗，早已腐朽生锈。猝闻范阳兵变，叛军南下，州县官员魂飞魄散，或开门投降，或弃城逃匿，或被俘杀。河北道本属安禄山统辖，叛军长驱南下，一路披靡，所过州县无不望风瓦解。已是几代人未经战争，不修武备的中原百姓，人人惊骇胆战，惶恐万分。

十一月十五日，安禄山公开反叛、起兵南下的警报，传至骊山华清宫。

渔阳鼙鼓动地来，惊破《霓裳羽衣曲》。（《长恨歌》）

面对急报，唐明皇将信将疑。文武大臣闻警失色，相顾无言。

而右相杨国忠却是扬扬自得，大言夸口道："真正反叛的只有安禄山一个人，他部下的将士们并不想反叛，不过十天，就会割下安禄山的人头送到这里来。"

唐明皇心存侥幸，竟信以为然，派遣特进毕思琛前往洛阳，金吾将军程千里前往河东，各自招募几万人，就地进行训练，以抵抗叛军。

十六日，安西节度使（驻今新疆库车市）封常清入朝奏事，闻知范阳兵变，慷慨请缨。明皇大喜，立即任命他为范阳、平卢节度使，奔赴洛阳，募兵设防。

二十一日，明皇返回京城，立即下令：斩安禄山长子、太仆卿安庆宗，其"赐婚"妻子荣义郡主、安禄山妻子康氏皆"赐死"[1]；并继

---

[1]《新唐书》卷二二五上《逆臣传上·安禄山》，第6417页；《资治通鉴》卷二一七，第7055页。

续调兵遣将。①

十二月初，副元帅高仙芝统率飞骑（宫城禁军）、犷骑（京城禁军）、新募兵与边兵在京师者共 5 万人，从长安出发东行约 500 里，到达陕郡（治所在今河南三门峡市西）驻屯防御。宦官监门将军边令诚，奉命随行为"监军"（代表皇帝监督将帅）。

当月七日，明皇传诏河西、陇右等诸镇节度使，留下一部分兵力驻守军城堡寨，其余兵马由节度使亲自率领，限 20 天内赶到京城集结，东下平叛。

十一月十九日，安禄山到达博陵郡（治所在今河北定州市）城南；何千年已经成功劫持了杨光翙，也疾驰到此。安禄山责骂杨光翙依附杨国忠，下令斩首示众。

十二月二日，叛军进至黄河岸边，隔水而望灵昌郡（治所在今河南滑县西南）。时值天气严寒，叛军用绳索捆扎破船草木，搭设浮桥，一夜之间，冻冰阻塞，坚固自成，轻而易举地渡过黄河，袭取灵昌郡，兵锋直指陈留郡（治所在今河南开封市东南）。

河南节度使张介然到任才几天，叛军已兵临城下。初六日，叛军攻城，唐军一触即溃，太守郭纳举城投降，张介然被叛军杀害。八日，叛军又攻陷洛阳东面的门户荥阳（今属河南），杀死太守崔无诐，西

---

① 据《旧唐书》卷九《玄宗本纪下》，第 230 页。a. 调朔方节度使安思顺（安禄山堂兄）入朝为户部尚书，擢升朔方右厢兵马使、丰州（治所在今内蒙古五原县西南）都督郭子仪为朔方节度使，立即率领本镇兵马东进讨贼。b. 任命右羽林大将军王承业为太原府尹。c. 以卫尉卿张介然为陈留郡（治所在今河南开封市东南）太守、河南节度采访使，统一指挥陈留等 13 郡兵马。d. 改任程千里为潞州（治所在今山西长治市）都督府长史。e. 在各郡（州）战略要地设置防御使，负责本地军政事宜，阻挡叛军进攻。f. 以皇六子荣王（李琬）为元帅，左金吾大将军高仙芝为副元帅，统帅京城诸军东征。诏令出内府钱帛，在京畿招募新军。十多天便组织起 11 万人，号称"天武军"。但应募者大多为市井子弟和无业贫民，素无拳勇，根本没有什么战斗力。

指虎牢关（在今河南荥阳市氾水镇西）。

再说封常清在京城席不暇暖，衔命出发，日夜兼程赶到洛阳，招募军队，组织防御。俗谓"竖起招兵旗，就有吃粮人"。封常清开府库招募，于旬日之间得兵6万人，皆市井之流，来不及按部就班进行军事训练，就开赴战场。封常清又下令拆断了洛阳北面的河阳桥[1]，以利用黄河来阻滞叛军。

封常清以新募之兵，列方阵于虎牢，顷刻之间，就被叛军铁骑冲垮，被迫退至洛阳城东的葵园，仍阻挡不住叛军攻势，再退于洛阳上东门（外郭城东面北门）内。十三日，叛军打破洛阳城防，纵兵杀掠。封常清拼死血战，先败于都亭驿，再败于东城（皇宫之东）宣仁门，最后从西苑毁墙败逃，洛阳陷落。河南尹达奚珣临难变节，屈膝降贼；留守李憕、御史中丞卢奕与采访判官蒋清，坚贞不屈，殉国尽忠。

封常清向西狂奔300余里，到达陕郡，向副元帅高仙芝陈言：叛军兵锋难以抵挡，陕郡的地理形势不利于防守，不如暂且退保潼关。高仙芝依从其计，撤退至潼关，抢修城垣，加强守备。叛军尾追而至，见唐军据险防守，遂退回陕郡。

安禄山叛军长驱南下，一路势如破竹，月余时间就攻占东都洛阳，控制了河北、河南道数十州郡。而唐朝京城和关中方面，无堪战之强兵劲旅，防御阵线软弱；各地的勤王之师尚未到达，朝野人心惶惶。幸亏安禄山在洛阳忙着准备登基称帝，没有乘胜急攻潼关，遂使唐朝廷获得短暂而宝贵的调兵时间。

天宝十五载（756）正月一日，安禄山"僭号"于洛阳，自称大燕皇帝，改元圣武；封其子庆绪为王，任命达奚珣为门下侍中，张通儒为中书令，高尚、严庄为中书侍郎。伪政权建立，君臣弹冠

---

[1] 河阳桥，是洛阳北面的交通与戍守要冲。故址在今河南孟州市西南、孟津东北黄河上。

相庆——安禄山的"皇帝梦"终于实现了。

（四）昏庸君相"瞎指挥"

1. 短暂的相持形势。安禄山起兵反叛，国家动乱，黎民涂炭，人神共愤。自古国家有难，忠臣效命勤王，大将横刀立马，士卒血战疆场。截至天宝十五载（756）六月上旬，潼关失陷之前，战争在黄河中、下流域展开。其动态形势如下。

（1）颜杲卿"敌后抗战"①。天宝十四载（755）十一月，安禄山叛军大举南下，常山郡（治所在今河北正定县）太守颜杲卿自知独臂难当，遂假意投降。然后，与长史袁履谦等人，暗中联络组织反抗力量，于十二月初开始行动，设计斩杀叛将李钦凑，捕获高邈、何千年，取道太原押往长安；控制了太行山东西交通要道井陉关（故址在今河北井陉县西北）。接着传告河北诸郡，号召官民反抗叛军，先后有17郡相应，叛军控制区只有6郡。

安禄山闻报"后院起火"，立即派出步骑兵2万前往镇压。颜杲卿临危不惧，组织军民日夜苦战，顽强抗击。十五载（756）正月初八，常山郡矢尽粮绝，被叛军攻破，颜杲卿等人被俘、押送洛阳，慷慨殉国；颜氏一门忠烈，为国捐躯者有30余人。

颜杲卿"敌后抗战"虽时间短暂，但打乱、迟滞了叛军西进步骤。

（2）郭子仪、李光弼进军河北，重创叛军②。朔方节度使郭子仪奉命东进，收复静边军（治所在今山西右玉县）、云中（治所在今山西大同市）、马邑（治所在今山西朔州市东北）等地。河东节度使李光弼率军先进入河北道，郭子仪率朔方军继后增援。唐军收复常山、赵郡（治所在今河北赵县）。十五载（756）五月，在九门（今河北石

---

① 据《旧唐书》卷一八七下《忠义传下·颜杲卿》、《新唐书》卷一九二《忠义传中·颜杲卿》。

② 据两《唐书》郭子仪传、李光弼传。

家庄市藁城区西北）、嘉山（在今河北曲阳）大败叛军，杀敌数万。河北十余郡复起响应，杀叛军将吏，声势大振。

唐军横截河北，南北路绝；叛军人心动摇，安禄山大恐，欲弃洛阳归范阳。

（3）颜真卿在河北、河南道东部坚持抵抗，屡挫叛军[1]。颜真卿是颜杲卿的堂弟，任平原郡（治所在今山东德州市陵城区）太守。叛军南下时，颜真卿坚守本郡，派信使奔赴长安报告军情态势；派密使与堂兄颜杲卿相约，切断叛军后路；招募勇士万余人，秘密联络博平（治所在今山东聊城市东北）、景城（治所在今河北沧州市东南）、信都（治所在今河北衡水市冀州区）、饶阳（治所在今河北深州市西）等郡官吏，相约共同杀贼，被推为盟主。十五载（756）三月，颜真卿被明皇任命为平原防御使、河北采访使，率军攻取魏郡（治所在今河北大名县东北）。

颜真卿坚持抗敌，阻止叛军东进，也牵制其西进关中步伐。

（4）张巡在雍丘坚持抗敌，掩蔽江、淮。雍丘县（今河南杞县）位于汴渠（通济渠）畔，交通地位突出。汴渠是隋唐大运河的重要河段，连接黄河与淮河、长江，转运（漕运）东南地区财赋到京城长安。天宝十五载（756）二月，真源县（今河南鹿邑县）令张巡等人，在雍丘县打败叛将令狐潮。直至六月，张巡等人率数千兵力坚守孤城，多次打退数万叛军的猛烈进攻，历经大小战斗数百次。

（5）鲁炅守南阳（治所在今河南邓州市），捍卫江汉平原。南阳地处南北交通孔道，是防卫荆（今湖北江陵县）、襄（今湖北襄阳市）的外围战略要地。天宝十五载（756）正月，设置南阳节度使，统率岭南、黔中子弟兵 5 万以备叛军。五月，南阳郡太守鲁炅在叶县（今属河南）北面战败，退保南阳，坚守城池，屡败叛军。一直到肃宗至德

---

[1] 据《旧唐书》卷一二八《颜真卿传》、《新唐书》卷一五三《颜真卿传》。

二载（757）五月中旬，粮尽无援，才突围退守襄阳。

图2 "安史之乱"示意图（刘璇改绘）①

五月底，在河北战场的郭子仪与李光弼，积极准备乘胜进取叛军巢穴范阳，二人联名上奏朝廷，特别指出："潼关大军，惟应固守以弊之，不可轻出。"

综上所述，唐军固守潼关，战略意义尤为重大（屏卫京畿，坚定军民信心）②。然而，平叛战局开始摆脱被动，向好发展的态势，很快就被昏君奸相断送了。

2. 冤杀大将损士气。③ 高仙芝（？—756）为高丽人，姿容俊美，善骑射。年轻时随父高舍鸡（官至诸卫将军，从三品）从军安西，以骁勇果敢，至开元末年升任安西副都护、四镇都知兵马使。其后又对吐蕃、小勃律（今克什米尔北）作战有功，于天宝六载（747）升任

---

① 据王双怀《大唐贵妃》，陕西师范大学出版总社，2015年，第192页。

② 参看牛致功《史思明安禄山评传》，三秦出版社，2000年；穆渭生《再造大唐——郭子仪评传》，山西人民出版社，2024年。

③ 据《旧唐书》卷一〇四《高仙芝传》《封常清传》；《新唐书》卷一三五《高仙芝传》《封常清传》。

安西四镇节度使。

封常清（？—756）为河东蒲州猗氏（今山西临猗县）人，随外祖父（犯罪流放）来到安西，受其教读书，多所通览。外祖去世时，他已年过三十，孤身清贫，先求为高仙芝的侍从，后以作战勇敢不断升迁，于天宝十一载（752）充任安西节度使。

封常清乃边防猛将，屡经战阵，临敌无畏，故而蔑视叛军，向明皇大言请战，愿计日取安禄山首级献于阙下。然而，经连续血战，一败再败，方知轻敌。他退至陕郡，对老上级高仙芝曰："我连日血战，深知叛军凶悍，实难阻挡。现在潼关无兵防守，若被叛军突破，京城危在旦夕。陕郡地形不易防守，不如先退兵潼关。"

高仙芝听后顿感形势严峻，同意撤退。封常清在潼关，三次派人奉表入朝，陈述叛军情势，明皇皆不接见。遂欲进京面奏，行至渭南时，遇见朝廷使者，宣敕曰：削去封常清官爵，于高仙芝军中白衣效力。即降级为普通士兵，戴罪立功。

高仙芝顾念旧情，令封常清着皂衣（黑衣）为从事，负责监巡左右厢诸军。

再说监军宦官边令诚，恃恩骄横，不懂军事却爱指手画脚，乱加干涉。高仙芝深知"钦差"招惹不起，对其"冷处理"，不予理睬。边令诚心生怨恨，借入京奏事，诬陷曰："封常清战败，夸大叛军强悍，动摇军心；高仙芝弃地数百里，又贪污军粮和御赐物资。"明皇大怒，不问究竟，即遣边令诚携带敕令返回潼关，将二人处斩。

十二月下旬，边令诚至潼关，召封常清到关西驿站外，宣读明皇敕令。封常清仰天长叹曰："我没有死于叛军之手，是不忍辱没朝廷荣誉。败军之罪不可赦，今日乃安心矣。"然后提笔书写遗表，恳请上呈明皇："臣死之后，望陛下切不可轻视安贼，无忘臣言。逆胡败覆，臣之所愿毕矣。"遂从容就刑，尸陈蓬蕖（芦苇粗席）。

接着，边令诚带领百余名陌刀（长刀）手，抬着封常清的尸体，来到高仙芝的办公厅堂，高声呼喝："大夫（高仙芝兼任御史大夫）亦有恩命！"随即宣读敕令。

高仙芝听后曰："我遇敌而退，乃是死罪。但说我盗减军粮和御赐，上对天下对地，实在是诬陷也。足下岂能不知道？现在士兵们都在外面，可为我作证。"

此时，高仙芝奉命招募的士兵们，闻讯赶来排列在外面。高仙芝素来爱兵，深受部下拥戴，眼看着统帅蒙受不白之冤，士兵齐声高呼"冤枉！冤枉！"喊声震地。

高仙芝虽手握兵权，但深知皇命难抗。他望着封常清的尸体曰："封二（排行），你从微贱无名到闻达朝廷，先为我手下判官，后代我为节度使；今日我与你又同死于潼关，这一切岂非天命安排也！"遂领受敕命，引颈就戮。

高仙芝被杀之后，潼关守军和防务事宜，暂时由将军李承光代理。

不言而喻，封常清和高仙芝被杀，实属冤案。封常清在洛阳连续血战，拼死抵抗，可谓竭尽全力；无奈临战招兵，以乌合之众对阵叛军精锐，本来就无胜算。高仙芝审时度势，弃守陕郡而退保潼关，实属良策；战场形势瞬息变化，岂能墨守成命。

边令诚谗言诬陷，以国事徇私情，甚于叛贼。而明皇不辨忠奸，昏庸至极矣。

临阵换将，兵家之忌。更何况冤杀大将，亲痛仇快，必伤士气，动摇军心。

3. 哥舒翰抱病挂帅。潼关是关中东面的交通门户，战术与战略地位皆十分重要。高仙芝被问罪杀头之后，镇守重任由河西、陇右节度使哥舒翰来接替。

此前，明皇已诏命皇太子（即肃宗）统兵东进讨贼（但不出阁，遥领而已）。哥舒翰以太子先锋兵马元帅，"领河、陇诸蕃部落奴剌、颉、跌、朱耶、浑、蹛林、奚结、沙陀、蓬子、处蜜、吐谷浑、

恩结等一十三部落、督蕃汉兵二十一万八千人镇于潼关"。① 以田良丘
为御史中丞，充行军司马，辅佐哥舒翰。

哥舒翰（？—757）喜爱饮酒，尤好声色。天宝十四载（755）二
月，在入朝进京途中"得风疾"（风痹、半身不遂）②，到京城后居家
休养。明皇以其素有威名，遂委以重任。哥舒翰坚辞不受，无奈君命
难违，只得抱病赴任，坐镇潼关。

但是，哥舒翰临危受命，手握重兵，竟然先报旧怨，以泄私愤。
元帅府马军（骑兵）都将王思礼（哥舒翰老部下）游说曰：抗表请诛
安思顺、杨国忠。

哥舒翰对"收拾"安思顺，态度明确。遂诬指安思顺潜通安
禄山——伪造书信、信使，于潼关外擒获；上表列举安思顺七宗罪，
奏请明皇诛之。③

但在对付杨国忠上，哥舒翰却态度犹豫。王思礼请求带 30 名骑兵
进京，将杨国忠劫持到潼关杀掉。哥舒翰曰："如此，乃是我反叛也，
与安禄山有何干系。"

俗谓"隔墙有耳"。有人将王思礼与哥舒翰的密谋，报告给了杨国
忠，其党羽有人进言曰："今朝廷重兵尽为哥舒翰掌握，他对阁下怀有

---

①《安禄山事迹》卷中，第97页。

② 据《旧唐书》卷一〇四《哥舒翰传》："至土门军，入浴室，遘风疾，绝倒良久
乃苏。因入京，废疾于家。"按：土门军，所在不详。河西节度使所辖有玉门军（治所
在今甘肃酒泉西）。

③ 据两《唐书·哥舒翰传》（卷一〇四、卷一三五）、《王思礼传》（卷一一〇、卷
一四七）。按：a. 早在安禄山"起事"之前，安思顺（朔方节度使）就看出其有"反
骨"，在入朝时向明皇反映过。故安禄山反叛之后，明皇虽然未"株连"安思顺，但还
是解除了他的兵权——召回京城，改任户部尚书。b. 三月，明皇批准了哥舒翰的论请，
诏令"赐死"安思顺与其弟安元（文）贞（太仆卿），家属流放岭外（今两广地区），
远近知情者皆以为冤枉。

恶意，若援旗西指京师，就很危险了。"杨国忠听了直冒冷汗，赶紧上奏明皇曰："兵法云'安不忘危'，今潼关兵多将广，但没有后援。万一失利，京城就危险了。臣请选监牧小儿（养马士卒）三千人，在禁苑中进行军事训练。"明皇诏许，以剑南道军将李福德、刘光庭统领。

杨国忠又奏请招募一万人，屯驻于灞上（长安城东灞河东岸），以其心腹杜乾运统领。其名为御寇，实为防备哥舒翰。

而杨国忠的军事性措施，也让哥舒翰心中不安。于是奏请将灞上军隶于潼关，统一指挥。六月一日，哥舒翰召杜乾运至潼关，借故将其斩首。杨国忠内心更为恐惧不安，便竭力促使明皇能尽快诏令哥舒翰出关作战，以免夜长梦多。

哥舒翰身患疾病，难以事必躬亲。而田良丘又非将才，不敢专决大事，遂以王思礼分领骑兵，李承光分领步兵。但王、李二人又争权不和，导致军令无法统一。再加上哥舒翰平时治军严厉，不能体恤士卒，潼关守军纪律松懈，士气低落。

> 仆射哥舒翰，……疾病沉顿，智力俱竭。监军李大宜与将士约为香火，使倡妇弹箜篌、琵琶，以相娱乐，樗蒲饮酒，不恤军务。蕃军及秦陇武士，盛夏五六月，于赤日之中食仓米（陈米）饭，且犹不足。欲其勇战，安可得乎。……监军等数人，更相用事，宁有是战而能必胜哉。……①

强敌当前，将相尔虞我诈，私利凌驾国事；潼关地形险要，军事指挥不一，士气低落不振。如此情势，何谈同仇敌忾，早日敉平逆乱。

---

① 《全唐文》卷三五七高适《陈潼关败亡形势疏》，第1604页。按：高适（盛唐著名边塞诗人）当时为哥舒翰幕僚，身在潼关。此疏乃战后陈言潼关失守原因之作。

图3　隋唐时代潼关形势示意图（据史念海）①

4. 潼关防线全崩溃。潼关西距长安300余里，关中川途旷然，轻骑兵一日即可抵达。哥舒翰身为边防大将（节度使），久经沙场，深知军事攻守利钝之所在——凭借潼关天险，坚壁固守，"一夫当关，万夫莫开"，以逸待劳，阻挡叛军的汹汹攻势；与其他战场上的唐军遥相呼应，扭转被动局面，争取早日转入大反攻。

然而，杨国忠心怀鬼胎，唐明皇盲目乐观，求胜心切瞎指挥。适

---

① a. 潼关地当京畿、河东、河南三道（今陕、晋、豫三省）交界，南倚秦岭，沟深原陡，不利行军；北临黄河，控制渡口（今风陵渡），险阻天成。其北面六十余里有蒲津桥（今陕西大荔与山西永济之间），乃潼关辅翼。潼关以东的崤山与黄河之间，有东西往来必经之"函谷道"——路窄崖峭，松柏蔽日，深险如函。崤山之阳为南洛水河谷，熊耳、外方诸山，是秦岭东延支脉，起伏连绵，交通艰难。b. 隋唐时期的潼关城位于南原上（今潼关县港口镇东南），地形稍显平坦，但原面整体狭窄（东西宽约2公里），海拔约550米。南原两侧有远望沟和金沟（古称禁沟，上游即今蒿岔峪），流水深切，与原面的相对高差超过200米。c. 由河南道虢州（治所在今河南灵宝市）西来关中，必经阌乡县西北三十五里的黄巷坂（坡）。坂道长约15里，车不方轨，乃"瓶颈"路段。"坂傍绝涧（远望沟），陟此坂以升潼关，所谓溯黄巷以济潼矣。"（《水经注校释》卷四《河水注》）傍此绝涧登上南原，进入潼关城，然后再下关西的禁沟北行，出沟后循渭河南岸的大道西去，经华阴、郑县、渭南、临潼至长安。参看艾冲《古代潼关城址的变迁》，《历史地理》第18辑，上海人民出版社，2002年；穆渭生《唐代潼关述略——潼关内道军事地理研究之一》，《陕西教育学院学报》2002年第4期。

逢探报上奏：叛军在陕郡不足 4000 人，皆为老弱，戒备松弛。明皇即派使者催促哥舒翰出关东进。

哥舒翰上奏指出：叛军乃故意示弱，企图引诱我军，若开关东进则正中其奸计；叛军远来利在速战，我军据险利在坚守，请暂且固守，等待战机。

远在河北的郭子仪、李光弼亦上言：请引兵北取范阳，覆其巢穴，质贼党妻子以招之，贼必内溃；潼关大军，唯应固守，不可轻出。①

但是，明皇听信杨国忠的挟私谗言，认为哥舒翰逗留拖延，将会坐失战机，连下诏令，使者相望于道，催促哥舒翰统兵出关，收复陕郡、洛阳。

哥舒翰难抗君命，捶胸痛哭，于六月四日开关出兵。七日，两军相遇在灵宝西原。叛军已伏兵于 70 多里长的隘道两侧，静待唐军进入圈套。八日，哥舒翰乘船在黄河中流观察形势，遥望叛军兵少，传令进军。王思礼率 5 万人在前，庞忠率 10 万人继后。哥舒翰随即率 3 万人登上黄河北岸的高岗，摇鼓以助军威。

叛将崔乾祐先以不足万人迎战，队形散漫。唐军官兵望而笑之。交锋之后，叛军一触即溃。唐军不知是计，在后追击，进入隘道。顷刻之间，叛军伏兵齐出，滚木巨石乘高而下。唐军人多路窄，拥挤不堪，死伤惨重。哥舒翰急令以马拉毡车冲击前进。不料中午过后，东风骤起。叛军以数十辆草车阻塞唐军毡车，乘风纵火。函谷隘道中顿时火光熊熊，烟雾蔽天。唐军迎风受烟，睁不开眼，相互冲撞，误以为敌，自相拼杀。随即聚集弓弩手向烟雾之中射击，天黑箭尽，才发觉并无叛军。

此时，叛将崔乾祐早已调动精悍的同罗骑兵绕过南山，向唐军背

---

① 《资治通鉴》卷二一八，第 7086 页。

后猛烈冲击，势如狂潮，锐不可当。唐军前后受敌，惊骇大乱，或丢盔弃甲遁入山谷，或相互拥挤推入黄河淹死，号呼之声惊天骇地。同罗骑兵如同虎入羊群，追逐杀戮。唐军失去指挥，前锋溃退，后队逃命；北岸军望见南岸军战败，也仓皇后撤。

潼关关城的外围挖有三道壕沟，皆宽二丈，深一丈，以备叛军进犯。唐军惨败于灵宝西原，溃兵逃命，争抢入关，拥挤坠落者"前赴后继"，壕沟须臾而满，竟成血肉之桥，后队践踏而过，逃入关内的人数只有8000多。

再说哥舒翰率数百骑兵从首阳山（在今山西永济市南）渡过黄河，到达潼关西面的驿站（关西驿），收罗溃兵，想重新组织守备。而蕃将火拔归仁等人见大势已去，以数百名骑兵包围驿站，将哥舒翰捆在马上，劫持东去潼关，向叛军投降。①

唐军无将指挥，四散逃命。六月九日，叛军乘胜进攻潼关，天险失守。但叛军将领崔乾祐轻取潼关之后，因不明长安方面的防御情况，未敢轻进。

哥舒翰出关战败，溃兵四散逃命，消息如风传开。河东郡（治所在今山西永济市）防御使吕崇贲、华阴郡（治所在今陕西渭南市华州区）防御使魏仲犀、冯翊郡（治所在今陕西大荔县）防御使李彭州、上洛郡（治所在今陕西商洛市商州区）防御使杨黯，皆闻风丧胆，弃城逃命；兵将犹如惊弓之鸟，皆四散而去。潼关南北两侧的防御阵线土崩瓦解，关中大门洞开，京城危在旦夕。

潼关天险，易守难攻，是为地利；而开关出战，是弃之也。唐朝将相猜忌，内外离心，则先失人和。② 二者皆失，岂无败乎！

---

① 哥舒翰被押送洛阳，苟且偷生，屈服于安禄山的淫威。最后被安庆绪所杀。
②《孟子·公孙丑下》有云："天时不如地利，地利不如人和。"《孙膑兵法·月战》云："天时、地利、人和，三者不得，虽胜有殃。"

三、马嵬香魂遗"长恨"

天宝十四载（755）十二月十三日，安禄山叛军攻陷东都洛阳。

十七日，唐明皇下制，以太子（即肃宗）监国，仍总统诸军东进讨贼。

杨国忠极为恐惧，急忙与杨贵妃商量，想办法阻止明皇的决定。

> 河北盗起（安禄山反），玄宗以皇太子（肃宗）为天下兵马元帅，监抚军国事。［杨］国忠大惧，诸杨聚哭，贵妃衔土（口含土块）陈请，帝遂不行内禅。①

> 安禄山反，以诛［杨］国忠为名，且指言［杨贵］妃及诸姨罪。帝（明皇）欲以皇太子抚军，因禅位（让位、传位），诸杨大惧，哭于廷。国忠入白［贵］妃，妃衔块请死，帝意沮，乃止。②

> 上（明皇）议亲征，辛丑（十七日），制太子监国，谓宰相曰："朕在位垂五十载，倦于忧勤，去秋已欲传位太子；值水旱相仍，不欲以余灾遗子孙，淹留俟稍丰。不意逆胡横发，朕当亲征，且使之监国。事平之日，朕将高枕无为矣。"杨国忠大惧，退谓韩、虢、秦三夫人曰："太子素恶吾家专横久矣，若一旦得天下，吾与姊妹并命在旦暮矣！"相与聚哭。使三夫人说贵妃，衔土请命于上；事遂寝。③

所谓"衔土陈请"，即口含土块，以示自身有罪当死，向对方陈诉请求。而"以死相求"，通常有两种情况，一是无可奈何而有求于人，借此表达最深切、诚恳的心愿；二是以死来逼迫对方。俗谓"一

---

① 《旧唐书》卷五十一《后妃传上·玄宗杨贵妃》，第2180页。
② 《新唐书》卷七十六《后妃传上·玄宗贵妃杨氏》，第3495页。
③ 《资治通鉴》卷二一七，第7059—7060页。

哭二闹三上吊"，撒泼卖疯，无理取闹。

杨贵妃以死来"要挟"明皇，显然为第二种情况。若明皇真的传位给太子，杨氏家族就面临"灭顶之灾"。到了生死关头，杨贵妃首先想的并非国家命运之安危、天下百姓的苦难，而是其家族的"既得利益"。为杨国忠"帮凶"，实乃可恨之人！

而71岁的唐明皇，本来意志就不坚定，被杨贵妃一闹腾，就放弃了。当年对待王皇后"厌胜"事件的政治敏感和警惕，早就被对杨贵妃的"专宠"取代了。

由此可见，古代的"红颜祸水"论，其实是为昏君推卸责任。

（一）皇驾西幸何仓皇[①]

1. 潼关不见"平安火"[②]。唐军退守潼关之后，就在通往京城的官驿大道上，设置了烽候报警系统。哥舒翰出关作战失败，其部下有人疾驰赶到京城报告消息，但明皇未能及时召见，只是下令剑南军将李福德率领3000名监牧兵，奔赴潼关增援。

当天晚上，未见潼关方面传来"平安火"，明皇才真正感到了害怕。

六月十日早朝，宰相们商议对策。杨国忠"首唱幸蜀之策"。明

---

① 本小节据两《唐书》玄宗本纪、杨国忠传、哥舒翰传，《安禄山事迹》与《资治通鉴·唐纪》玄宗天宝十五载（756）等。

② a. 所谓"平安火"，是报告平安的烽火（信号）。烽火，是古代边境线上报警的烟火（白天放烟，夜晚点火）。隋唐时代的边境地区设有镇戍烽候，驻兵屯守，大率相去三十里置一座烽火台。每日初夜，放烟（火）一炬，谓之"平安火"。b. 据《唐六典》卷五《兵部·职方司》："凡烽候所置，大率相去三十里。若有山冈隔绝，须逐便安置，得相望见，不必要限三十里；其逼边境者，筑城以置之。每烽置帅一人，副一人。其放烽，有一炬、二炬、三炬、四炬者，随贼（敌）多少而为差焉。旧关内、京畿、河东、河北［道］皆置烽。开元二十五年（737），敕以边隅无事，寰宇义安，内地置烽，诚为非要，量停近甸烽二百六十所，计烽帅等一千三百八十八人。"

皇六神无主，表示同意。杨国忠兼充剑南节度使（驻今四川成都市），在得到安禄山反叛的警报之后，就已经派人传命节度副使崔圆存储物资，以备形势危急时前往投奔。

十一日早上，百官集于朝堂，杨国忠惶恐流泪，征求对策。百官唯唯，无人表态。国忠曰："人们告发安禄山有谋反之状，已经十年了，但圣上不肯相信。如今的局面，不是我作为宰相的过失啊。"退朝之后，消息不胫而走，京城士民惊扰，人心惶惶，不知如何是好；东、西市场上顾客寥寥，生意萧条，店铺纷纷关门。

杨国忠又让韩国、虢国夫人入宫，和杨贵妃一起劝说明皇尽快入蜀避难。

十二日，百官来兴庆宫上朝者，十无一二。明皇在勤政楼宣布"亲征"。在场的大臣们都不敢相信——京城里除近卫禁军之外，已经没有御敌之兵了。

随后，诏命京兆尹魏方进为御史大夫兼置顿使；京兆少尹崔光远为京兆尹充任西京留守；宦官监门将军边令诚掌管宫闱诸门钥匙；派遣使者奔赴蜀中传送公文：剑南节度大使、颖王璬（皇十三子）即将赴镇，令本道立即筹备应需物资。

当天午后，明皇从兴庆宫（南内）移仗大明宫（北内）。据《高力士外传》："有诏移仗未央宫（即禁苑西部）。""既夕，命龙武大将军陈玄礼整比六军（四军），厚赐钱帛，选闲厩马九百余匹，外人皆莫之知。"[1]

---

[1]《资治通鉴》卷二一八，第7090页。按："六军"应为"四军"。a. 唐太宗时，有御前"百骑"皆骁勇善射（射生手）；武则天时，增至"千骑"，分隶于左右羽林营；中宗时更增至"万骑"。唐明皇改左右万骑营为左右龙武军，与左右羽林营号为"北门四军"。b. 肃宗时，置左右神武军，遂有"北衙六军"之称。据《旧唐书》卷一○六《王毛仲传》；《新唐书》卷五十《兵志》，第1331页。

六月十三日黎明，细雨蒙蒙。唐明皇与杨贵妃姊妹、皇子、嫔妃、公主、皇孙、杨国忠、韦见素、魏方进、陈玄礼，亲近宦官、宫女等，在禁军扈从下（共约3500人），出禁苑西面南边的延秋门（今西安市三桥镇北侧），离京西去。[①] 凡住在宫外的嫔妃、公主与皇孙们，皆弃之不顾（叛军占领长安后，大多被杀害）[②]。

是日早晨，文武官员仍有循规蹈矩来上朝者，到了兴庆宫（南内）大门外，看见值勤的警卫禁军立仗肃然，门内的壶漏（滴水计时器）之声清晰可闻。平明时分，宫门大开，只见宫女们纷乱奔出，顿时内外一片混乱，皆不知皇驾去了哪里。

很快，这个爆炸性消息就传遍了京城内外。王公百官、市井百姓，争相出城逃往山谷。不法之徒则乘乱打劫，闯入皇宫和王公之家，抢掠财宝，甚至有骑驴上殿者，左藏大盈库也被人纵火焚烧，皇宫内外一片混乱。负责留守的京兆尹崔光远和宦官边令诚，急忙带人救火，当场砍杀了十几个抢劫者，才勉强稳住局面。

而叛军打破潼关之后，进军缓慢，是没想到唐明皇会离京出奔。直至十七日，叛军才进入京城。崔光远派其子向叛军投降；边令诚献出宫城诸门钥匙。此为后话。

2. 望贤宫老父"进言"。六月十三日平明，皇驾队伍急行二十余里，过了渭河便桥（今咸阳市区南），杨国忠下令烧桥断路。明皇阻

---

① 唐明皇西行入蜀经行的路线，参看王兴峰《唐玄宗奔蜀路线考述》//杜文玉主编《唐史论丛》第19辑，三秦出版社，2014年。

② 据《安禄山事迹》卷下：六月十七日，叛军"陷西京（长安）。……至德元年（756）九月，贼党孙孝哲害霍国长公主（睿宗女）、永王（明皇子李璘）妃及驸马杨驲等八十余人，又害皇孙二十余人，皆并其心，以祭安庆宗（安禄山之子）。庆宗以禄山起兵之年（755）十一月二十七日腰斩于长安，并母康氏等五人，荣义公主（下嫁安庆宗）亦赐死焉。自后安［禄山］忍杀不附己者，王侯将扈从入蜀者子孙兄弟，虽在婴孩之中，皆不免于刑戮。……"

止曰："官吏百姓也要躲避叛军，为何要断绝他们的求生之路！"命令宦官首领高力士留下，负责把火扑灭。

皇驾离京之前，派宦官王洛卿先行，告喻前方郡县置顿（预备食宿等）。

辰时（早上七时至九时），皇驾到达咸阳东面的望贤宫（行宫），里面竟空无一人。随即派中使去宣召县衙官吏，这才知道先行的王洛卿和县令都已经逃跑了。

将近中午，明皇尚未进食。君臣将士，无复贵贱，都坐在行宫内外的大树下休息。宰相杨国忠亲自到市场买来一些胡饼（芝麻烧饼）献给明皇，传令护驾的禁军将士，赶快到附近村子的百姓家求食，约定在未时（下午一时至三时）集合出发。[①]

这时，附近的百姓们才明白眼前的这支队伍是怎么回事——皇帝离京逃难。遂陆续有人送来麦豆粗饭，皇孙辈饥不择食，直接用手捧起来就吃，一会工夫就抢光了，还没有填饱肚子。明皇吩咐，都要给百姓付饭钱，好言安慰。

百姓已知晓潼关失守的消息，人心惶惶不安；亲眼看到皇帝一行的狼狈情状，不知道今后的日子会怎样，忍不住都哭了。明皇也止不住伤感流泪。

有一位名叫郭从谨的老人，壮着胆子上前来，对明皇曰：

> 禄山包藏祸心，固非一日；亦有诣阙（朝堂）告其谋者，陛下往往诛之，使得逞其奸逆，致陛下播越。是以先王务延访忠良以广聪明，盖为此也。臣犹记宋璟为相，数进直言，天下赖以平安。自顷以来，在廷之臣以言为讳，惟阿谀取容，是以阙门之外，

---

① 据《安禄山事迹》卷下：当时，随行的嫔妃和官员们饥肠辘辘，明皇下令先杀掉一些马匹，拆下行宫的木料煮肉，分而食之。按：这条史料的真实性值得怀疑。因为皇驾离京之前已预先作了准备，决不会忽略路途的"吃饭"问题。

陛下皆不得而知。草野之臣，必知有今日久矣，但九重严邃，区区之心无路上达。事不至此，臣何由得睹陛下之面而诉之乎！①

这时的明皇，真正感到羞愧不已，连连答曰："此皆朕之不明，悔之不及。"也无颜面再作什么"圣谕"，只能是对其好言安抚一番而已。

这时，尚食局（殿中省尚食局，负责皇帝日常膳食）官员送来了御膳，明皇让先分给随从官员，自己最后才吃。这一顿饭可没少耽搁时间。

3. 夜宿金城何狼狈。饭后，皇驾队伍继续西行，半夜时分，到达金城县（今陕西兴平市）。②当皇驾队伍到达县城时，其县令已经挂印弃官逃跑了，百姓大多也离家避难。幸好县城官衙以及百姓家里的炊事器具尚在，将士们得以自己动手，凑合着解决了烧水吃饭问题。天黑又无灯，借着月光，各自找个地方歇息。皇亲国戚、近侍宦官、宫女、官员、将士，顾不上身份贵贱，相互枕藉，和衣而眠。

离开京城仅一天时间，才走了不到百里路程，扈从队伍中就不断有人"开小差"。如高品宦官内侍监（从三品）袁思艺也"不辞而别"，投奔叛军去了。③

是夜，从潼关溃逃回来的军将王思礼，追赶到金城，明皇才知晓了哥舒翰战败被擒的详情，随即以王思礼充任陇右节度使，收罗溃散士卒，休整待命。

---

①《资治通鉴》卷二一八，第7091—7092页。

②金城县（今兴平市），原名始平县。唐中宗（李显）景龙四年（710）正月，以金城公主（雍王李守礼之女）和亲吐蕃，皇驾"幸始平县以送公主，设帐殿于百顷泊侧"饯别，因改名为金城县，徙县治于马嵬故城。到肃宗至德二载（757）十月，又改为兴平县。据《旧唐书》卷七《中宗本纪》，第149页，卷一九六上《吐蕃传上》，第5226—5228页；《唐会要》卷七十《州县置设上》，第1472页。

③《新唐书》卷二〇七《宦官传上·高力士》，第5859页。

（二）"君王掩面救不得"

1. 马嵬驿禁军"兵谏"。六月十四日早上，皇驾队伍西行二十余里，抵达马嵬驿站，暂时休息。① 在驿站西南有百顷泽②，可供饮马（皇驾队伍共有马九百余匹）。

唐明皇进入驿站，根本没有料想到一场流血事变迫在眉睫。

以下综合诸史记载，先梳理"马嵬事变"当日的表面过程。③

> 皇驾行次马嵬驿。将士饥疲，皆愤怒。龙武大将军陈玄礼以祸（安禄山反版）由杨国忠，欲诛之，因东宫宦者李辅国以告太子（肃宗），太子未决。

> 杨国忠、韦见素、魏方进等从官入驿安顿明皇起居，才出驿门，有吐蕃使者二十余人遮国忠马，诉以无食，并请示归国之路。国忠未及对，有军士大呼曰："杨国忠与吐蕃谋反！魏方进也有连。"扈从禁军即带甲持刃，包围驿站。杨国忠斥责曰："安禄山已屡枭獍（大逆不道），逼迫君父，尔等更相仿效邪？"众军士呼曰："尔是逆贼，更道何人？"骑士张小敬先放箭射国忠落马，众

---

① 据《通典》卷三十三《职官十五·乡官》：凡通途大路，"三十里置一驿〔其非通途大路则曰馆〕，驿各有将（驿长），以州里富强之家主之，以待行李（接待过往使者等公务人员）"。由于地方州县城邑普遍实行"夜禁"，城门轻易不可夜开，故驿馆大多设于城外（外邮）大道上。

② a."百顷泽，在〔兴平〕县西二十五里，周回十六里，多蒲鱼之利。……马嵬故城，在县西北二十三里。马嵬于此筑城，以避难，未详何代人也。"据〔唐〕李吉甫《元和郡县图志》卷二《京兆府下·兴平县》，中华书局，1983 年，第 25—26页。b."马嵬驿在〔兴平〕县西二十里，今（北宋）废。……百顷泊，在县西二十五里，周一十六里。"据〔宋〕宋敏求《长安志》卷十四《兴平县》，三秦出版社，2013年，第 425—429 页。

③ 据《旧唐书》玄宗本纪下、杨贵妃传、杨国忠传；《安禄山事迹》卷下；《资治通鉴》卷二一八；《新唐书·后妃传上·玄宗贵妃杨氏》等。无考辨不详注。

军士枭其首（头），屠割尸体，以枪揭其首于驿门外示众。

御史大夫魏方进曰："汝曹何敢害宰相！"众又杀之。其两男（儿子）、吐蕃使者同时被杀。韦见素亦为乱兵所伤，脑血流地。有军士曰："勿伤韦相公父子。"救之，得免。寿王（李瑁）以药为其封伤创。

军士围驿四合。明皇闻驿外喧哗，问何事，左右答曰杨国忠谋反被诛。明皇策杖蹑履，自出驿门，慰劳军士，令各收队，而军士不应。

行在都虞候、龙武大将军陈玄礼领诸将三十余人，带仗（穿甲胄持兵器）奏曰："国忠父子既诛，贵妃不宜供奉，愿陛下割恩正法。"

明皇曰："朕即当处置。"乃回步入驿。明皇倚杖而立，倾首久之。

京兆司录韦谔前言曰："今众怒难犯，安危在晷刻，愿陛下速决！"因叩头流血。明皇曰："贵妃常居深宫，安知国忠反谋？"

高力士曰："贵妃诚无罪，然将士已杀国忠，而贵妃在陛下左右，岂敢自安！愿陛下审思之，将士安则陛下安矣。"

明皇不得已，乃与贵妃诀，命高力士引贵妃于佛堂赐死。

高力士请先入见贵妃，具述事势，贵妃曰："今日之事，实所甘心，容礼佛。"遂缢贵妃于佛堂，置其尸于舆上，至驿庭中，召玄礼等军将入视之。

玄礼抬贵妃尸首，知其死绝，乃与诸将免胄释甲，顿首谢罪。明皇慰劳之，令晓谕军士，玄礼等再拜而出，军士皆呼万岁。于是各归本队，整部伍为行计。侍女（张云容等）以紫茵裹贵妃尸，瘗（埋葬）于驿西道侧。时年三十八。

　　杨国忠之子杨暄，位太常卿、户部侍郎。闻乱，下马躄（跌倒），军士弓弩众射之，身贯百矢，乃踣（倒地毙命)①。

　　马嵬之难，虢国夫人与杨国忠妻裴柔等，先奔马至陈仓（今宝鸡市）。县令薛景仙率吏民追之，虢国夫人意以为贼（强盗），弃马走入竹林。虢国先杀其子裴徽及一女；裴柔携其幼子杨晞，乞（求）虢国曰："娘子为我尽命。"即刺杀之。已而虢国自到，不死，县吏载之，置狱中。犹谓吏曰："国家乎？贼乎？"吏曰："互有之。"血凝至喉而死。薛景仙遂令并坎（掘坑）瘗于陈仓郭城外。

白居易《长恨歌》咏"马嵬事变"——"诗笔"与"史笔"显然不同。

　　渔阳鼙鼓动地来，惊破《霓裳羽衣曲》。九重城阙烟尘生，千乘万骑西南行。翠华摇摇行复止，西出都门百余里。六军不发无奈何，宛转蛾眉马前死。花钿委地无人收，翠翘金雀玉搔头。君王掩面救不得，回看血泪相和流。

　　2. 幕后指挥系何人。不言而喻，"马嵬事变"是一场重大政治事件——有预谋、有组织和指挥者，行动突然，掌控得力，诛杀明确，见好收场。但谁是事变背后的真正主谋？事变的性质如何认定？唐史界的学术研究结论，至今尚存在分歧。

　　关于"马嵬事变"的主谋者，有三种观点：禁军将领陈玄礼主

---

　　① a. 杨国忠有四子，长子杨暄、幼子杨晞皆死于"马嵬事变"。三子杨晓，逃奔至汉中（今陕南），为汉中王李瑀（明皇大哥宁王之子）打杀。次子杨昢，官至鸿胪卿，尚（娶）万春公主，未及时从京城出逃，遂被叛军所杀。b. 据两《唐书·杨国忠传》：杨国忠被诛，其党羽亦皆连坐。如翰林学士张渐、窦华，中书舍人宋昱，吏部郎中郑昂，皆贪婪之徒，凭借杨国忠威势，广收贿赂，车马盈门，财货山积。叛军破潼关入京城，宋昱出逃后，留恋家中资产，又潜回京城，结果被乱兵杀死。张渐、窦华与郑昂等人俱逃奔山谷，随身钱财遭难民争抢。唐军收复京城后，此辈皆被诛灭。

谋、皇太子（肃宗）主谋、宦官首领高力士主谋。关于事变的性质，有事变（兵变）、禁军"兵谏"、是"唐朝历史上第一次救亡运动"等观点。

如上所述，"马嵬事变"是最高统治集团内部权力斗争的"白热化"（激烈爆发）。而事变的主谋者必须具备三个前提条件：一是与宰相杨国忠之间存在"你死我活"的深刻矛盾；二是能够完全掌控指挥护驾禁军；三是绝对忠诚于皇帝。

当时，杨国忠兼充剑南节度副大使（驻今四川成都市。节度大使由亲王遥领），即蜀中是其势力地盘；而唐明皇意在"入蜀"。所以，发动事变的主谋者，必须抢在"入蜀"之前除掉杨国忠，以免到了蜀中陷于被动，受其挟制。

分析事变主谋的关键，首先要弄清楚当时的政治背景——最高政治权力架构格局：宰相（南衙）、宦官首领（北司）、禁军首领（军权）与皇太子（储君），是中央朝廷"四权分割"的代表，互不统属，各自直接"对皇帝负责"。

笔者赞同黄永年先生的观点：宦官首领高力士为幕后主谋。[1]

以下所述，乃窃拾黄先生余慧并附会愚见，以为"续貂"。

（1）禁军将领陈玄礼。皇驾西行，龙武大将军陈玄礼为"行在都虞候"（皇驾出行所在地军中执法官）[2]，完全能够指挥禁军。尤其是他对唐明皇绝对忠诚，并对杨国忠专权乱政、祸国殃民满怀义愤。

> 及禄山反，玄礼欲于城中诛杨国忠，事不果，竟于马嵬斩之。[3]

杜甫在其《北征》诗中咏云：

> ……奸臣竟菹醢，同恶随荡析。不闻殷周衰，中自诛褒妲。……

---

① 黄永年《六至九世纪中国政治史》第八章，上海书店出版社，2004 年。

②《安禄山事迹》卷下，第 105 页。

③《旧唐书》卷一〇六《王毛仲传》附陈玄礼传，第 3255 页。

桓桓陈将军，仗钺奋忠烈。微尔人尽非，于今国犹活。……①

但是，陈玄礼与杨国忠并无直接的"权力之争"——他只具备两个"前提条件"。尤其是诛杀宰相、逼迫皇帝"赐死"宠妃，要冒杀身灭家（族）之罪！②

前揭史料所云禁军"将士饥疲，皆愤怒"之语，明显有"水分"。

俗谓"穷家富路"。皇驾扈从队伍约有 3500 人，在离京之前，已做了各项准备工作，"吃饭"问题岂能忽略？而且，凡军队"行军"（出征野战），必须携带几天干粮，乃是军事惯例（常识）。尤其是离京前，曾"整比六军，厚赐钱帛"。

从京城到马嵬驿站，拢共百余里路程，走走停停，用了一天多时间，如何就"饥疲"到了要造反"兵变"的严重程度？这显然不合乎事理逻辑。③

从切身利害关系考察，"马嵬事变"绝非禁军士兵的自发行动。龙武大将军陈玄礼本人也是"有心无胆"，作为一名高级将领，一旦上了战场，他完全能够做到"忠君报国"，献身牺牲，其家人老小则会得到国家抚恤。但要不顾及"身家性命"——自己的官位俸禄和家人生命安危，去冒险"犯罪"，就绝非易事了。

---

①《全唐诗》卷二一七杜甫《北征》，第 2278 页。

②按：有一条间接史料可供参考：大将哥舒翰统兵 20 万拒守潼关，"是时，天下以杨国忠骄纵召乱，莫不切齿。又，[安]禄山起兵以诛国忠为名，[裨将]王思礼密说哥舒翰，使抗表请诛国忠，翰不应。思礼又请以三十骑劫取以来，至潼关杀之，翰曰：'如此，乃翰反，非禄山也。'"（据《资治通鉴》卷二一八，肃宗至德元载（756）五月，第 7084—7085 页）当时，哥舒翰手握重兵，奏请明皇或自己下手诛杀杨国忠"易如反掌"，但他为何不答应王思礼的"密说"？一是他曾接受过杨国忠的"政治拉拢"；二是（更重要的是）他认为诛杀宰相就是"谋反"，与安禄山反叛属于同样性质。

③a. 据《唐六典》卷三《户部·度支司》：凡天下舟车水陆载运，皆有程限，"陆行之程，马日七十里"。b. 据开元《厩牧令》：诸乘传（传递一般公文），每日四驿（120 里）；乘驿（传送紧急公文），每日六驿（180 里）。

或谓"置之死地而后生"。但必须权衡利弊，审度事态形势。陈玄礼为人"淳朴自检"①，行事必会谨慎缜密——想要在明皇辇毂之傍，诛杀右相杨国忠和宠妃杨玉环，孤掌难鸣，必须有可靠的同盟者，里应外合，才能稳操胜券。

不言而喻，这个同盟者必须是一位"重量级"人物。他会是谁？

（2）太子手中无兵权。皇太子（肃宗）早就对杨国忠"视若寇仇"，必欲除之而后快。但是，他始终处于父皇的严密管控之下，根本无权指挥禁军。

如果皇太子是发动事变的"主谋"——陈玄礼、高力士完全听命于太子，那么马嵬事变的"压轴戏"肯定就是太子"说了算"，并"导演"出如下基本情节：

一是明皇口是心非的"传位"诏命，立地落实，陈玄礼等禁军将领跟着太子（新皇帝）走。二是由新皇帝（肃宗）"分兵"给明皇（太上皇），命高力士等人继续扈从入蜀；因为明皇"意在入蜀"，而肃宗出于"孝道"会允准的。三是肃宗的态度和措置比较"强硬"，带着（强迫）明皇一同奔赴灵武（今宁夏吴忠市）。

但这只是一种假设（推理）——"马嵬事变"的历史早就"定格"了。

首先，分析陈玄礼"因东宫宦者李辅国以告太子，太子未决"。②即太子没有明确表态，也可视为默许。可见太子心怀犹豫，手中无兵权，心中无胜算。

---

① 按：陈玄礼在担任禁军"千骑"营长时，就已经追随唐明皇（时为临淄郡王）参加宫廷政变（诛灭中宗韦皇后及其党羽）。其后以淳朴自检，忠于职守，长期"宿卫宫禁"，升任龙武大将军（正三品）。据《旧唐书》卷一〇六《王毛仲传》附陈玄礼传，第 3255 页。

② 《资治通鉴》卷二一八，第 7092 页。按：决，决断，决定；果决，坚决。

事变之后，太子乘此惊骇慌乱机会，果断与父皇"分兵"，北上奔赴灵武（今宁夏吴忠市），彻底摆脱父皇控制，自行"即位"，就是最"给力"的明证——灵武是朔方节度使驻所（郭子仪充任节度使），而太子曾遥领朔方大使。[1]

其次，分析陈玄礼曾"密启太子，诛国忠父子"。[2] 其原因有三：一是太子（肃宗）与杨国忠矛盾很深，不可调和，"诛国忠父子"无疑会得到太子的支持。二是明皇曾几次表态要"传位"给太子，发动"兵谏"事体重大，应该禀告太子知情。三是为以后长远考虑，在太子即位"称帝"之后，双方能够和平相处。因为"一朝天子一朝臣"，新皇帝对老皇帝的"权力班子"进行"洗牌"，乃司空见惯。

换言之，对于诛杀杨国忠与杨贵妃，太子当时可谓"有心无力"。

（3）宦官首领高力士。高力士（宦官集团）与李林甫、杨国忠（宰相集团）之间，从开元后期到天宝中一直存在着明争暗斗（唐后期"南衙北司之争"的先声）。

请看高力士担任的主要职衔：内侍监（从三品）加右监门卫将军（从三品）、骠骑大将军（武散官从一品）——是皇帝控制禁军、牵制宰相的"权力砝码"（唐后期宦官统领禁军的先声）。先举两条高力士掌控"飞龙禁军"的史料。

天宝十一载（752）四月，殿中监王铣的弟弟、户部郎中王銲（其人凶险不法），与凶徒邢縡等人，潜构逆谋，将于京城举行武装暴动。但其密谋在举事之前二日泄漏，长安、万年二县尉奉命至金城坊（朱雀街西第四街之北来第三坊）围捕，而暴徒数十人持弓刃拒捕，双方展开格战，暴徒们拼力不支，奔逃至皇城西南隅。

---

[1]《旧唐书》卷十《肃宗本纪》，第239页。

[2]《旧唐书》卷五一《后妃传上·玄宗杨贵妃》，第2180页。

……会高力士引飞龙禁军四百至，击斩［邢］縡，捕其党，皆擒之。①

须臾，骠骑大将军、内侍高力士领飞龙小儿甲骑四百人讨之，［邢］縡为乱兵所斩，擒其党善射人韦瑶等以献。……②

据《高力士神道碑》：其曾充任"内属箭（内弓箭库）及三宫内飞龙厩大使"，即后来的"内飞龙使"。③ 高力士为宦官首领，是皇帝身边亲信，由其掌管飞龙厩马和飞龙禁军，是唐后期宦官掌控禁军（以"神策军"为中坚）的先声。

再看马嵬事变的"细节"：陈玄礼在驿站外"奏请"（逼迫）明皇对杨贵妃"割恩正法"；高力士在驿站内进言曰"将士安则陛下安矣"，敦促明皇尽快决断。在军政局势动荡之际，明皇最需要的是禁军保驾，故舍弃了杨国忠和杨贵妃。

杨国忠被禁军诛杀，明皇也会"肉疼"；而下诏"赐死"杨贵妃，明皇实在"心痛"。这些皆在高、陈预谋意料之中，务必斩尽杀绝，不遗后患！

再作逆向思维：马嵬事变之后，高、陈护驾入蜀一年多；唐军收复京城，又护驾返回，陪侍于兴庆宫；肃宗上元元年（760）七月，明皇（太上皇）被迁居太极宫（西内），高力士被贬流边远之地，陈玄

---

①《资治通鉴》卷二一六，第7030页。本条胡三省注曰：飞龙禁军，乘飞龙厩马者也。武后（武则天执政时）置仗内六闲，一曰飞龙，以中官为内飞龙使。按：闲厩马（御马）管理权特别敏感重要，事关皇帝的行动、安全和理政效率等。闲厩马用来装备北门禁军（左右羽林军、飞龙禁军等）。

②据《旧唐书》卷一〇五《王铁传》，第3230—3231页，卷九《玄宗本纪下》，第226页。

③据吴钢主编《全唐文补遗》第一辑《高力士神道碑》，三秦出版社，1994年，第36页；第七辑《高力士墓志铭》，三秦出版社，2000年，第59页。参看杜文玉《论唐代内诸司使的定义及其影响》//杜文玉主编《唐史论丛》第32辑，三秦出版社，2021年。

礼被勒令致仕（退休）。

由此可曰，高、陈二人乃事变"共谋"。高力士资历深，性谨密而有城府，更受皇帝信任，应为主谋①；陈玄礼资历稍浅，淳朴自检，忠于职守，应为从谋。

3."马嵬事变"的性质。"马嵬事变"属重大政治事件——右相杨国忠（宰相集团）被诛杀，杨贵妃家族（外戚）被"株连"而覆灭。杨贵妃本人并不热衷于政治（像王皇后、武惠妃那样），但身处政治旋涡之中，遂成为权力斗争的陪葬品。

传统说法称"马嵬事变"——政治事变皆为有预谋和计划、有组织和指挥的行动，既有成功的，也有失败的。"马嵬事变"既是成功的，也是积极的。

称"马嵬兵变"乃就其表面事象——禁军发动而言。但"兵变"常常因偶然事件而引发，且一发不可收拾，后果大多"消极"。在唐后期尤为多见。

笔者赞同白述礼教授的"马嵬兵谏"观点。② 杨国忠跋扈弄权，

---

①a. 宫廷宦官身份特殊（刑余之身、阉臣），作为皇帝"家奴"，更容易得到信任。b. 开元十九年（731），辅国大将军、左武卫大将军、检校内外闲厩兼知监牧使、霍国公王毛仲骄纵不法，被贬官赐死；其党羽北门禁军将领葛福顺、李守德等人，皆贬官远州安置。而陈玄礼因未依附王毛仲，而得到明皇信任，继续担任"宫禁宿卫"。c. 王毛仲居功恃恩，蔑视宦官，杨思勖、高力士等宦官首领常具惧躲避之。自王毛仲被诛，宦官开始得势，高力士尤为贵盛。凡四方奏表，必先呈力士而后进御，小事便决之。凡选派宦官出使、监军等，皆在力士可否。凡朝臣欲取将相高位者（如李林甫、韦坚、王铁、杨国忠、安禄山、高仙芝等），无不巴结依附高力士。其常居宫内侍奉，明皇曰："力士当上（值班），我寝则稳。"d. 高力士对明皇"权假宰相"于李林甫、杨国忠，曾表示过不满。对边疆节度使兵权太盛，曾深表担忧。据《旧唐书》卷八《玄宗本纪上》、卷一〇六《王毛仲传》、卷一八四《高力士传》；〔唐〕郭湜《高力士外传》等。

②参看白述礼《论"马嵬兵谏"——"安史之乱"背景下禁军将士的救国之举》，《宁夏大学学报（人文社会科学版）》2020年第4期。

祸国殃民；杨氏家族恃恩骄横，贪婪无厌，皆可谓恶贯满盈。然究其根源，在于唐明皇的宠爱与纵容——"裙带政治"之恶果。故禁军将士诛杀奸相，逼迫明皇"赐死"宠妃，实乃"兵谏"。其后，禁军继续"护驾"入蜀，与恶性"兵变"不可同日而语。

然称之为"唐朝历史上第一次救亡运动"[1]，却不免"拔苗助长"。如上所述，高力士和陈玄礼的"思想觉悟"与政治影响力，显然达不到如此高度。

凡能够称之为"运动"者，其构成要素必有：倡导与领导者、群众性参与和声势较大（或浩大）等。而唐明皇"入蜀避难"，完全是"逃跑主义"行径。陈玄礼率禁军完成了"护驾"入蜀、返回京城的任务，诚可谓"忠于职守"。

而真正扛起"救亡"大任、领导平叛战争的，是在灵武"自行即位"、建立新朝廷的肃宗皇帝；在平叛战争中杀敌立功的，首推"天下兵马元帅"广平王李俶（即代宗。后改名豫）、以大将郭子仪和李光弼等为代表的诸道节度使；而依靠的基本力量，是前赴后继、流血牺牲的广大将士，任劳任怨支持平叛战争的天下百姓。

但发动"兵谏"的主谋高力士、陈玄礼等人，则"被远离"了权力核心。

四、皇太子奔赴灵武

皇太子（肃宗）利用"马嵬事变"，摆脱父皇控制，北上灵武，登基称帝，遥尊父皇为"太上皇"。新朝廷以"兴复"为己任，成为全国平叛战争的领导核心。

---

[1] 许道勋、赵克尧《唐玄宗传》，人民出版社，1993 年，第 523 页。

（一）皇驾继续西南行

六月十五日，皇驾准备启程。经过昨天的血腥事变，从行大臣（宰相）唯有韦见素一人；明皇下令以京兆府司录韦谔（韦见素之子）为御史中丞、充置顿使。①

但皇驾应该去往何处？近臣有十余人上奏，建议纷纭，莫衷一是。（1）中使常清认为，杨国忠早先在蜀中任职多年，后来又兼充剑南节度使，恐怕其在蜀中党羽会有连谋异图，不如行幸太原，当地百姓盼望已久，地安可驻。（2）宦官郭师太建议前往朔方，"彼蕃汉杂处，父子成章，自来地名忠孝"。（3）另一个宦官骆休详则建议前往陇西，"姑臧（在今甘肃武威）一部曾王五凉（十六国时期在此先后建立的五个地方政权），土厚地殷，实堪行幸"。（4）有人建议返回京城。

而明皇皆不置可否，转而问高力士："卿意如何？"高力士答曰：

> 太原虽近，地与贼连，先属禄山，人心难测；朔方近塞，全是蕃戎，教之甚难，不达人意；西凉地远，沙塞萧条，大驾巡幸，人马不少，既无备拟，立见凄惶；剑南虽小，土富人强，表里山河，内外险固。以臣所见，幸蜀为宜。②

但禁军将士皆曰：杨国忠谋反，其将吏党羽皆在蜀中，不可以前往。

明皇很担忧禁军将士的态度。韦谔急忙提出折中建议：若返回京城，必须有足够的兵力，现在兵力太少，不可轻易向东去；不如暂且前往扶风（治所在今陕西宝鸡市凤翔区），再从长计议。众人皆认为可行，于是，明皇下令立即出发。

不料，刚出驿门，就涌来一群父老百姓挡住了道路，请求明皇

---

① 以下据《旧唐书·玄宗本纪》、《安禄山事迹》卷下、《资治通鉴》卷二一八。

②《安禄山事迹》卷下，第105页。

留驾：

　　宫阙，陛下家居；陵寝，陛下坟墓，今舍此，欲何之？

明皇按辔停马，羞愧无言。过了许久，才令太子留下来宣慰百姓，自己先行。大队人马扈从明皇，匆匆西去。百姓父老对太子说："皇上既然不肯留驾，我们愿意带领子弟，跟随太子殿下向东去赶走叛军，收取京城。如果殿下和皇上都去了蜀地，让中原百姓以谁为主心骨啊？"说话之间，百姓越聚越多，约有几千人。

太子感动得流下眼泪，回答曰："皇上远冒路途险阻，我是儿子，岂能朝夕离开左右。诸位父老，请等我去当面请示，是去是留，请父皇决定。"拨马欲西追。

太子的两个儿子广平王李俶（即代宗。后改名豫）、建宁王李倓与亲信宦官李辅国，拉住太子的马缰绳，劝谏曰：逆胡冒犯宫阙，天下分崩四裂，若不顺应民情，如何兴复社稷！殿下跟随皇驾入蜀，若叛军烧毁栈道，则中原之地拱手授贼矣。若民心离散，不可复合，何谈兴复大计！不如收罗西北守边兵马，召郭子仪、李光弼从河北回师，并力东讨逆贼，收复两京，平定四海，安定社稷，恢复宗庙，打扫宫廷，迎接皇驾，这岂不是最大的孝行？又何必在乎区区温情，儿女晨昏问安乎！

百姓父老围拥着太子，使他无法行动，遂命令广平王飞马去报告情况。

明皇赶了一段路程，停马控辔等待，却许久不见太子。遂派人返回打探，使者与追来的广平王（皇孙）一起报告情况后，明皇长叹："这是天意也！"

明皇随即下令：分出后军2000名将士、一部分飞龙厩马留给太子，将太子东宫妃子和宫女也送过去；派使者宣旨，准备"传位"，且告喻太子："汝勉力国事，勿以朕为念。西北诸蕃，朕一向抚慰优厚，必能为汝所用。"

但是，太子听了使者告喻，仍然心怀惶恐，坚决表示不敢接受

"传位"。

使者返回，如实禀告，明皇遂不再坚持。到了危急关头，父子皆显得"高姿态"。太子留下来负责"善后"，让明皇心里踏实了许多，尽管这并非出自"朕意"。

太子被百姓遮道挽留，又经过往返奏请、传喻，耽搁了半天时间。天色近暮，才得以告别百姓，整顿兵马，转辔向北。其详情下节再叙。

明皇继续西行，经岐山县（今县），于十七日抵达扶风郡（治所在今陕西宝鸡市凤翔区）驻跸。护驾禁军士卒各怀去就，牢骚不逊，流言不断，陈玄礼难以制止，明皇担忧不已。

这时，恰好有蜀郡（益州）进贡的 10 万匹春彩，运抵扶风郡。

明皇下令把春彩全部摆在庭院，召集将士，告喻曰："朕已经衰老，用人失察，导致逆胡祸乱。今急于远避叛军，朕知道大家仓促离京，来不及与父母妻子告别，又一路辛苦，朕实在愧对诸位啊。接下来前往蜀郡，山高路远，人马众多，偏僻郡县，供给困难。朕明白你们都想回家，这些丝绸分给各位，作为盘缠。回去见到家人和京城父老，代朕致意。朕与子孙和中官前行入蜀，也能够自达。希望各位将士自爱珍重啊！"

明皇感慨流泪，泣下沾襟。禁军将士无不感动，哭出声来，皆曰："臣等生死跟随陛下，不敢有贰心！"良久，明皇曰："诸位去留，朕不勉强。"此后军中再无流言。明皇如此处置，乃迫不得已。而这批贡彩正好派上用场，笼络稳定军心。[1]

十八日，明皇又宣布新的人事任命："以司勋郎中、剑南节度留后崔圆为蜀郡长史、剑南节度副大使。以颖王璬（明皇子）为剑南节度

---

[1]《旧唐书》卷九《玄宗本纪下》，第 233 页；《资治通鉴》卷二一八，第 7095—7096 页。

大使，以监察御史宋若思为御史中丞充置顿使，韦谔充巡阁道使，并令先发（先行入蜀）。"

颍王璬、宋若思与韦谔先行一步，到蜀中与崔圆一起安排皇驾和扈从禁军的接待及物资准备。崔圆本是杨国忠的心腹党羽，在蜀中掌控局势——杨国忠被诛杀的消息传到蜀中之后，崔圆等文武官员肯定会"望风转舵"，唯皇帝"马首是瞻"。

护驾队伍在扶风郡休整了一天，于十九日出发。当晚，行至陈仓（今陕西宝鸡市）。二十日，行至散关（今陕西宝鸡市西南大散岭上），又对护驾队伍进行整顿，"分部下为六军，颍王璬先行，寿王瑁等分统六军，前后左右相次"。[1]

经过"马嵬事变"、太子分兵，再加上途中不断有"开小差"的，这时的扈从禁军大约还剩下1500人。为了皇驾安全入蜀，整顿编制，严明军纪极为重要，故由皇子寿王瑁和陈玄礼等人"分统六军"，加强管控，以防再生事端。

秦岭巍峨，蜀道漫长，"难于上青天"，山重水复，路况高下崎岖，旅途餐风宿露。经过四十多天颠簸跋涉，明皇君臣一行于七月二十九日抵达益州金堤城。清点扈从队伍，官员和禁军将士共1300余人，宫女24人。[2]

而跟随皇驾入蜀的，还有少数宫廷乐伎（如擅长吹筚篥、伎艺多面的张野狐）。此外，闻讯追赶入蜀的还有少部分皇室亲属、官员和乐伎等。

一路上翻山越岭，涉水渡河，明皇备尝艰难辛酸，心中虽有说不清的忧伤悔恨，但仍然强振精神，于八月二日颁布了《幸蜀郡大赦文》，引咎自责"不明"之过，重申平定祸乱的策略，以及对待叛乱

---

[1]《旧唐书》卷九《玄宗本纪下》，第233页。

[2]《旧唐书》卷九《玄宗本纪下》，第234页。

胁从官吏的宽大政策，等等。①

（二）太子称帝扛大任

在"马嵬事变"中，杨国忠被禁军杀死，虽然令太子（肃宗）心中大快，但并未改变他受父皇严厉控制的处境。明皇年老志衰，畏敌出逃，其昏聩无能已昭然若揭。但他依然贪恋权位，虽曾几次下诏要传位，却总是言行不一。太子畏父如虎，若随驾入蜀，前途难卜。要想摆脱控制，早登大位，舍分兵自立别无他途。

太子马嵬"分兵"之举，无疑是早有心谋；也与其亲信宦官李辅国、妃子张良娣等人密切相关。李辅国欲袭其前辈高力士的故智，借拥立之功来染指中枢权力。太子妃张良娣聪明巧辩，热衷于权力，是个想要仿效武则天、韦皇后和太平公主的政治人物。而太子在朝廷中无"奥援"，只能信赖身边的宦官和妃嫔。当然，其中的关键在于"分兵"另立朝廷之计，是当时形势下的最佳选择。

事变之后，太子得到父皇分给的 2000 兵马，但去往何处，心中并无十分成算。陇右、河西两军主力已在灵宝之役中失败溃散，朔方军便成为可就近依赖的武力——太子曾兼领朔方节度使，军镇将领每年依礼致函问安，有名义上的隶属关系。

天色渐晚，太子才决定启程北上。行至渭水北支流成国渠，遭遇一队从潼关溃退下来的逃兵，暮色苍茫之中，双方因误会而发生混战，死伤了不少人。虚惊之后，遂合兵涉过渠水，从奉天县（今陕西乾县）向北，连夜急行军百余里。十六日早晨，到达新平郡（治所在今陕西彬州市）时，只剩下几百人。十七日，到达安定郡（泾州。治所在今甘肃泾川县）。十八日，行至乌氏驿站（今甘肃泾川县北），彭原郡（宁州。治所在今甘肃宁县）太守李遵带着士兵和衣粮前来迎接太

---

① 《旧唐书》卷九《玄宗本纪下》，第 234 页；《全唐文》卷四十《幸蜀郡大赦文》，第 187 页。

子。十九日，西行至平凉郡（治所在今宁夏固原市），检阅监牧，尚有数万马匹，又招募了500名士兵，军势才稍显振作。

平凉郡距长安比较遥远，太子心中的危迫感始得缓解。但还不清楚朔方镇的详情，便在这里暂时住下。而太子到达平凉郡的消息，也很快传到了朔方镇。

朔方节度留后杜鸿渐、六城水陆运使魏少游、节度判官崔漪、支度判官卢简金和盐池判官李涵等人相聚商议："平凉郡地形平坦，不是驻兵之地。灵武兵强粮足，如果我们迎接太子到此，召集北面诸郡兵马，征发河西、陇右的精锐骑兵，然后南下，就可平定中原。这可是千载难逢的立功时机啊！"于是，由杜鸿渐起草信笺，详列朔方镇的士卒马匹、粮食布帛等仓储数字，共推李涵（皇族宗室后裔）前往平凉郡，呈献给太子殿下。太子见到李涵奉表前来相迎，心中非常高兴。

这时，河西镇行军司马裴冕也闻讯赶到平凉郡觐见太子，分析形势，劝太子尽快移驻灵武。太子采纳裴冕的建议，立即从平凉郡启程。

杜鸿渐已命令魏少游在灵武准备迎接太子的供给事宜，自己和崔漪赶到平凉郡北面的白草顿恭候。相见之后，杜、崔二人进言道："朔方镇是天下精兵强将聚集之地。现在西南方面吐蕃请和，北面的回纥归附，内地郡县官员大多坚守城池，抵抗叛军，等待朝廷振兴。殿下如果在灵武集结大军，然后挥师南下，向四方郡县发布檄文，招揽忠义之士效命朝廷，叛贼就不难平定。"

七月十日，太子在众臣的扈从下，向灵武郡进发。魏少游率领1000余名骑兵，在灵武南面的鸣沙县列队迎接，旗帜飘扬，干戈曜日，声势威武。太子的心情更加喜悦振奋。太子进驻灵武之后，裴冕、杜鸿渐、崔漪等人也是心情激动，联名上表：请殿下遵照圣上（明皇）在马嵬的传位旨意，即皇帝之位！

太子不肯同意。裴冕等人继续上言道："殿下率领的将士大多是关中人，日夜思念家乡。将士们经历崎岖艰险，跟随殿下来到沙漠边塞，想的是建立功勋。如果他们一朝离去，就难以再集合起来。请殿下顺应人心，为国家社稷长远着想。"

众臣的笺表连上五次，太子才终于答应了——这是古代的"政治秀"。

七月十三日，皇太子（李亨）在灵武城南楼即位称帝（史称肃宗）。宣布尊称明皇为"上皇天帝"，改年号为"至德"，大赦天下。新朝廷建立，群臣拜舞欢呼，肃宗也是感慨流泪，并于当日派出使臣前往蜀地，向太上皇奏报。

其人事任命情况：以杜鸿渐、崔漪为中书舍人；裴冕为中书侍郎、同平章事；改关内采访使为节度使，治所迁至顺化郡（治所在今甘肃庆阳市），任命前蒲关防御使吕崇贲为节度使；以陈仓县令薛景仙为扶风郡太守兼防御使；以陇右节度使郭英乂为天水郡太守兼防御使。[1]改灵武郡为大都督府。[2]

灵武新朝建立时，文武大臣不到30人。朝廷初立，制度草创，肃宗下令宫室用具等，一切从简。皇妃张良娣产后三天，便起床为士卒缝制衣服。

皇太子灵武即位的消息迅速传向各地，四方官员纷纷前来投奔，络绎不绝。一度投降叛军的京兆尹崔光远、长安县令苏震，带领数十名官吏逃出长安，于七月下旬来到灵武。侍御史吕谞、右拾遗杨绾、奉天县令崔器等人，也相继赶到灵武。

由于边塞精兵大多被征调东下平叛，只剩下老弱士卒留守军城镇戍。

---

① 《旧唐书》卷十《肃宗本纪》，第 243 页。
② 按：大都督府，设都督一人，从二品。上郡（州），设太守（刺史）一人，从三品。

这时，唐朝北方边疆地区原来的各军镇中，只有朔方军的建制基本完整，成为灵武新朝可掌握的有生力量中最强大的一支。肃宗即位伊始，立刻派出使者，传令河北前线的郭子仪、李光弼，带兵返回灵武会师，重新部署平叛方略。

七月下旬，肃宗下令征调各地兵马，到灵武集结。如河西节度副使李嗣业率 5000 兵马奔赴灵武；安西行军司马李栖筠派出精兵7000 人。

自唐军失守潼关，整个平叛战局形势急转直下。在河北地区连战连捷的郭子仪、李光弼，只得西撤河东，暂守晋阳（今山西太原市）。接到太子灵武即位的消息和回师赴行在的诏令后，二人立即率领 5 万大军启程西行，于七月底到达灵武。

朔方主力军返回本镇，灵武新朝之军威始显强盛气象，君臣上下共商平叛策略，朝野士庶群情振奋，人人满怀兴复希望。

（三）"山人"李泌献方略

李泌（722—789），字长源，京兆（今陕西西安市）人，原籍辽东襄平（今辽宁辽阳市）。其人天性聪敏，博涉经史，钻研《易象》，善文工诗，以王佐（辅佐君王）之才自负。明皇天宝中，为翰林待诏、太子（李亨）东宫供奉，因遭杨国忠忌恨，遂退隐山林。肃宗灵武即位后，即遣使访召之，李泌自河南道冒险奔赴行在，至彭原郡（治所在今甘肃宁县）谒见，纵陈古今成败之关键要害。肃宗大喜，常召至卧内垂询。

李泌自称"山人"，身着白衣（无功名的平民），一再固辞官爵，不肯接受。肃宗遂以"宾友"宠待之，释褐（布衣）拜银青光禄大夫（从三品），委以中枢机要事宜，凡四方文奏，将相任免等，皆参与其中，权逾宰相。

肃宗车驾至凤翔后，李泌对肃宗进献平叛策略曰：

> 臣观贼（叛军）所获子女金帛，皆输之范阳①，此岂有雄据
> 四海之志邪！今独虏将或为之用，中国之人惟高尚等数人，自余
> 皆胁从耳。以臣料之，不过二年，天下无寇矣。贼之骁将，不过
> 史思明、安守忠、田乾真、张忠志、阿史那承庆等数人而已。今
> 若令李光弼自太原出井陉，郭子仪自冯翊入河东，则思明、忠志
> 不敢离范阳、常山，守忠、乾真不敢离长安，是以两军縶（牵
> 制）其四将也，从禄山者，独承庆耳。愿敕子仪勿取华阴，使两
> 京之道常通，陛下以所征之兵军于扶风，与子仪、光弼互出击之，
> 彼救首则击其尾，救尾则击其首，使贼往来数千里，疲于奔命，
> 我常以逸待劳，贼至则避其锋，去则乘其弊，不攻城，不遏路。
> 来春复命建宁［王］为范阳节度大使，并塞北出，与光弼南北掎
> 角以取范阳，覆其巢穴。贼退则无所归，留则不获安，然后大军
> 四合而攻之，必成擒矣。②

李泌的平叛方略"务万全，图久安，使无后害"。肃宗听后，大
为喜悦。

但是，当征调的各路兵马会集凤翔之后，肃宗却"切于晨昏之
恋"（儿女侍奉父母生活起居，晨昏问安之礼）③，急于收复京城，迎
回太上皇。对李泌曰："今战必胜，攻必取，何暇千里先事范阳乎？"
李泌回答曰：

---

①据《资治通鉴》卷二一八，肃宗至德元载（756）七月辛丑（第7113页）：
"［安］禄山闻向日百姓乘乱多盗库物，既得长安，命大索（搜查）三日，并其（百姓）
私财尽掠之。又令府县推按，铢两之物无不穷治，连引搜捕，支蔓无穷，民间骚然，益
思唐室。"

②《资治通鉴》卷二一九，第7126—7127页。

③《资治通鉴》卷二一九，第7137页。

"必得两京，则贼（叛军）再强，我再困。且我所恃者，碛西突骑、西北诸戎（诸蕃部族）耳。若先取京师，期必在春，关东〔气候〕早热，马且病，士皆思归，不可以战。贼得休士养徒，必复南来，此危道也。"帝（肃宗）不听。[1]

肃宗虽然赞赏李泌擘画的平叛方略，却不愿付诸实施，乃是怀有一块"心病"。他在"马嵬事变"后与父皇"分兵"，奔赴灵武"自行"即位，虽然可以说是迫于形势并担承平叛大任，但毕竟先斩后奏，抢班夺权，"感觉"不好；而父皇在蜀中，权威犹存，仍能发号施令——不能容许两个"朝廷"并存的局面。所以，尽快收复京城，迎回太上皇，告祭宗庙，正位京城，就成为肃宗自疗"心病"的急迫方剂。

而此后平叛战局的发展演变，果然不出李泌所料。故胡三省论曰："使肃宗用〔李〕泌策，史思明岂能再为关、洛之患乎!"[2]

---

①《新唐书》卷一三九《李泌传》，第4633—4634页。
②《资治通鉴》卷二一九，第7127页。

第九章　兴庆宫中"太上皇"

天宝十五载（756）七月十三日，唐肃宗灵武即位时，唐明皇尚在入蜀途中。直到抵达蜀郡的第十四天（八月十二日），从灵武赶来的使者奏报：在朔方文武官员的拥戴下，太子李亨已经即位称帝。明皇对高力士曰：

> 我儿嗣位，应天顺人，改元至德，孝乎惟孝。卿之与朕，亦有何忧。

但高力士清楚明皇的话是言不由衷，喜忧参半。伏奏曰：

> 陛下躬亲庶务，子育黔黎，四十余年，天下无事。一朝两京失守，万姓流亡。西蜀、朔方，皆为警跸之地；河南、汉北，尽为征战之场。天下之臣，莫不增痛。陛下谓臣曰"卿之与朕，复何忧哉"，臣未敢奉诏。臣闻主忧臣辱，主辱臣死，死辱之义，职臣之由。臣不孝不忠，尚存余喘，亲蒙晓喻，战惧伏深。①

天下战乱，皇驾播迁，被遥尊为"太上皇"，权力架空，岂能无忧？高力士心中顿生不好的预感——他终生攀附的皇权旁落，返回京城不会再有好日子了。

随后几天，明皇连续颁布了《命皇太子即皇帝位诏》《皇帝即位册文》，派遣左相韦见素等人奉传国宝玉册，前往灵武，举行"传位"仪式。

太上皇为了改善父子间的"尴尬"关系，于至德二载（757）五

---

① 〔唐〕郭湜《高力士外传》//《开元天宝遗事十种》，上海古籍出版社，1985 年。

月，颁布诰命，追册肃宗生母杨妃为"元献皇后"。[①] 肃宗生母杨妃薨于开元十七年（729），安葬于长安城郊外的细柳原（今西安市长安区细柳街道）。而肃宗被立为皇太子在开元二十六年（738），其生母已经亡故近十年了——杨妃在生前并不甚得宠，当时还谈不上"母以子贵"。[②] 因为在明皇称帝（712）前后，后宫中最得宠的是王皇后、赵丽妃（废太子瑛生母）与武惠妃（寿王瑁生母）等人。

故太上皇此举，一是弥补先前的"册命犹阙"，温暖一下肃宗（儿子）的孝心，缓和长期以来的紧张关系；二是得到一些自我安慰。在太上皇的内心深处，入蜀避乱乃是权宜之计，他盼望儿子早日收复京城，自己早日结束在蜀中的流亡生活。

一、京城收复"上皇"回

至德元载（756）九月，肃宗南下至彭原郡（治所在今甘肃宁县），征调陇右、河西、安西等军镇兵力，到关中集结。次年（757）正月，再南下至凤翔郡（治所在今陕西宝鸡市凤翔区）。

---

① 据《旧唐书》卷五十二《后妃传下·玄宗元献皇后杨氏》：玄宗在蜀，诏曰："圣人垂范，是推顾复之恩；王者建极，抑有追尊之礼。盖母以子贵，德以谥尊。故妃弘农杨氏，特禀坤灵，久罄阴教。往以续涂山之庆，降华渚之祥。诞发异图，载光帝业。而册命犹阙，幽灵尚阒。夏王继统，方轸阳城之思；汉后褒荣，庶协昭灵之称。宜于彼追册为元献太后。"

② a. 肃宗（李亨）生于睿宗景云二年（711），其生母杨妃开元十七年（729）去世时，他19岁。故推测杨妃享年约35岁。而杨妃在宫中，地位在太子妃王氏（明皇王皇后）之下，"不敢母肃宗，王妃（无生育）抚鞠，慈［爱］甚［于］所生"。b. 至宝应元年（762）四月，肃宗驾崩，代宗即位。二年（763。七月，改元"广德"）正月，杨妃"祔葬［明皇］泰陵（今陕西蒲城县境内）"。据《旧唐书》卷五十二《后妃传下·玄宗元献皇后杨氏》，第2184页。

是月，洛阳叛军发生内讧，安禄山被其子安庆绪杀死[①]；史思明归守范阳。

安禄山从起兵反叛到被儿子杀死，前后 15 个月，称皇帝仅一年多时间。

二月，河东节度使李光弼坚守太原，击退叛将蔡希德进攻，杀敌数万人。

八月，唐各路援军会集凤翔，肃宗登上城楼"观之"（检阅）。

九月丁亥（十二日），以广平王（即代宗）为天下兵马元帅，朔方节度使郭子仪为副元帅，统领朔方、安西等军与"助唐平叛"的回纥、大食、南蛮之众 15 万（号称 20 万），进军长安。二十七日，叛将安守忠、李归仁等率十余万众，与唐军会战于长安城南香积寺西北的沣河东岸。副元帅郭子仪指挥唐军、回纥骑兵（从侧后掩杀），经惨烈血战，大破叛军，斩杀六万余人。叛军统帅张通儒等弃城夜遁。

二十八日，京城克复。唐军乘胜追击，兵出潼关，进入河南道。

二十九日，捷报传至凤翔，百官庆贺。肃宗非常激动，泪流满面，命左仆射裴冕先行入京，祭告太庙（祖宗神灵），安慰百姓。当日，遣使赴蜀，向太上皇报捷。

十月，唐军再败叛军于陕郡（治所在今河南三门峡市）之西的新店，歼敌十万余人。安庆绪闻报，仓皇放弃洛阳，北走邺郡（治所在今河南安阳市）。唐军克复东都，再传捷报。

（一）父子关系多隔阂

驻跸于凤翔的肃宗皇帝，在收到京城克复捷报的当日，就派中使

[①] 按：安禄山晚年极为肥胖，又患眼病，近乎失明，因而性情急躁暴虐，对左右侍从动辄打骂甚至杀死；他宠爱段氏夫人，想以段氏所生儿子庆恩取代长子庆绪为嗣。安庆绪遂与严庄密谋，串通近侍李猪儿（常遭安禄山鞭打），乘夜将安禄山砍死在床上（年 55 岁）。据《安禄山事迹》卷下，第 109—110 页。

啖庭瑶奉表入蜀：请太上皇东归京师，仍居皇帝之位，自己回东宫修臣子之礼。

李泌（时任广平王元帅府判官）从长安返回凤翔，得知派遣的中使已经上路，对肃宗曰："上皇必不来矣。人臣尚七十而传，况欲劳上皇以天下事乎？"肃宗明白有失，急忙问如何补救。李泌曰："再写一封群臣贺表，具言天子（肃宗）思恋晨昏，请速还京以就孝养之意。"李泌起草贺表完毕，肃宗立命中使兼程入蜀。

果然，太上皇接到肃宗第一道文表，彷徨不安，曰："当与我剑南一道自奉，不复东归矣。"及至收到"群臣贺表"，才高兴起来："吾方得为天子父！"①

李泌心明如镜，很清楚肃宗父子间有"隔阂"——围绕着"皇权"，父子两人皆遮遮掩掩。肃宗表示要"自还东宫"，乃口是心非的表面文章，否则，就不会有之前的"马嵬分兵"与灵武即位了；如今已稳坐皇位，挑起平叛"大梁"，岂能再退回到事事受挟制的"儿皇帝"地位上。而太上皇老谋深算，又岂能看不透儿子的"小把戏"。他早就"倦于万机"，急于返回京城，踏踏实实当"太上皇"。② 这是他与父皇（睿宗）当年曾经一起玩过的"政治老把戏"。③

①《新唐书》卷一三九《李泌传》，第4634页；《资治通鉴》卷二二〇，第7153、7159页。

②许道勋、赵克尧《唐玄宗传》，人民出版社，1993年，第561页。

③据《旧唐书》卷七《睿宗本纪》：延和元年（712）八月，睿宗传位给太子（明皇），自称"太上皇帝"。明皇继位，改元"先天"。而太上皇犹总大政，"五日一度受朝于太极殿，自称曰朕，三品已上除授及大刑狱，并自决之，其处分事称诰、令。皇帝（明皇）每日受朝于武德殿，自称曰予，三品已下除授及徒罪并令决之，其处分事称制、敕"。开元元年（713）七月，明皇铲除了依仗太上皇之势，擅权用事的姑母太平公主势力。太上皇下令："自今军国政刑，一皆取皇帝处分。朕方无为养志，以遂素心。"至此，明皇才完全掌握了皇权。

肃宗从开元二十六年（738）被立为太子，到至德元载（756）自行即位，战战兢兢地熬过了将近20年，才如愿以偿。他一贯的处事谨慎和恪守孝道，实际上就是畏惧与隐忍、猜疑和表演，从最初的被迫无奈到逐渐成为"习惯行为"。

十月十九日，肃宗从凤翔起驾返回京城，仍派遣太子太师韦见素入蜀奉迎太上皇。二十三日，肃宗车驾入长安，百姓奉迎，二十里不绝，士庶涕泣，肃宗感恻。

叛军占领长安期间，焚毁了唐室太庙，肃宗素服哭祭三日，入居大明宫。①

巧合的是，肃宗返回京城之日，太上皇也从蜀郡启程，返回关中。②

> 上（太上皇）幸蜀回，车驾次剑门（今四川剑阁县东北），门左右岩壁峭绝。上［皇］谓侍臣曰："剑门天险若此，自古及今，败亡相继，岂非在德不在险耶？"因驻跸题诗曰："剑阁横空峻，銮舆出守回。翠屏千仞合，丹障五丁开。灌木萦旗转，仙云拂马来。乘时方在德，嗟尔勒铭才。"其诗至德二年（757）普安郡（剑州）太守贾深勒（刻）于石壁，今（指唐末）存焉。③

一路上，太上皇的心情是喜悦的，也有感慨反思——"乘时方在德"！

十一月二十二日，太上皇车驾抵达凤翔，扈从将士仅剩600余人。

这时，肃宗派来奉迎太上皇的3000精骑兵已经到达——名为保驾，实为监视。于是，太上皇"命悉以甲兵（铠甲兵器）输郡库（当

---

① 《旧唐书》卷十《肃宗本纪》第248页。
② 《旧唐书》卷九《玄宗本纪下》第234页。
③ 〔唐〕郑綮《开天传信记》//《开元天宝遗事十种》，上海古籍出版社，1985年。

地官府的武器库）"。①

> ［太上皇］至凤翔，被贼臣李辅国诏取随驾甲仗。上皇曰："临至王城（京城），何用此物？"悉令收付所司。②

迎驾队伍返程东行，经过金城县马嵬驿站时，能够看见北面岗坡下，枯草丛中的杨贵妃坟头。太上皇心情沉重，禁不住潸然泪下。白居易《长恨歌》吟曰：

> 天旋地转回龙驭，到此踌躇不能去。
>
> 马嵬坡下泥土中，不见玉颜空死处。

太上皇心中的痛楚，无以言表。眼前身后，都是"迎卫护驾"的精锐骑兵，只能在此暂时歇息，不能停留太长时间，也就不宜公开地致祭悼念杨贵妃亡灵。

太上皇不胜悲哀，只能注目凝望那座孤零零的坟堆，在心中默默凭吊，把怀念爱妃的一腔悲情，咽回肚里——等待以后有合适的机会重新安葬。

在匆匆而过的瞬间，太上皇的处境和心情，正如中唐诗人李益《过马嵬》诗云：

> 金甲银旌尽已回，苍茫罗袖隔风埃。
>
> 浓香犹自随銮辂，恨魄无因离马嵬。……③

上皇与爱妃，阴阳两相隔，贵妃魂魄衔长恨，上皇疚怀过马嵬。

十二月初三，太上皇行至咸阳望贤驿（行宫），肃宗已备"法驾"（乘坐车辆、仪仗队列）在此迎候。太上皇进入行宫，登临南楼。

> 上（肃宗）释黄袍，著紫袍，望楼下马，趋进，拜舞于楼下。上皇降楼，抚上（肃宗）而泣，上（肃宗）捧上皇足，呜咽

---

①《资治通鉴》卷二二〇，第7162页。

②〔唐〕郭湜《高力士外传》//《开元天宝遗事十种》，上海古籍出版社，1985年。

③《全唐诗》卷二八三李益《过马嵬》二首，第3214页。

不自胜。上皇索黄袍，自为上（肃宗）著之。上（肃宗）伏地顿首固辞。上皇曰："天数、人心皆归于汝，使朕得保养余齿，汝之孝也。"上（肃宗）不得已，受之。父老在仗（卫士立仗警卫）外，欢呼且拜。上（肃宗）令开仗，纵千余人入谒（拜见）上皇，……①

时隔一年半，父子再相见，皆呜咽悲戚，不胜感慨。

第二天，太上皇乘马，肃宗牵马徒步而行。太上皇抚其背止之，肃宗遂乘马为之前导，自开远门（长安城西墙北门）进入京城。从开远门外一直到大明宫丹凤门（正南门）的道路两旁，拥满了迎驾的官吏和百姓。人们举着旗帜，载歌载舞，亦喜亦悲，相互庆贺道："没想到今天能见到二位圣上！"

太上皇进入大明宫，登含元殿，接受早已在此恭候的百官朝贺，君臣皆感慨悲咽。礼见完毕，太上皇又到长乐殿拜谒祖宗神主（牌位），恸哭谢罪。②

十二月甲子（二十二日），在大明宫宣政殿，太上皇将"传国玺"授予肃宗，肃宗"涕泣而受之"③，完成了父子间权力交接的"隆重庄严"礼仪。

---

①《资治通鉴》卷二二〇，第7162—7163页；《旧唐书》卷九《玄宗本纪下》，第235页。

②《旧唐书》卷九《玄宗本纪下》，第235页；卷十《肃宗本纪》，第249页。

③《旧唐书》卷十《肃宗本纪》，第250页。按：a. 传国玺，是自秦朝（始皇帝）以后，皇帝世代相传的印章。相传秦始皇得蓝田玉，雕刻为印玺，正面刻有丞相李斯所写篆文"受命于天，既寿永昌"八字。秦朝玉玺已亡，历代多自行刻制。b. 据《唐六典》卷八《门下省·符宝郎》：天子有八宝（玺）：神宝、受命宝、皇帝行宝、皇帝之宝、皇帝信宝、天子行宝、天子之宝、天子信宝，皆用玉石制作，各有具体用途。宝，即玺也，是皇权的标志和象征，"传玺"即"传位"。

（二）兴庆宫"高居无为"

太上皇从返回京城之日起，仍居于兴庆宫（南内）。

> 上皇爱兴庆宫，自蜀归，即居之。……左龙武大将军陈玄礼、内侍监高力士久侍卫上皇；上（肃宗）又命玉真公主（睿宗女儿）、如仙媛（旧宫人）、内侍王承恩、魏悦及梨园弟子常娱侍左右。①

太上皇"高居无为"，至尊威严大打折扣，兴庆宫也失去了往昔的崇高地位（国家统治中心）。伴随太上皇的人，有忠诚的高力士、陈玄礼、女道士玉真公主（太上皇妹妹）、旧宫女如仙媛，还有少数近侍宦官、宫女。白居易《长恨歌》咏曰：

> 归来池苑皆依旧，太液芙蓉未央柳，芙蓉如面柳如眉，对此如何不泪垂？春风桃李花开夜，秋雨梧桐叶落时，西宫南苑多秋草，宫叶满阶红不扫。梨园弟子白发新，椒房阿监青娥老。夕殿萤飞思悄然，孤灯挑尽未成眠。迟迟钟鼓初长夜，耿耿星河欲曙天。鸳鸯瓦冷霜华重，翡翠衾寒谁与共？悠悠生死别经年，魂魄不曾来入梦。……

兴庆宫的生活"清静无为"，太上皇白日里触景生恋情，夜晚间睹物思故人，对杨贵妃缅怀不已，常常泣下沾襟，以至思念成梦，醒后吟成幸蜀回梦杨妃：

> 风急云惊雨不成，觉来仙梦甚分明。
>
> 当时苦恨银屏影，遮隔仙姬只听声。②

宫中有一架杨贵妃演奏用过的玉磬。在安史叛军占领长安期间，

---

①《资治通鉴》卷二二一，肃宗上元元年（760）六月，第7212—7213页。

②《全唐诗续补遗》卷三唐明皇《幸蜀回居南内梦中见妃子于蓬山太真院作诗遗之使焚于马嵬山下》，中华书局，1999年，第10618页。

宫中的乐器大多散失，独玉磬偶在。太上皇顾之凄然，不忍多看，令人送到太常寺乐器仓库收藏。①

太上皇一生酷爱音乐歌舞，居住在兴庆宫生活期间，仍有"梨园弟子日奏声伎为娱乐"②。这也是他寄托对杨贵妃无限哀思的一种方式。

杨贵妃生前的贴身侍女红桃，善歌（应选自宜春院"内人"），曾随驾入蜀。返回京城后，仍留在宫中侍奉太上皇。有一日夜阑，烟月满目，太上皇登上勤政楼南望，自歌曰："庭前琪树已堪攀，塞外征夫久未还。"歌歇，隐约听见宫外里巷有人歌唱，太上皇对高力士曰："莫非梨园旧人乎？等天明了，替我去寻访。"

次日，高力士悄悄去寻访，果然是梨园旧人，即召入宫中。是夜，太上皇与高力士、红桃等人，再次乘月登楼，令红桃歌唱杨贵妃所制《凉州词》，太上皇吹玉笛伴奏。歌毕曲终，众人泪眼相看，无不掩面悲伤。③

这些在兴庆宫陪伴太上皇消磨时日的"梨园弟子"，人数寥寥，或是曾经追随皇驾入蜀避难者（如善吹觱篥的张野狐④）；或是侥幸逃过安史叛军搜捕劫难，由"老臣"宦官高力士、禁军首领陈玄礼等人寻访招来（如擅长拍板的贺怀智⑤）。

然而，这种聊以自慰的日子也未能长久。上元元年（760）七月，

---

① 〔唐〕郑綮《开天传信记》//《开元天宝遗事十种》，上海古籍出版社，1985年。

②《新唐书》卷二〇八《李辅国传》，第5880页。

③《明皇杂录·补遗》，第46页。按：《凉州词》是乐府诗"近代曲"（隋、唐间的"杂曲"）的曲调名，本为凉州（治所在今甘肃武威市）一带的歌曲，唐代诗人多用此调来描写西北边塞的自然风光和战争情况等。

④据《明皇杂录·补遗》《云溪友议·云中命》《乐府杂录·俳优》等。

⑤据〔唐〕段成式《酉阳杂俎》卷一《忠志》//《唐五代笔记小说大观》，上海古籍出版社，2000年。

太上皇被李辅国"矫诏"迁居西内（太极宫）之后，这些"梨园弟子"也被遣散了。此是后话。

二、"改葬"杨贵妃始末

太上皇居兴庆宫（南内）"养老"，肃宗不时前往探望问安，以示"孝敬"。肃宗居大明宫（北内）听政，太上皇也偶尔过去走动，"礼尚往来"。

兴庆宫的生活虽然清闲，太上皇对杨贵妃的哀伤怀思，却难以平静。在老皇帝心里，还有一个深藏的愿望——将当初草草掩埋的贵妃遗体，重新"礼葬"。

（一）"礼葬"心愿遭谏阻

在"马嵬事变"中，杨国忠身首异处，杨贵妃白练绞颈，令太上皇不堪回首；而口诏"赐死"爱妃的无奈，更令他肝肠寸断。正所谓剪不断，理还乱，心中疚悔无着落。时过境迁，太上皇最后的"宠爱之心"，就是能够"礼葬"贵妃。

然而，太上皇的内疚心情难以平静，最后的心愿也难以了却。

> ［太］上皇自蜀还，令中使祭奠，诏令改葬。礼部侍郎李揆曰："龙武将士诛国忠，以其负国兆乱。今改葬故妃，恐将士疑惧，葬礼未可行。"乃止。……初瘗（埋葬）时以紫褥裹之，肌肤已坏，而香囊仍在。内官以献，上皇视之凄惋，乃令图其形（画像）于别殿，朝夕视之。[1]

> 帝（太上皇）至自蜀，道过其所（马嵬驿），使祭之，且诏改葬。礼部侍郎李揆曰："龙武将士以国忠负上［皇］速乱，为天下杀之。今葬妃，恐反仄自疑。"帝乃止。密遣中使者具棺椁它

---

[1]《旧唐书》卷五十一《后妃传上·玄宗杨贵妃》，第 2181 页。

葬焉。启瘗，故香囊犹在，中人以献，帝视之，凄感流涕，命
[画] 工貌妃于别殿，朝夕往 [视之]，必为鲠欷（哽咽流泪）。①

十一月，上（太上皇）自成都还，使祭之。后欲改葬，李辅
国等不从。时礼部侍郎李揆奏曰……肃宗遂止之。……及移葬，
肌肤已消释矣，胸前犹有锦香囊在焉。中官葬毕以献，上皇置之
怀袖。……②

太上皇从蜀中返回京城，途经马嵬驿站时遣使致祭杨贵妃，是不
大可能的事情。只能是返回京城后，在兴庆宫居住期间，派遣身边宦
官去致祭。

而所云"诏令改葬"——以朝廷名义公开改葬，属于"礼葬"性
质。肃宗起初表示同意；但是，在礼部侍郎李揆竭力谏阻下，此事就
被搁置起来，不了了之。

李揆的理由可谓义正词严，若公开"礼葬"杨贵妃，相当于政治
平反，否定龙武军将士们当初的"兵谏"。这不仅涉及参与"马嵬事
变"的龙武军将士，还会影响到整个朝野舆论。肃宗考虑到这种政治
后果，也就没有坚持。

而"宰相李揆，山东甲族，位居台辅，见 [李] 辅国执子弟之
礼，谓之'五父'"。③ 可见，李揆早就巴结依附于宦官首领李辅国了。
当时，李辅国的权势地位，已经超过了他早年"为仆"时的主子高力
士，其行事尤为恃功跋扈，"中贵人不敢呼其官，但呼'五郎'"。在改
葬杨贵妃一事上，李揆、李辅国与肃宗的立场和态度是一致的。

太上皇的初衷落空了，只好密派亲信宦官，以棺椁装殓改葬之。

---

①《新唐书》卷七十六《后妃传上·玄宗贵妃杨氏》，第 3495 页。

②〔宋〕乐史《杨太真外传》卷下 //《开元天宝遗事十种》，上海古籍出版社，
1985 年。

③《旧唐书》卷一八四《宦官传·李辅国》，第 4759—4760 页。

当挖开坟堆时，杨贵妃的尸体已经腐坏，唯有身上佩戴的锦绣香囊仍在①。迁葬完毕，宦官将香囊带回献上。太上皇手捧香囊，久久凝视，仿佛贵妃又重现眼前。随后，凄惋不已的太上皇让画工绘了一张贵妃像，置于别殿，朝夕观望，伤心流泪。其所作赞语云：

> 万物去来，阴阳反覆；百岁光阴，宛如转毂。悲乐疾苦，横夭相续；盛衰荣悴，俱为不足。亿昔宫中，尔颜类玉；助内躬蚕，倾输素服。有是德美，独无五福；生平雅容，清缣半幅。②

仔细比对两《唐书》杨贵妃本传，有一处细节不同。《旧唐书》云杨贵妃"肌肤已坏，而香囊仍在"；《新唐书》云"启瘗，故香囊犹在"，未及"肌肤"（尸骨）。

可见，"肌肤已坏"是一种委婉的说法③。一代国色身后如此遭遇，令人惋惜。

不言而喻，在唐肃宗内心深处，是绝不支持"礼葬"杨贵妃的。但是，若当面拒绝太上皇，就显得做儿子的心胸狭隘，有亏他一贯标榜的"孝道"。于是，由臣下提出反对意见，自己则"就坡下驴"。每每想到当年父皇放纵李林甫、杨国忠"整治"自己的往事（如被迫废黜妃子韦氏），肃宗心里就会"气不顺"。如今，父皇被自己"拿捏"在手中，不必再事事"委曲求全"了。

---

① 香囊（香袋、香荷包），是唐代妇女的佩饰。以布帛缝为小袋并绣上花卉图案等，内装香料或香药。或佩于胸前，或挂于腰间，或放入怀中，使浑身散发香味；就寝时挂在床帐内，驱虫除秽。宋代以后流行的各种荷包中，有一种香荷包，即是此物。

② 《全唐文》卷四十一玄宗《王文郁画贵妃像赞》，第193页。按：所谓"五福"，是古人追求的五种幸福。据《尚书·洪范》："五福，一曰寿，二曰富，三曰康宁，四曰攸好德（所好者德），五曰考终命（保全身体，至死无亏）。"

③ 按：先师史念海先生（1912—2001）曾解释说："马嵬事变"发生在六月中旬，天气酷热。杨贵妃的尸体被草草埋葬，无棺材装殓，很快腐化并散发出浓重气味，招来了野狗或饿狼，尸体遭到严重损害，故改葬时唯香囊尚在。此说承蒙陕西师范大学历史文化学院拜根兴教授告知，特致感谢。

解读史料，太上皇欲"礼葬"杨贵妃的具体时间，语焉不详。以下试作考订。

1. 李揆上奏反对公开礼葬杨贵妃，这符合他的"岗位职责"。① 而李揆的谏阻与肃宗的态度，又与当时平叛战局之演变有直接关系。②

李揆在"礼部侍郎"岗位上的时间，为乾元元年（758）至二年（759）三月③——改葬杨贵妃之事就发生在这段时间里。再联系其前后的平叛战争局势演变情况。

时间	平叛战局演变／相关史事
至德二载（757）	九月，唐军收复长安；十月，收复洛阳。肃宗车驾返回京城。十二月，太上皇自蜀中返回京城，居兴庆宫。叛军大将史思明奉表请降。
乾元元年（758）	六月，史思明复叛。九月，唐九路大军围困安庆绪于相州（治所在今河南安阳市），"相州之役"拉开帷幕。十月，太上皇游幸骊山华清宫，肃宗亲至灞上送迎。
乾元二年（759）	正月，史思明在魏州（治所在今河北大名县）称"大圣燕王"，僭立年号。三月，相州之战，唐军溃败。史思明南下杀安庆绪，占据河北。四月，史思明称"大燕皇帝"，立年号"顺天"。九月，史思明南下，洛阳再次失陷于叛军之手。
上元元年（760）	四月，史思明进入洛阳（去年取之，因城空，退屯于白马寺）。七月，太上皇被李辅国"矫诏"迁居太极宫（西内）安置。

① 据《唐六典》卷四《礼部》：礼部尚书一人，正三品；侍郎一人，正四品下。"掌天下礼仪、祠祭、燕飨、贡举之政令。"

② 参看许道勋、赵克尧《唐玄宗传》，人民出版社，1993 年，第 572—575 页。

③ 李揆的主要任职情况如下：a. 扈从剑南，拜中书舍人（正五品上）。乾元（758—760）初，兼礼部侍郎（正四品下）。……迁中书侍郎（正四品上）、平章事、集贤殿崇文馆大学士、修国史。（《旧唐书》卷一二六本传）b. 乾元二年（759）三月，礼部侍郎李揆为中书侍郎，与户部侍郎第五琦等并同中书门下平章事。（《旧唐书·肃宗本纪》）c. 乾元二年（759），……俄兼礼部侍郎。……拜中书侍郎、同中书门下平章事，修国史，封姑臧县伯（正四品上）。（《新唐书》卷一五〇本传）

至德二载（757）十月，安庆绪退出洛阳，败走河北道邺郡（治所在今河南安阳市）后，与在范阳的史思明矛盾迅速激化。史思明与安禄山一样狡诈、怀有政治野心，为了保住"既得利益"，他在当年十二月，以十三郡土地和八万军队，向唐朝奉表投降，肃宗大喜，封其为"归义王"、范阳节度使，命其率所部讨伐安庆绪。

但是，唐朝对投降安禄山的"陷贼官"陈希烈、达奚珣等二百余人，按"六等定罪"，分别处以死刑、流放和杖刑[1]，令史思明心中大为不安，持观望形势态度。

唐朝廷中有不少大臣对史思明归顺持怀疑态度。河东节度使李光弼则利用降将乌承恩去范阳"策反"，暗中除掉史思明。不料事机泄露，乌承恩父子被史思明处死，牵连而死者二百余人。乾元元年（758）六月，史思明上表肃宗："请诛光弼以谢河北。若不从臣请，臣则自领兵往太原诛光弼。"[2] 遂再次反叛，平叛局势又严重逆转。

2. 若公开改葬杨贵妃，无论是在史思明再次反叛之前或之后，所产生的政治影响的性质是一样的，但大小程度不尽相同。若在之后，会严重影响唐军士气。

由此可曰，肃宗对此事的政治考量和处理方法，是清醒而妥当的。

3. 太上皇改葬杨贵妃的具体时间，也可能在乾元元年（758）十月游幸骊山华清宫之后。旧地重游，心情沉痛，哀思无限，遂有此举。这符合人之常情。[3]

（二）上皇重游华清宫

乾元元年（758）八月五日，是太上皇的 74 岁诞辰（千秋节）。

---

①《旧唐书》卷十《肃宗本纪》，第 248—250 页。

②《旧唐书》卷二〇〇上《史思明传》，第 5380 页；《资治通鉴》卷二二〇，第 7176—7177 页。

③《旧唐书》卷十《肃宗本纪》，第 253 页。

肃宗在兴庆宫金明门（宫西墙上南门）楼上设宴，与文武百官一起为太上皇庆祝生日。①

此时，讨伐史思明叛军的战争，仍在东方地区激烈地持续。

十月十五日，太上皇重游骊山华清宫，肃宗亲自送到灞上（今西安市东郊灞河边）。太上皇乘轿来到华清宫时，当地父老百姓携带壶浆，迎于路旁。

喜爱游乐的"太平天子"，年过古稀，苍颜花鬓，尽显垂暮之相。父老问太上皇为何不再像从前那样骑马打猎，他回答曰："我已经老了，哪能再经受得了。"众人听后，无不感伤悲泣——时和气清，海内咸安的日子，已经被逆胡反叛打乱了。

早在天宝年间，新丰的女伶谢阿蛮善舞，经常出入宫中，甚为明皇和贵妃宠爱。这次，她也奉召来到华清宫，礼见问安，为太上皇献舞《凌波曲》。其舞容姿态若美人行于碧波之上，轻盈欲飞，飘逸抒情。这是当年太上皇和杨贵妃最为喜爱的宫廷教坊舞蹈之一，谢阿蛮也因擅长此舞而备受恩宠。②

据《明皇杂录》与《杨太真外传》记载：天宝（742—756）中，新丰县进献女伶谢阿蛮，善舞《凌波曲》，明皇与贵妃钟念，因而受焉。贵妃对阿蛮曰："尔贫，无可献师长，待我与尔为。"命侍儿红桃娘取红粟玉臂支赏赐给阿蛮。

当谢阿蛮拿出当年杨贵妃赏赐给她的"金粟装臂环"（手镯）时，

---

① 如：中唐大诗人白居易的《长恨歌》，用了近一半篇幅描写太上皇对杨贵妃的思念、求神弄鬼见到了杨贵妃。虽然属于文学故事（与历史真实大有出入），但具有很高的艺术性，最易打动读者的同情之心。

② 新丰县（今西安市临潼区东北新丰街道）女伶谢阿蛮，属于籍贯（户籍）在地方州县的"官属乐伎"，其身份名色为"太常音声人"，受田、婚姻与百姓同。她当年入宫献艺，属于地方官府的"进献"。正是因为她的身份不属于"籍在教坊"的乐伎，得以在"安史之乱"中幸免于难。

太上皇睹物思人，老泪纵横，泣不成声。当年在宫中侍奉过杨贵妃的左右随从，皆呜咽出声。

太上皇在华清宫住了二十多天，追怀欢乐，悼思故人。杨贵妃生前洗浴专用的"海棠汤"，梳妆所用"端正楼"，完好如初。但美人的花颜玉面和娇媚身态，缠绵温情和销魂欢愉，冬夜酒宴和仙乐歌舞，都已化为白昼的怀思悱恻，静夜的魂牵梦萦。追寻往事旧迹，以慰身心空寂，而所到之处，睹物酸楚，又添了无尽惆怅。

在华清宫"梨园"，即当年随驾"梨园弟子"和教坊歌舞乐伎居住与排演的场所，乐师张野狐（曾随驾入蜀）吹奏起《雨霖铃》——太上皇在入蜀途中，因悼思杨贵妃而作①，凄凉悲怨的旋律，仿佛是美人"宛转蛾眉，不甘就死"的哀哀哭泣。

冬日的华清宫，殿庭寂静，落木枯叶待人扫；汤池仍在，灰尘蛛丝无暖流。

太上皇"高居无为"，华清行宫政治地位衰落；杨贵妃家族覆灭，天宝年间大兴土木扩建华清宫，费用浩大，已经备受朝野诟病。

十一月初八，太上皇返回京城，肃宗又亲自到灞上迎接。

按：太上皇从华清宫返回兴庆宫之后，才下决心要公开改葬杨贵妃——为宠爱的妃子做最后一件事，自慰难以割舍的哀思之情。但最终却是低调处理。

明皇在南内（兴庆宫）耿耿不乐，每自吟太白《傀儡》诗曰：

> 刻木牵丝作老翁，鸡皮鹤发与真同。
>
> 须臾弄罢浑无事，还似人生一世中。②

这首诗就是太上皇当时哀伤与失落心境的真实写照。

---

①《明皇杂录·补遗》，第46—47页。

②《明皇杂录·辑佚》，第66页。

三、被迫移居太极宫

太上皇在兴庆宫的日子，看似清闲，实际上并不轻松快乐。众所周知，人到老年，特别怀旧。一方面，太上皇经常怀念杨贵妃，触景生情，睹旧物思故人，心情沉痛；另一方面，还要尽可能地处理好与儿子（肃宗）的关系。

（一）南内如何"有异谋"

兴庆宫的长庆楼南临大道，太上皇时常登楼，凭栏观望。楼下来往的百姓，看见太上皇时，便向楼而拜，高呼"万岁"！太上皇也常于楼下设宴，赏赐他们酒食。有一次，从剑南入京奏事的官员，经过楼下大道，对太上皇参拜行礼。太上皇便让玉真公主和如仙媛做东招待。此后，他还传召路过的羽林大将军郭英乂上楼赐宴。

太上皇的这些行为做法，无非为了解愁散心，打发无聊寂寞，却引起了肃宗的疑心。因为自史思明叛军攻占洛阳之后，平叛战局逆转，形势未可乐观。而肃宗多年来在政治上极为敏感多疑，行事谨慎，既担心太上皇会与外人"交通"，东山再起；又要防范心怀不轨的臣下，假借太上皇的威望而滋生事端。

再说肃宗的亲信宦官李辅国其人，出身低贱，曾在高力士手下听遣。自"马嵬事变"之后，跟随肃宗奔赴灵武（今宁夏吴忠市），鞍前马后，遂成为肃宗的心腹人物。

李辅国虽然大权在握，贵幸无比，但太上皇身边的侍从（前朝元老），却并不趋奉巴结他。因此，李辅国怀恨在心，欲以建立奇功来稳固肃宗对他的宠信。

乾元元年（758）冬，上皇幸［骊山］温泉宫，二十日却归。因此被贼臣李辅国阴谋不轨，欲令猜阻，更树勋庸，移仗之端，莫不由此。辅国趋驰末品，小了纤人；一承攀附之恩，致位云霄之上。圣上（肃宗）属残孽未殄（安史叛乱尚未平定），苍生不安，贪总军戎。冀清海内，不暇拣择左右，屏弃回邪，遂使辅国荧惑两宫，戕伤百姓，恣行威福，不惧典刑。

上元元年（760）七月，太上皇移仗西内（太极宫）安置。高公（力士）窜谪巫州，皆辅国之计也。①

李辅国素微贱，虽暴贵用事，上皇左右皆轻［视］之。辅国意恨，且欲立奇功以固其宠，乃言于上（肃宗）曰："上皇居兴庆宫，日与外人交通，陈玄礼、高力士谋不利于陛下。今六军将士尽灵武勋臣，皆反仄不安，臣晓谕不能解，不敢不以闻。"上（肃宗）泣曰："圣皇慈仁，岂容有此！"［辅国］对曰："上皇固无此意，其如群小何！陛下为天下主，当为社稷大计，消乱于未萌，岂得徇匹夫之孝！且兴庆宫与闾阎（市民里巷）相参，垣墉浅露，非至尊所宜居。大内深严，奉迎居之，与彼何殊，又得杜绝小人荧惑圣听。如此，上皇享万岁之安，陛下有三朝（正月一日，为岁、月、日之始。有朝见之礼）之乐。庸何伤乎！"上（肃宗）不听。

辅国又令六军将士，号哭叩头，请迎上皇居西内（太极宫）。上（肃宗）泣不应。辅国惧。会上不豫（患病），秋，七月，丁未（初九），辅国矫称上（肃宗）语，迎上皇游西内，……②

太上皇在兴庆宫的行为举动，都在李辅国的监视之下（秉承肃宗旨意）。这并非肃宗君臣的发明创造，而是历朝惯例。如太上皇当年就曾监视其"兄弟诸王"。

彼此都心知肚明，李辅国想要"找事"，就是等待机会和把柄了。

①［唐］郭湜《高力士外传》//《开元天宝遗事十种》，上海古籍出版社，1985年。
②《资治通鉴》卷二二一，第7213—7214页。

当李辅国闻知玉真公主招待剑南奏事官、太上皇赐宴郭英乂的事情之后，便借机上奏曰"南内有异谋"。肃宗也只是口头上说"上皇仁慈，哪会有这种念头"。当李辅国建议将太上皇迁至西内太极宫时，肃宗只是沉默，不置可否。

上皇在兴庆宫先留厩马三百匹，欲移仗前一日（七月初八），辅国矫诏，索所留马，惟留十匹。有司奏陈，上皇谓高公（力士）曰："常用辅国之谋，我儿不得终孝道，明早向北内（大明宫）。"及晓，至北内，皇帝（肃宗）使人起拜云："两日来疹病，不复亲起拜伏，伏愿且留吃饭。"饭毕，又曰："且归南内。"

至夹城（两侧筑有高墙的专用通道），忽闻戛戛声，上［皇］惊回顾，见辅国领铁骑数百人便逼近御马，辅国便持御马。高公（力士）惊下争持，曰："纵有他变，须存礼仪，何得惊御！"辅国叱曰："老翁大不解事，且去！"即斩高公从者一人。高公即拢御马，直至西内安置。

自晨及酉（下午五时至七时），然后老宫婢十数人将随身衣物至，一时号泣，上皇止之，皆辅国矫诏之所为也，圣上宁得知之乎？……①

所留侍卫兵，才尫老（瘦弱年老）数十人，陈玄礼、高力士及旧宫人皆不得留左右。……是日，［李］辅国与六军大将素服见上（肃宗），请罪。上（肃宗）又迫于诸将，乃劳之曰："南宫、西内，亦复何殊！卿等恐小人荧惑，防微杜渐，以安社稷，何所惧也！"刑部尚书颜真卿首率百僚上表，请问上皇起居。辅国恶之，奏贬蓬州（治所在今四川仪陇县南，距京城 2360 里）

---

① 〔唐〕郭湜《高力士外传》//《开元天宝遗事十种》，上海古籍出版社，1985 年。

长史。①

依据上述史料来看，李辅国"又令六军将士"云云与"矫诏"行为，完全是在仿效"马嵬事变"；而肃宗先是流泪后是沉默——皆史官"曲笔隐讳"之词耳。因为肃宗一贯以"孝道"相标榜，这是古代统治者"教化民众"的传统礼教、全社会崇尚的伦理道德。而维护皇帝的光辉形象，就是维护王朝国家的"正统"。

（二）太极宫"孤家寡人"

隋唐长安城太极宫（西内），始建于隋文帝时，称大兴宫；唐睿宗景云元年（710），改称太极宫。唐太宗时，又营建永安宫，以备太上皇（唐高祖）清暑，后改称大明宫。唐高宗"染风痹，以〔太极〕宫内湫湿（低下潮湿），乃修旧大明宫，改名蓬莱宫，北据高原（龙首原），南望爽垲（地势高昂，土质干燥）"。②

两相比较，太极宫（西内）低下潮湿，大明宫（东内）高爽干燥。肃宗将老爹（76岁）强迁到太极宫，软禁起来，于心何忍？能称得上"孝道"吗！

> 上皇谓高公（力士）曰："兴庆〔宫〕是吾王地，吾频让与皇帝（肃宗），皇帝仁孝不受。今虽为辅国所制，正惬我本怀。"进御人令撤肉，便处分尚食〔局〕，明日已后，不须进肉食。每日上皇与高公亲看扫除庭院，芟薙草木，或讲经论议（讲说讨论佛教经典义理）、转变说话③，虽不近文律，终冀悦圣情。经十余

---

①《资治通鉴》卷二二一，第7214页。

②《唐会要》卷三十《大明宫》，第644页。

③ a."转变"为唐代说唱艺术之一。"转"为说唱；"变"是奇异，即说唱奇异故事。b."说话"亦属说唱艺术，即讲故事（口说古今惊听故事）。据中唐人段成式《酉阳杂俎·续集》卷四：唐文宗时，"予……因弟生日观杂戏，有市人小说（即'说话'，讲小说、讲历史等。今称'说书'），……市人言二十年前，尝于上都（长安）斋会设此，……"可见唐代"说话"具有世俗娱乐特点。

日，高公患疟，敕于功臣阁（凌烟阁。位于太极宫东北隅①）下避疟。

日晚，闻门外有人问，称是谈庭瑶，云："圣人唤阿翁。"问："曾见太上皇未？"曰："见了。"高公亦不敢辞，即随庭瑶至阁门外。日晚，见内养将一卷文书状，云使看，略见少多，皆是罢职，却被索将，附奏云："臣合死已久，圣恩含忍容至今日，所看事状，并不曾闻。伏愿得亲辞圣颜，复受戮，死亦无恨。"

明日，有制：力士潜通逆党，曲附凶徒，既怀枭獍（大逆不道）之心，合就鲸鲵（比喻凶恶之人）之戮。以其久侍帷幄，颇效勤劳，且舍殊死，可除名，长流巫州。②

七月初九，太上皇被迁居西内。过了十多天，肃宗颁诏：龙武大将军陈玄礼致仕（退休），老宦官高力士流放巫州（治所在今湖南洪江市。距长安3158里），另两名宦官王承恩流播州（治所在今贵州遵义市。距长安4450里）、魏悦流溱州（治所在今重庆綦江区。距长安3480里），如仙媛流于归州（治所在今湖北秭归县。距长安2268里）③，玉真公主（太上皇妹妹）重归玉真观。只留下几十名老弱兵士在西内担任侍卫，另选100名老宫女担负殿庭洒扫等杂役。

也许是心存不忍，肃宗又让两个妹妹万安公主（天宝中为女道士）、咸宜公主（武惠妃所生）到西内，服侍太上皇的饮食起居。④

---

① 参看张永禄《唐都长安》（增订本），三秦出版社，2010年，第109页。

②〔唐〕郭湜《高力士外传》//《开元天宝遗事十种》，上海古籍出版社，1985年。

③ 据《唐六典》卷六《刑部》："流刑"分为三等，即距离京城2000里、2500里、3000里。"三流皆役一年，然后编所在为户。"即服刑期满，就编入当地官府的户籍簿上。

④《旧唐书》卷十《肃宗本纪》，第259页；《资治通鉴》卷二二一，第7214—7215页。又据《新唐书》卷八十三《诸帝公主传》：明皇女儿"楚国公主，始封寿春。下嫁吴澄江。上皇居西内（太极宫），独〔寿春公〕主得入侍。〔德宗〕兴元元年（784），请为道士，诏可，赐名上善"。

一切往事皆成过眼云烟。在兴庆宫两年半多的生活中，太上皇与高力士、陈玄礼之间的君臣主仆关系，更像是相依为命的"伙伴"——在将近半个世纪中，这两位老臣"忠诚事君"，矢志不渝。他们被强行赶走之后，太上皇的精神更加暗淡了。

> ［肃宗］令万安、咸宜二公主视服膳；四方所献珍异，先荐上皇。然上皇日以不怿，因不茹荤，辟谷（不食五谷，以服气养生），浸以成疾。上（肃宗）初犹往问安，既而上（肃宗）亦有疾，但遣人起居（请安问候）。其后上（肃宗）稍悔寤，恶［李］辅国，欲诛之。畏其握兵，竟犹豫不能决。[1]

年逾古稀的太上皇，在西内与外界隔绝，成为一名高级囚犯，郁郁寡欢，度日如年。身边最亲近的人只有几个女儿，天伦之乐可暖心，无奈残年似风烛……

四、"圣人"托体同山阿

被迁居太极宫（西内）之后，先前身体还算硬朗的太上皇，不久便病倒了。一辈子性情豪爽，喜欢热闹欢乐的太上皇，在西内度过了近两年的软禁生活。

回忆往事令人悲喜交加，情绪郁闷令人茶饭无味，软禁如囚，尤增精神痛苦。对于垂暮之年的太上皇来说，行动禁锢和身体患病，就是两把斫戕生命的斧头。

唐明皇临终时，心中念念不忘的只有杨贵妃。

> 及至移入大内（太极宫）甘露殿，悲悼妃子，无日无之。遂辟谷服气，［肃宗］张皇后进樱桃蔗浆，圣皇并不食。常玩一紫玉笛，因吹数声，有双鹤下于庭，徘徊而去。圣皇语侍儿宫爱曰：

---

[1]《资治通鉴》卷二二一，第 7215 页。

"吾奉上帝所命，为元始孔升真人。此期可再会妃子耳。笛非尔所宝，可送大收（代宗小字）。"即令具汤沐。"我若就枕，慎勿惊我。"宫爱闻睡中有声，骇而视之，已崩矣。①

宝应元年（762）四月五日，叱咤风云近半个世纪的太上皇，冷清地驾崩于太极宫神龙殿②，年78岁。群臣上谥号曰"至道大圣大明孝皇帝"，庙号"玄宗"。③

而肃宗自仲春患病，此时已渐沉重。"百僚于佛寺斋僧（以斋食施给僧人）。丁未，诏左降官、流人一切放还。……〔肃宗〕闻上皇登遐，不胜哀悸，因兹大渐。乙丑，诏皇太子（李豫）监国（监督国事，代行皇权）。……丁卯（十八日），宣遗诏。是日，上崩于长生殿，年五十二。群臣上谥曰文明武德大圣大宣孝皇帝，庙号肃宗。"④

二十日，皇太子即位于肃宗灵柩之前，史称代宗。⑤

此时，平定史思明叛乱的战争形势，已经进入乘胜追歼的最后阶段。

在上一年（761）二月，史思明被其子史朝义杀死，叛军内部四分五裂，元气大伤。宝应元年（762）九月，唐朝再次借漠北回纥汗国的剽悍骑兵征讨叛军。代宗命雍王（李适，即德宗）为天下兵马元帅，统帅唐、回联军，从陕州（治所在今河南三门峡市西）出发，诸道节度使协同，数路并进。唐军再次克复洛阳，追击史朝义残部进入河北，连战连捷；叛军将领投降者相继，河北郡县全部回归唐朝。

----

①〔宋〕乐史《杨太真外传》卷下//《开元天宝遗事十种》，上海古籍出版社，1985年。

②神龙殿，太极宫寝殿之一。因唐中宗神龙（705—707）年间居此，遂称神龙殿。参看张永禄《唐都长安》（增订本），三秦出版社，2010年，第108页。

③《旧唐书》卷九《玄宗本纪下》，第235页。

④《旧唐书》卷十《肃宗本纪》，第263页。

⑤《旧唐书》卷十一《代宗本纪》，第268页。

史朝义一路败逃至范阳，不得入城——其守将李怀仙已经降唐。史朝义部下将士四散逃命，仅剩数百名胡人骑兵追随，东逃至平州石城县（今属河北）东北时，李怀仙派出的追兵已经赶上来了。史朝义穷途末路，仰天长叹，下马至树林中自缢而死，追兵枭其人头，由李怀仙献给唐军前锋仆固怀恩。①

唐代宗广德元年（763）正月三十日，叛军首领史朝义的首级传送到长安城。历时七年又三个月的安史叛乱（755—763）宣告基本平定。

是年三月，安葬太上皇于泰陵、肃宗于建陵（今陕西礼泉县境内）。

（一）蒲城金粟山泰陵

唐明皇（太上皇）泰陵，位于京兆府奉先县境内的金粟山（今陕西蒲城县东北 30 余里）。这是他在生前就为自己选好的、具有王者气象的风水宝地。

> 初，上皇亲拜五陵，至桥陵（睿宗陵），见金粟山岗有龙盘凤翥之势（山势雄壮蜿蜒），复近先茔，谓侍臣曰："吾千秋后宜葬此地，得奉先陵，不忘孝敬矣。"至是，追奉先旨以创寝园，以广德元年（763）三月辛酉葬于泰陵。②

所云"亲拜五陵"之事，发生在开元十七年（729）冬天。

> 十一月庚申，亲飨（祭祀）九庙。辛卯，发京师。丙申，谒桥陵（睿宗陵。在今蒲城县境内）。上（明皇）望陵涕泣，左右并哀感。制奉先县（今蒲城县）同赤县，以所管万三百户供陵寝，三府兵马供宿卫，曲赦县内大辟（死刑）罪已下。戊戌，谒定陵（中宗陵。在今富平县境内）。己亥，谒献陵（高祖陵。在

---

①《资治通鉴》卷二二二，第 7257—7258 页。
②《旧唐书》卷九《玄宗本纪下》，第 235 页。

今三原县境内）。壬寅，谒昭陵（太宗陵。在今礼泉县境内）。乙巳，谒乾陵（高宗陵。在今乾县境内）。戊申，车驾还宫。大赦天下，流移人并放还，左降官移近处。百姓无出今年地税之半（即减免一半）。每陵取侧近六乡（约3000户）供陵寝。①

据唐明皇开元年间修订的《丧葬令》："先代帝王陵，并不得耕牧樵采。先皇陵，皆置留守，领甲士，与陵令相知巡警。左右兆域（墓地）内，禁人无得葬埋，古坟则不毁。诸功臣密戚，请陪陵葬者听之，以文武分为左右而列。坟高四丈以下，三丈以上。若父祖陪陵，子孙从葬者，亦如之。若宫人陪葬，则陵户为之成坟。"②

唐代宗广德元年（763）正月，诏令以元献皇后杨氏（肃宗生母、代宗祖母）祔葬（合葬）泰陵。四月，迁其神主（牌位）于太庙，祔明皇庙室，同享祭奠。

杨妃薨于明皇开元十七年（729），安葬于细柳原（今西安市长安区细柳街道）。肃宗至德二载（757）追尊为"元献皇后"，立庙于太庙之西，四季荐享（祭祀）。③而她身后能够获此最高"哀荣"，全靠亲生儿子、孙子的至尊"皇权"。

前文已述，唐明皇生前正式册立（名正言顺）的唯一"后宫之

①《旧唐书》卷八《玄宗本纪上》，第194页。

② 天一阁博物馆、中国社会科学院历史研究所天圣令整理课题组校证《天一阁藏明钞本天圣令校证（附唐令复原研究）》下册，中华书局，2006年，第709页。按：在古代王朝国家的"五礼"制度中，帝王陵寝是其重要组成部分。凡皇帝、后妃、皇太子、诸王以及公主陵墓，各有等级，皆设陵邑（县）和陵户为之守视，其陵户自数户、十户至数千户不等。隋唐中央政府负责管理帝王陵墓的机构为太常寺下属的"陵署"，设"陵令、丞"等官员，职掌山陵茔兆，率陵户守卫之事，凡朔望、元正、冬至、寒食，皆修享（祭祀）于诸陵。

③《唐会要》卷三《皇后》，第29页；《旧唐书》卷五十二《后妃传下·玄宗元献皇后杨氏》，第2184页。

主"为王皇后，但其在开元十二年（724）七月被废黜为"庶人"，十月病逝，安葬于京城无相寺。①

武惠妃曾"宠冠后宫"，其陵墓（敬陵）在京城南郊长安县境地。

而杨贵妃墓所在的金城县马嵬驿，距离唐明皇泰陵最远（约350里）。

在唐明皇泰陵的陪葬者，只有其忠诚的"老奴"、宦官首领高力士。②

（二）陪陵"老奴"高力士

前文已述，在唐肃宗上元元年（760）七月上旬，太上皇被迁移到太极宫（西内）居住，实为"软禁"；下旬，高力士被贬官流放到远恶之地——巫州。

> 九月三十日至巫州，随身手力（仆从），不越十人；所余衣粮，才至数月。殷忧待罪，首尾三年。

> 经一年，忽见本道观察第五国珍，谪（贬官）至夷州。[高力士]与第五相饮，赋诗曰："烟熏眼落膜，瘴染面朱虞。"谓同病（流放者）曰："宰相犹如此，余何以堪！"左右闻之，皆为挥涕。又于园中见荠菜（一种野菜），土人（当地人）不解吃，便赋诗曰："两京称斤卖，五溪无人采。夷夏虽有殊，气味应不改。"使拾之为羹，甚美。或登山临水，以永终日。……

> 大理司直太原郭湜曰："李辅国谬承恩宠，窃弄威权，蒙蔽圣（肃宗）聪，恣行凶丑。所持刑宪，皆涉回邪（枉曲、冤狱），即有敬毛裴毕之流（酷吏），起周代索丘之狱（冤案），既无所措，难以图存。使天下之心，自然摇矣。但经推案，先没家资（财

---

①《旧唐书》卷五十一《后妃传上·玄宗废后王氏》，第2177页。

②《唐会要》卷二十一《陪陵名位》，第482页。

产），不死则流，动逾千计。黔中道此一色（被贬官流放者）尤多，则三故相，裴冕、张镐、第五琦是也；一大夫，贺兰进明是也；六中丞，郑叔清、畅灌、韦利见、皇甫锐、张万顷、毛若虚是也；七御史，李融、屈无易、孙昌胤、孙莹、宋晦、严锐、毕曜是也；三原外，张渭、张之绪、李宣是也；一左丞，皇甫铣是也；一郡王，〔李〕瑀是也；一开府，〔高〕力士是也。遗评补博卿监司舍将军列卿州牧县宰已下，散在诸郡，不可尽纪。从至德至宝应（756—762）向二千人，及承恩放还，十二三矣。嗟乎！淫刑以逞，谁得无罪？……"①

所云"黔中道此一色尤多""从至德至宝应（756—762）向二千人"，是指肃宗继位之后，对前朝（明皇）的官员进行"大换血"，或撤职、降级，或贬官流放。俗谓"一朝天子一朝臣"。此乃君主体制下"政治生态"演变惯例。

还有一点需要指出，肃宗居太子位长达18年（738—756），始终受到其父皇的严厉控制，战战兢兢，隐忍多疑；在位期间（756—762），历经流离奔波，领导全国平叛，殚精竭虑，身体状况不佳，驾崩时52岁，而叛乱尚未完全平定。

宝应元年（762）四月，肃宗驾崩，代宗即位，大赦天下，"流人一切放还"。这是新皇即位惯例。六月，远在流放地的高力士听闻赦令，悲喜交加，即兼程北返。

八月十八日，高力士行至朗州（治所在今湖南常德市）开元寺西院，因哀伤成疾，又年老体衰，气绝身亡，享年79岁。临终，对身边也是贬官流放、同道北归的郭湜曰：

　　吾年已七十九，可谓寿矣；官至开府仪同，可谓贵矣。既贵

---

① 〔唐〕郭湜《高力士外传》//《开元天宝遗事十种》，上海古籍出版社，1985年。

且寿，死何恨焉。所恨者二圣升遐，攀号不迨；孤魂旅榇（棺材），飘泊何依？

九月，高力士的灵榇发朗州，十一月行至襄州（治所在今湖北襄阳市）。有诏令恢复旧官爵，追赠广州都督，丧事行李，一切官给，陪葬玄宗陵。①

> 会赦归，至朗州，遇流人言京国事，始知〔太〕上皇厌代，力士北望号恸，呕血而卒。代宗以其耆宿，保护先朝，赠扬州大都督，陪葬〔玄宗〕泰陵。②

所云"保护先朝"（"护卫先帝劳③"），是指高力士一生忠诚侍奉唐明皇；也指高力士与肃宗之间的政治关系。（1）在明皇第二次选册太子（即肃宗）时，高力士曾献言"推长而立"（见第二章第四节）。（2）高力士对太子（肃宗）持"政治保护"态度，未曾参与过李林甫、杨国忠之流企图动摇太子的"构陷"活动。（3）太子（肃宗）吴妃（代宗生母、追谥"章敬皇后"）是高力士奉命"选掖庭宫人赐之"的。④ 这是高力士身后获得最高"哀荣"——陪葬明皇"泰陵"的政治原因。

再说李辅国的下场。据两《唐书》李辅国本传：宝应元年（762），

> 十月十八日夜，盗入辅国第，杀辅国，携首臂而去。……⑤

> 自辅国徙太上皇，天下疾之，帝（代宗）在东宫（居太子位）积不平。既嗣位，不欲显戮（公开诛斩），遣侠者夜刺杀之，

---

① 〔唐〕郭湜《高力士外传》//《开元天宝遗事十种》，上海古籍出版社，1985年。

②《旧唐书》卷一八四《宦官传·高力士》，第4759页。

③《新唐书》卷二〇七《宦者传上·高力士》，第5860页。

④《旧唐书》卷五十二《后妃传下·肃宗章敬皇后吴氏》，第2187页。

⑤《旧唐书》卷一八四《宦官传·李辅国》，第4761页。

年五十九，抵其首溷（茅厕）中，殊右臂，告泰陵。然犹秘其事，刻木代首以葬，赠太傅，谥曰丑。后梓州（治所在今四川三台县）刺史杜济以武人（姓名不详）为牙门将，自言刺〔杀〕辅国者。①

唐代宗派人"暗杀"李辅国，还有一个更深层的原因——建宁王的冤案。②

建宁王（李倓，肃宗第三子）性情英毅，有才略，善骑射。在太上皇西幸入蜀时，李倓"典亲兵，扈车驾"；在太子（肃宗）分兵奔赴灵武（今宁夏吴忠市）称帝之后，"为良娣（即肃宗张皇后）、〔李〕辅国所构"而被赐死。

早在至德二载（757）九月，唐军收复京城后，谋士李泌就曾对肃宗曰：

> 广平（代宗）于兄弟笃睦，至今言建宁，则呜咽不自己。……

唐代宗即位（762）之后，追赠建宁王为齐王。大历三年（768）五月，又以"倓当艰难时，首定大谋，排众议，于中兴有功，乃进谥承天皇帝"，备极哀荣。

---

① 《新唐书》卷二〇八《宦者传下·李辅国》，第5882页。
② 以下据《旧唐书》卷一一六《肃宗代宗诸子传·承天皇帝倓》，第3384—3386页；《新唐书》卷八十二《十一宗诸子传·承天皇帝倓》，第3617—3619页。

第十章　白居易仙游绝唱

　　唐宪宗元和元年（806）冬十二月，京城长安西南的盩厔县（今周至县）。在一个暇日，县尉白居易与好友陈鸿一起，前往城南的仙游寺游览。陈鸿（字大亮）长于史学，于永贞元年（805）进士及第，此时正寓居盩厔。

　　途中，他俩又邀请王质夫同行。王质夫，山东琅琊（今山东临沂市）人，此时隐居在终南山下的蔷薇涧。在盩厔相识过从的朋友中，白居易最为敬重王质夫。①

　　天寒地冻，万木肃杀，一路上枯草落叶，景色萧索。三人乘马骑驴，信缰而行，比起县衙内烦劳的公务，白居易感到精神轻松，心情怡然。

一、盩厔县尉白居易

　　白居易（字乐天。772—846）的初任官职，是在京城长安。唐德宗贞元十六年（800），他29岁时考中进士；十八年（802）冬天，又参加吏部的"书判拔萃"考试②，次年春天榜上有名，被授以秘书省（皇家图书馆）校书郎（正九品上），负责"雠校典籍，刊正文字，皆

---

　　① 按：十余年后，王质夫身故，白居易悼念深切，因作《哭王质夫》。见《全唐诗》卷四三四，第4812页。

　　②《唐六典》卷十《秘书省·校书郎》，第298—300页。

辨其纰缪，以正四库（经史子集）之图史焉"。① 校书郎有八人，其官品级别并不高，却是个美差，工作和生活很惬意。白居易有诗咏曰：

> 帝都名利场，鸡鸣无安居。独有懒慢者，日高头未梳。工拙性不同，进退迹遂殊。幸逢太平代，天子好文儒。小才难大用，典校在秘书。三旬两入省，因得养顽疏。茅屋四五间，一马二仆夫。俸钱万六千，月给亦有余。既无衣食牵，亦少人事拘。遂使少年心，日日常晏如。勿言无知己，躁静各有徒。兰台七八人，出处与之俱。旬时阻谈笑，旦夕望轩车。谁能雠校闲，解带卧吾庐。窗前有竹玩，门外有酒酤。何以待君子，数竿对一壶。②

由此可见，白居易跻身仕途，衣食无虞，既有住房、有马骑，还有两个仆人听从使唤。在隋唐时代，人们一般都重视"京官"（比较清贵，升迁机会多），轻视"外官"（地方州县官员）。当然，"长安米贵，居大不易"，必须努力"升官发财"。

吏部的"书判拔萃"考试，属于"科目选"，有参选资格要求，一是已经有官职者，二是已经取得进士（具有"出身"）者，考中就立即授予官职。与白居易同时参加的还有元稹（字微之。779—831）。次年春天，两人同时得中第四等，授秘书省校书郎。从此，他们成为终生挚友，两人皆诗词成就巨大，在诗坛上以"元白"齐名。

---

① 唐代科举考试分三种：a. 常科，每年分科（明经、进士科最重要）定期举行，由尚书省（吏部，后改为礼部）主持。被录取者称"及第"，再通过吏部考试（关试。不分名次，凡参加者都能通过），成为吏部的候选人，即获得"出身"，才算正式进入仕途。b. 制科，以皇帝名义（特诏）临时举行的考试（名目繁多），录取者优先授官。c. 选科（科目选），由吏部主持，考中者立即授予官职。此外，还有武举，始于武则天长安二年（702），由兵部主持。另，唐代人入仕的途径有：a. 科举考试。b. 门荫。此为皇亲国戚和五品以上高官子孙享受的特权。c. 流外入流。未入九品官的胥吏、专业技术者为流外官，经过考铨可升入流内。d. 藩镇辟召。在节度使幕府中充当幕僚。e. 行伍。从军，建立军功取得勋官或低级将校。

② 《全唐诗》卷四二八《常乐里闲居偶题》，第4723页。

（一）县尉的岗位职责

元和元年（806）四月，白居易参加"才识兼茂明于体用科，策入第四等，授盩厔县尉"。① 盩厔县隶属京兆府（畿县），县城在京城西南一百三十里。

唐代县尉的级别和岗位职责如何？这就需要了解唐代的县官。

古代的县官被称为"父母官"（临民官），是老百姓平常能够见到的政府官员。县衙（县级政府）官员的职责，据《唐六典》和《旧唐书》记载：

> 京畿及天下诸县令之职，皆掌导扬风化，抚字黎氓，敦四人（士、农、工、商）之业，崇五土之利，养鳏寡，恤孤穷，审察冤狱，躬亲狱讼，务知百姓之疾苦。……若籍帐、传驿、仓库、盗贼、河堤、道路，虽有专当官，皆县令兼综焉。县丞为之贰（副手）。主簿掌付事勾稽，省署抄目，纠正非违，监印，给纸笔、杂用之事。录事掌受事发辰，勾检稽失。县尉亲理庶务，分判众曹，割断追催，收率课调。②

唐代地方州（郡）县分为不同等级，故同为州、县官员，级别却有高低差别。县的等级划分标准："京（长安）、都（洛阳）所治为赤县，京之旁邑为畿县，其余则以户口多少、资地美恶为差（等级）。"③ 县主要分为六等，每县都设"一令三佐"。

---

① 《旧唐书》卷一六六《白居易传》，第 4340 页。

② 《唐六典》卷三十《三府都护州县官吏》，第 753 页；《旧唐书》卷四十四《职官志三》，第 1921 页。

③ 《通典》卷三十三《职官十五·县令》，第 919—920 页。又据《唐六典》卷三十《三府都护州县官吏》、《旧唐书》卷四十四《职官志三》、《新唐书》卷四十九下《百官志四下》：京兆、河南、太原府所在的长安、万年、河南、洛阳、太原、晋阳六县，谓之"京县"；三府所管其余诸县，谓之"畿县"。

唐代县衙等级与县官品级简表

等级	县令	县丞	主簿	县尉	总计
京县（赤县）	1人 正五品上	2人 从七品上	2人 从八品上	6人 从八品下	11人
畿县	1人 正六品上	1人 正八品下	1人 正九品上	2人 正九品下	5人
上县	1人 从六品上	1人 从八品下	1人 正九品下	2人 从九品上	5人
中县	1人 正七品上	1人 从八品下	1人 从九品上	1人 从九品下	4人
中下县	1人 从七品上	1人 正九品上	1人 从九品上	1人 从九品下	4人
下县	1人 从七品下	1人 正九品下	1人 从九品上	1人 从九品下	4人

　　在县衙中，县令为"第一责任人"，总领全县行政事务；县丞为副贰，辅佐县令开展工作；主簿是勾检官，负责处理文案，监督县政；县尉是具体执行官。

　　京县下设"六司"：司功、司仓、司户、司兵、司法、司士；其县尉"分判六曹（司）"。京县有六名县尉，每人分管一司。而畿县无司兵，上县以下只有司户、司法。①

　　畿县有两名县尉，由一人分管功、户、仓三司，称"司户尉"（"户尉"）；另一人分管法、士二司，称"司法尉"（捕贼尉、捕贼官，绰号"贼曹尉"）。

　　县尉（别称"少府"）是县衙的"判官"，负责全县行政、财政

---

①《新唐书》卷四十九下《百官志四下》，第1319页。

和司法等方面的事务性工作。其具体职责可概括为三个方面：（1）坐曹（厅堂）判决文案，处理县衙常务；（2）追捕盗贼，审理案件；（3）征收赋税，最为重要。

唐代的畿县共有80余个，但并非等量齐观。最为紧要的是长安城附近、关中腹心的蓝田、昭应、渭南、鄠县、盩厔、咸阳、兴平、武功、泾阳等十余个畿县。其县尉的任职资历（出身）也高，一般要求进士及第，加博学宏词（试文三篇)①或制科（皇帝亲自诏试）等，其身份地位明显高于其余四个等级县的县尉。

白居易的资历正好符合要求，他在盩厔县担任的是"司户尉"。②在此任期内，他写作的长篇诗歌《观刈麦》，因为能够体恤"百姓之疾苦"而传诵至今。

（二）"少府无妻春寂寞"

白居易任盩厔县尉这一年，已35岁。年过而立，尚未娶妻成家。

在唐代的官场上，婚姻习惯注重门第（门当户对）；同时，科举出身者也备受青睐。然而，对于初入仕途者来说，要想娶到世家望族或达官显贵家庭的女儿为妻，还需要继续奋斗，努力升迁，才能遂心如愿。换言之，他们大多是晚婚。

那么，他们正常的男女情感生活岂不是被耽搁了吗？其实也有解决途径，一是可以"狎妓"（俗谓"寻花问柳"），虽然有碍个人名声，但并不违犯法律。二是可以"包养"市井妓女，作或长或短的"露水夫妻"，这自然需要囊中有钱才行。三是可以纳妾（即"外室"），过夫妻生活，这是非正式（法律意义）的婚姻。

---

① 据《新唐书》卷四十五《选举志下》，第1172页。"博学宏词"为吏部的科目选之一。

② 参看赖瑞和《唐代基层文官》，中华书局，2008年，第138—139页。

白居易在京城任校书郎期间的生活，是轻松愉快且浪漫写意的。同僚好友常聚会游乐，或到茶肆酒店，浅酌低吟；或出入妓女聚居的平康坊，诗酒歌舞。

> 忆昔嬉游伴，多陪欢宴场。寓居同永乐，幽会共平康。师子寻前曲，声儿出内坊。花深态奴宅，竹错得怜堂。庭晚开红药，门闲荫绿杨。经过悉同巷，居处尽连墙。时世高梳髻，风流澹作妆。戴花红石竹，帔晕紫槟榔。鬓动悬蝉翼，钗垂小凤行。拂胸轻粉絮，暖手小香囊。选胜移银烛，邀欢举玉觞。炉烟凝麝气，酒色注鹅黄。急管停还奏，繁弦慢更张。雪飞回舞袖，尘起绕歌梁。……风暖春将暮，星回夜未央。宴余添粉黛，坐久换衣裳。结伴归深院，分头入洞房。彩帷开翡翠，罗荐拂鸳鸯。留宿争牵袖，贪眠各占床。绿窗笼水影，红壁背灯光。索镜收花钿，邀人解袷裆。暗娇妆靥笑，私语口脂香。怕听钟声坐，羞明映缦藏。眉残蛾翠浅，鬟解绿云长。聚散知无定，忧欢事不常。离筵开夕宴，别骑促晨装。……①

白居易到盩厔担任县尉，远离了可以征伶选妓，及时行乐的京华之地，情感生活上的孤单寂寞，心中青春易逝的苦闷，使他时常考虑到需要选娶妻室，以享人伦亲情。翌年春，他在所作《戏题新栽蔷薇》中，坦率地表白了这种情感渴望。

> 移根易地莫憔悴，野外庭前一种春。
>
> 少府无妻春寂寞，花开将尔当夫人。②

在大约十年前，白居易与邻居家的湘灵姑娘，有过一段情意真切

---

① 《全唐诗》卷四六二白居易《江南喜逢萧九彻因话长安旧游戏赠五十韵》，第5282—5283页。

② 《全唐诗》卷四三六，第4842页。按：唐代习称县令为"明府"；县尉为县令的佐官，习称"少府"。后世沿用。

的恋爱。但基于种种缘由，一对有情人却没能成为眷属。这种思恋怀念，一直萦绕在心。①

唐宪宗元和元年（806）正月到十月间，因为征讨叛乱的剑南西川（今四川成都市）节度使刘辟，由朝廷派遣的军队和军需物资，以及军政使者等，皆取道盩厔县西南的骆谷道（通汉中、蜀地），络绎往返，不绝于途。

盩厔地当交通孔道，协助军运，催派民伕等，就成为县衙官吏的当务之急。白居易身为县尉，初来乍到，自然要奔走忙碌，不敢怠慢。

来到盩厔任职后，白居易陆续结识了几位志趣相投的文朋诗友，时常与他们一起，或聚饮唱和，或结伴出游。但这位 35 岁风流才俊的情感寂寞，还是难以排遣。在西川战事结束后，公事余暇，他还是喜欢游赏景胜，寄情山水。②

二、终南古刹仙游寺

仙游寺位于终南山山麓的黑水峪（今黑河水库内），南面山峦耸峙，犹如巨屏，黑峪口内外，山峰耸立，古洞幽妙，甘泉飞瀑，河水清澈，蜿蜒北流汇入渭河。

---

① 参看朱金城《白居易年谱》，上海古籍出版社，1982 年；王拾遗《白居易传》，陕西人民出版社，1983 年；褰长春《白居易评传》，南京大学出版社，2000 年。

② 盩厔县因境内山环水复、迂回曲折而得名（山曲曰盩，水曲曰厔），有不少的自然胜景与历史遗迹。如县东 15 里的司竹园，有千亩竹园，隋朝末年，太原留守李渊（唐高祖）起兵反隋，其第三女平阳公主在此地举兵响应，号"娘子军"；在县东 37 里有楼观（唐初名宗圣观。今楼观台）；县南 50 里有姜维岭（原名沈岭），三国时蜀国大将军姜维率军出骆谷，曾经过这里；县南 30 里有仙游潭，其水黑色，相传号五龙潭；县南 35 里有仙游寺（宫）；县西南 120 里有骆谷关。据〔唐〕李吉甫《元和郡县图志》卷二《京兆府盩厔县》，中华书局，1983 年，第 31—32 页；〔宋〕宋敏求《长安志》卷十八《盩厔》，三秦出版社（辛德勇、郎洁点校），2013 年。

仙游寺远近的自然山水景观，雄奇俊秀，而且地势险阻。时值隆冬岁末，远望峰峦劲峭，近看河水冰封。寥廓寒冬里的寺院，肃静幽然。

仙游寺原为隋朝行宫。开皇十八年（598），隋文帝巡幸至此，观览山水景色，心有所动，遂下令在此修建行宫，以备避暑消夏。建成后取名"仙游宫"。

其"仙游"之名得自传说，秦穆公之女弄玉与萧史的爱情故事发生在这里。

隋文帝虔诚信佛，仁寿元年（601）十月，为了安置佛舍利，诏命京城大兴善寺（在今西安市雁塔区小寨兴善寺西街）高僧童真，送至仙游宫安置，创立灵塔（法王塔），遂改宫为寺。沙门和尚居此诵经参禅，官吏士庶，善男信女，亦来此烧香礼佛，游览风光。

隋恭帝（杨侑）义宁二年（618）五月，李渊（唐高祖）代隋建唐，改元武德。长安城头变换了大王旗，仙游寺地位沦落，日渐冷静。①

在白居易之前，先后来仙游寺游历、并留下了诗篇的唐代诗人，有王勃（649 或 650—676）、岑参（约 715—770）、韩翃（字君平。天

---

① a. 仙游寺在唐后期达到鼎盛。唐懿宗咸通（860—874）年间、一说唐宣宗大中（847—859）年间，始建为三座寺院，黑河南岸的名仙游寺（南寺），北岸的名中兴寺（北寺），另一寺名佚（相传名法源寺）。到明英宗正统六年（1441），仙游寺由西域喇嘛桑加巴主持，复修扩建；天顺六年（1462），改名普缘禅寺。清康熙二年（1663），寺院重修，恢复原名仙游寺。其后在乾隆、道光年间至民国初期，还进行过多次修葺。b. 1994年，仙游寺被公布为全国第四批文物保护单位，其法王塔为全国现存唯一的隋代砖塔。1998 年，西安市为了解决城市供水问题，修建黑河水库，经国务院批准，对仙游寺及法王塔整体搬迁保护，迁至原址以北 2.8 公里的金盆北梁上。现寺院总面积 10 万平方米，建筑面积 4200 平方米。在拆迁中出土了珍贵文物 400 余件，尤其是天宫、地宫佛舍利的发现，震惊中外，为罕世之宝，引起中外专家的特别关注。c. 仙游寺法王塔为砖砌方形，上小下大，其形如锥，高约 27 米，底边宽约 8 米，共有七层，层间有出檐斗拱。参见陕西省文物管理委员会编《陕西名胜古迹》，陕西人民出版社，1986 年，第 63 页。

宝时进士，"大历十才子"之一)、卢纶（约 742—约 799）等，以及寓居盩厔的陈鸿、王质夫等人。

天色向晚，白居易一行三人来到寺中，礼请借宿。僧人端来火盆点燃木炭，为访客驱除寒气。三人在客房中温酒夜谈，酒逢知己，言语投契，话题自然很多。[①]

白居易正当年富气盛，胸怀"达则兼济天下"之志，喜欢谈论古今兴亡。仙游寺令人联想起隋朝二世而亡，隋炀帝滥用民力，征敛苛虐的"前车之鉴"。而本朝的"藩镇割据"尾大不掉，朝廷威权削弱，尤使人痛感"安史之乱"遗留的巨大祸患。

盩厔县仙游寺与金城县马嵬驿，地处渭河两岸，盩厔县城与马嵬驿站更近河相望。当年的血腥事变，已成街谈巷议的"风情故事"流播四方。

> 马嵬店媪（老妇）收得［杨贵妃］锦鞴（靴筒）一只。相传过客每一借玩，必须百钱，前后获利极多，媪因至富。[②]

> 马嵬老媪，拾得太真袜以致富。其女名玉飞，得太真雀头履（鞋）一只，珍珠口，以薄檀为苴（衬垫），长仅三寸。玉飞奉为异宝，不轻示人。[③]

> ［杨］太真著鸳鸯并头莲锦裤袜，上（明皇）戏曰："贵妃裤袜上乃真鸳鸯莲花也。"太真问："何得有此称?"上笑曰："不然，其间安得有此白藕乎?"贵妃由是名裤袜为藕覆。注云：裤

---

① 据〔唐〕陈鸿《长恨歌传》// 《开元天宝遗事十种》，上海古籍出版社，1985 年。

② 〔唐〕李肇《唐国史补》卷上"百钱玩锦鞴"条// 《唐五代笔记小说大观》，上海古籍出版社，2000 年，第 165 页。

③ 〔元〕伊世珍《琅嬛记》卷中，中华书局（《丛书集成初编》本），1985 年。又见〔清〕胡凤丹《马嵬志》卷四《服饰》，江苏古籍出版社（严仲仪校点），1990 年，第 54 页。

袜，今俗称滕裤。(《致虚阁杂俎》)①

三个人谈及"明皇杨妃故事"，感慨良多，唏嘘惋惜杨贵妃"红颜薄命"。

王质夫举起酒盏，对白居易曰："明皇与杨妃的风流故事，实为历代所少有。若没有非凡的学识文才来记述润色，就会随着时光流逝，湮没无闻，不为后世知晓。乐天兄长于诗作，又多情善感，何不用诗歌题咏其事，表达惩戒美色，杜绝祸端的讽谏之意，传留后世！不知兄台可有此意？"

陈鸿也鼓励道："乐天兄若能将这段故事写成诗歌，我愿为之作传。"

面对两位好友的殷切盛情，白居易的胸臆感叹和写作欲望，顿时勃发为长歌一曲的灵思，遂欣然回答："我早有此心，今日承蒙二位兄台赏识，当勉力而为。"

三、"一篇《长恨》有风情"

这是一个冬天里的故事，距今已经 1200 余年。在京兆府盩厔县南的仙游寺里，白居易纵横神来之笔，寄托奇瑰之情，写下了千古绝唱——《长恨歌》。

这个时间，上距杨贵妃被缢杀的马嵬兵变 (756)，整整 50 年了。

这是一个不眠寒夜，白居易临窗伫立，仰望夜空，浮想联翩。50年前那场突发的流血事变，惊心动魄，龙武将士的慷慨指陈，振聋发聩。他起身踱步，低声吟哦——杨贵妃宛转气绝的情景，仿佛就在眼前。唐明皇恩情既断，杨贵妃香消玉殒，一代倾国之色化为泥土，唯余幽魂衔长恨。……还有十多年来渴望于心的风情怀思，缠绵悱恻，

---

① 〔元〕伊世珍《琅嬛记》卷上，中华书局 (《丛书集成初编》本)，1985 年。

难理难剪，一齐涌向笔端。白居易灵思泉涌，废寝伏案，挥毫疾书。

　　汉皇重色思倾国，御宇多年求不得。杨家有女初长成，养在深闺人未识。天生丽质难自弃，一朝选在君王侧。回眸一笑百媚生，六宫粉黛无颜色。春寒赐浴华清池，温泉水滑洗凝脂。侍儿扶起娇无力，始是新承恩泽时。云鬓花颜金步摇，芙蓉帐暖度春宵。春宵苦短日高起，从此君王不早朝。承欢侍宴无闲暇，春从春游夜专夜。后宫佳丽三千人，三千宠爱在一身。金屋妆成娇侍夜，玉楼宴罢醉和春。姊妹弟兄皆列土，可怜光彩生门户。遂令天下父母心，不重生男重生女。骊宫高处入青云，仙乐风飘处处闻。缓歌慢舞凝丝竹，尽日君王看不足。渔阳鼙鼓动地来，惊破霓裳羽衣曲。九重城阙烟尘生，千乘万骑西南行。翠华摇摇行复止，西出都门百余里。六军不发无奈何，宛转蛾眉马前死。花钿委地无人收，翠翘金雀玉搔头。君王掩面救不得，回看血泪相和流。黄埃散漫风萧索，云栈萦纡登剑阁。峨嵋山下少人行，旌旗无光日色薄。蜀江水碧蜀山青，圣主朝朝暮暮情。行宫见月伤心色，夜雨闻铃肠断声。天旋日转回龙驭，到此踟蹰不能去。马嵬坡下泥土中，不见玉颜空死处。君臣相顾尽沾衣，东望都门信马归。归来池苑皆依旧，太液芙蓉未央柳。芙蓉如面柳如眉，对此如何不泪垂？春风桃李花开夜，秋雨梧桐叶落时。西宫南苑多秋草，宫叶满阶红不扫。梨园弟子白发新，椒房阿监青娥老。夕殿萤飞思悄然，孤灯挑尽未成眠。迟迟钟鼓初长夜，耿耿星河欲曙天。鸳鸯瓦冷霜华重，翡翠衾寒谁与共？悠悠生死别经年，魂魄不曾来入梦。临邛道士鸿都客，能以精诚致魂魄。为感君王展转思，遂教方士殷勤觅。排空驭气奔如电，升天入地求之遍。上穷碧落下黄泉，两处茫茫皆不见。忽闻海上有仙山，山在虚无缥缈间。楼殿玲珑五云起，其中绰约多仙子。中有一人字太真，雪肤花貌参差是。金阙西厢叩玉扃，转教小玉报双成。闻道汉家天子使，九华帐里梦魂惊。揽衣推枕起裴回，珠箔银屏迤逦开。云鬓半偏新睡觉，花冠不整下堂来。风吹仙袂飘飘举，犹似霓裳羽衣舞。玉容寂寞泪阑干，梨花一枝春带雨。含情凝睇谢君王，一别音容两渺茫。昭阳殿里恩爱绝，蓬莱宫中日月长。回头下望人寰处，不见长安见尘雾。唯将旧物表深情，钿合金钗寄将去。钗留一股合一扇，钗擘黄金合分钿。但令心似金钿坚，天上人间会相见。临别殷勤重寄词，词中有誓两心知。七月七日长生殿，夜半无人私语时："在天愿作比翼鸟，在地愿为连理枝。"天长地久有时尽，此恨绵绵无绝期。①

白居易《长恨歌》"既成，使［陈］鸿传焉"（《长恨歌传》是此诗的散文化）。而《长恨歌》一经公开，即不胫而走，流传四方，家喻户晓，妇孺能诵。

对于《长恨歌》的主题思想，白居易曾自我评价说：

一篇《长恨》有风情，十首《秦吟》近正声。②

……及再来长安，又闻有军使高霞寓者，欲聘娼妓，妓大夸曰："我诵得白学士《长恨歌》，岂同他妓哉。"由是增价。……自长安抵江西三四千里，凡乡校、佛寺、逆旅（旅店）、行舟之中，往往有题仆诗者；士庶、僧徒、孀妇、处女之口，每每有咏仆诗者。此诚雕虫之戏，不足为多（称赞）。然今时俗所重，正在此耳。虽前贤如渊（王褒，字子渊）、云（扬雄，字子云）者，前辈如李（李白）、杜（杜甫）者，亦未能忘情于其间哉！……今仆之诗，人所爱者，悉不过杂律诗与《长恨歌》已下耳。时之所重，仆之所轻。至于讽谕者，意激而言质（朴实、真诚）；闲适者，思澹

---

①《全唐诗》卷四三五，第4826—4830页。

②《全唐诗》卷四三九白居易《编集拙诗成一十五卷因题卷末戏赠元九李二十》，第4911页。元九（元稹）、李二十（李绅），皆为白居易的好友。

而词迂（曲折，和缓）。以质合迂，宜人之不爱也。……①

在白居易去世（846）之后，唐宣宗作诗吊（悼念）曰：

> 缀玉联珠六十年，谁教冥路作诗仙。浮云不系名居易，造化
> 无为字乐天。童子解吟《长恨曲》，胡儿能唱《琵琶篇》。文章已
> 满行人耳，一度思卿一怆然。②

从宣宗皇帝"童子解吟《长恨曲》"，就可见《长恨歌》在唐后
期流传之广泛——故事性强而引人入胜，文采优美而通俗上口，为社
会各阶层喜闻乐见。也可见《长恨歌》并不是"歌颂纯洁爱情"，也
不是"讥讽封建统治阶级"。

所谓"正声"，是具有政治讥讽性的作品。如《长恨歌传》所云
"亦欲惩尤物，窒乱阶（祸端），垂于将来者也"。而"风情"，指风流
浪漫的男女之情。

白居易描写唐明皇对杨贵妃的苦苦思念，用了大半篇幅——临邛
道士深受感动，遂施行"法术"而"入海上山"，明皇终于见到了贵
妃，是《长恨歌》的高潮情节。

这是典型的神话故事——以汉武帝与李夫人故事之"方士招魂"
为蓝本③，极尽人间想象，渲染浪漫色彩，最能吸引世俗大众的"眼
球"。

《长恨歌》为"浪漫爱情之绝唱"，文学艺术魅力艳丽而隽永，乃
不朽之作。

---

① 《全唐文》卷六七五白居易《与元九书》，第 3053 页。

② 〔五代〕王定保《唐摭言》卷十五《杂记》，三秦出版社（黄寿成点校），2011
年，第 221 页。

③ 黄永年《〈长恨歌〉新解》//《文史探微》，中华书局，2000 年。

附　录

一、杨贵妃生平年表

唐明皇开元七年（719），1 岁。六月，杨玉环出生于蜀州（治所在今四川崇州市）。其父杨玄琰任蜀州司户（从七品下）。是年秋，寿王李清（后改名瑁，唐明皇第十八子，母亲武惠妃）出生，养于宁王（唐明皇长兄李宪）府中。

开元十二年（724），6 岁。七月，唐明皇废王皇后为庶人。武惠妃（寿王生母）由此宠冠后宫，礼遇比于皇后。

开元十六年（728），10 岁。杨玉环父母亡故，被叔父杨玄璬接到东都洛阳抚养。杨玄璬时任河南府士曹参军（正七品下）。

开元二十二年（734），16 岁。正月，唐明皇（50 岁）东幸洛阳；开始笃信神仙。

开元二十三年（735），17 岁。十二月，杨玉环被选册为寿王李瑁之妃。

开元二十四年（736），18 岁。十月，唐明皇西返长安。寿王夫妇随驾西返。

开元二十五年（737），19 岁。四月，唐明皇废太子李瑛、鄂王李瑶、光王李琚为庶人，旋赐死城东驿。十二月，武惠妃病亡，享年39 岁。

开元二十六年（738），20 岁。六月，立忠王李玙（后改名李亨）为皇太子。

开元二十九年（741），23 岁。宁王（李宪）薨。寿王瑁奏请为伯父（加养父）"服丧"（齐衰三年），明皇诏准。

天宝三载（744），26 岁。正月二日，唐明皇以为其亡母窦氏（追赠昭成皇太后）"追福"的名义，颁《度寿王妃为女道士敕》，准其离俗入道。杨玉环出家后，道号"太真"，居于大明宫"太真殿"。十月，唐明皇驾幸骊山温泉宫（后改名华清宫），宦官首领高力士奉命宣诏杨太真：赐浴温泉宫。

天宝四载（745），27 岁。七月，为寿王李瑁册立新妃韦氏。八月，杨太真受册为贵妃。唐明皇推恩杨氏，为杨贵妃生身父母追赠官爵封号，其兄弟被授以官职，与三个姐姐皆赐第京城。十月，杨贵妃的从祖兄杨钊（即杨国忠）从益州来到长安，由杨氏姐妹引入宫中，唐明皇授其低级官职。

天宝五载（746），28 岁。七月，杨贵妃以妒悍不逊，被唐明皇下令送归其兄杨铦家。是夜，又开禁门将其迎回，自是恩宠更隆。

天宝六载（747），29 岁。正月，范阳、平卢节度使安禄山入朝。明皇命杨氏兄弟姐妹与安禄山叙为兄弟。安禄山因请为贵妃"养儿"。

天宝七载（748），30 岁。六月，杨钊升迁，专判度支事务，恩信日隆。七月，唐明皇封杨贵妃三个姐姐为国夫人，出入宫掖，并承恩泽。

天宝九载（750），32 岁。二月，杨贵妃忤旨，被送归私第。杨氏兄弟姐妹惶恐不安，贵妃剪发一缭献上请罪，明皇复召还宫，宠爱益深。十月，安禄山入朝献俘，杨钊兄妹奉命往临潼东面的戏水迎接。唐明皇赐杨钊名"国忠"。

天宝十一载（752），34 岁。十一月，右宰相李林甫年老病亡；以杨国忠任右宰相兼文（吏）部尚书。

天宝十四载（755），37 岁。十一月，安禄山于范阳（今北京市西南）起兵反叛。十二月，明皇下制亲征叛军，以皇太子监国。而皇太子素恶杨氏专横；杨氏兄弟姐妹闻信"大惧"，杨贵妃衔土请命，明皇遂罢之。

天宝十五载／肃宗至德元载（756），38岁。正月，安禄山于洛阳称帝，国号大燕，年号圣武。六月九日，唐军失守天险潼关。十三日，唐明皇离京西走。十四日，行至金城县马嵬驿，禁军哗变，杀死宰相杨国忠、其子杨暄等人，明皇被迫下令缢杀杨贵妃，草草埋葬于驿站外西边大路旁。杨国忠妻裴柔和幼子杨晞、虢国夫人等，亦死于"马嵬之难"。十五日，皇太子与明皇"分兵"，明皇西行入蜀，太子北上灵武。七月，皇太子即位（史称肃宗），改元至德，尊明皇为太上皇。

至德二载（757）正月，安禄山被其子安庆绪所杀。五月，太上皇追册肃宗生母杨氏为"元献皇后"。九月，唐军收复长安；十月，收复洛阳。十二月，太上皇自蜀中返回京城，居兴庆宫。

宝应元年（762）四月，太上皇驾崩于太极宫神龙殿，享年78岁。

二、〔唐〕陈鸿《长恨歌传》

开元（713—741）中，泰阶平，四海无事。玄宗在位岁久，倦于旰食宵衣，政无大小，始委于右丞相，稍深居游宴，以声色自娱。先是元献皇后、武淑妃皆有宠，相次即世。宫中虽良家子千数，无可悦目者。上心忽忽不乐。时每岁十月，驾幸华清宫，内外命妇，熠耀景从，浴日余波，赐以汤沐，春风灵液，澹荡其间。上心油然，若有所遇，顾左右前后，粉色如土。诏高力士潜搜外宫，得弘农杨玄琰女于寿邸，既笄矣。鬓发腻理，纤秾中度，举止闲冶，如汉武帝李夫人。别疏汤泉，诏赐藻莹，既出水，体弱力微，若不任罗绮。光彩焕发，转动照人。上甚悦，进见之日，奏《霓裳羽衣曲》以导之；定情之夕，授金钗钿合以固之。又命戴步摇，垂金珰。明年，册为贵妃，半后服用。由是冶其容，敏其词，婉娈万态，以中上意。上益嬖焉。时省风九州，泥金五岳，骊山雪夜，上阳春朝，与上行同辇，止同室，宴专席，寝专房。虽有三夫人、九嫔、二十七世妇、八十一御妻，暨后宫才人、乐府妓女，使天子无顾盼意。自是六宫无复进幸者。非徒殊艳尤态致是，盖才智明慧，善巧便佞，先意希旨，有不可形容者。叔父昆弟皆列位清贵，爵为通侯。姊妹封国夫人，富埒王宫，车服邸第，与大长公主侔矣。而恩泽势力，则又过之，出入禁门不问，京师长吏为之侧目。故当时谣咏有云："生女勿悲酸，生男勿喜欢。"又曰："男不封侯女作妃，看女却为门上楣。"其为人心羡慕如此。

天宝末，兄国忠盗丞相位，愚弄国柄。及安禄山引兵向阙，以讨杨氏为词。潼关不守，翠华南幸，出咸阳，道次马嵬亭。六军徘徊，持戟不进。从官郎吏伏上马前，请诛晁错以谢天下。国忠奉牦缨盘水，死于道周。左右之意未快。上问之。当时敢言者，请以贵妃塞天下怨。上知不免，而不忍见其死，反袂掩面，使牵之而去。仓皇展转，竟就死于尺组之下。既而玄宗狩成都，肃宗受禅灵武。明年大赦改元，大驾还都。尊玄宗为太上皇，就养南宫。自南宫迁于西内。时移事去，乐尽悲来。每至春之日，冬之夜，池莲夏开，宫槐秋落。梨园弟子，玉琯发音，闻《霓裳羽衣》一声，则天颜不怡，左右歔欷。三载一意，其念不衰。求之梦魂，杳不能得。

适有道士自蜀来，知上心念杨妃如是，自言有李少君之术。玄宗大喜，命致其神。方士乃竭其术以索之，不至。又能游神驭气，出天界，没地府以求之，不见。又旁求四虚上下，东极天海，跨蓬壶。见最高仙山，上多楼阙，西厢下有洞户，东向，阖其门，署曰"玉妃太真院"。方士抽簪扣扉，有双鬟童女，出应其门。方士造次未及言，而双鬟复入。俄有碧衣侍女又至，诘其所从。方士因称唐天子使者，且致其命。碧衣云："玉妃方寝，请少待之。"于时云海沉沉，洞天日晓，琼户重阖，悄然无声。方士屏息敛足，拱手门下。久之，而碧衣延入，且曰："玉妃出。"见一人冠金莲，披紫绡，佩红玉，曳凤舄，左右侍者七八人，揖方士，问"皇帝安否"，次问天宝十四载已还事。

言讫，悯然。指碧衣取金钗钿合，各析其半，授使者曰："为我谢太上皇，谨献是物，寻旧好也。"方士受辞与信，将行，色有不足。玉妃固征其意。复前跪致词："请当时一事，不为他人闻者，验于太上皇，不然，恐钿合金钗，负新垣平之诈也。"玉妃茫然退立，若有所思，徐而言曰："昔天宝十载，侍辇避暑于骊山宫。秋七月，牵牛织女相见之夕，秦人风俗，是夜张锦绣，陈饮食，树瓜华，焚香于庭，号为乞巧。宫掖间尤尚之。时夜殆半，休侍卫于东西厢，独侍上。上凭肩而立，因仰天感牛女事，密相誓心，愿世世为夫妇。言毕，执手各呜咽。此独君王知之耳。"因自悲曰："由此一念，又不得居此。复堕下界，且结后缘。或为天，或为人，决再相见，好合如旧。"因言："太上皇亦不久人间，幸惟自安，无自苦耳。"使者还奏太上皇，皇心震悼，日日不豫。其年夏四月，南宫宴驾。

元和元年（806）冬十二月，太原白乐天自校书郎尉于盩厔。鸿与琅琊王质夫家于是邑，暇日相携游仙游寺，话及此事，相与感叹。质夫举酒于乐天前曰："夫希代之事，非遇出世之才润色之，则与时消没，不闻于世。乐天深于诗，多于情者也。试为歌之。如何？"乐天因为《长恨歌》。意者不但感其事，亦欲惩尤物，窒乱阶，垂于将来者也。歌既成，使鸿传焉。世所不闻者，予非开元遗民，不得知。世所知者，有《玄宗本纪》在。今但传《长恨歌》云尔。

唐华清宫"梨园"遗址性质商榷

1994—1995 年，陕西省考古工作队在临潼华清池内发掘的一处遗址，其位置和名称与宋代的石刻《唐骊山宫图》[①] 相符：在唐华清宫津阳门（北门）内、东区的瑶光楼（东区北门）之南，标示有"小汤"（在东）和"梨园"（在西）。[②]

在此"梨园"遗址被发掘之前，《唐骊山宫图》就为中外史学界所重视。此遗址被发现之后，学术界对其性质地位进行讨论"认定"，主要有两种观点：一是专设的"华清宫梨园"机构，与京城宫廷的"皇帝梨园"一样[③]；二是认为"华清宫梨园遗址仅是梨园弟子的居住地，而并非当时的观演场所"。[④]

对唐华清宫"梨园"遗址的定性，牵涉华清宫的"行政地位"、

---

① 〔宋〕宋敏求《长安志》、〔元〕李好文《长安志图·唐骊山宫图》，三秦出版社（辛德勇、郎洁点校），2013 年。

② 唐华清宫考古队《唐华清宫梨园、小汤遗址发掘简报》，《文物》1999 年第 3 期。

③ 〔日〕岸边成雄《唐代音乐史的研究》，梁在平、黄志炯译，台北中华书局，1973 年，第 349 页；马欢《唐代音乐机构研究》，陕西师范大学 2007 年硕士论文；周伟洲《唐梨园新考》//魏全瑞主编《隋唐史论：牛致功教授八十华诞祝寿文集》，三秦出版社，2007 年。

④ 方建军《论华清宫梨园遗址及有关问题》，《交响》（西安音乐学院学报）2013 年第 4 期。作者指出：此"梨园"遗址的"建筑共有八个室，其中五室两庑可供梨园弟子居住。据八个室的面积推算，华清宫梨园可能居住的乐工约有 53 人。综合考虑文献记载和考古发现，推测梨园乐工约 50 人，其中包括乐队成员 20 人上下，歌舞表演者 30 人左右"。按：盛唐"皇帝梨园弟子"是以教习演奏"法曲"（器乐）为主要伎艺，并不包括歌舞（属于宫廷"教坊"伎艺）。

"皇帝梨园"机构的设置和管理权限等问题，还需要"多角度"地探讨商榷。①

一、宋代石刻《唐骊山宫图》

在宋代石刻《唐骊山宫图》后，有游师雄（1037—1097）题记云：

> 骊山温泉，自秦汉周隋相继崇饰。唐贞观初始营御汤，天宝六载（747）筑罗城，于汤所置百司、公卿邸第，治汤为池沼，增起台殿，环列山谷，因改温泉宫为华清宫，明皇岁幸焉。……逮禄山乱，天子游幸益鲜，唐末遂废。……［宋哲宗］元祐三年（1088）中秋日，武功游景叔识。（石刻在临潼）②

晚唐人郑嵎的《津阳门诗》，就有华清宫的瑶光楼、梨园等名称。

> 津阳门北临通逵，雪风猎猎飘酒旗。……
>
> 瑶光楼南皆紫禁，梨园仙宴临花枝。……③

骊山华清宫，是唐代关中地区最负盛名的皇帝"行宫"。所以，首先有必要对其"行宫"的性质地位，有清楚的认识（或曰"定位"）。

---

① 参看孙志成、水田月《唐华清宫"梨园"遗址性质商榷》，《人文杂志》2016年第6期；骆希哲《唐华清宫》，文物出版社，1998年；西安市临潼区唐文化旅游区管理委员会编《骊山·华清宫文史宝典》，陕西旅游出版社，2008年；岳东《华清宫梨园》，未来出版社，2016年。

② 按：游师雄，字景叔，北宋京兆武功（今陕西武功县东南）人。宋英宗治平元年（1064）中进士，历仪州司户参军、德顺军判官、宗正寺主簿、军器监丞等，以功升任陕西转运判官、提点秦凤路刑狱，后历知邠州、河中府、陕州等职务。于宋哲宗绍圣四年（1097），卒于陕州任所。史称其熟悉边防事务，"慷慨豪迈，有志事功"。

③《全唐诗》卷五六七，第6619页。按：郑嵎，字宾先，唐宣宗大中五年（851）进士及第。其里居及生卒年均不详，约唐宣宗大中末前后在世。

二、骊山华清宫的行政地位

唐代京兆府新丰县骊山华清宫，西距长安城五十里。其原名为"汤泉宫"，唐太宗贞观十八年（644），在前代的基础上加以营建；唐高宗咸亨二年（671），改名为"温泉宫"；唐玄宗开元十一年（723）、天宝二年（743），又加以增修，至天宝六载（747）秋天大加扩建之后，又改名为"华清宫"。①

据《唐六典》卷十九《司农寺》温泉汤监、九成宫总监：

温泉汤：监一人，正七品下；丞一人，从八品上。温泉汤监掌汤池宫禁之事；丞为之贰。凡驾幸温汤，其用物不支，所司者皆供之。若有防堰损坏，随时修筑之。凡王公已下，至于庶人，汤泉馆室有差，别其贵贱，而禁其逾越。凡近汤之地，润泽所及，瓜果之属先时而育者，必为之园畦，而课其树艺；成熟，则苞匦而进之，以荐（荐新。献祭）陵庙。

骊山西有温汤，……今（唐）在新丰县西，……又京兆府蓝田县有石门汤，岐州郿县（今眉县）有凤泉汤，同州（治所在今大荔县）有北山汤，河南府有陆浑汤，汝州有广成汤，天下诸州往往有之。然地气温润，殖物尤早，卉木凌冬不凋，蔬果入春先熟，比之骊山，多所不逮。

九成宫总监：监一人，从五品下；副监一人，从六品下；丞一人，从七品下；主簿一人，从九品下。九成宫监掌检校宫苑，供进合练药饵之事；副监为之贰。丞掌判监事。主簿掌印，勾检监事。

----

① 〔唐〕李吉甫《元和郡县志》，中华书局（贺次君点校），1983 年，第 7 页；《唐会要》卷三十《华清宫》，第 651 页；《新唐书》卷三十七《地理志一》，第 962 页。

由此可见，唐代"行宫"的行政地位并不高。再将唐代的"行宫"与"六等县"列为简表，进行比较，就更易于明了。

唐代"行宫"与"六等县"比较简表①

行宫（总监、监）官品级别				
1	九成宫总监	从五品下	2	温泉汤监	正七品下
六等县令／官品级别				
1	京县令	正五品上	2	畿县令	正六品上
3	上县令	从六品上	4	中县令	正七品上
5	中下县令	从七品上	6	下县令	从七品下

（一）显耀一时的"辉煌行宫"

唐玄宗天宝六载（747）十二月，发冯翊（同州。治所在今陕西大荔县）、华阴（华州。治所在今陕西渭南市华州区）等郡丁夫，筑会昌罗城于温泉之北，置百司机构，进行大规模扩建。②

在唐代（618—907）近三百年间，骊山温泉宫（华清宫）声名之赫然显耀，主要在唐玄宗时期（712—756），尤其是在天宝六载（747）扩建和改名之后。

换言之，华清宫"政治辉煌"的时间，只有十年（747—756）。

详检两《唐书·玄宗本纪》：唐玄宗在位（712—756）时间长达45年，曾36次驾幸华清宫，都是在冬季春初的天寒时节。前期是在当年十月至次年正月不定，驻跸时间一般为十天半月，最长也不到一个

---

① 据《唐六典》卷三《户部》，第72—73页；卷三十《三府都护州县官吏》，第750—753页。按：唐朝以长安、洛阳和太原为"三都"，凡"三都之县，在城内曰京县（长安、万年、河南、洛阳、太原、晋阳），城外曰畿县"。其余诸州之县，分为上县、中县、中下县、下县。

②《唐会要》卷三十《华清宫》，第651页。

月。自开元二十四年（736）以后，唐玄宗长住西京长安，再未东巡洛阳。从开元二十六年（738）以后，驾幸华清宫基本固定在十月；回驾京城或在十月，或在次年正月。又自天宝三载到十五载（744—756）——杨太真（贵妃）入宫得宠的十余年里，唐玄宗行幸华清宫多达 14 次，而且，驻跸时间也长。其中最长的一次为天宝十载（751）冬天至次年正月，长达 96 天。

由此可见，骊山华清宫地位声名之"显贵荣耀"，是因缘得天独厚的自然温泉、地近京城的地理位置，尤其是唐玄宗天宝年间的频繁行幸。

而且，就连骊山行宫所在之地也"沾了光"。天宝三载（744）十二月，以新丰县城（今临潼区东北新丰街道）距离温泉宫较远不便，析新丰、万年二县置会昌县（今临潼区）；四载（745）十月，又"以会昌县为同京县"（县令由正六品上提升到正五品上）；七载（748）十二月，改为昭应县，省新丰县来属。①

随着骊山行宫的大加扩建、皇驾行幸和王公百官随驾而至，昭应县的商贸市场等服务业也兴盛一时。据《唐会要》卷八十六《市》：

　　［唐玄宗］天宝八载（749）十月五日，……华清宫置北市。

据《全唐文》卷三十二唐玄宗《禁赁店干利诏》：

　　南、北卫百官等，如闻昭应县（今临潼区）两市及近场处，广造店铺，出赁与人，干利商贾，莫甚于此。自今已后，其所赁店铺，每间月估不得过五百文。其清资官准法不可置者，容其出卖。如有违犯，具名录奏。

所谓"两市"，是指昭应县原有的市场与新置的"北市"。而"置

---

①《旧唐书》卷九《玄宗本纪下》，第 218、222 页；卷三十八《地理志一》，第 1396 页。

北市"主要是为了每年冬春天寒时节，皇驾行幸华清宫期间，宫廷、百司以及随驾人员的生活物资供应。据封演（生活于盛唐至中唐时期）《封氏闻见记》卷七"温汤"条：

> 骊山〔温〕汤甫迩京邑，帝王时所游幸。玄宗于骊山置华清宫，每年十月车驾自京而出，至春乃还。百官羽卫并诸方朝集，商贾繁会，里闾阗咽焉。……丧乱（指"安史之乱"）以来，汤所馆殿，鞠为茂草。

天宝十四载（755）十一月初九日，安禄山在幽州蓟城（今北京市西南）起兵反叛；初十，太原方面火速向长安报警，闻于行在——骊山华清宫，但唐玄宗竟不肯相信；至十五日，玄宗"闻禄山定反"，才仓促部署对策；二十一日，提前结束了在位时的最后一次华清宫之行，匆匆返回京城兴庆宫（南内）。[①]

华清宫的"政治辉煌"仅为唐玄宗一朝盛事耳，昭应县的工商业市场繁荣也主要是在天宝年间。因为，京外"行宫"并非京城皇宫——国家政治中心；在皇驾行幸期间，中央机构和文武百官随驾驻扎，乃临时性质。在皇驾返回长安城之后，华清宫并没有一套"中央留守班子"——像东都洛阳那样。自"安史之乱"以降，华清宫的政治地位急剧衰落，县城的商业繁华也随之"降温"。

（二）唐后期的"寂寥行宫"

在唐朝后期，华清宫一直萧条冷清，部分汤池逐渐淤塞，地面建筑倾圮或被拆掉。如唐代宗大历二年（767），大宦官鱼朝恩奏请修造章敬寺（在京城东面北门通化门外），"为章敬太后（代宗生母）荐福（祭神求福）"，工程穷壮极丽，尽京城市场木材仍不足用，于是拆除

---

① 《旧唐书》卷九《玄宗本纪下》，第230页。

曲江、华清宫楼榭等，收其材料以佐兴造。①

更由于"安史之乱"（755—763）给王朝国家和天下百姓带来巨创深痛，自中唐以降，朝野舆论认为安禄山叛乱是由于玄宗的淫侈游乐，而淫乐中心就在骊山华清宫——君主"败德"的政治象征。所以，除个别皇帝外多不敢蹈此覆辙，几以行幸骊山为恶德。② 当穆宗、敬宗这两个年青而喜好游乐的皇帝要去华清宫时，皆遭大臣极力谏阻，亦皆匆匆来去，即日还宫。③

爰此朝野舆论，骊山华清宫遂成为敏感的"政治忌讳"，昔日的地位显耀和市井热闹无由再振——"天子罕复游幸。唐末，遂皆圮废"。④

三、盛唐"皇帝梨园"性质地位

若谓唐华清宫"梨园"遗址为专设的乐舞机构——"华清宫梨园"，缺乏直接史料"给力"支撑。而轻率地"望文生义"，会导致结论似是而非。

考证辨析历史事物，必须秉持基本认识（常识）和事理逻辑。

1. 古今中外，国家职官制度皆具有"刚性"——规范性和稳定性。凡正式（依法）设立的中央、地方行政机构（政务和事务官署），皆应具备名称、层级组织（单位）、官吏岗位和具体职掌、衙署（办公地点）等基本要素。

称"华清宫梨园遗址"名副其实；称"华清宫梨园"（乐舞机构）

---

①《旧唐书》卷二〇七《宦官传·鱼朝恩》，第5865页；《资治通鉴》卷二二四，第7314页。

②黄永年《六至九世纪中国政治史》，上海书店出版社，2004年，第273页。

③《旧唐书》卷十六《穆宗本纪》，第483页；卷十七《敬宗本纪》，第1396页。

④〔宋〕宋敏求《长安志》卷十五，中华书局（《丛书集成初编》本）1991年，第205页。

史无其名。

2. 盛唐长安的国家乐舞机构主要分为两大系统。一是太常寺（"南衙"系统）的太乐署与鼓吹署，太乐署主要职掌政治礼仪性的"雅乐"、君臣宴飨时的"燕乐"等；鼓吹署职掌"卤簿"仪仗音乐、军乐等。二是内侍省（"北司"系统）职掌的宫廷诸"教坊"、"宜春院"与"皇帝梨园"，其乐舞性质皆属"世俗娱乐"。

宫廷系统乐舞机构的男女乐伎们祗候（服务）的对象，首先为皇帝后妃，其次为太子，再次及于王公贵族、文武官员。男女乐伎们供奉乐舞的"劳动性质"，属于国家劳役（太常寺系统的乐工亦是）。而皇帝是国家元首和象征（"朕即国家"），宫廷乐舞机构属于"国家制度"范畴，可谓名正言顺。

宫廷"教坊"机构容纳歌舞杂伎（百戏杂艺），分为内教坊（在大明宫东侧的东内苑）、外教坊（左教坊在延政坊，右教坊在光宅坊，皆在大明宫南面的坊区中）；宫内还有"宜春院"，其女伎称"内人"，皆年青美貌、擅长歌唱与舞蹈，居于东宫北部的宜春院。其"教坊使"由内侍省高品宦官充任。①

3. "皇帝梨园"为御前音乐机构，以教习唐玄宗喜爱的"法曲"和"道调"等为专业伎艺（器乐演奏）。其下设"梨园法部"，又分为"男部"（最初的300人，选自太常寺太乐署演奏"丝竹细乐"的"坐部伎"）、"女部"（数百人，选自宫女，居东宫宜春北院）、"小部音声"（15岁以下男童30人）。② 其"梨园教坊使"（天宝年间设置）亦由高品宦官充任。尤其是称"梨园教坊使"而不称"教坊梨园

---

① 唐玄宗即位之后，整顿国家级乐舞机构，按照乐舞的不同种类、性质功能——雅、俗之别，分为太常寺与宫廷两大管理系统。

② 《明皇杂录·逸文》，第51、57页；〔唐〕袁郊《甘泽谣》 // 《唐五代笔记小说大观》，上海古籍出版社，2000年，第546—547页。

使"——很显然，"皇帝梨园"的地位后来居上。

4. 依据事理逻辑，唐玄宗开元初年，以内侍省高品宦官充任"教坊使"，其"使署"（办公厅堂）是在太极宫（西内）"内侍省"（掖庭宫西南部①）。

自开元二年（714）至十六年（728）正月之前，玄宗居于大明宫（东内）听政。"教坊使署"随仗移至大明宫中部西侧的右银台门内。②

自开元十六年（728）至天宝十五载（756），玄宗一直居于兴庆宫（南内）。③则"梨园教坊使署"就在"随仗移来"的内侍省（但具体位置史载不明）。

还有每年冬春时节，玄宗车驾照例东幸骊山华清宫，洗浴避寒。

如此一来，随驾供奉的"教坊使署／梨园教坊使署"所在，就不止一所了。而随驾供奉乐舞的"皇帝梨园弟子"、教坊乐伎的居处，也是如此。

换言之，在天宝年间，宫廷"梨园教坊使"（其下有副使、判官等僚佐）负责御前乐舞供奉事宜。其"皇帝梨园弟子"（男、女共约500人）的居住和教习地点，则分在数处（大明宫南面的坊区、太子东宫宜春北院、兴庆宫）。

天宝年间，唐玄宗专宠杨贵妃（能歌善舞），放纵享乐。寻常在宫内宴乐时，演奏"法曲"者为"皇帝梨园弟子"，供奉歌舞者为"宜春院内人"，表演"百戏"（散乐）者为内、外教坊乐伎。此类御

---

① 参看张永禄《唐都长安》（增订本），三秦出版社，2010年，第95页。

② 按：唐高宗龙朔（661—663）以后，诸位皇帝多居大明宫，内侍省亦随之移往。据〔清〕徐松撰，李健超增订《最新增订唐两京城坊考》，三秦出版社，2019年，第24页。参看杜文玉《大明宫研究》，中国社会科学出版社，2015年，第261—263页。

③ 天宝十五载（756，唐肃宗至德元载）六月，安禄山叛军打破关中东部门户潼关天险，唐军防御阵线崩溃。唐玄宗仓皇离京西走，入蜀避难。

前乐舞表演，其规模一般比较小，凡供奉乐舞者大多为乐伎中的一流名手（今谓"大牌明星"）。

5. 开元初年设置的宫廷"教坊使"、天宝年间设置的"梨园教坊使"，皆由内侍省高级宦官充任——见于史载者"名单"零散不全，也算有案可稽。但没有"华清宫梨园使"名称和充任者的只言片语。

尤需注意者："教坊使"与"梨园教坊使"为宫廷系统乐舞机构（国家层级）的最高长官。在其名称之前，皆无具体"地点"或"单位"名称的限定或专指。

四、华清宫"梨园"遗址性质

历史遗址、出土文物具有毋庸置疑的"史料价值"。但作为静态（凝固）的"历史事物之表象"，往往并不能完全"自证"身份、显示其隐藏（潜在）的历史信息——需要与相关史料相互"印证"，共同叙说其"历史故事"。

若以宋代石刻《唐骊山宫图》作为核心论据，来认定骊山华清宫"梨园"遗址的性质地位——专门设置的"华清宫梨园"（独立的宫廷乐舞机构），尚不能构成"劲挺之辞"，并完全回答所有"质疑"——满足"机构"概念之构成要素。

骊山华清宫的"行宫"地位，是认定其"梨园"遗址性质的关键。[①]

（一）"神仙伴侣"与华清歌舞

天宝年间，唐玄宗倦于万机，佞道修仙，宠爱杨贵妃，纵情享乐。

---

① 不妨举一个通俗的例子：旧时的不少乡村、集镇建有"戏楼"（楼台）或"戏台"（露天舞台），但没有专业"剧团"（或业余的"戏班子"）。只是在传统节庆、特定的重大活动时，雇请专业（或业余）"剧团"来演出。那么，这种"戏楼"（与"戏台"）能叫作"剧团"吗？

而骊山的自然风光和天然温泉为绝佳的风景胜地，华清宫负山临水，殿阁汤池错落有致，就是"太平天子"李隆基追求"神仙皇帝"境界的"洞天福地"。①

在天宝年间，每到冬春天寒时节，唐玄宗与杨贵妃行幸骊山华清宫期间，王公贵戚、朝廷大臣以及宿卫禁军也随驾前往。还有部分"皇帝梨园弟子"与宫廷教坊乐伎随行，供奉宴享音乐歌舞，尽情欢娱。白居易《长恨歌》咏曰：

> 春寒赐浴华清池，温泉水滑洗凝脂。……骊宫高处入青云，仙乐风飘处处闻。缓歌慢舞凝丝竹，尽日君王看不足。……

因缘唐玄宗对"法曲"、道调和"新声"之嗜好，遂使"皇帝梨园弟子"的身份名头格外响亮，成为宫廷"教坊"乐伎、太常乐工的"羡慕嫉妒恨"。②

1. 正是由于天宝年间、唐玄宗每岁行幸华清宫，百官随驾，遂使"皇帝梨园"名称跟着随驾的"皇帝梨园弟子"也"落户"到了骊山华清宫，并留下许多传闻轶事。自中唐以降，"华清宫故事"便成为市井草民饭后茶余的"谝闲"谈资，诗人文士吟诵记述的"香艳"内容，朝臣议论施政得失的"热门"话题。

---

① 按：唐玄宗设置"皇帝梨园"、大加扩建华清宫，与杨太真"入宫"有密切关系。天宝三载（744）正月二日，寿王妃（杨玉环）"奉敕入道"，为昭成窦太后（唐玄宗生母）"追福"，取道号"杨太真"；随后被玄宗"潜内宫中"。天宝四载（745）八月，册太真妃杨氏为贵妃（正一品，位次皇后）。据《旧唐书》卷九《玄宗本纪下》，第219页；卷五十一《后妃传上·玄宗杨贵妃》，第2161页。参看第三章；水田月、穆文嘉《唐杨贵妃"度道入宫"时间再考证》//《陕西历史博物馆论丛》第30辑，三秦出版社，2023年。

② 据宋代石刻《唐骊山宫图》，在华清宫津阳门（北门）外望仙桥的西侧，标有"教坊"示意图形。由此以观，"皇帝梨园弟子"居于宫内，其身份地位明显高于"教坊"乐伎。

2. "安史之乱"（755—763）爆发、次年西京长安失陷，皇驾入蜀避难。

> ［安禄山叛军］陷西京。……于是禄山伪官属等，全虏府库兵甲、文物、图籍，宜春云韶［乐伎］，犀象、舞马，掖庭后宫皆没焉。禄山以车辇乐器及歌舞衣服，迫胁乐工，牵制犀象，驱掠舞马，遣入洛阳，复散于北，向时之盛埽地矣。肃宗克复，方散求于人（民）间，复归于京师，十得二三。……禄山尤致意于乐工，求访颇切，不旬日间，获梨园弟子数百人。……①

长安城的太常、宫廷教坊乐伎和"皇帝梨园弟子"，大多被叛军俘获，押往洛阳。其余则流散民间或托身地方官府（献艺谋生），遂使"皇帝梨园"人物故事纷纷然传播于市井社会。"白头宫女在，闲坐说玄宗。"（中唐诗人元稹《行宫》诗②）俗语谓"故事长脚"，"东西越捎越少，话越捎越多"。昔日的"皇帝梨园"与"梨园弟子"名称，也流变为民间对宫廷乐伎的口头泛称。时过境迁，对其真相，唐后期文士的笔记杂说和诗词等已经混淆不清，更不用说后世的人们难辨究竟了。

3. 在唐玄宗行幸骊山期间，华清宫只是临时性的政治中心。而御前供奉乐舞事宜，由"梨园教坊使"（"宦官窦元礼"辈③）职掌——华清宫"梨园"遗址（可居约50人），就是随驾的"皇帝梨园弟子"寝居之地；其"小汤"应是他们的沐浴场所；并非专设的"华清宫梨园"（音乐机构）所在。

---

① 《安禄山事迹》卷下，第106页。

② 《全唐诗》卷四一〇元稹《行宫》，第4562页。

③ 据〔唐〕李邕《唐故逸人窦居士神道碑并序》// 〔清〕王昶《金石萃编》卷八十七，上海古籍出版社，2020年，第1452—1453页。

（二）"华清歌舞"的落幕

唐玄宗天宝十五载（756。肃宗至德元载）六月，关中东部门户潼关天险被安禄山叛军打破，唐军防御阵线全面崩溃；唐玄宗仓促离京西走，入蜀避难。

唐肃宗至德二载（757）九、十月，唐军收复西京长安、东都洛阳。

唐军收复长安的捷报传到肃宗行在凤翔府（陕西今地），肃宗悲喜交加，泪流满面。随即派遣使臣入蜀，向"太上皇"（玄宗）报告；随后，又派遣宰相韦建素入蜀，奉迎太上皇还京。十二月，唐玄宗返回长安，仍居兴庆宫——"高居无为"的太上皇，由高力士、陈玄礼等"老臣"陪侍，消磨时日。

肃宗乾元元年（758）十月，74 岁的"太上皇"最后一次游幸华清宫，住了二十多天。新丰市女伶谢阿蛮（善舞，天宝中常出入宫廷）奉诏入拜，献舞《凌波曲》。舞罢，拿出当年杨贵妃赏赐的金粟装臂环。① 玄宗睹物思人，持之出涕；左右随从，莫不呜咽感伤。正所谓时过境迁，"权威"转换，物是人非，百感交集。

这就是真实的大唐帝国"华清乐舞"的落幕。

---

① 〔唐〕郑处诲《明皇杂录·补遗》，中华书局（田廷柱点校），1994 年；〔宋〕乐史《杨太真外传》//《开元天宝遗事十种》，上海古籍出版社，1985 年。按：谢阿蛮为"市妓"，籍属地方州县。"臂环"也称臂钏，为女性装饰物，戴于臂上为臂环，戴于手腕为手镯。

参考文献

1.《春秋公羊传》//《十三经注疏》,中华书局(影印本),1980 年。

2.《庄子今注今译》,中华书局(陈鼓应注译),1983 年。

3.〔汉〕刘向编订《战国策》,上海古籍出版社,2008 年。

4.〔汉〕司马迁《史记》,中华书局,1982 年。

5.〔汉〕班固《汉书》,中华书局,1962 年。

6.〔北齐〕魏收《魏书》,中华书局,1974 年。

7.〔唐〕李延寿《北史》,中华书局,1974 年。

8.〔唐〕魏徵等《隋书》,中华书局,1973 年。

9.〔后晋〕刘昫等《旧唐书》,中华书局,1975 年。

10.〔宋〕欧阳修、宋祁等《新唐书》,中华书局,1975 年。

11.〔唐〕长孙无忌等《唐律疏议》,上海古籍出版社(岳纯之点校),2013 年。

12.〔唐〕李林甫等《唐六典》,中华书局(陈仲夫点校),1992 年。

13.〔唐〕杜佑《通典》,中华书局(王文锦等点校),1988 年。

14.〔宋〕王溥《唐会要》,上海古籍出版社,1991 年。

15.〔唐〕李吉甫《元和郡县图志》,中华书局(贺次君点校),1983 年。

16.〔唐〕吴兢撰,〔元〕戈直集注《贞观政要》,上海古籍出版社,2008 年。

17.〔宋〕宋敏求编《唐大诏令集》,中华书局,2008 年。

18.〔宋〕司马光《资治通鉴》,中华书局,1956 年。

19.〔唐〕韦述、杜宝撰,辛德勇辑校《两京新记辑校 大业杂记辑校》,三秦出版社,2006 年。

20.天一阁博物馆、中国社会科学院历史研究所天圣令整理课题组校证《天一阁藏明钞本天圣令校证(附唐令复原研究)》,中华书局,

2006 年。

21.〔宋〕王钦若等编《册府元龟》,凤凰出版社(周勋初等校订),
　　2006 年。

22.〔元〕马端临《文献通考》,中华书局(点校本),2011 年。

23.〔宋〕宋敏求《长安志》,三秦出版社(辛德勇、郎洁点校),2013 年。

24.〔北魏〕杨衒之撰,周祖谟校释《洛阳伽蓝记校释》,中华书局,2013 年。

25. 赵超《新唐书宰相世系表集校》,中华书局,1998 年。

26. 陈桥驿《水经注校释》,杭州大学出版社,1999 年。

27.〔清〕徐松撰,张穆校补《唐两京城坊考》,中华书局(方严点校),1985 年。

28.〔清〕徐松撰,李健超增订《最新增订唐两京城坊考》,三秦出版社,2019 年。

29.〔宋〕陈旸《乐书》//商务印书馆影印《四库全书》本,2005 年。

30.〔南宋〕曾慥《类说》//商务印书馆影印《四库全书》本,2005 年。

31.〔宋〕程大昌《雍录》,中华书局(黄永年点校),2002 年。

32.〔宋〕范祖禹《唐鉴》,上海古籍出版社,1984 年。

33.〔清〕胡凤丹《马嵬志》,江苏古籍出版社(严仲仪校点),1990 年。

34.〔清〕王昶《金石萃编》,上海古籍出版社,2020 年。

35.〔唐〕郭湜《高力士外传》//《开元天宝遗事十种》,上海古籍出版社,
　　1985 年。

36.〔唐〕姚汝能《安禄山事迹》,中华书局(曾贻芬点校),2006 年。

37.〔唐〕李德裕《次柳氏旧闻》//《开元天宝遗事十种》,上海古籍出版
　　社,1985 年。

38.〔唐〕陈鸿《长恨歌传》//《开元天宝遗事十种》,上海古籍出版社,1985 年。

39.〔唐〕郑綮《开天传信记》//《开元天宝遗事十种》,上海古籍出版社,
　　1985 年。

40.〔唐〕袁郊《甘泽谣》//《唐五代笔记小说大观》,上海古籍出版社,2000 年。

41.〔唐〕康骈《剧谈录》//《唐五代笔记小说大观》,上海古籍出版社,2000 年。

42.〔唐〕段成式《酉阳杂俎》//《唐五代笔记小说大观》,上海古籍出版

社,2000 年。

43.〔唐〕李肇《唐国史补》//《唐五代笔记小说大观》,上海古籍出版社,2000 年。

44.〔唐〕李濬《松窗杂录》//《唐五代笔记小说大观》,上海古籍出版社,2000 年。

45.〔唐〕裴铏《传奇》//《唐五代笔记小说大观》,上海古籍出版社,2000 年。

46.〔唐〕孟棨《本事诗》//《唐五代笔记小说大观》,上海古籍出版社,2000 年。

47.〔唐〕孙棨《北里志》//《唐五代笔记小说大观》,上海古籍出版社,2000 年。

48.〔唐〕刘悚《隋唐嘉话》,中华书局(程毅中点校),1979 年。

49.〔唐〕佚名《大唐传载》//《全唐五代笔记》,三秦出版社,2012 年。

50.〔唐〕冯贽《云仙杂记》//《全唐五代笔记》,三秦出版社,2012 年。

51.〔唐〕韩琬《御史台记》//《全唐五代笔记》,三秦出版社,2012 年。

52.〔唐〕张彦远《历代名画记》,人民美术出版社,1963 年。

53.〔唐〕张鷟《朝野佥载》,中华书局(赵守俨点校),1979 年。

54.〔唐〕南卓《羯鼓录》,辽宁教育出版社(罗济平点校),1998 年。

55.〔唐〕郑处诲《明皇杂录》,中华书局(田廷柱点校),1994 年。

56.〔唐〕段安节《乐府杂录》//《教坊记》(外三种),中华书局(吴企明点校),2012 年。

57.〔唐〕崔令钦《教坊记》(外三种),中华书局(吴企明点校),2012 年。

58.〔唐〕陈鸿祖《东城父老传》//《全唐文》,上海古籍出版社,1990 年。

59.〔唐〕杜甫《杜工部集》,辽宁教育出版社(王学泰校点),1997 年。

60.〔五代〕王仁裕《开元天宝遗事》,中华书局(曾贻芬点校),2006 年。

61.〔五代〕王定保《唐摭言》,三秦出版社(黄寿成点校),2011 年。

62.〔五代〕马缟《中华古今注》//《苏氏演义》(外三种),中华书局(吴企明点校),2012 年。

63.〔宋〕乐史《杨太真外传》//《开元天宝遗事十种》,上海古籍出版社,1985 年。

64.〔宋〕无名氏《梅妃传》//《开元天宝遗事十种》,上海古籍出版社,1985 年。

65.〔宋〕沈括《梦溪笔谈》,中华书局(金良年点校),2015 年。

66.〔宋〕王谠撰,周勋初校证《唐语林校证》,中华书局,1987 年。

67.〔宋〕钱易《南部新书》,中华书局(黄寿成点校),2002 年。

68.〔宋〕王灼《碧鸡漫志》,辽宁教育出版社,1998 年。

69.〔宋〕郭茂倩《乐府诗集》,中华书局,1979 年。

70.〔宋〕黎靖德编《朱子语类》,中华书局(王星贤点校),1986 年。

71.〔元〕辛文房撰,周绍良笺证《唐才子传笺证》,中华书局,2010 年。

72.〔元〕伊世珍《琅嬛记》,中华书局(《丛书集成初编》本),1985 年。

73.〔清〕董诰等《全唐文》,上海古籍出版社,1990 年。

74.〔清〕彭定求等《全唐诗》,中华书局,1999 年。

75.〔清〕汪灏《广群芳谱》,上海书店(影印《国学基本丛书》),1985 年。

76. 吴钢主编《全唐文补遗》第一辑,三秦出版社,1994 年。

77. 吴钢主编《全唐文补遗》第三辑,三秦出版社,1996 年。

78. 吴钢主编《全唐文补遗》第七辑,三秦出版社,2000 年。

79. [德]恩格斯《反杜林论》//《马克思恩格斯选集》第三卷,人民出版社,1972 年。

80. [德]恩格斯《家庭、私有制和国家的起源》//《马克思恩格斯选集》第四卷,人民出版社,1972 年。

81. 向达《唐代长安与西域文明》,生活·读书·新知三联书店,1957 年。

82. 陈寅恪《唐代政治史述论稿》,生活·读书·新知三联书店,1957 年。

83. [日]岸边成雄《唐代音乐史的研究》,台北中华书局(梁在平、黄志炯译),1973 年。

84. 陈寅恪《元白诗笺证稿》，上海古籍出版社，1978年。

85. 马正林《丰镐—长安—西安》，陕西人民出版社，1979年。

86. 吴廷燮《唐方镇年表》，中华书局，1980年。

87. 陈寅恪《隋唐制度渊源略论稿》，上海古籍出版社，1982年。

88. 朱金城《白居易年谱》，上海古籍出版社，1982年。

89. 王拾遗《白居易传》，陕西人民出版社，1983年。

90. ［苏联］谢苗诺夫《婚姻和家庭的起源》，中国社会科学出版社，1983年。

91. 〔清〕赵翼著，王树民校证《廿二史札记校证》（订补本），中华书局，1984年。

92. 胡如雷《李世民传》，中华书局，1984年。

93. 袁英光、王界云《唐明皇传》，天津人民出版社，1987年。

94. 牛志平、姚兆女《唐人称谓》，三秦出版社，1987年。

95. 张国刚《唐代官制》，三秦出版社，1987年。

96. 郑英德《唐明皇全传》，吉林文史出版社，1987年。

97. 何光前、吴裕禄、赵剑编《杨贵妃传说故事》，陕西旅游出版社，1988年。

98. 王书奴《中国娼妓史》，上海三联书店，1988年。

99. 刘庆柱《长安春秋》，人民出版社，1988年。

100. 丘琼荪《燕乐探微》，上海古籍出版社，1989年。

101. 阎守诚、吴宗国《唐玄宗》，三秦出版社，1989年。

102. 王克芬《中国舞蹈发展史》，上海人民出版社，1989年。

103. 陈东原《中国妇女生活史》，上海文艺出版社，1990年。

104. 史念海《河山集》（四集），陕西师范大学出版社，1991年。

105. 阴法鲁、许树安主编《中国古代文化史》，北京大学出版社，1991年。

106. 陈桥驿主编《中国七大古都》，中国青年出版社，1991年。

107. 骆希哲《华清池春秋》，陕西人民出版社，1992年。

108. 许道勋、赵克尧《唐玄宗传》，人民出版社，1993年。

109. 吕一飞《胡族习俗与隋唐风韵》，书目文献出版社，1994年。

110. 马俊民、王世平《唐代马政》,西北大学出版社,1995 年。

111. 费省《唐代人口地理》,西北大学出版社,1996 年。

112. 陈戍国《中国礼制史·隋唐五代卷》,湖南教育出版社,1998 年。

113. 韩昇《隋文帝传》,人民出版社,1998 年。

114. 牛致功《唐高祖传》,人民出版社,1998 年。

115. 史念海《中国古都和文化》,中华书局,1998 年。

116. 陈锋《漕运与古代社会》,陕西人民教育出版社,2000 年。

117. 赵文润、王双怀《武则天评传》,三秦出版社,2000 年。

118. 穆渭生《再造大唐——郭子仪评传》,山西人民出版社,2024 年。

119. 耿占军《唐代长安的休闲娱乐文化》,西安地图出版社,2000 年。

120. 牛致功《安禄山史思明评传》,三秦出版社,2000 年。

121. 蹇长春《白居易评传》,南京大学出版社,2000 年。

122. 雷家骥《武则天传》,人民出版社,2001 年。

123. 薛平拴《陕西历史人口地理》,人民出版社,2001 年。

124. 项阳《山西乐户研究》,文物出版社,2001 年。

125. 黄永年《唐史史料学》,上海书店出版社,2002 年。

126. 穆渭生《唐杨贵妃》,三秦出版社,2003 年。

127. 杨荫浏《中国古代音乐史稿》,人民音乐出版社,2004 年。

128. 傅起凤、傅腾龙《中国杂技史》,上海人民出版社,2004 年。

129. 黄永年《六至九世纪中国政治史》,上海书店出版社,2004 年。

130. 马建兴《丧服制度与传统法律文化》,知识产权出版社,2005 年。

131. 宁志新《隋唐使职制度研究(农牧工商编)》,中华书局,2005 年。

132. 武沐《匈奴史研究》,民族出版社,2005 年。

133. 沈从文《中国古代服饰研究》,上海书店出版社,2005 年。

134. 武舟《中国妓女文化史》,东方出版中心,2006 年。

135. 郭绍林《隋唐洛阳》,三秦出版社,2006 年。

136. 周伟洲《吐谷浑史》,广西师范大学出版社,2006 年。

137. 任半塘《唐戏弄》,上海古籍出版社,2006 年。

138. 董理主编《魅力独具的唐墓壁画》,陕西人民出版社,2006 年。

139. 吴宏岐《西安历史地理研究》,西安地图出版社,2006 年。

140. 林幹《匈奴史》,内蒙古人民出版社,2007 年。

141. 林幹《突厥与回纥史》,内蒙古人民出版社,2007 年。

142. 〔法〕维奥莱纳·瓦诺依克《世界上最古老的行业——古希腊罗马的娼妓与社会》,中国人民大学出版社,2007 年。

143. 袁庭栋《古人称谓》,山东画报出版社,2007 年。

144. 全国十二所重点师范大学联合编写《心理学基础》(第 2 版),教育科学出版社,2008 年。

145. 穆渭生《唐代关内道军事地理研究》,陕西人民出版社,2008 年。

146. 赖瑞和《唐代基层文官》,中华书局,2008 年。

147. 张雁南《唐代消费经济研究》,齐鲁书社,2009 年。

148. 冯尔康等《中国宗族史》,上海人民出版社,2009 年。

149. 张永禄《唐都长安》(增订本),三秦出版社,2010 年。

150. 柏红秀《唐代宫廷音乐文艺研究》,南京大学出版社,2010 年。

151. 史仲文、胡晓林主编《中国全史·科技卷》,中国书籍出版社,2011 年。

152. 马驰《唐代蕃将》,三秦出版社,2011 年。

153. 高世瑜《唐代妇女》,三秦出版社,2011 年。

154. 〔英〕哈·麦金德《历史的地理枢纽》,商务印书馆,2011 年。

155. 牛志平《唐代婚丧》,三秦出版社,2011 年。

156. 任半塘《教坊记笺订》,中华书局,2012 年。

157. 王小盾《隋唐音乐及其周边》,上海音乐学院出版社,2012 年。

158. 郭声波《中国行政区划通史·唐代卷》,复旦大学出版社,2012 年。

159. 吴丽娱《终极之典——中古丧葬制度研究》,中华书局,2012 年。

160. 张国刚主编《中国家庭史》,广东人民出版社、人民出版社,2013 年。

161. 丁凌华《五服制度与传统法律》,商务印书馆,2013 年。

162. 黄正建《唐代衣食住行》(插图珍藏本),中华书局,2013 年。

163. 杜文玉《大明宫研究》,中国社会科学出版社,2015 年。

164. 孙晨阳、张珂《中国古代服饰辞典》,中华书局,2015 年。

165. 孙机《中国古代物质文化》,中华书局,2015 年。

166. 王双怀《大唐贵妃》,陕西师范大学出版总社,2015 年。

167. 陕西历史博物馆编《皇后的天堂:唐敬陵贞顺皇后石椁研究》,文物出版社,2015 年。

168. 穆渭生、张维慎《盛唐长安的国家乐伎与乐舞》,陕西人民出版社,2016 年。

169. 李令福《唐长安城郊园林文化研究》,科学出版社,2017 年。

170. 陕西省博物馆、文管会革委会写作小组《西安南郊何家村发现唐代窖藏文物》,《文物》1972 年第 1 期。

171. 李之勤《历史上的子午道》,《西北大学学报(哲学社会科学版)》1981 年第 2 期。

172. 黄永年《〈全唐文·杨妃碑记〉伪证》,《人文杂志》1982 年第 4 期。

173. 卢兆荫《"梅妃"其人辨》//《学林漫录》第九集,中华书局,1984 年。

174. 马正林《唐代华清宫的盛衰》,《人文杂志》1984 年第 1 期。

175. 高世瑜《唐玄宗崇道浅论》,《历史研究》1985 年第 4 期。

176. 牛志平《唐代婚姻的开放风气》,《历史研究》1987 年第 4 期。

177. 辛德勇《汉唐期间长安附近的水路交通——汉唐长安交通地理研究之三》,《中国历史地理论丛》1989 年第 1 辑。

178. 张庆《唐都长安的居民区——坊》,《文史知识》1989 年第 9 期。

179. 蒲亨强《唐明皇与道教音乐》,《上海音乐学院学报》1989 年第 3 期。

180. 黄永年《杨贵妃和她的故事》,《中国典籍与文化》1993 年第 2 期。

181. 吴宏岐《隋唐帝王行宫的地域分布》,《中国历史地理论丛》1994 年第 2 辑。

182. 宋岩《中国历史上几个朝代的疆域面积估算》,《史学理论研究》

1994 年第 3 期。

183. 苏万青《〈杨太真外传〉考索》//陕西师范大学古籍整理研究所（黄永年主编）《古代文献研究集林》（第三集），陕西师范大学出版社，1995 年。

184. 蓝勇《近 2000 年来长江上游荔枝分布北界的推移与气温波动》，《第四纪研究》1998 年第 1 期。

185.《唐华清宫梨园、小汤遗址发掘简报》，《文物》1999 年第 3 期。

186. 黄永年《〈长恨歌〉新解》//《文史探微》，中华书局，2000 年。

187. 黄永年《佛教为什么能战胜道教》//《文史探微》，中华书局，2000 年。

188. 黄永年《〈通典〉论安史之乱的"二统"说证释》//《文史探微》，中华书局，2000 年。

189. 介永强《关中唐代行宫考》，《中国历史地理论丛》2000 年第 3 辑。

190. 艾冲《古代潼关城址的变迁》，《历史地理》第 18 辑，2002 年。

191. 穆渭生《唐代潼关述略——唐关内道军事地理研究之一》，《陕西教育学院学报》2002 年第 4 期。

192. 周伟洲《唐梨园新考》//魏全瑞主编《隋唐史论：牛致功教授八十华诞祝寿文集》，三秦出版社，2007 年。

193. 肖爱玲、周霞《唐长安城城门管理制度研究》，《陕西师范大学学报（哲学社会科学版）》2012 年第 1 期。

194. 方建军《论华清宫梨园遗址及有关问题》，《交响》（西安音乐学院学报）2013 年第 4 期。

195. 王兴峰《唐玄宗奔蜀路线考述》//杜文玉主编《唐史论丛》第 19 辑，三秦出版社，2014 年。

196. 荣新江《安禄山的种族、宗教信仰及其叛乱基础》//《中古中国与粟特文明》，生活·读书·新知三联书店，2014 年。

197. 黄永年《行幸骊山季节——读陈寅恪先生〈长恨歌笺证〉札记稿》//《黄永年文史论文集》（第四册），中华书局，2015 年。

198. 黄永年《说唐玄宗防微杜渐的两项新措施》//《黄永年文史论文集》（第二册），中华书局，2015 年。

199. 李西兴《唐李贤墓壁画〈客使图〉疏证》//《陕西历史博物馆馆刊》第 24 辑，三秦出版社，2017 年。

200. 穆渭生《盛唐"皇帝梨园"始于"开元二年"献疑》//《陕西历史博物馆论丛》第 25 辑，三秦出版社，2018 年。

201. 白述礼《论"马嵬兵谏"——"安史之乱"背景下禁军将士的救国之举》，《宁夏大学学报（人文社会科学版）》2020 年第 4 期。

202. 李志生《隋唐后妃命妇礼服制渊源考析》//杜文玉主编《唐史论丛》第 32 辑，三秦出版社，2021 年。

203. 杜文玉《论唐代内诸司使的定义及其影响》//杜文玉主编《唐史论丛》第 32 辑，三秦出版社，2021 年。

204. 马欢《唐代音乐机构研究》，陕西师范大学 2007 年硕士论文。

205. 穆渭生《唐长安东、西市店铺数量考辨——关于日僧园仁〈入唐求法巡礼行记〉一条史料之解读》，陕西师范大学国际长安学研究院《长安与世界：古都名城与区域文化国际学术研究会（2023）》论文集（待刊稿）。

后　记

2024 年 8 月 13 日上午，武汉崇文书局的郑小华、薛绪勒编辑，由西安空军工程大学的黄彦震教授、何少华老师（博士）陪同，来到我家，商谈拙稿《杨贵妃传》的出版事宜。"有朋自远方来，不亦乐乎？"（《论语·学而篇》）

我与郑、薛二位编辑素未谋面，但一见如故，相谈甚欢。与他们的"口头约定"，给了我明确的"盼头"、按时兑现"契约"的紧迫感。

我已经退休十年，时间从容，坐拥"书城"，在电脑上"爬格子"，算是"有正经事干"。因为再不能在本校申请学术科研课题，每每发愁书稿的正式出版。承蒙黄彦震教授热心帮助联系，崇文书局两位编辑屈尊前来约稿，正"求之不得"也。

今崇文书局（原湖北辞书出版社）诚可谓底蕴深厚①，致力于传承"中华文化薪火"。拙稿能由崇文书局出版，推向社会广大读者，我有荣幸矣！

俗谓"一个篱笆三个桩，一个好汉三个帮"。拙稿在修订过程中，

---

① a. 崇文书局，又名湖北官书局，为晚清著名的四大官书局之一。清同治六年（1867），李瀚章署湖广总督，奏设崇文书局刊刻经籍，其雕版工艺精致，"镌工精雅，为各省官书之冠"。1904 年，主要由崇文书局出版的 198 部 1965 册图书，代表中国参加了美国圣路易斯万国博览会，展示中国传统学术成就。至 1936 年，书局歇业。b. 2002 年，由湖北省新闻出版局动议，经国家新闻出版总署、国家工商总局批准，原湖北辞书出版社正式更名为崇文书局，以绍续前贤事业。

得到妻子郭晓华全力支持；更有同窗、好友关注和帮助。感铭之心难以言表，唯志此以示永怀。衷心感谢大学同窗侯养民（陕西省文物局研究员）、陈正奇（西安文理学院教授），硕士生同年贾云（三秦出版社资深编辑），原同事黄彦震（西安空军工程大学教授）。

衷心感谢责任编辑的审查和指导，使拙稿更臻完善。

人生有限，学海无涯。衷心期待学界同仁和读者诸君赐教指正。

穆渭生

2024 年 10 月 28 日①

于西安家中

---

① 杜甫诗句云"人生七十古来稀"。今天恰好是我的生日——父母养育之恩，天高地厚，寸草之心，永铭春晖。谨以此书稿献祭，告慰先严、先慈在天之灵。